냉전의 역사
THE COLD WAR

THE COLD WAR: A New History

Copyright ⓒ John Lewis Gaddis, 2005

All rights reserved.

Korean Translation Copyright ⓒ 2010 by ECO-LIVRES Publishing Co.

This edition published by arrangement with John Lewis Gaddis c/o The Wylie Agency(UK)

Ltd, through Shin Won Agency Co.

냉전의 역사
거래, 스파이, 거짓말, 그리고 진실

초판 1쇄 발행일 2010년 12월 27일   초판 3쇄 발행일 2014년 12월 5일

지은이 존 루이스 개디스 | 옮긴이 정철 · 강규형
펴낸이 박재환 | 편집 유은재 | 관리 조영란
펴낸곳 에코리브르 | 주소 서울시 마포구 동교로 15길 34 3층(121-842) | 전화 702-2530 | 팩스 702-2532
이메일 ecolivres@hanmail.net | 블로그 http://blog.naver.com/ecolivres
출판등록 2001년 5월 7일 제10-2147호
종이 세종페이퍼 | 인쇄·제본 상지사 P&B

ISBN 978-89-6263-043-5 03900

냉전의 역사

THE COLD WAR

거래, 스파이, 거짓말, 그리고 진실

존 루이스 개디스 지음 | 정철 · 강규형 옮김

에코리브르

조지 F. 케넌을 추억하며

1904~2005

서문

가을 학기마다 월요일과 수요일 오후가 되면 나는 '냉전의 역사'라는 주제로 예일대학 학생 수백 명에게 강의를 한다. 나는 강의를 하면서, 내가 설명하는 사건들 중에 어느 하나라도 기억하는 학생이 별로 없다는 것을 염두에 두어야 했다. 스탈린과 트루먼, 심지어 레이건과 고르바초프에 관한 설명을 할 때도 학생들은 나폴레옹이나 카이사르, 아니면 알렉산더대왕 이야기 정도로 알아듣기 십상이었다. 2005년도 입학생들은 베를린장벽이 무너질 때 겨우 다섯 살이었다. 그들은 각자 가족들에게 냉전이 어떤 영향을 끼쳤는지 이야기를 들어왔기 때문에 여러 면에서 냉전이 그들의 삶을 형성했음을 알고 있다. 그리고 그들 가운데 몇몇은—절대로 전부는 아니고—만약 그 대치 기간 중 있었던 몇 차례 위기의 순간에 조금이라도 결정이 달리 내려졌더라면 이 세상에 태어나지도 못했을 것임을 알고 있다. 그러나 학생들은 냉전이 어떻게 시작되었고 어떤 일이 벌어졌는지, 그리고 왜 그런 식으로 끝났는지는 거의 모른 채로 강의를 신청했다. 그들에게 냉전은 이미 지나간 역사였으며 펠로폰네소스전쟁과 별반 다르지 않았다.

그러나 학생들은 지난 반세기를 지배했던 거대한 경쟁 관계에 관해 더 많이 알게 되면서 거의 모두가 매혹되었다. 상당수는 질겁했고, 그중 몇 명은—대개는 쿠바 미사일 위기에 대한 강의를 들은 뒤에—몸서리를 치면서 강의실을 나간다. "으악!" 소리를 지르면서. 그들은 (다소 온건하게 표현하자면) **"하마터면 큰일 날 뻔한 걸 전혀 몰랐네"**라고 외치고, 그다음에는 어김없이 "굉장한걸!"이라는 말을 덧붙인다. 이들 냉전 이후 1세대에게 냉전은 지나간 일이기도 하고 위험한 일이기도 하다. 그들에게는 '도대체 소련처럼 허약하고, 무능하고, **일시적인** 것으로 드러난 국가를 두려워할 리가 있었을까?' 하는 의아스러움도 있었다. 그러나 학생들은 그들 스스로와 내게 질문한다. "우리는 어떻게 냉전에서 살아남았는가?"

나는 이런 질문들에 답하기 위해, 그리고—훨씬 사소한 수준에서—학생들이 정기적으로 제기하는 의문에 응답하기 위해 이 책을 썼다. 그들은 내가 이전에 냉전의 역사에 관한 책을 몇 권 썼다는 사실을 잊지 않고 있다. 사실 나는 1962년까지만 다루어도 거의 300쪽 분량은 되는 책으로 학생들에게 숙제로 내주기도 했다. "더 적은 분량으로 더 많은 시기를 다룰 수도 있지 않을까요?" 이렇게 정중하게 요청하는 학생도 있었다. 그것은 꽤 적절한 질문이었고, 설득력이 강한 내 출판 대리인 앤드루 와일리〔Andrew Wylie: 미국 뉴욕을 중심으로 활동하는 거물급 인사들의 출판을 주선한 인물이다—옮긴이〕 씨가 냉전에 관해 짧으면서도 포괄적이고 읽기 쉬운 책이 필요하다—이렇게 재치 있는 수법으로 그는 이전에 내가 쓴 책들이 그렇지 못했음을 간접적으로 암시했다—고 나를 납득시켰기에, 이 질문은 더욱 적절하게 느껴졌다. 나는 아내의 말에 귀 기울이는 것을 조금 더 중요하게 여기지만(아내는 이 아이디어를 좋아했다), 학생들과 출판 대리인의 말도 중시하기 때문에 이 출간 계획은 받아들일 가치가 있어 보였다.

그러므로 이 책《냉전의 역사》(The Cold War)는 냉전을 전혀 '현재 사건'(current event)으로 생각하지 못하는 새로운 세대를 위한 것이다. 나는 냉전을 겪으며 살아온 독자들도 이 책을 유용하게 여기길 바란다. 왜냐하면 (카를 마르크스가 아니라) 그라우초 마르크스〔Julius Henry Groucho Marx, 1890~1977: 뛰어난 기지와 재치로 이름난 미국의 코미디언이자 영화배우—옮긴이〕가 말한 대로, "강아지를 빼놓고는 책이 인간에게 가장 좋은 친구다. 강아지 속은 책을 읽기에는 너무 깜깜하다." 냉전이 진행되는 동안은 무슨 일이 일어났는지 알기 어려웠다. 그러나 냉전이 끝난 지금, 그리고 소련, 동유럽, 중국의 문건이 공개되기 시작한 지금 우리는 더 많은 것을 알고 있다. 사실은 너무 많이 알아서 거기에 압도당할 정도다. 또 한 가지, 이 짧은 책을 쓴 이유가 있다. 나는 이 새로운 정보 모두에 예일대학 동료 교수였던 고(故) 로빈 윙크스〔Robin Winks, 1930~2003: 미국의 역사가로서 첩보 역사의 대가였다—옮긴이〕로 인해 유명해진, 중요성을 판별하는 간단한 테스트를 적용해야 했다. 그 테스트는 이 한마디면 끝난다. "그래서 어쨌다는 거야?"

이 책에서 의도하지 **않은** 사항을 한마디만 보태자면, 이 책은 독창적인 지식을 저술한 작업물이 아니다. 냉전사가(冷戰史家)들에게는 내가 언급한 내용 대부분이 익숙할 텐데, 그 이유는 일정 부분 내가 그들의 저술을 많이 활용하기도 했거니와 내 저술에서 언급했던 주요 내용을 되풀이한 부분도 있기 때문이다. 이 책에서 나는 냉전 이후 현상들—세계화, 인종 청소, 종교적 극단주의, 테러리즘, 정보혁명 같은—의 뿌리를 냉전 안에서 찾으려고 하지 않았다. 또한 내가 보태지 않아도 그 자체로 문제가 많은 국제관계 이론 분야에는 조금도 공헌하지 않았다.

이렇게 냉전을 전체적으로 고찰함으로써 그 세부를 바라보는 새로운 방법이 도출된다면 나로서는 흡족하다. 나에게 특히 떠오르는 것은 낙관론(optimism)인바, 이는 일반적으로는 냉전과 상관없는 특성이다. 하지만 나는 냉전 같은 방식으로 싸웠기에, 그리고 승리할 만한 편이 승리했기에 더 나은 세상이 온 것이라고 확신한다. 오늘날 새로운 세계 전쟁이나 독재자들의 전적인 승리, 또는 문명 그 자체가 종말을 보리라고 우려하는 사람은 아무도 없다. 그러나 냉전이 시작되었을 때는 그렇지 않았다. 그 모든 위험, 잔학 행위, 비용, 혼란, 그리고 도덕적 타협에도 불구하고, 냉전은—미국의 남북전쟁처럼—근본적인 문제들을 한 번에 해결한 필수 불가결한 싸움이었다. 그렇다고 냉전을 그리워할 이유도 없다. 그러나 대안을 선택할 기회가 주어진다면, 냉전이 발생한 것을 유감스럽게 여길 이유도 별반 없다.

냉전은 아주 오랫동안 여러 곳에서 각기 다른 수준으로 다양한 방법을 통해 진행되었다. 그 역사를 막강한 군대, 강대국, 위대한 통치자들의 역할로만 격하시킨다면 잘못된 것이다. 냉전을 단순한 연대기 서술로만 파악하려는 노력은 허튼 짓일 것이다. 그 대신 나는 이 책에서 중요한 의미를 띠는 주제에 각 장(章)의 초점을 두었다. 결과적으로는 시대적으로 중복되었고, 공간을 뛰어넘었다. 그리고 자유롭게 총론에서 각론으로, 그리고 다시 되돌려 초점을 맞추곤 했다. 나는 냉전이 어떻게 출현하게 되었는지를 충분히 고려하는 견지에서 이 책을 쓰는 데 주저하지 않았다. 다른 방법이 없었다.

끝으로, 이 책에 영감과 도움을 주고 인내심으로 기다려준 여러 분들에게 고마움을 표하고 싶다. 물론 내 학생들도 여기에 포함되는데, 그들이 냉전에 끊임없는 관심을 보여준 덕에 나 스스로도 그 관심을 지탱할 수 있었다. 또한 앤드루 와일리 씨에게도 감사한다. 더 적은 분량으로 더 많은 시기를 다루는 방안을 제시했고, 또 내 제자들이 책을 출간하는 데 도움을 주었다는 면에서 미래의 학생들도 그에게 고마워할 것이다. 스콧 모이어스, 스튜어트 프로핏, 재니 플레밍, 빅토리아 클로스, 모린 클라크, 브루스 기포즈, 사만다 존슨을 비롯해 펭귄 사에 근무하는 동료들은 내가 원고 마감 시간을 넘겼는데도 존경스러울 정도로 침착함을 보여주었고, 원고가 완성된 뒤에는 이 지연된 책을 출판하는 데 본보기가 될 만한 능력을 발휘해주었다. 크리스천 오스터만과 냉전 국제사 프로젝트〔Cold War International History Project: 1991년 워싱턴에 있는 학자들을 위해 우드로 윌슨 국제연구소(Woodrow Wilson International Center) 안에 설립되었다. 여기서는 냉전 당사국 측에서 발간한 사료를 모두 공개하도록 지원한다. 새로운 자료, 특히 과거 '공산 진영'에서 나오는 자료를 종합하고 처리한다. 냉전 역사에 관심 있는 학자들 사이에 새로운 연결 고리를 맺어주고 있다―옮긴이〕에서 일하는 그의 동료들이 없었다면, 이 책을 거의 집필하지 못했을 것이다. 세계 곳곳에서 문서를 수집하는 그들의 열정과 철저함에 모든 냉전 역사가들이 신세를 지고 있다. (내가 이 글을 쓰는 날, 알바니아의 문서 보관소에 숨겨져 있던 최근 자료가 도착했다.) 마지막에 언급하지만 중요성 면에서 조금도 뒤지지 않는 토니 도프먼에게 고맙다는 말을 전해야겠다. 그는 이 세상에서 제일

가는 편집자이자 교정자이며 가장 사랑스러운 부인이다.

이 헌사로서 냉전 역사상 가장 위대한 인물 가운데 한 사람[조지 케넌—옮긴이]이자 내 오랜 친구에게 찬사를 보낸다. 그의 전기를 집필하는 것은 이제 내가 해야 일이다.

뉴 헤이븐에서 J. L. G.

차례

미래를 내다보다

1946년, 에릭 블레어(Eric Blair)라는 53세 영국인이 세상 끝 오지(奧地)에 집을 세냈다. 여기서 죽기로 작정하고 얻은 집이었다. 스코틀랜드 주라(Jura) 섬 북녘 끝, 비포장 흙길 끝자락에 있는 그 집은 자동차로 갈 수도 없고, 전화나 전기도 없었다. 가장 가까운 상점이라고 해봐야 40여 킬로미터 남쪽에 떨어져 있었고, 그나마도 그 섬에서 유일한 상점이었다. 블레어 씨가 인적이 없는 외딴곳을 원하는 이유가 있었다. 최근에 아내를 잃고 낙심한 데다 결핵까지 앓게 되었는데, 얼마 안 가 객혈이 시작되었다. 그의 조국은 국가의 안보나 번영은 고사하고 자유가 존속되리라는 보장도 없는 군사적 승리를 얻은 대가로 휘청거리고 있었다. 유럽은 두 갈래의 적대 진영으로 나뉘었고, 다른 대륙들도 이 흐름을 따를 태세였다. 원자폭탄이 쓰이기라도 하면, 어떤 새로운 전쟁이라도 묵시록의 예언 같은 일이 벌어질 것이다. 그리고 그는 소설을 끝내야 했다.

　그 소설의 제목은 《1984》로서 '1984'는 그가 소설을 탈고한 해인 1948년의 마지막 두 자릿수를 바꾸어 쓴 것이다. 그리고 이 소설책은 1949년에 영국과 미국에서 '조지 오웰'(George Orwell)이라는 필명으로 출판되었다. 〈뉴욕타임스〉는 이 책 서평에서 "압도적으로 감동적"이지만 "그 박수갈채 너머로 공포의 외침이 일어나고 있다"고 논평했다.[1] 이것은 그리 놀랄 일이 아니었다. 왜냐하면《1984》는 [1948년에서] 단지 35년밖에 떨어지지 않은 한 시대를 환기시켰기 때문이다. 그리고 이 기간 중에 전체주의가 도처에서 승리를 거두었다. 개개인의 개성은 묵살되었고, 법, 윤리, 창조성, 언어의 명확성, 역사에 대한 정직성, 그리고 사랑도 마찬가지였다. 물론 여기서 사랑은 이 세상을 영구히 분쟁 상태로 몰고 가는 스탈린과 같은 '독재자'(Big Brother)[《1984》의 어느 국내 번역판에서는 이를 '대형'(大兄)이라고 번역했으나 이 책에서는 그 의미의 본질을 따라 '독재자'로 번역한다—옮긴이]와 그 동료 패거리들에게서 강요받는 사랑과 구별된다. 오웰의 소설에 등장하는 주인공 윈스턴 스미스는 또 한 차례 혹독한 고문을 받으면서 이런 말을 듣는다. "만일 당신이 미래상을 바란다면, 인간의 얼굴에—영원히—새겨진 군홧발 자국을 상상하라"[2]

오웰은 자기 소설이 초기 독자들에게 깊은 인상을 주고 공포심을 일으켰다는 것만 아는 채로 1950년 초에 세상을 떠났다. 그가 살던 섬이 아니라 런던에 있는 한 병원에서였다. 그 이후 독자들도 비슷한 반응을 보였다.《1984》는 제2차 세계대전에 뒤따르는 전후 시대에 가장 강력한 통찰력을 제시했다. 그러므로 1984년이 실제로 다가오자 오웰이 상상하던 1984년과 비교하는 일이 불가피해졌다. 이 시기에 세계는 아직 전체주의 체제로 되지는 않았지만 독재자들이 많은 부분을 지배하고 있었다. 미국과 소련—오웰이 예견했던 3개 초강대국이 아니라 2개 초강대국—사이에 감도는 전쟁 위험은 그 전 몇 해보다 더 큰 듯했다. 그리고 분명히 '냉전'으로 알려진 영구 분쟁(permanent conflict)은 오웰이 살아 있는 동안 시작되었는데, 그것이 끝날 조짐은 조금도 보이지 않았다.

그러는 한편 1984년 1월 16일 저녁, 오웰이 영화 평론가로 지내던 세월이라면 알아볼 수 있었을 배우 한 사람이 미국 대통령이라는 최근 배역으로 텔레비전에 등장했다. 그때까지 로널드 레이건(Ronald Reagan)은 열렬한 냉전 전사(Cold Warrior)로서 이름을 날리고 있었지만, 이제는 완전히 다른 미래를 전망했다.

잠깐 상상해봅시다. 이반과 아냐[소련인 남녀—옮긴이]가 짐과 샐리[미국인 남녀—옮긴이]와 대합실에 함께 있거나 비와 폭풍을 피해 대피소에 같이 있다면, 그리고 서로 사귈 수 있는 언어에 장벽이 없다고 가정합시다. 그러면 이들은 각기 자국 정부의 차이점에 관해 깊이 논의할까요? 아니면 자녀와 직업에 대해 서로 의견을 나눌까요? ……이들은 조만간 저녁을 같이하기로 결정할 수도 있습니다. 무엇보다도 그들은 사람들이 전쟁을 일으키지 않음을 입증할 수도 있지요.[3]

뜻밖에도 그는 인간의 얼굴로 군화, 독재자, 전쟁의 메커니즘을 극복할 것을 점잖게 촉구한 것이다. 이는 오웰이 이야기한 바로 그 1984년에 그 이후 진행될 일련의 사건들을 촉발했다. 레이건이 이 연설을 하고 겨우 1년 조금 지나서 전체주의의 격렬한 적[미하일 고르바초프]이 소련에서 권력을 잡았다. 그러자 소련이 유럽의 절반을 지배하던 상태도 6년 안에 무너졌다. 8년 안에는 소비에트 사회주의 공화국 연방(Union of Soviet Socialist Republics)—애초에 오웰의 거대하고 어두운 예언을 촉발시켰던 나라—도 사라졌다.

　이런 사태는 오로지 레이건이 연설을 했다거나, 오웰이 소설을 썼다고 해서 일어난 것은 아니다. 이 책의 나머지 부분은 그 인과관계를 복잡하게 설명했다. 그렇지만 그 통찰력으로 희망과 공포가 일어났기 때문에 그 통찰력에 대해 쓰기 시작해야겠다. 역사는 그 다음에 어느 쪽이 승리할 것인가를 결정한다.

1장 되살아나는 공포

우리는 그들이 강가로 다가오길 기다렸다. 우리는 그들의 얼굴을 볼 수 있었다. 그들은 평범한 사람처럼 보였다. 우리는 뭔가 다른 모습을 상상했었다. 그렇다, 그들은 미국인들이었다!
— 류보바 코진첸카(Liubova Kozinchenka), 붉은 군대 58 경비 사단

나는 러시아인들에게 무엇을 기대할지 몰랐던 것 같다. 하지만 그들을 바라보고 살펴보면 정말 어느 쪽인지 알 수 없었다. 그들에게 미군 제복을 입히면 미국 군인으로 보일 수도 있었다.
— 앨 애런슨(Al Aronson), 미국 육군 69 보병 사단[1]

전쟁은 이렇게 끝나야 한다. 환호, 악수, 춤, 축배, 그리고 희망과 함께. 때는 1945년 4월 25일, 장소는 독일 동부의 도시 엘베 강변에 있는 토르가우. 이 지구 반대편 끝으로부터 모여들어 나치 독일을 두 쪽으로 분단시켰던 군대가 첫 만남을 가진 사건이었다. 5일 뒤에 아돌프 히틀러(Adolf Hitler)는 베를린의 잔해(殘骸) 밑에서 머리통을 쏘아 자살했다. 그로부터 일주일이 지나자 독일은 무조건 항복했다. 승전한 대동맹〔the Grand Alliance: 2차 세계대전 중에 나치 독일에 대항한 미국·영국·소련의 3대국 단합. 윈스턴 처칠의 회고록 《2차 세계대전》(The Second World War) 3권 제목이기도 하다— 옮긴이〕 지도자인 프랭클린 D. 루스벨트(Franklin D. Roosevelt), 윈스턴 처칠(Winston Churchill), 이오시프 스탈린(Josef Stalin)은 두 차례의 전시 정상

회담(1943년 11월 테헤란, 1945년 2월 얄타)에서 이미 악수와 축배, 그리고 보다 나은 세계를 향한 희망을 주고받았다. 적이 사라진 지금 전쟁터의 전선에서 이들이 지휘한 군대가 실제로 승전 축하 잔치를 벌일 수 없었다면 이런 행위는 별 의미가 없었을 것이다.

그렇다면 왜 토르가우에서 만난 양국 군대는 마치 외계인을 기대했던 것처럼 서로 조심스럽게 접근했을까? 그들이 서로 닮은 모습이 왜 그리 놀라우면서도 안심을 주었을까? 그런데도 왜 지휘관들은 하나는 서부전선용으로 5월 7일 프랑스의 랭스에서, 또 하나는 동부전선용으로 5월 8일 베를린에서 각각 별도의 항복식전(降伏式典)을 갖자고 주장했을까? 소련 당국은 독일이 공식적으로 항복을 선언한 뒤에 모스크바에서 자연발생적으로 일어난 친미(親美) 시위를 왜 해산시켰을까? 미국 당국은 그 다음 주간에 왜 갑자기 무기대여법〔Lend-Lease: 2차 세계대전 중 1941년과 1945년 사이에 미국이 영국, 소련, 중국, 프랑스와 기타 연합국 측에 방대한 금액과 물량으로 군수품을 공급할 것을 정한 미국의 법규. 미국은 그 대가로 군사 기지 사용권을 받았다. 이로써 1차 세계대전 이후 해외 불간섭 정책을 고수하던 미국은 간섭 정책으로 전환했다—옮긴이〕에 따라 소련에 원조할 중요한 선적을 중단했다가 다시 시작했을까? 1941년 대동맹을 설계하는 데 결정적인 역할을 한 루스벨트 대통령의 핵심 보좌관 해리 홉킨스〔Harry Hopkins, 1890~1946: 프랭클린 루스벨트 대통령의 최측근 보좌관으로 뉴딜 정책을 입안했으며 2차 세계대전 중에는 외교 보좌관으로 해결사 역할을 했다—옮긴이〕는 왜 루스벨트 대통령이 서거하고 6주 뒤에 모스크바로 달려가 대동맹을 살리려고 했을까? 그리고 처칠은 왜 몇 년 뒤 이 사건들에 관한 회고록을 남기면서 "승리와 비극"〔Triumph and Tragedy: 《제2차 세계대전》 여섯 권 중 마지막 권 제목―옮긴이)이라는 제목을 부쳤을까?

　이 모든 질문에 대한 답변은 대부분 같다. 즉 전쟁은 연합국이 이겼지만, 그 주요 멤버들은 이미 서로 전쟁―비록 군사적으로는 아니지만, 사상적으로나 지정학적으로―상태에 있었다. 아무리 대동맹 측이 1945년 봄에 승전했다 해도 그 성공 여부는 양립이 불가능한 체제들이 양립 가능한 목적을 추구할 수 있느냐에 늘 좌우되었다. 비극은 바로 이것이었다. 즉 승리는 과거의 지위를 버리거나, 전쟁을 통해 획득하기를 바라던 것들을 상당 부분 포기하기를 요구했다.

[Ⅰ]

만약 1945년 4월 엘베 강변에 실제로 외계인이 있었다 해도 그 혹은 그녀 아니면 그것은 소련과 미국 군대의 표면상 닮은 점을 찾아낼 뿐만 아니라 그들이 속한 사회의 닮은 점도 간파했을 것이다. 미국과 소련 두 나라는 모두 혁명으로 탄생했다. 그 두 나라는 세계로 전파되기를 바라는 열망이 가득한 이데올로기들을 수용했다. 그들의 통치자들은 자기 나라에서 잘 기능하는 이데올로기가 세계 다른 곳에서도 그러리라고 믿었다. 대륙 국가로서 두 나라는 광대한 국경을 넘어 확장했다. 당시 세계 제1, 제3의 대국이었던 이들 두 나라는 기습 공격의 결과로 전쟁에 돌입하게 되었다. 독일은 1941년 6월 22일에 소련 침공을 개시했고, 일본은 1941년 12월 7일에 진주만을 습격했다. 이 진주만 공격은 나흘 후에 히틀러가 미국에 선전포고를 한 구실이 된다. 그렇지만 비슷한 점은 거기까지였다. 지구상 그 어느 관측자라도 재빨리 지적할 수 있었듯이, 두 나라는 차이점이 훨씬 더 컸다.

그보다 한 세기 반 전에 일어났던 미국독립전쟁은 권력 집중에 대한 뿌리 깊은 불신을 반영했다. 미국 개척자들은 자유와 정의가 오직 권력을 제한함으로써만 가능하다고 주장했다. 독창적인 헌법, 잠재적인 경쟁국으로부터 고립된 지리, 풍부한 천연자원 덕분에 미국은 엄청나게 강력한 국가를 건설했으며 이 사실은 2차 세계대전 중에 분명히 드러났다. 그러나 미국이 이런 일을 달성할 수 있었던 것은 일상생활을 통제하려는 정부의 지위를 엄격히 제한했기 때문이다. 즉 각종 사상의 보급, 경제조직, 정치 행위를 통해 이루어진 것이다. 노예제도의 유산이 남아 있고, 아메리카 원주민을 거의 몰살시켰으며, 끊임없이 인종차별과 성차별과 사회적 차별이 만연하는 데도 1945년에 미국 시민은 이 지구상에서 가장 자유로운 사회에 살고 있다고 그럴듯하게 주장할 수 있었다.

2차 세계대전보다 겨우 25년 먼저 일어난 볼셰비키 혁명은 이와 대조적으로 계급의 적을 전복시키고 프롤레타리아혁명을 세계로 전파할 기반을 강화하는 수단으로 중앙 집중적인 권력을 수용했다. 카를 마르크스는 1848년《공산당선언》(the Communist Manifesto)에서 자본가들이 가동시킨 산업화는 노동계급을 확대하면서 동시에 착취했으며 이들 노동계급은 조만간 스스로를 해방시킬 것이라고 주장했다. 블라디미르 일리치 레닌(Vladimir Ilich Lenin)은 이런 현상이 일어나기를 기다리는 데 만족하지 않고 1917년에 러시아의 권력을 장악하고 마르크스주의를 강요함으로써 역사를 가속화하려 했다. 러시아는 선진 산업사회에서만 혁명이 일어난다는 마르크스의 예언에 맞아떨어지는 나라가 아니었다. 반면 스탈린은 마르크스-레닌주의 이데올로기에 맞도록 소련을 재설계함으로써 문제를 해결했다. 스탈린은 자유라는 전통이 별로 없었던 거대한 농업국을 강제로 자유라고는 전혀 없는 중공업 국가로 만들었다. 그 결과 2차 세계대전이 끝날 즈음 소비에트 사회주의 공화국 연방은 지구상 어디에서도 볼 수 없는 독재 사회가 되어 있었다.

승전국들이 더 이상 다를 수 없었듯이, 그들이 1941년부터 1945년까지 치렀던 전쟁도 마찬가지였다. 미국은 별개로 동떨어진 전쟁—태평양에서는 일본과, 유럽에서는 독일과—을 동시에 치렀지만, 놀랍게도 사상자는 얼마 되지 않았다. 전쟁터에서 사망한 미국인은 총 30만 명을 넘지 않았다. 미국은 지리적으로 전투가 벌어진 곳에서 멀리 떨어져 있었기 때문에 진주만의 초기 습격을 제외하고는 심각한 공격을 경험하지 못했다. 미국은 동맹국인 (약 35만7000명의 전사자를 낳은) 대영제국과 함께 전쟁터, 시간, 상황 따위를 선택할 수 있었고, 이로써 전투 비용과 위험을 상당히 최소화할 수 있었다. 그러나 영국과는 달리 미국은 경제성장과 함께 전쟁에서 벗어났다. 전시 소비는 4년도 채 안 되어 국내총생산을 거의 배로 증가시켰다. '좋은' 전쟁(good war) 같은 것이 있다면, 미국에게는 이번 전쟁이 거기에 아주 가까웠다.

소련은 이런 이점을 누리지 못했다. 이들 오직 한 전쟁만 치렀지만, 그것은 아마도 역사를 통틀어 가장 끔찍한 전쟁이었을 것이다. 도시와 지방 모두가 폐허가 되었으며 산업 시설은 파괴되거나 황급하게 우랄 산맥 너머로 소개(疏開)되어, 항복 말고는 적군(敵軍)이 선택한 지형지물과 상황에 따라 벌이는 결사적 저항만이 그들에게 남겨진 유일한 선택이었다. 세상에 잘 알려졌다시피 민간인과 군인의 사상자 추정은 부정확하지만, 소련 시민은 약 2700만 명이 전쟁의 직접적인 결과로 사망했는데 이는 미국인 사망자 수보다 약 90배가 많다. 이보다 더 큰 대가를 치른 승리는 있을 수 없을 것이다. 1945년 소련은 운 좋게도 살아남았지만 국가는 거의 와해된 상태였다. 그 시기를 살았던 당사자들은 이 전쟁이 소련 국민들에게 "가장 끔찍하고도 자랑스러운 기억"이었다고 회상했다.[2]

그러나 전후 문제 해결을 구체화할 때가 다가오자 승전국은 이 부조화한 현실이 암시하는 것보다 더 팽팽하게 겨루게 되었다. 미국은 유럽 문제에 대해 오랫동안 유지하던 불간섭의 전통을 뒤집겠다는 약속은 하지 않았다. 테헤란에서 루스벨트는 스탈린에게 전쟁이 끝나면 2년 안에 미군들이 귀국할 것이라고 확약했다.[3] 1930년대의 암울했던 기록 때문에, 전시 경제 호황이 계속된다거나 민주주의가 여전히 살아 있는 몇 안 되는 나라를 넘어서 그것이 다시 뿌리를 내리리라는 확신도 없었다. 스탈린의 도움 없이는 미국과 영국이 히틀러를 패배시킬 수 없었다는 엄연한 사실을 고려해볼 때 2차 세계대전은 단순히 파시즘에 대한 승리였을 따름이다. 전체주의와 그 미래 전망에 대한 승리는 아니었던 것이다.

한편 소련은 막대한 손실에도 불구하고 주요한 자산이 있었다. 소련은 유럽의 일부분이었기에 유럽에서 군대를 철수하지 않을 것이었다. 계획경제는 자본주의적 민주주의 국가들이 전전(戰前) 기간 중에 이루지 못한 완전고용을 유지할 능력을 보여주었다. 공산주의자들이 독일을 대상으로 한 저항운동을 주로 이끌었기에, 유럽에서는 그 이데올로기에 대한 존경심이 널리 퍼졌다. 결국 소련은 히틀러를 패망시키는 데 붉은 군대(적군(赤軍))가 지나치게 부담을 진 덕분에 전후 문제를 해결하는 과정에서 실질적이며 심지어 압도적인 영향력을 도덕적으로 주장할 수 있게 되었다. 지난날 민주주의적 자본주의를 미래의 물결이라고 믿었던 만큼이나 1945년에는 독재 공산주의가 미래의 물결이라고 믿기 쉬었다.

더구나 소련은 승전국 중에서도 유일하게 검증을 거친 통치자와 함께 전쟁에서 일어섰다는 점에 또 한 가지 이점이 있었다. 1945년 4월 12일에 루스벨트가 사망하자 경험도 없고 정보에도 어둡던 해리 S. 트루먼 부통령이 백악관으로 갑자기 들어가게 되었다. 3개월 뒤에는 영국의 처칠이 총선거에서 뜻밖에 패배하고 지도력이 그보다 훨씬 떨어지는 노동당 당수인 클레멘트 애틀리(Clement Attlee)가 수상이 되었다. 소련은 이와 대조적으로, 스탈린이 1929년 이래 아무에게도 도전을 받지 않은 통치자로서 국가를 개조한 다음 2차 세계대전을 승리로 이끌었다. 교활하고 강력하며 어느 모로 보나 침착한 과단성을 지닌 이 크렘린의 통치자는 전후 시대에 필요한 것이 무엇인지 알고 있었다. 트루먼, 애틀리, 그리고 이들이 이끄는 나라는 그렇지 못했다.

[II]

그러면 스탈린이 원한 것은 무엇이었나? 먼저 스탈린부터 살펴보는 것은 의미가 있다. 왜냐하면 전후 3인 통치자 가운데 오직 스탈린만이 권력을 유지하면서 해야 할 일의 우선순위를 생각해 순서를 매길 시간적 여유가 있었기 때문이다. 소련을 지휘 통솔해온 그는 전쟁이 끝날 즈음

나이가 65세였으니 육체적으로 소진된 데다 아부꾼에 둘러싸여 있었고, 개인적으로는 고독했다. 그러나 여전히 확고하고 심지어 공포스럽게 권력을 쥐고 있었다. 그는 수척한 콧수염, 변색된 치아, 마맛자국이 있는 얼굴, 황색 눈을 하고 있었고, 이 때문에 한 미국 외교관은 그가 "싸움으로 상처투성이가 된 늙은 호랑이 같은 생김새를 하고 있으며……. 미리 귀띔을 받지 않은 방문객들은 허세를 부리지 않은 그의 겉모습 뒤에 신중한 타산, 야심, 권력욕, 질투, 잔인성, 그리고 교활한 복수심이 숨어 있음을 짐작도 못 했으리라"[4]라고 회상했다. 1930년대에 연이은 숙청을 통해 스탈린은 오래전부터 경쟁자들을 모두 제거했다. 스탈린의 부하들은 그가 눈썹을 치켜세우거나 손가락 하나를 까딱하는 행동이 생사를 구분짓는 의미임을 알고 있었다. 겨우 162센티인 아주 작은 키에 장구통배가 나온 이 작은 늙은이는 거대한 국가를 좌지우지하는 거대한 동상과 같았다.

스탈린은 그 자신과 정권, 조국, 이데올로기를 위한 안전보장을 전후 목표로 삼았고, 이 순서 그대로 우선순위를 두었다. 그가 확실히 다짐하고자 한 것은, 내부에서 개인적으로 그의 통치를 다시 위태롭게 하는 도전을 받거나 외부에서 나라를 위험에 처하게 하는 위협이 없도록 하는 것이었다. 스탈린에게는 세계 다른 곳에 있는 공산주의자들이 비록 존경스럽기는 해도 소련이라는 국가보다 중요도 면에서 더 큰 비중을 차지하지는 못했다. 자기애(narcissism), 편집증, 절대 권력. 이 세 가지가 스탈린 속에 공존하고 있었다.[5] 그는 소련과 국제 공산주의 운동 안에서 대단히 두려운 존재이자 동시에 폭넓게 존경받는 인물이었다.

스탈린은 피와 금전으로 치른 전쟁 비용이 전쟁이 끝난 뒤 누가 무엇을 얻느냐를 결정한다고 믿었다. 그러므로 소련은 상당히 많은 것을 얻으려 했다.[6] 즉 2차 세계대전 중에 독일에게 빼앗긴 영토를 반환받는 것은 물론이고, 1939년 8월에 스탈린이 기회주의적이지만 근시안적인 '불가침조약'을 히틀러와 맺어 얻어낸 영토도 계속 점령하려 했다. 그 영토는 핀란드와 폴란드와 루마니아의 일부, 그리고 발트삼국 전부였다. 이 확장된 경계선 너머에 있는 나라들은 모스크바의 세력권 안에 머물러 있어야 했다. 또한 소련은 지중해의 해군기지와 함께 이란과 (터키 해협의 통제권을 포함하여) 터키를 포기한 대신 다른 영토권을 얻으려 했다. 마지막으로 군대 주둔, 재산 징발, 배상금 지급, 이데올로기 전환을 통해 전쟁에 패배해 폐허가 된 독일을 응징하려 했다.

그러나 여기에는 스탈린을 고통스럽게 하는 딜레마가 놓여 있다. 전쟁 기간에 불균형하게 입은 손실은 전쟁 이후 불균형한 이득을 볼 자격을 소련에 주었지만, 그와 동시에 홀로 그 이득을 지키는 데 필요한 힘까지 빼앗아갔다. 소련에 필요한 것은 평화, 경제원조, 그리고 과거 동맹국들의 외교적인 묵인이었다. 그 당시 소련은 당장에 별다른 대안이 없었으므로 계속해서 미국과 영국에 협조를 구하는 수밖에 없었다. 이는 마치 미국과 영국이 히틀러를 패망시키기 위해 스탈린에게 의존한 것과 같다. 그래서 스탈린이 합리적인 대가를 치르고 전후 목적을 달성하기 위해 필요한 것은 영국과 미국의 지속적인 호의였다. 그러므로 스탈린은 열전(熱戰)이나 냉전을 **바라지 않았다.**[7] 하지만 그가 이러한 대안을 피할 만큼 재주가 있었는지는 완전히 별개의 문제였다.

전시 동맹국과 **그들의** 전후 목적에 대해 스탈린은 워싱턴과 런던에서 관측하는 우선순위에 정확한 평가를 내리기보다는 자신의 낙관적인 생각에 보다 더 기반을 두었다. 마르크스-레닌주의의 이데올로기가 스탈린을 좌우했다는 것이 바로 이 점이다. 왜냐하면 그의 착각이 여기에서 비롯되었기 때문이다. 가장 중요한 것은 (레닌의 이론으로 돌아가) 자본주의자들은 아주 오랫동안 서로 협력할 수 없다는 신념이었다. 자본주의자들에게는 본성적인 탐욕, 즉 정치보다 이윤을 우선시하는 억누를 수 없는 충동이 지배하므로 이제 공산주의자들이 해야 할 일은 적대자들이 자멸하기를 기다리면서 오직 참고 기다리는 것뿐이었다. 전쟁이 끝날 무렵 스탈린은 이렇게 언급했다. "우리와 자본주의적 민주주의파(派)가 동맹에 성공할 수 있었던 것은 후자가 히틀러의 지배를 저지하는 데 관심이 있었기 때문이다. 앞으로 우리는 이들 자본주의 민주주의파와 다시 등지게 될 것이다."[8]

자본주의 진영 내부에 위기가 도래했다는 생각은 일면 그럴싸한 점이 있었다. 무엇보다도 1차 세계대전은 자본주의국가 간 전쟁이었고, 이 전쟁이 세계적으로 첫 공산주의 국가가 탄생할 기회를 주었다. 대공황은 자본주의국가들이 세계경제를 구하거나 전후 안정을 유지하기 위해 협력하지 않고 자기만 살아남으려는 아귀다툼을 벌이게 했다. 그 결과로 나치 독일이 일어났다. 스탈린이 믿기에는 2차 세계대전 종결과 함께 경제 위기가 돌아오게 되어 있었다. 그때가 되면 자본주의자들이 소련을 필요로 할 것이며 그 반대 현상이 일어나지는 않을 것이었다. 이 점이 바로 미국이 소련에 수십억 불의 전후 복구 비용을 **빌려줄 것**이라고 스탈린이 전적으로 기대했던 이유다. 왜냐하면 미국은 앞으로 닥쳐올 세계 경제공황 기간에 제품을 팔 수 있는 시장을 달리 찾을 수 없을 것이기 때문이었다.[9]

게다가 그 뒤를 이어 또 다른 자본주의 강대국인 대영제국이 경제적으로 경쟁 관계에 있기 때문에 조만간—스탈린은 변함없이 영국의 약점을 과소평가하고 있었다—미국과 맺은 동맹을 파기할 것이다. 스탈린은 1952년이 될 때까지도 "자본주의국가 간에 전쟁이 불가피하다는 가능성은 여전히 살아 있다"고 주장했다.[10] 게다가 스탈린은 장기적인 역사의 기류에서 보면 소련이 2차 세계대전으로 입은 재앙이 보상될 것으로 보았다. 이 목적을 달성하기 위해 미국과 영국에 직접적으로 대결할 필요는 없다. 그저 자본주의국가들이 서로 분쟁을 시작하면 역겨움을 느낀 유럽인들이 그 대안으로 공산주의를 포용하기를 기다리기만 하면 된다.

그러므로 스탈린은 유럽에서 세력균형을 회복시키는 것보다는 오히려 히틀러가 추구했던 것처럼 철저하게 유럽을 지배하는 데 목표를 두었다. 1947년, 그는 고민스러운 듯하지만 의미심장한 언급을 통해서 이렇게 인정했다. "만약 처칠이 프랑스 북부의 제2전선 설치를 1년만 지연시켰어도 붉은 군대는 프랑스로 진격했을 것이다. ……우리는 파리에 입성해볼까 하는 생각이 있었다."[11] 그러나 히틀러와 달리 스탈린은 정해진 시간표를 갖지 않았다. 그는 붉은 군대가 서유럽에 언제라도 속히 진군하는 일이 불가능해지는데도 디데이(D-Day) 상륙을 환영했다. 그에게는 독일 패망이 제1순위였다. 그는 목적을 확보하기 위해 외교를 소홀히 하지 않았는데, 목적 달성을 위해 미국의 협조를 기대했기 때문은 아니었다. 루스벨트는 유럽에서 미국이 세력권을 추구하는 일을 삼가겠다고 명시하지 않았던가? 그러므로 스탈린은 거대한 미래상을 그리고 있었다. 즉 유럽 지배를 평화적으로 달성할 수 있다는 것, 그리고 그것은 역사적으로 이미 결정된 것이라는 전망이었다. 이 또한 허점이

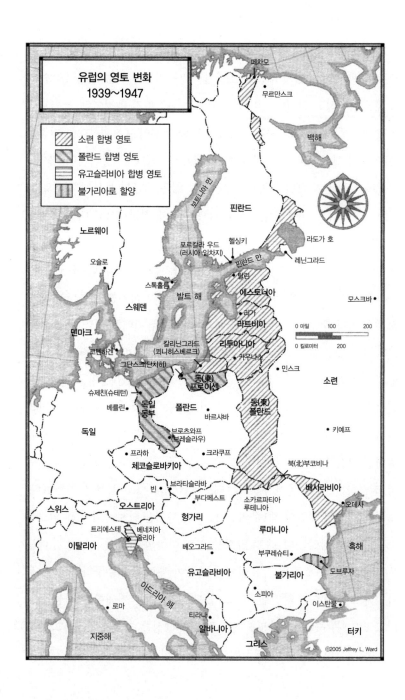

유럽의 영토 변화
1939~1947

소련 합병 영토
폴란드 합병 영토
유고슬라비아 합병 영토
불가리아로 할양

페차모
무르만스크
백해

노르웨이
오슬로
스톡홀름
스웨덴
덴마크
코펜하겐
발트 해

핀란드
포르칼라 우드
(러시아 임차지)
헬싱키
라도가 호
핀란드 만
레닌그라드
탈린
에스토니아
리가
라트비아
리투아니아
카우나스
민스크
모스크바
소련
키예프

칼리닌그라드
(쾨니히스베르크)
그단스크(단치히)
슈제친(슈테틴)
베를린
독일 동부
독일
폴란드
바르샤바
브로츠와프
(브레슬라우)
크라쿠프
동(東)
프로이센
동(東)
폴란드

프라하
체코슬로바키아
브라티슬라바
빈
오스트리아
부다페스트
소카르파티아
루테니아
북(北)부코비나
베사라비아
오데사

스위스
트리에스테
베네치아
줄리아
이탈리아
헝가리
베오그라드
루마니아
부쿠레슈티
흑해
도브루자

로마
아드리아 해
티라나
유고슬라비아
소피아
불가리아
이스탄불

지중해
알바니아
그리스
터키

0 마일   100   200
0 킬로미터   200

©2005 Jeffrey L. Ward

있는 야망이었다. 즉 새로이 전개되는 미국의 전후 목적을 고려하지 못한 것이다.

[Ⅲ]

미국이 전쟁 뒤에 원한 것은 무엇이었나? 의심할 나위도 없이 안전보장이었다. 그러나 스탈린과는 대조적으로 미국은 목적 달성을 위해 무엇을 해야 할지 그다지 정해놓은 것이 없었다. 그 이유는 2차 세계대전이 그들에게 가져다준 딜레마와 관련이 있다. 다시 말해서 미국은 미국이 아닌 다른 세계와 떨어져 있어서 그 세계에 본보기로 기능할 수 없었다.

미국은 그들의 역사를 통틀어 바로 이 역할을 하려고 시도했다. 미국은 지리상 두 개 대양(大洋)이 둘러싸고 있어서 혹시 위해(危害)를 가할 수 있는 모든 나라로부터 격리되어 있기 때문에 국가 안전에 관해서는 크게 걱정하지 않아도 되었다. 1776년에 토머스 페인〔Thomas Paine, 1737~1809: 영국의 혁명가, 급진파 지성인으로 37세에 영국 식민지였던 미국으로 이주해 독립전쟁에 참전했다. 그는 《상식론》(Common Sense)에서 식민지 미국이 영국으로부터 독립할 것을 열렬히 주장했다―옮긴이〕이 예견한 바와 같이, 대영제국에서 독립한 자체가 결과적으로 "한 대륙이 한 섬에 의해 영구히 통치될 수 있다"[12]는 믿기 어려운 사실 때문에 생겨났다. 영국은 제해권(制海權)이 있는데도 미국을 대영제국의 틀 안에 묶어두거나 그들이 북아메리카 대륙을 지배하지 못하도록 바다 건너 약 4800킬로미터에 군사력을 충분히 투입할 능력이 전혀 없었다. 영국 말고 다른 나라가 그런 일을 할 수 있다는 전망은 더욱 낮았다. 왜냐하면 영국 정부는 더 이상 서반구에서 식민화가 이루어져서는 안 된다고 미국과 합의를 봤기 때문이다. 미국은 다른 강대국의 이해관계에 도전하는 위험성도 없이 광범위한 세력권을 유지하는 사치를 누렸다.

미국은 세계적으로 사상계(思想界)에 영향력을 행사하고 싶어했다. 무엇보다도 미국독립선언을 통해 '**모든 인간**은 평등하게 태어났다'는 급진적인 주장을 내놓았다. 그러나 미국은 독립 이후 140년 동안 그 주장을 실현하려고 노력하지 않았다. 미국은 그저 한 사례만 제시했을 뿐이고, 다른 나라들은 그 사상을 어떻게, 어떤 환경에서 수용할지 결정하기만 하면 되었다. 존 퀸시 애덤스〔John Quincy Adams, 1767~1848: 미국의 외교관이자 정치인. 1817~1825년 제임스 먼로 대통령 밑에서 국무 장관을 지내면서 먼로주의를 입안했다. 1825~1829년 6대 대통령 역임―옮긴이〕 국무 장관은 1821년에 "미국은 모든 나라의 자유와 독립을 지지한다"라고 선언했지만, "미국은 자기 자신에 관해서만 투사이며 옹호자다".[13] 그러므로 세계적 이념과 상관없이 미국은 고립주의라는 관행을 고수했다. 즉 자국의 안전을 위해 이 원칙을 바꿀 필요가 있는지 결론을 내리지 않았다. 미국의 외교와 군사정책은 그처럼 강대한 국가로서 예상되는 바에 비하면 훨씬 적극성이 없었다.

1차 세계대전을 겪고 나서야 미국은 겨우 이 행동 틀에서 벗어났다. 그 당시 독일제국(Imperial Germany)이 대영제국과 프랑스를 패망시킬 우려가 있었고, 우드로 윌슨은 이 때문에 유럽의 세력 균형을 회복하는 데 미국 군대가 필요하다고 국민들을 설득했다. 하지만 그는 지정학적 목적을 이데올로기 용어로 정당화했다. 그는 이 세계가 "민주주의를 위해 안전"해져야 한다고 주장했다.[14] 이어서 그는 국가—적어도 개화된 나라—가 개인에게 법치주의를 시행하는 것처럼 평화 정착을 기반 삼아 각국에 적용되는 국제연맹(a League of Nations)을 창설하자고 제안했다. 그가 바라던 대로 이 착상은 그 자체로는 좋았으나 소멸될 것이었다.

그러나 이 선견지명과 균형 회복은 아직 때가 이른 것으로 드러났다. 미국은 1차 세계대전에서 승리했지만 아직 세계적인 강대국이 된 것은 아니었다. 그 대신 대다수 미국인에게는 과도한 개입으로 닥쳐올 위험성을 확증시켰다. 전후 집단 안전보장 기구를 창설하려는 윌슨의 계획은 미국 시민들이 받아들일 준비가 된 정도를 넘어선 것이었다. 한편 동맹국들에 느끼는 환멸은—윌슨이 1918년에서 1920년 사이에 시베리아와 러시아 북부의 볼셰비키를 오판하면서 마지못해 군사개입한 일과 더불어—승전의 단맛을 쓴맛으로 바꾸었다. 해외 상황 덕분에 미국은 고립주의(isolationism)로 되돌아올 힘을 받았다. 다시 말해서 베르사이유 강화조약의 불평등한 내용이 간과되었고, 세계적으로 경기후퇴가 시작되었으며, 그때 유럽과 동아시아에서 침략국가〔독일과 일본—옮긴이〕가 일어났으므로 이 모든 일은 미국 국민들에게 국제 관여에서 멀어지는 편이 나으리라는 확신을 주는 효과가 있었다. 이것은 한 강대국이 국경을 초월한 책임에서 **물러나는** 희귀한 사태였다.

프랭클린 루스벨트는 1933년 백악관 주인이 되자 미국이 세계 정치 무대에서 보다 적극적인 배역을 맡도록 하려고 집요하게—가끔은 우회적으로 행동했지만—추진했다. 하지만 쉽지 않았다. "나는 마치 온벽을 더듬어 문고리를 잡으려는 심정이었다."[15] 1937년에 일본이 중국과 전쟁에 들어가고 1939년에는 유럽에서 2차 세계대전이 터졌지만, 루스벨트는 윌슨이 옳았음을 납득시키는 일에 최소한의 진전만 보였을 뿐이다. 즉 미국 국민들에게 지구 반 바퀴 떨어진 곳에서 일어난 사건으로도 미국의 안보가 위협받을 수 있음을 설득하는 데 그리 큰 성공을 거두지 못했다. 미국이 서반구를 넘어서 세력 균형을 회복하는 과업을 다시 지기까지는 1940~1941년 사이의 엄청난 사태, 즉 프랑스 함락[1940년 6월 25일 프랑스 정부가 나치 독일에 공식적으로 항복한 일—옮긴이], 영국 전투[Battle of Britain: 독일이 영국 공군을 궤멸시키고 제공권을 확보한 후 영국을 침공하려한 작전. 독일은 결국 실패했다—옮긴이], 그리고 마지막으로 일본의 진주만 습격이 일어나야 했다. 루스벨트 대통령은 1942년에 이렇게 공약했다. "우리는 지난날의 실수로 덕을 보았다. 이번에는 승리를 완전히 활용하는 길을 알아야 한다."[16]

루스벨트에게는 4가지의 거대한 전시 우선 목표가 있었다. 그 첫째는 동맹국—주로 영국과 소련과 (잘 되지는 않았지만) 중화민국—을 지원하는 일이었다. 승전을 위해서는 별다른 방도가 없었기 때문이다. 미국이 홀로 독일과 일본을 상대로 싸울 수는 없었다. 그 둘째는 전후 문제를 구체적으로 해결하는 데 동맹국의 협력을 확보하는 일이었다. 이 일에 차질이 생기면 항구적인 평화를 거의 전망할 수 없기 때문이다. 그 셋째는 전후 문제 해결의 성격과 관련이 있다. 루스벨트는 앞으로 전쟁을 일으킬 수 있는 가장 큰 잠재 원인을 제거하는 일을 동맹국들이 지지해주기를 기대했다. 이는 또다시 새로운 세계 불황이 일어나지 않도록 세계의 경제체제를 되살리고, 침략 행위를 저지할뿐더러 필요하면 응징까지 할 수 있는 권능을 갖춘 새로운 집단 안전보장 기구를 의미한다. 결국 전후 문제 해결은 미국 국민에게 '납득될' 만해야 했다. 루스벨트는 준비되지 않은 국민을 이끌어가는 실수를 반복하지 않으려고 했다. 그러자면 2차 세계대전 이후 고립주의로 복귀하는 일은 없을 것이다. 그러나 미국은 2차 세계대전 이전의 선례를 닮은 전후 세계를 수용할 준비도 되어 있지 않았고, 이는 소련이 그랬던 것과 다름없었다.

마지막으로 영국의 목표에 관해 한마디 해야겠다. 그 목표는 처칠이 정의한 바처럼 대단히 단순했다. 즉 어떠한 대가를 치르더라도 생존하는 것이다. 비록 그것이 영·미 동맹의 지도력이 워싱턴으로 양도되는 것을 의미하더라도, 대영제국이 약화됨을 의미하더라도, 또한 젊은 시절 처칠이 볼셰비키 혁명 여파로 붕괴되기를 바라던 소련과 협력한다는 의미라 해도 그렇다.[17] 영국은 미국에 가능한 한 영향력을 많이 행사하려 했다. 그들은 새 로마인을 지도한 그리스인의 역할을 열망했다. 그러나 어떤 상황에서도 미국과 반목하지는 않을 것이다. 실제로 영국의 전시와 전후 대전략을 구체화한 사람들로서는 영국이 독자적으로 미국에 반항할 능력을 갖추고 심지어 미국과 전쟁도 불사하리라는 스탈린의 기대감을 아주 괴상하게 느꼈을 것이다.

[IV]

이와 같은 우선 목표를 세우고 대동맹을 유지 보전할 2차 세계대전의 해결 전망은 어떠했을까? 루스벨트, 처칠, 스탈린은 의심할 것도 없이 대동맹을 유지하고 싶어했다. 그들 가운데 누구도 옛 적을 정복하고 나서 그렇게 빨리 새로운 적을 만들려 하지 않았다. 그러나 그들의 동맹은 출발점부터 추축국(Axis)에 승리하기 위한 협력의 수단, **그리고** 승전국 하나하나가 전후 세계에서 영향력을 최대한 발휘하기 위해 자기 위치를 잡으려는 도구 **모두를** 의미했다. 다른 방법은 거의 없었다. 전쟁이 진행되는 동안 정치는 휴전이었음을 세 강대국이 공식적으로 주장했지만, 아무도 이 원칙을 믿거나 실현하려 하지 않았다. 그들이 취한 행동은—일반에게 공개적으로 보이지 않도록 가려진 통신과 회의에서—공동의 군사 임무를 추구하는 동안 정치적으로 서로 다른 목적을 이루려고 애쓴 것이었다. 그러나 대부분은 실패했고, 냉전은 바로 이 실패에서 뿌리를 내렸다. 중요한 문제점은 다음과 같다.

제2전선과 개별적인 평화. 독일 패망 자체는 제쳐놓고 영국과 미국이 가장 불안해한 부분은 소련이 1939년에 그랬듯이 나치스 독일과 비밀협약을 맺을지도 모른다는 것이었다. 그렇게 되면 유럽 대부분이 독재자의 손아귀에 들어가게 된다. 따라서 루스벨트와 처칠은 소련을 전쟁에 묶어두는 데 중점을 두었다. 그런 까닭에 무르만스크와 아르한겔스크로 수송단을 운행하는 데 극단적인 수단과 엄청난 비용을 치르더라도 식량, 의류, 무기 등 모든 가능한 원조를 소련에 제공하게 되었다. 비록 독일 잠수함을 피해가는 것이 결코 쉽지 않은 상태이지만 말이다. 또한 상실한 영토의 일부—발트제국, 폴란드 동부, 핀란드와 루마니아 일부—는 오로지 스탈린이 히틀러와 협약을 맺은 결과 소련의 통치 아래 들어가게 되었던 사실에 주목해야 했지만, 상실한 영토를 회복하겠다는 스탈린의 요구에 관해서는 시시비비 논쟁을 하지 않기로 했다. 결과적으로 단독강화를 미리 막는다는 것은 곧 군사적으로 가능하기만

하면 당장 유럽 대륙에 제2전선을 연다는 의미와 같았다. 다만 런던과 워싱턴에서는 감당할 만한 희생으로 그것이 성공할 가능성이 보일 때까지 제2전선 문제를 뒤로 미룰 필요가 있음을 알고 있었다.

　그 결과 제2전선은—더 정확하게는 **한 곳이 아니라 여러 곳에서**—천천히 실현되었는데, 이 사실은 전사상자(戰死傷者)를 최소한도로 줄일 묘안이 없는 소련을 격분시켰다. 제2전선의 첫 전선은 비시(Vichy)정부가 점령하고 있던 북부 아프리카로서, 1942년 11월에 미국군과 영국군이 이곳에 상륙했다. 1943년 여름에는 시칠리아 섬과 남부 이탈리아를 침공했다. 그러나 1944년 6월 노르망디에 상륙하고 나서야 비로소 영·미 군사작전은 붉은 군대(소련군)가 지고 있던 상당히 무거운 짐을 덜어주기 시작했다. 붉은 군대는 오래전부터 동부전선에서 전투 흐름을 역전시켰고, 이제는 독일 군대를 소련에서 몰아내기 시작했다. 스탈린은 연합국에게 디데이의 성공을 축하했다. 그러나 제2전선이 전투 부담을 불균형하게 소련에 넘기려는 목적으로 의도적으로 지연되었다는 의구심은 남아 있었다.[18] 소련의 한 해설가가 뒷날에 표현한 바와 같이, 이 계획은 미국이 "자국의 이해득실을 완전히 다져놓고, 전쟁의 결과에 손쉽게 영향을 줄 수 있는 마지막 순간에"[19] 참전하려는 것이었다.

　제2전선은 정치적으로 볼 때 적어도 군사적 의미만큼 중요도가 컸다. 제2전선은 미국과 영국이 소련과 나란히 독일과 그 위성국을 항복시키고 점령하는 데 참여할 수 있음을 의미하기 때문이다. 무엇보다도 영·미 군 사령부는 1943년 9월에 이탈리아가 항복했을 때 편의를 도모한다는 이유로 이 점령 과정에서 소련을 제외시켰다. 이는 스탈린에게 다른 상황에서도 어차피 그랬을 법한 빌미를 주었는데, 바로 붉은 군대가 1944~

1945년에 루마니아, 불가리아, 헝가리 영토로 진입했을 때 그 지역을 점령하는 데 미국과 영국에 의미 있는 역할을 모두 거부하는 것이었다.

스탈린과 처칠은 1944년 10월에 다음과 같이 쉽사리 합의했다. 즉 소련은 그리스에서 영국의 우위를 인정하는 대가로 동유럽에서 절대적인 영향력을 지니게 되었다. 그러나 그 내면에는 여러 가지 이해관계가 남아 있었다. 루스벨트는 스탈린과 처칠의 밀약을 두고 상의하지 않았다며 항의를 했고, 영국과 미국이 1945년 봄 북부 이탈리아에서 독일군의 항복 협상에 착수할 때 스탈린의 반응은 거의 공포에 가까웠다. 즉 스탈린이 그의 군 지휘관들에게 경고했던 바와 같이, 이 협상 내용에는 독일이 서부전선에서 전투를 중지하면서 한편으로는 동부전선에서 저항을 계속하게 하려는 타협이 있을지도 모른다는 것이었다.[20] 스탈린은 이로써 단독강화에 관해 가슴 깊은 공포감을 드러냈다. 이처럼 동맹국들이 뒤늦게 단독강화를 맺을 수 있다는 사실은 제2전선이 스탈린에게 별다른 안심을 주지 않았고, 따라서 제2전선에 그다지 신뢰를 줄 각오가 없음을 보여주었다.

세력권. 유럽을 세력권으로 분할하면—처칠과 스탈린 사이의 합의가 함축하는 바와 같이—유럽인들은 스스로 앞날을 결정할 여지가 별로 남지 않는다. 이것이 바로 루스벨트가 우려했던 이유다. 그 자신이 아무리 세력 균형이라는 말로 전쟁을 정당화했어도 그는 윌슨이 그랬듯이 이것을 자결(自決, self-determination)을 위한 싸움이라고 미국인들에게 설명했다. 처칠도 루스벨트가 윌슨 원칙(Wilsonian principles)을 재천명한 1941년 대서양헌장(the Atlantic Charter)을 수용하여 이에 동조했다. 그러므로 영국과 미국의 목적은 전후 소련의 국경선을 따라 '우호적' 국가의 존재를 보장할 세력권은 물론이고 스탈린의 영토 요구와도 이러한 이상(理想)을 조화시키는 일이었다. 루스벨트와 처칠은 스탈린에게 발트 제국, 폴란드, 동유럽과 기타 지역에서 자유선거를 허용하도록 거듭해 압력을 넣었다. 스탈린은 얄타회담에서 그렇게 하기로 합의는 했지만 그 약속을 지킬 뜻은 조금도 없었다. "걱정하지 말게." 스탈린은 외무 장관 뱌체슬라프 몰로토프[Vyacheslav Mihailovich Molotov, 1890~1986: 1920년 대부터 스탈린의 부하로 소련 정부에서 주요 인물이 되었다. 1939년 독·소 불가침조약에 서명, 1957년 흐루쇼프에 의해 정치국에서 퇴출되었다—옮긴이]를 안심시키며 이렇게 말했다. "우리는 나중에 우리 방식으로 할 수 있어. 문제 핵심은 힘의 상관관계야."[21]

이리하여 스탈린은 그가 원하던 영토와 세력권을 확보했다. 소련의 국경은 수백 킬로미터 서쪽으로 이동했으며 붉은 군대는 나머지 동유럽 지역 곳곳에 위성 정권을 세웠다. 그때까지는 이들 전부가 공산정권인 것은 아니었다.(크렘린 지도자 스탈린은 당분간 이 점에는 유연했다.) 그러나 소비에트가 중부 유럽으로 세력권을 형성하는 데는 아무도 도전하려 하지 않았다. 미국과 영국은 다른 결과, 즉 동유럽인들, 특히 2차 세계대전에서 독일의 첫 희생자가 되었던 폴란드인들이 자신들의 정부를 선택하기를 바라고 있었다. 만약에 동유럽 전체가 모스크바의 요구를 충족시킬 지도자를 선출할 준비가 되어 있다면, 그 두 가지 입장은 조정될 수 있었을 것이다. 핀란드와 체코슬로바키아는 실제로 그랬다. 그러나 폴란드는 도저히 이 노선을 따라갈 수가 없었다. 스탈린이 내린 조치로 소련에 종속된 폴란드 정부가 인민의 지지를 받을 가능성을 오래전에 제거했기 때문이다.

폴란드의 독립을 말살시킨 1939년의 나치스-소비에트 협정은 범죄에 포함되는바, 이어서 러시아인들이 1940년에 폴란드 장교 4000여 명을 카틴 숲(Katyn Wood: 소련 서부의 작은 마을. 2차 세계대전 중인 1941년에 독일이 이곳을 점령했을 때 인근 숲에서 학살당해 매장된 폴란드 장교 4250명의 무덤이 발견되었다. 소련은 나치 독일의 비밀경찰들이 범인이라고 반론했지만, 1951~1952년 미국 의회 조사단이 시행한 조사와 1989년 소련 학자들의 발표로 소련이 주범이었음이 밝혀졌다. 1990년 고르바초프는 폴란드 정부와 국민에게 사과했고 1992년에는 비밀문서가 공개되어 스탈린이 이 일에 직접 관련되었음이 드러났다—옮긴이)에서 학살했음이 밝혀졌다. 그리고 이들 외에 별도로 1만1000명의 행방은 해명되지 않은 채 남았다. 스탈린은 1943년에 이 문제를 둘러싸고 런던의 폴란드 망명정부와 단교하고 루블린에 기반을 둔 폴란드 공산주의자 그룹으로 지지 세력을 바꿨다. 나치스가 1944년에 런던의 폴란드인들이 조직한 바르샤바 봉기를 무자비하게 진압할 때도 그 당시 붉은 군대가 폴란드 수도 교외에 있었는데도 스탈린은 아무런 조치를 취하지 않았다. 그가 전후에 폴란드 영토 가운데 3분의 1을 취하겠다고 주장한 것도 이 나라를 더욱 쓰라리게 했다. 독일을 희생시켜서라도 보상하겠다는 약속도 이 상처를 치유하지 못했다.

스탈린은 폴란드가 친소련 정부를 세우지 않을 것임을 알기에 공산 정권을 강제로 세웠다. 그러나 그 대가로 폴란드 사람들은 영원히 분노하게 되었고 미·영 동맹국들 사이에는 스탈린을 더 이상 신뢰할 수 없다는 인식이 점점 짙어졌다. 환멸을 느낀 루스벨트는 죽기 2주 전에 이렇게 말했다. "스탈린은 얄타에서 한 약속 하나하나를 모두 어겼다."[22]

패배한 적. 동유럽이 일방적으로 소련의 손에 놓이는 것과는 대조적으로, 독일이 공동 점령될 것이라는 데는 의심의 여지가 없었다. 일이 이렇게 되자 소련은 속았다는 느낌을 지울 수 없었다. 미국, 영국, 그리고 (영·미의 관대함 덕분에) 프랑스는 독일 중 3분의 2를 통치하기로 결정지었다. 이는 전쟁 중에 흘린 피 때문이 아니라 그들이 침공하는 군대와 지리적으로 가깝기에 생겨난 결과다. 여기에는 스탈린이 독일 동부 중 상당 부분을 폴란드에 떼어준 사실도 함께 고려되었다. 소련의 점령지는 공동 점령지인 수도 베를린을 둘러싸고 있지만, 독일 인구 3분의 1밖에 되지 않는 데다 산업 시설은 그보다 훨씬 빈약했다.

그렇다면 왜 스탈린은 이런 배치를 수락했을까? 아마도 그가 독일 동부에 설치하려고 기획한 마르크스-레닌주의 정부가 서방 점령지에 사는 독일인들의 마음을 끌어당기는 '자석'(magnetic)이 되어 독일인들이 전 국토를 소련의 지배 아래 통일할 통치자를 선택하게 되리라는 신념 때문이었을 것이다. 그렇게 되면 마르크스가 독일에서 예견했던 무산계급 혁명이 오랜 지연 끝에 일어날 것이라 믿었다. "독일은 전부 우리 것이다. 즉 소비에트 공산주의로 될 것이다." 1946년에 스탈린은 이렇게 언급했다.[23] 그러나 이 전략에는 두 가지의 커다란 문제가 있었다.

그 첫째는 붉은 군대가 독일 동부를 점령하는 데 짐승처럼 난폭하고 야만스러웠다는 점이다. 소련 군대는 마구잡이식으로 재산을 탈취하고 전쟁 배상금을 무리하게 뽑아갔을 뿐만 아니라 집단 강간 행위에 빠졌다. ―1945년에서 1947년 사이에 독일 여성 약 200만 명이 이런 비운을 겪었다.[24] 그 결과 독일인 거의 모두가 등을 돌리는 부조화가 생겨나 이는 냉전 기간 내내 이어졌다. 스탈린이 동독에 설치한 정권은 정당성

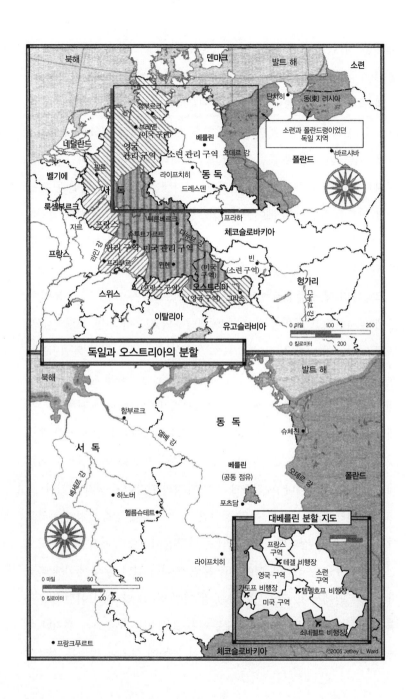

독일과 오스트리아의 분할

대베를린 분할 지도

(legitimacy)을 갖추지 못한 반면, 서방 진영은 신속하게 이를 확보했다.

둘째 문제는 동맹국들과 관계가 있었다. 소련이 독일과 동유럽에서 일방적으로 일을 처리했기 때문에 영국과 미국은 나머지 독일 영토를 점령하는 데 모스크바의 협력에 의존할지에 대해 신중하게 되었다. 따라서 영국과 미국은 독일 분할을 받아들일 셈으로 당시 점령지를 프랑스 점령지와 통합할 기회로 잡았다. 이 착상은 독일 전체가 소련의 지배 아래로 들어가는 위험을 각오하기보다는 독일을 가능한 한 넓게 서부 진영에 두어 보전하자는 것이었다. 독일인 대다수가 스탈린의 통치가 무엇을 의미하는지 깨달았기 때문에 마음에는 없지만 이들 영·미의 방침을 지지했다.

이번에는 독일과 동유럽에서 일어났던 일 때문에 미국이 일본을 점령하는 데 소련을 참여시킬 만한 동기가 별로 없었다. 진주만 습격 뒤에도 소련은 일본에 선전포고를 하지 않았고, 소련의 동맹국들 역시 독일 군대가 모스크바 교외까지 진주했을 때조차 소련이 선전포고를 하리라는 기대가 없었다. 하지만 스탈린은 독일이 항복한 지 3개월 만에 태평양전쟁에 참전하기로 약속했고, 그 대가로 루스벨트와 처칠은 일본의 영토인 쿠릴열도(Kurile Islands)를 소련의 통치로 이관하고, 아울러 사할린 섬 남쪽 절반을 만주(滿洲)의 영토와 해군기지와 함께 소련에 복귀시켜주기로 합의했다. 이는 모두 러시아가 1904~1905년 러일전쟁(露日戰爭)에서 패배한 결과 잃은 것이었다.

워싱턴과 런던에서는 붉은 군대를 지원—특히 일본이 점령 중인 만주 침공—하는 일이 승전을 앞당기는 데 필수 불가결하다는 견해가 지배적이었다. 그러나 이는 미국이 1945년 7월 역사상 처음 원자폭탄 실험에 성공하기 전까지만 해당되는 이야기였다. 일단 미국이 그런 무기를 갖게 되었음이 분명해지자, 소련 군대를 지원할 필요성은 사라졌다.[25] 소련이 유럽에서 일방적으로 행동한 전력이 있음을 모두들 명백히 마음에 새겨두었기에, 새로운 트루먼 행정부로서 이와 유사한 일이 다시 동북아시아에서 반복되는 것을 바라지 않았다. 그래서 이 시점에서 미국은 스탈린의 '유혈＝영향력'이라는 등식을 포용했다. 태평양전쟁에서 미국은 전투를 거의 다 맡아서 처리했다. 그러므로 전쟁을 시작한 나라[일본]를 미국이 홀로 점령할 것이다.

원자폭탄. 한편 원자폭탄은 소련과 미국 사이에 불신을 강화시켰다. 미국과 영국은 독일을 상대하려고 비밀리에 이 무기를 개발했지만, 나치스는 그것이 완성되기도 전에 항복했다. 맨해튼 계획[The Manhattan Project: 2차 세계대전 중 미국, 영국, 캐나다가 합동한 원자폭탄 개발 계획. 인류 초유의 원자폭탄 실험은 1945년 7월 16일에 성공적으로 실행되었다. 이를 '트리니티 테스트'(the Trinity Test), 즉 삼위일체 실험이라고 했다—옮긴이]은 소련의 스파이 조직을 통해 이미 상당히 파악된 상태였다. 원자폭탄 제조 현장인 로스앨러모스의 보안망 침투에 성공한 소련의 시도는 적어도 **3건**이 있었다.[26] 스탈린과 연합국 측이 합동으로 한창 전쟁을 치르던 중에 스탈린이 그의 동맹국을 비밀히 정탐하는 거대한 작전을 벌였다는 사실은 그가 동맹국을 신뢰하지 않았다는 또 다른 징표다. 하지만 물론 영국과 미국도 뉴멕시코 사막에서 원자폭탄이 첫 실험에 성공할 때까지 스탈린에게 알려주지는 않았음을 인정해야 한다.

트루먼이 포츠담회담에서 이 소식을 전해주었을 때 스탈린은 그다지 놀라는 기색이 없었다. 그는 미국의 새 대통령이 알려주기 훨씬 전부터 그 폭탄에 관해 알고 있었다. 그러나 미국이 한 걸음 더 나아가 이 무기를 3주일 후 일본에 사용했을 때는 격렬하게 반응했다. 사막에서 실험을 행하는 것과 그 무기를 실제로 활용하는 것은 전혀 별개의 문제였다. "전쟁은 야만적이지만, 원자탄 사용은 초야만 행위다." 원자폭탄으로 히로시마〔廣島〕가 얼마나 파괴되었는지 알고 나자 스탈린은 이렇게 불만을 토했다. 미국의 〔원자폭탄〕 돌파구는 "쏟아낸 피만큼 세력권을 얻어야 한다"는 스탈린의 주장에 또 다른 도전장을 내민 것이었다. 미국은 갑자기 전쟁터에 군대를 투입하는 것에 의존하지 않는 군사적 역량을 확보했다. 두뇌(그리고 두뇌가 만들어내는 군사기술)는 이제 어느 것 못지않게 중요해졌다. "히로시마가 온 세계를 흔들었다." 미국을 따라잡기 위한 소련의 신속한 계획을 승인하면서 스탈린은 과학자들에게 이렇게 말했다. "〔힘의〕 균형은 깨지고 말았다. ……그럴 수는 없다."[27]

스탈린은 원자폭탄이 전쟁 기간을 단축시키므로 소련이 일본을 패망시키고 점령하기 위해 의미 있는 역할을 하는 데 방해가 되리라고 보았다. 그뿐만 아니라 스탈린은 미국이 원자폭탄을 수단으로 소련에게서 전후 양보를 받아내려 한다고 판단했다. "원자폭탄 위협은 미국의 정책이다."[28] 이 말에 핵심이 들어 있다. 트루먼은 원자폭탄을 주로 전쟁을 끝내는 데 사용했지만, 그와 그의 고문들은 이 새로운 무기가 소련 측에 유화적인 태도를 더 많이 끌어내기를 기대한 것도 사실이다. 이들이 이런 결과를 이끌어낼 전략을 세우지는 않았지만, 스탈린은 이를 거부할 전략을 짰다. 스탈린은 협박에 굴하지 않음을 과시할 수만 있다면 소련의 목적을 추진하는 데 이전보다 더 강경한 노선을 취했다. 1945년 말,

그는 수석 자문관들에게 이렇게 말했다. "분명한 것은, 우리가 협박에 굴하거나 불안감을 드러내면 큰일을 달성할 수 없단 말씀이야."[29]

그러므로 세계대전 중에 자라난 냉전의 뿌리는 오랜 전쟁이 끝나고 새로운 전쟁이 그렇게 빨리 생겨난 이유를 어느 정도 설명해준다. 그러나 강대국 간 경쟁은 대동맹이 그랬던 것처럼 오랫동안 국가 행동에 나타나는 전형적인 유형이었다. 이런 사실을 아는 한 외계인도 이미 어떤 일이 일어날지 정확히 예상했을 것이다. 국제 관계 이론가도 그러했으리라. 여기에 재미있는 의문점이 있다면, 대동맹이 와해된 것에 왜 전시 지도자들 스스로가 그렇게 놀라고 심지어 걱정까지 했느냐는 것이다. 그들이 다른 결과를 바랐다는 것은 확실했다. 그렇지 않았으면 전쟁이 지속되는 동안 그들은 전후에 일어날 일을 합의하는 데 거의 힘을 쏟지 않았을 것이다. 그들의 희망은 일치했지만 시각은 달랐다.

이 문제를 가장 기초적인 용어로 구성하면 이렇다. 루스벨트와 처칠은 원칙을 수용하면서 세력 균형을 맞출 만한 전후 문제의 해결 방안을 구상했다. 이 생각은 2차 세계대전이 일어나게 한 실수를 피함으로써 새로운 전쟁이 일어나지 않도록 방지하자는 것이었다. 그들은 강대국끼리 협력을 확고히 하고, 윌슨이 제창했던 국제연맹을 새로운 국제연합(UN)의 집단 안전보장 기구 형태로 되살리며, 정치적 자결(自決)과 경제통합을 최대한 촉진함으로써 그들이 생각했던 전쟁 원인이 이윽고 사라지리라 생각했다. 하지만 스탈린의 생각은 달랐다. 그는 스스로와 국가 안전을 동시에 보장하는 한편, 자본주의국가 간 경쟁을 조장하면 새로운 전쟁이 유발될 것이라고 믿었다. 그 반대로, 자본주의국가 간 싸움(capitalist fratricide)은 결과적으로 소련의 유럽 지배를 확실히 해줄 것이었다. 전자(루스벨트와 처칠의 생각)는 양립할 수 있는 세력, 심지어 양립할 수 없는 체제 사이에도 가능성을 품은 다변적인 통찰이었다. 후자(스탈린의 생각)는 그런 내용이 없었다.

[V]

정치학자들은 '안전보장의 딜레마'를 주제로 논하기를 좋아한다. 즉 한 국가가 자국을 보다 안전하게 하려고 행동을 취하지만, 그렇게 함으로써 다른 나라의 안전은 한층 약화된다. 그리고 반대로 다른 나라들은 그 국가의 안전을 약화시킬 조처를 취해 손상을 회복하고자 한다. 그 결과, 선량한 뜻을 품고 멀리 앞을 내다보는 지도자들조차 점점 깊어가는 불신의 소용돌이 속에서 헤어나오기가 힘들어진다. 그들의 의심은 점점 강해진다.[30] 영·미와 소련의 관계는 2차 세계대전이 끝나기 훨씬 전부터 이런 양상을 보였기 때문에 냉전이 언제 시작했는지를 정확히 언급하기란 어렵다. 기습도, 선전포고도, 외교 관계의 단절조차 없었다. 하지만 워싱턴, 런던, 모스크바에서는 불안감이 최고조에 달해 있었다. 이런 분위기는 전시(wartime) 동맹국들이 전후(postwar) 안전보장을 확고히 다지기 위해 노력하면서 초래되었다. 그들의 적(독일과 일본)이 패망하자 **이전의** 동맹국들은 각자 스스로를 생각하게 되어 불안감을 억제할 동기가 거의 없었다. 위기가 한 번 일어나면 그것이 다음 위기를 키웠고, 그 결과로 유럽의 분할이 현실화되었다.

이란, 터키, 지중해, 그리고 봉쇄. 스탈린은 이미 동유럽과 동북아시아에서 바라던 영토 할양(territorial concession)을 이루었기 때문에, 전후에 가장 먼저 세운 목표는 남쪽의 취약점을 제거하는 것이었다. 어떤 기사에서 기술한 바에 따르면, 그는 소련의 새 국경을 보여주는 지도에 만족감을 드러내면서도 캅카스산맥을 지목하면서 불만을 표했다. "바로 여기, 우리 국경이 마음에 안 든단 말이야!"³¹ 세 가지 선제 조치가 뒤따랐다. 스탈린은 북부 이란에서 소련군을 철수하지 않고 지연시켰다. 소련 군대는 이란의 원유 자원이 독일 손에 들어가지 않도록 하기 위해 영국과 협력하는 차원에서 1942년 이래로 그 지역에 주둔하고 있었다. 스탈린은 소련이 터키 해협을 효과적으로 지배하기 위한 군사기지뿐 아니라 영토 할양도 터키에 요구했다. 아울러 그는 지중해 동부에 해군기지를 한 군데 이상 추가 확보할 목적으로 북아프리카의 전(前) 이탈리아 식민지 행정에 모종의 역할을 요구했다.

그러나 스탈린의 요구가 지나쳤음은 당장에 극명하게 드러났다. 평소에 고분고분하던 외무부 장관 몰로토프가 터키 해협에 관해 "그들이 도저히 받아들이지 않을 겁니다"라고 진언했다. "그대로 진행해. 가서 압력을 넣고 공동소유하자고 해!" 화가 난 그의 상관이 소리쳤다. "다 그치란 말야!"³² 몰로토프는 그렇게 했지만 아무 소용이 없었다. 트루먼과 애틀리는 터키와 지중해 해군기지는 물론 터키를 희생시키면서 국경을 조정하자는 소련의 요구를 단호히 거절했다. 트루먼과 애틀리는 소련군이 북부 이란을 계속 점령하고 있는 문제를 1946년 초 국제연합(UN) 안전보장이사회에 상정해 스탈린을 놀라게 했다. 이는 국제 위기를 다루기 위해 창설한 새로운 세계 기구를 처음으로 의미 있게 활용한 것이었다. 스탈린은 소련 군대가 지나치게 팽창 배치되었으며 그의 야심이 드러났음을 깨닫고 몇 달 후에 이란에서 아무 말썽 없이 조용히 철군할 것을 명령했다. 그때까지 트루먼은 지중해 동부에 미국 6함대를—무기한으로—배치함으로써 입지를 강화했다. 이것은 스탈린이 전시 협력의 전통에 호소함으로써 기대할 수 있었던 이익이 한계점에 달했다는 명백한 신호였다.[33]

이처럼 워싱턴에서 새롭게 드러낸 단호한 태도는 소련의 행동을 설명하려는 노력과 일치한다. 대동맹은 왜 와해되었는가? 스탈린은 그 밖에 무엇을 원했나? 이 질문에 대한 해답은 조지 케넌(George F. Kennan, 1904~2005)이 가장 정확히 알고 있었다. 모스크바 주재 미국 대사관에서 근무하고 있던 그는 평판은 좋지만 아직은 직위가 낮은 외교관이었다. 케넌이 나중에 "전문 처리 절차의 터무니없는 방해 행위"라고 인정한 바대로, 그는 연이은 국무부의 질문 중 최후 질문에 대해 8000개 단어로 전문을 급히 작성해 회신했다. 이 전문은 1946년 2월 22일에 발송되었다. 이 전문이 그저 워싱턴에 충격을 주었다고 말하는 것은 아주 조심스런 표현일 것이다. 케넌의 '긴 전문'(long telegram)은 남은 냉전 기간 내내 미국이 소련을 상대로 전략을 세우는 데 기초가 되었다.[34]

케넌이 주장하는 바에 따르면, 모스크바의 비타협적인 태도는 서방 측이 어떻게 행동하는지와 전혀 관계없이 일어났다. 소련의 태도는 스탈린 정권 내부의 필요성을 반영한 것이었으며 서방 측이 가까운 미래에 무슨 조치를 취하든 이 사실을 변경하지 못할 것이었다. 소련 지도층은 외부 세계를 적대적으로 **취급해야 했는데**, 이 방법만이 "독재정치가 아니면 나라를 통치할 줄 모르고, 국민을 잔인하게 대하기를 멈출 수 없고, 국민에게 희생을 강요할 수밖에 없다"는 구실이 되기 때문이다. 양보를 통해 서로 주고받는 것이 있기를 기대하는 것은 지나치게 순진한 일일 것이다. 소련이 여러 번 실패를 거듭하여 미래의 크렘린 지도자가 나라의 행동이 국익을 증진시키지 않고 있음을 확신할 때까지 전략상에 변화는 없을 것이다. 케넌은 스탈린이 이런 상황을 보게 되리라는 희망은 거의 품지 않았다. 전쟁은 이런 결과를 도출하는 데 필요하지 않을 것이다. 필요한 것은 "장기적으로, 인내심을 갖고, 그러나 확고하고 빈틈없이 소련의 팽창욕(膨脹慾)을 억제 봉쇄하는 일이다."[35] 케넌은 이듬해에 그의 주장이 담긴 논문(X-article: 케넌이 X라는 필명으로 출간한 논문—옮긴이)을 출판하면서 이렇게 설명했다.

그 당시에 케넌은 자기 글을 가장 주의 깊게 읽는 독자가 바로 스탈린이었다는 것을 알 수 없었을 것이다. 소련의 정보기관은 그의 '긴 전문'을 신속히 확보했다. 그 문건이 비록 비밀 문건으로 분류되기는 했어도 널리 퍼졌기 때문에 비교적 쉬운 일이었다.[36] 스탈린은 이에 뒤지지 않으려고 워싱턴 주재 대사인 니콜라이 노비코프(Nikolai Novikov)에게 '전문'(電文)을 기안하라고 지시했다. 노비코프는 이를 1946년 9월 27일에 모스크바로 타전했다. "미국의 해외 정책은 미국 독점자본주의의 제국주의 성향을 반영하며 …… 그 특징은 세계의 지배를 겨냥하고 있다"라고 노비코프는 주장했다. 그 결과 미국은 군사비를 "어마어마한 규모로" 증액하고 있었고, 국경선 너머 멀리에 군사기지를 건설하며 영국과 협정을 맺어 이 세계를 세력권으로 나누기로 했다. 그러나 영·미 공조는 "내부 모순으로 병들어 유지가 불가능하다. ……근동(近東)은 영·미 모순의 핵심 지역으로서 현재 미국과 영국 사이에 합의된 여러 협정은 파기될 것이다."[37]

노비코프의 평가—이는 스탈린의 생각을 반영한 것이고, 몰로토프가 대필했다[38]—는 1947년 4월 미국, 영국, 프랑스, 소련의 외무 장관들이 모인 모스크바 회동에서 스탈린이 최근 트루먼에게 임명된 국무 장관 조지 C. 마셜(George C. Marshall)을 접견할 때 품었던 편안한 자신감을 잘 설명하고 있다. 스탈린은 주요한 방문객을 접대할 때 공책 위에 빨간 연필로 늑대 머리를 그리며 시간을 보내는 오랜 버릇이 있었는데, 마셜에게 전후 유럽의 미래를 해결하는 데 실패한다 해도 큰 문제가 아니며 급한 일도 아니라고 확신을 줄 때도 이 낙서를 했다. 마셜은 침착하며 말수가 적지만 2차 세계대전 중에 그 누구보다도 미국의 군사전략을 입안하는 데 중요한 역할을 한 빈틈없는 전직 장성으로서 이 말에 믿음이 안 갔다. 뒷날 한 보좌관이 회고한 바로는 "워싱턴으로 돌아오는 길 내내" 마셜은 "서유럽의 완전 와해를 방지할 주도권을 찾은 일이 중요함"[39]을 언급했다.

트루먼 독트린과 마셜 플랜. 스탈린이 외무 장관 회담에 관한 보고서를 원자폭탄과 케넌의 '긴 전문'에 관한 정보 보고처럼 주의 깊게 대했다면, 앞으로 곧 일어날 일을 예상했을 것이다. 마셜과 함께 영국과 프랑스의 외무 장관들은—몰로토프와 성과 없는 회의를 하지 않을 때는—모스크바에서 여러 시간을 보내며 유럽 재건에 협력할 필요성을 논의했다. 이들이 논의하던 방은 의심할 것도 없이 도청되었다. 그러나 스탈린의 마음속은 도청 내용보다는 이데올로기가 지배했다. 자본주의자들은 절대로 장기간 협력할 수 없다고 레닌이 교시하지 않았던가? 노비코프의 '전문'도 이것을 확인하지 않았던가? 크렘린의 우두머리인 스탈린은 스스로 추론한 내용에 자신만만해했다.

그러나 그 추론은 잘 들어맞지 않았다. 트루먼은 1947년 3월 12일에 그리스와 터키를 위한 군사와 경제원조 프로그램을 발표했는데, 이는 바로 2주 전에 영국 정부가 갑작스럽게 이 두 나라에 더 이상 원조 비용을 부담할 수 없다고 발표하면서 촉발된 것이었다. 트루먼은 대단히 광범위한 용어를 쓰면서 이제 "미국은 무장한 소수파 또는 외세 압력에 대한 굴종을 반대하며 저항하는 자유민을 지원하는 정책을 펴야 한다. ……우리는 자유민들이 스스로의 운명을 자기 뜻대로 해결하도록 도와주어야 한다"[40]라고 주장했다. 그해 봄에 스탈린은 출판되었던 철학사 책을 다시 써서 그 책이 서방 진영에 표한 경의를 최대한 가볍게 취급해야 한다고[41] 강조하는 데 한가로이 시간을 보내면서도, 트루먼의 이 연설에는 그다지 주의를 기울이지 않았다.

스탈린이 그 일에 매달리는 동안 마셜은—트루먼의 지휘에 따라—냉전의 거대 전략을 수립하고 있었다. 케넌의 '긴 전문'에는 소련이 외부 세계를 향해 내재적(內在的)인 적대감을 품고 있음을 문제점으로 밝혔다. 그러나 케넌의 전문이 해결 방안을 제시하지는 않았다. 곧 마셜은 케넌에게 방안을 마련하라고 지시했다. "사소한 점은 피하라"[42]는 것이 유일한 지침이었다. 공평하게 말하자면 그 지시는 충족됐다. 1947년 6월에 마셜이 발표한 유럽재건계획(The European Recovery Program)은 미국에 유럽 재건에 대한 의무를 지우는 것이었다. 이 계획은 즉시 마셜 플랜(the Marshall Plan)으로 알려졌는데, 그 당시 유럽 대륙 중에서 소련의 지배 아래 있는 지역과 아닌 지역을 구분하지 않았다.(그러나 그 밑에 깔린 생각은 이를 구분하고 있었다.)

마셜 플랜을 입안하는 데는 몇 가지 전제 조건이 있었다. 유럽 서방 진영의 이해관계에 가장 중대한 위협이 되는 것은, 소련의 무력 개입 가능성이 아니라 유럽인들이 기아와 빈곤과 절망을 겪고 공산당에 투표를 해서 그들이 정권을 잡을지도 모른다는 위험성이었다. 공산당이 집권하면 그들은 모스크바가 바라는 대로 순종하며 따를 것이다. 따라서 미국이 경제원조를 하면 심리적으로 도움을 얻고, 이것이 나중에는 물질적으로 도움이 되어 추세를 역전시킬 것이다. 소련은 이와 같은 원조를 수락하지 않을 것이고 위성국가가 이를 수락하는 일도 허용하지 않을 것이다. 이 때문에 소련과 그 위성국가 사이에는 긴장 관계가 형성될 것이다. 그러면 미국은 이제 막 시작되는 냉전에서 지정학적 주도권과 도덕적인 주도권 모두를 장악할 수 있다.

스탈린은 마셜 플랜이 깔아놓은 함정에 빠졌다. 그 함정이란 **스탈린**이 나서서 유럽을 분할하는 장벽을 구축하게 하는 것이었다. 마셜이 세운 계획에 방심한 스탈린은 대규모 사절단을 파리로 보내서 소련 참여를 논의하게 했고, 그 이후 동유럽 대표단은 남도록 허용하면서 사절단을 철수시켰다. 그리고 다음에는 이러한 원조를 받는 것을 금지—체코 지도자들이 모스크바로 불려가서 이 말을 듣는 극적인 사례도 있었다—했다.[43] 이런 일은 평상시 자신만만한 크렘린 독재자가 취하기에는 썩 걸맞지 않은 행동이었고, 이는 곧 봉쇄 전략과 더불어 그 핵심인 마셜 플랜이 스탈린 정책의 우선순위를 이미 어느 정도 혼란스럽게 만들었음을 암시했다. 그에게 철학 책 내용을 더 수정하는 일은 부차적인 문제가 되었다.

체코슬로바키아, 유고슬라비아, 베를린 봉쇄. 케넌이 예상했던 대로 스탈린은 마셜 플랜에 대응했다. 그는 가능한 곳이면 어디든지 통치를 더욱 강화했다. 1947년 9월에 스탈린은 2차 세계대전 이전에 국제 공산주의 운동 내부에 정통성을 강화하는 역할을 하던 코민테른〔Comintern; Communist International, 제3인터내셔널〕의 현대판 격인 코민포름〔Cominform; Communist Information Bureau, 공식 명칭은 공산당과 노동당 정보국(Information Bureau of the Communist and Workers' Parties)이다. 코민테른이 해체한 이후 국제 공산주의 운동의 첫 공식 포럼을 열고 1947년 9월 소련 주도하에 창설되었다. 1947년 마셜 원조에 관해 열리는 파리 회담에 참석할 것인지를 두고 동유럽 국가들의 의견이 분분하자, 이를 계기로 스탈린이 소집했으며 소련의 외교정책과 스탈린주의의 도구로 기능했다. 소련이 유고슬라비아와 화해하고 스탈린 격하 운동이 진행되면서 1956년에 해체했다—옮긴이〕 창설을 발표했다. 코민포름이라는 이 새로운 기구 내에서 스탈린의 대변인 역할을 하던 안드레이 즈다노프(Andrei Zhdanov)는 항의하는 폴란드인에게 "거만하게 굴지 마시오"라고 경고했다. "모스크바에 있는 우리가 마르크스-레닌주의를 어떻게 적용하는지 더 잘 알고 있소."[44] 이 말이 무엇을 의미하는지는 1948년 2월에 밝혀졌다. 이때 스탈린은 동유럽에서 민주 정부를 유지하고 있는 유일한 국가인 체코슬로바키아에서 공산당이 권력을 장악하는 계획을 승인했다. 쿠데타 직후 얀 마사리크(Jan Masaryk)—1차 세계대전 이후 체코의 '건국의 아버지'인 토마시 마사리크(Thomáš Masaryk)의 아들—외무 장관의 손상된 시신(屍身)이 프라하의 외무부 청사 정원에서 발견되었다. 그가 투신자살을 한 것인지 아니면 누가 밀어서 떨어진 것인지는 전혀 밝혀지지 않았다.[45] 그렇지만 별 상관이 없었다. 왜냐하면 마사리크의 죽음과 함께 스탈린 세력권 안에서는 **어떠한** 독립의 가망(可望)도 같이 사라질 것으로 보였기 때문이다.

그러나 공산주의(국가)라고 해서 모두 스탈린의 세력권 안으로 빠져들어간 것은 아니었다. 유고슬라비아는 2차 세계대전이 끝난 이후부터 죽 소련에게는 아주 믿을 만한 동맹국이었다. 그런데 이 나라의 통치자인 요시프 브로즈 티토(Josif Broz Tito)는 자력으로 권좌에 올랐다. 나치〔독일군〕를 몰아낸 것은 그와 그의 빨치산 대원들이지 붉은 군대가 아니었다. 동유럽의 다른 지도자들과는 달리, 티토는 권력을 유지하는 데 스탈린의 지원에 의존하지 않았다. 코민포름의 정통성에 예속시키려는 노력들이 티토를 분노하게 했고, 1948년 6월 말경에는 공개적으로 모스크바와 관계를 단절했다. 스탈린은 걱정하지 말라며 공언했다. "내가 손가락 하나만 까딱하면 티토 같은 경우는 다시는 안 일어날걸."[46] 공산주의자가 크렘린에 거역하여 일으킨 이 첫 반항 행동으로 소련과 국제 공산주의 운동 내부는 크게 흔들렸다. 그러나 티토는 살아남았고, 곧 미국으로부터 경제 원조를 받았다. 1949년 미국의 신임 국무 장관인 딘 애치슨(Dean Acheson)이 엄숙하게 인정했듯이, 이 유고슬라비아의 독재자는 "개자식(son-of-a-bitch)"이었을 수 있다. 그러나 이제는 "우리의 개자식"[47]이 되었다.

한편 스탈린은 도무지 전망이 보이지 않는 모험, 즉 베를린 봉쇄에 착수했다. 그 이유는 지금까지도 분명하지 않다. 그는 소련 점령지를 관통하는 공급선에 의존하면서 저마다 구역을 차지하고 있는 미국, 영국, 프랑스를 이 분할된 도시에서 몰아내기를 희망했는지도 모른다. 아니면 그들이 점령 지역을 통합하려고 노력하는 일을 지연시키려 했는지도 모른다. 만약 통합이 되면, 모스크바가 영향력을 미치지 않는 강력한 서부 독일 국가가 탄생할 개연성이 높다. 그 목적이 무엇이든 스탈린의 봉쇄는 티토를 징계하려 했던 시도만큼이나 예상에 어긋난 나쁜 결과를 불러왔다. 서방 동맹국이 포위된 도시에 즉각 공중보급을 제공하자 베를린 시민들은 그들에게 확실히 고마움을 느끼고 대다수 독일인들은 존경심을 보냈다. 아울러 서방 동맹국은 이 일 덕분에 세계적으로 스탈린을 잔인하고 무능하게 보이게 만드는 홍보 효과를 얻었다. "악당들." 스탈린은 이 일의 경과를 보고하는 한 외교 문서를 보고 이렇게 방어적으로 언급했다. "이건 모두 거짓말이야. ……그건 봉쇄가 아니라 방어적 조치일 뿐이야."[48]

비록 그것이 방어적인 것이었을지라도 마셜 플랜에 대응하여 스탈린이 취한 이러저런 조치는 공격적인 특성을 보였고, 이는 소련의 안전보장 문제를 감소시킨 것이 아니라 증폭시켰다. 체코의 쿠데타로—유럽 재건을 위한 트루먼의 계획을 아직 승인하지 않고 있던—미국 의회는 속히 마셜 플랜을 승인했다. 베를린 봉쇄와 더불어 프라하 사태가 일어나자 미국에게서 경제원조를 받는 유럽 수혜국들은 군사적 보호 또한 필요하다는 것을 확신하게 되었다. 이로써 유럽은 북대서양조약기구(North Atlantic Treaty Organization; NATO)의 창설을 요청하게 되었는바, 이는 역사상 처음으로 평시(平時)에 서유럽의 방위를 미국에 위탁하는 것이었다. 스탈린이 1949년 5월에 마지못해 베를린 봉쇄를 해제했을 즈음, 북대서양조약이 체결되었고 본(Bonn)에서는 독일연방공화국[서독]이 선포되었다. 이는 스탈린이 원하지 않았던 또 다른 결과였다. 티토의 이단적인 행동은 처벌받지 않은 채로 남아 있었고, 이것은 공산주의자들 스스로에게도 모스크바로부터 어느 정도 독립을 달성할 수 있음을 보여주었다. 그리고 스탈린이 이념적인 환상으로 기대했던 자본주의국가 간의 불화나 영미 간 전쟁도 전혀 일어날 조짐이 보이지 않았다. 전후 유럽의 지배권을 장악하려던 그의 전략은 산산이 깨졌고, 이런 결과는 다분히 그 자신이 저지른 실책 때문에 생긴 것이었다.

[VI]

지금 돌이켜보니 그런 것 같다. 그러나 그 당시에는 그렇게 보이지 않았다. 오히려 1949~1950년에는 **표면상** 서방측이 연이어 좌절을 겪었다. 그 가운데 정말로 중요했던 유럽에서 미국과 그 동맹국들이 주도권을 잡았던 추세를 반전시킬 만큼 실질적인 내용은 전혀 없었다. 하지만 직접 사태를 겪으며 살던 사람들은 이런 사실을 알 길이 없었다. 그들에게 서방 진영이 유럽에서 승전한 일들은 그와 거의 동시에 예기치 않게 더 넓은 전선―그 어느 곳도 전망이 밝아 보이지 않았다―으로 확대된 냉전으로 인해 빛바랜 것처럼 보였다.

사람들이 이런 생각을 했던 배경에는 첫째로 군사과학 영역이 있었다. 미국은 원자폭탄에 대한 독점이 6년 내지 8년 정도는 유지되기를 기대했다. 따라서 붉은 군대가 재래식 무력으로 유럽에서 발휘하던 불균형한 강점은 미국으로서는 그다지 크게 걱정할 정도가 아니었다. 제임스 포레스틸(James Forestal) 국방 장관은 1947년 늦게 "우리가 세계를 앞질러 생산할 능력이 있고, 바다를 지배하고, 원자폭탄으로 내륙을 공격할 수 있는 한, 다른 방법으로는 수용할 수 없는 위험을 감당할 수 있다"[49]

라고 언급했다. 마셜 플랜의 기본 전제는, 한편으로 소련의 능력에 견주기 위한 주요 군사력 증강을 뒤로 미루는 동안 미국이 유럽을 경제적으로 재건하는 데 안전하게 집중할 수 있다는 것이었다. 원자폭탄은 미국이 유럽을 부흥시키고 안정화하는 동안 소련을 막을 것이다.

그러나 1949년 8월 29일, 소련은 원자폭탄을 확보했다. 스탈린은 카자흐스탄 사막에서 진행했던 실험이 성공했음을 발표하지 못하게 했지만, 며칠 지나지 않아 미국에서는 최근에야 시작한 공중 견본 채취 비행에서 방사성 낙진(落塵)—원자폭탄이 소련 영토 안에서 폭발했다는 틀림없는 증거—을 발견했다. 트루먼은 이 일이 이렇게 빨리 일어났다는 데 놀랐지만, 만약 증거를 은폐하려 하면 새어나갈 수도 있음을 염려했기 때문에 9월 23일에 소련에 첫 핵무기가 실재한다는 사실을 직접 알렸다. 그 다음엔 크렘린이 이를 확인했다.

미국으로서는 힘이 빠지는 일이었다. 트루먼 행정부가 원자폭탄을 독점하지 않는다면, 재래식 군사력을 한층 높이고 북대서양조약에 규정되어 있지도 않은 예비 조치로 군사 일부를 유럽에 주둔시키는 일까지 고려해야만 했다. 미국이 소련보다 양과 질 모두에서 우위를 유지하려면 원자폭탄을 더 많이 생산해야 했다. 미국은 더 가공할 만한 세 번째 선택을 심사숙고하고 있었고, 이때 미국 과학자들은 트루먼에게 그 일을 가시화할 수 있는 실체를 밝혔다. 이른바 '초강력 폭탄'(super-bomb)을 제조하는 일이었다. 오늘날 전문용어로 '수소'(hydrogen) 폭탄이라고 하는 이 무기의 파괴력은 히로시마와 나가사키〔長崎〕를 폐허로 만든 무기보다 적어도 1000배에 이른다.

결국 트루먼은 세 가지 대안을 모두 승인했다. 그는 은밀히 원자폭탄

생산을 가속하도록 승인했다. 소련이 원자폭탄을 실험했을 당시에 미국이 화약고에 보유 중인 원자폭탄은 200개가 채 안 되었다. 펜타곤(Pentagon) 보고서가 지적한 바와 같이, 실제로 전쟁이 터졌을 때 소련을 확실히 패망시키기에는 충분하지 않은 숫자였다.[50] 그는 곧 1950년 1월 31일에 미국이 '초강력 폭탄' 계획을 진행시킬 것이라고 발표했다. 트루먼이 가장 오랫동안 승인하지 않았던 선택은 재래식 군사력의 증강이었는바, 그 주된 이유는 비용 때문이었다. 아직까지는 원자폭탄이나 심지어 수소폭탄을 증산하는 비용이 어림잡아 2차 세계대전 수준으로 육해공군을 원상회복하는 데 드는 비용보다 저렴했다. 트루먼은 수년간 적자 끝에 연방 예산의 수지 균형을 맞추도록 허용하는 '평화 배당금'〔peace dividend: 절감된 국방비가 복지와 교육 분야에 할당될 것으로 기대되는 예산—옮긴이〕을 희망해왔다. 그는 미국이 유럽 재건에 연간 정부 지출의 10퍼센트 가까이 투자하도록 되어 있는 마셜 플랜과 함께 위험성이 큰 방법을 택했다. 분명히 무엇인가—국가재정 능력, 보강된 군대, 유럽 재건—를 양보하지 않으면 안 되었다. 그가 이 우선순위 목표를 모두 만족시키면서 소련이 원자폭탄을 비약적으로 발전시킴으로써 야기된 새로운 불안정에 대처하는 것은 불가능했다.

냉전의 확대는 동시에 동아시아에서도 일어났는바, 트루먼이 소련의 원자폭탄을 발표하고 1주일 뒤인 1949년 10월 1일에 승리를 거둔 마오쩌둥〔毛澤東〕은 중화인민공화국 건립을 선포했다. 베이징에 위치한 톈안먼〔天安門〕 광장에서 거행한 기념식은 거의 사반세기에 걸쳐 중국국민당과 중국공산당 사이에서 계속되던 내란에 종지부를 찍었다. 마오쩌둥의 성공은 트루먼과 스탈린 두 사람 모두를 놀라게 했다. 이들은 오랫동안 장제스(蔣介石)가 통치자로 있던 중국국민당이 2차 세계대전 뒤에도 당연히 중국을 다스리리라고 생각했다. 일본이 항복한 지 4년 안에 중국국민당이 타이완 섬으로 패주하고, 지구상에서 가장 인구가 많은 나라를 공산당이 통치할 태세를 갖추리라고 예상한 사람은 아무도 없었다.

그렇다면 이 현상은 중국이 이제 소련의 위성국이 된다는 의미일까? 유고슬라비아에서 일어난 사태를 기억하고 있던 트루먼과 그의 보좌관들은 그렇게 생각하지 않았다. 1948년 말에 국무부의 분석 보고서는 이렇게 결론지었다. "마오(毛澤東)가 티토보다 열 배 가까운 세월 동안이나 권력을 누려왔다는 이유만으로도, 모스크바는 중국공산당을 완전히 소련 지배하에 두기 위해 애써야 할 엄청난 과제에 당면해 있다."51 마오쩌둥과 티토는 각기 오랫동안 공산당을 지배해왔고, 세계대전과 겹쳐 일어난 내란에서 공산당을 승리로 이끌었으며, 소련의 도움 없이 승리를 달성했다. 미국 관리들은 티토가 소련과 단절함으로써 뜻밖에 이점을 얻은 일을 염두에 둘 때 중국을 공산당에 빼앗긴 '손실'이 소련에게는 '이득'이 되지 않을 것이라며 스스로를 위안했다. 그들이 생각하기에 마오쩌둥은 결국 당연히 '아시아의 티토'가 될 것이었다. 따라서 장제스를 지지하는 막강한 '차이나 로비'(China Lobby)가 타이완의 방위를 요구했지만, 트루먼 행정부는 이를 공약하지 않았다. 애치슨 국무 장관이 표현한 대로 미국은 그저 "먼지가 가라앉을 때까지 기다릴 것이다."52

이 판단은 어리석었다. 마오쩌둥이 티토의 전례를 따를 의도가 없었기 때문이다. 이 새로운 중국 지도자는 모스크바에서 별다른 도움을 받지 않고 [공산주의] 운동을 창건했으면서도 스탈린을 국제 공산주의 운동의 수장으로 따를 마음의 준비가 되어 있는 헌신적인 마르크스-레닌주의자였다. 마오쩌둥은 1949년 6월에 새로운 중국이 "소련, ……그리고 다른 모든 나라의 무산계급과 광범위한 인민대중과 함께 동맹을 맺고 국제적인 통일전선을 형성해야 한다. ……우리는 한쪽 편을 들어야 한다"[53]라고 공표했다.

마오쩌둥이 내세운 근거는 첫째로 이데올로기와 관계가 있다. 마르크스-레닌주의는 마오쩌둥이 이룬 혁명을 그가 역사상 가장 성공한 혁명으로 여기는 1917년 볼셰비키 혁명과 연결짓는 길을 터주었다. 스탈린 독재는 또 한 가지 유용한 선례를 주었는데, 이는 마오쩌둥이 중국을 통치하려고 마음먹던 방식이었다. 마오쩌둥은 또한 미국에게 배반당했다는 느낌을 갖고 있었다. 그는 미국 측과 맺는 전시 접촉을 기꺼이 받아들였으나, 얼마 안 가서 미국이 군사원조와 경제원조를 장제스에게 제공하며 그쪽으로 기울어졌다고 결론 내렸다. 마오쩌둥은 트루먼 행정부에서 장제스가 우세하지 못할 것으로 확신한 한참 뒤에도 차이나로비의 압력으로 마지못해 이렇게 했다는 사실을 깨닫지 못했다. 이 새로운 중국공산당 지도자는 트루먼이 중국국민당이 권력을 잡도록 하기 위해 〔중국〕 본토 침공을 준비하고 있다는 결론을 내렸다. 그러나 미국은 유럽 재건에 여념이 없는 데다 재래식 군사력의 취약점을 두고 고민하면서 과도하게 긴장하던 터라 그런 계획은 세우지 않았다. 하지만 미국이 그런 계획을 꾸미고 있으리라고 생각한 마오쩌둥은 두려운 나머지—그의 혁명자적 자격을 입증하고 스탈린의 독재 통치를 본뜨리라 결심하면서—확실히 소련 편에 서게 되었다.[54]

"한쪽 편을 들어야 한다"는 공표는—티토는 이와 반대 경우였지만—

국제 공산주의가 모스크바에서 지령을 받는 완전히 획일적인 운동이라는 불안감을 미국 내부에 키웠다. 아마 스탈린은 의도했던 유럽 전략이 제대로 풀리지 않았을 때 중국공산당의 승리를 자신을 위한 냉전의 '제2전선'으로 생각했을 것이다. "이 중국 정부는 실상 소련 제국주의의 도구다." 마오쩌둥이 권력을 잡은 직후에 애치슨은 이렇게 인정했다.[55] 스탈린이 아시아에서 이처럼 거대한 장기 전략을 품고 있었다는 증거는 없었지만, 어쨌든 그는 마오쩌둥의 성공에서 재빨리 기회를 포착해서 유리하게 활용할 길을 모색하려고 했다.

스탈린은 그답지 않게 중국 동지들에게 중국공산당에 대해 과소평가했음을 사과하는 일을 첫 조치로 취했다. 1949년 7월 소련을 방문 중인 베이징 사절단에게 그는 "우리의 견해가 반드시 옳지는 않다"라고 말했다. 그는 계속해서 미국이 염려하던 '제2전선'을 제안했다.

우리는 분업을 해야 한다. ……소련은 …… (아시아에서) 중국 같은 영향력을 가질 수 없다. ……마찬가지로 중국은 유럽에서 소련처럼 영향력을 떨칠 수 없다. 그래서 국제 혁명의 긴요함을 위하여 여러분은 동방에서 더 많은 책임을 져야 하고 …… 우리는 서방에서 더 많은 책임을 질 것이다. ……다시 말하면 이는 태만할 수 없는 우리의 의무이다.[56]

마오쩌둥은 순종적이었다. 그래서 1949년 12월에 모스크바로 먼 여행—이는 그가 중국 밖으로 나간 첫 여행이었다—을 떠났다. 그리고 세계 공산주의 운동의 지도자를 만났고 공동 전략을 입안했다. 이 방문에는 두 달이라는 시간이 걸렸는데, 마지막에는 중·소 조약을 안출했다.

이는 1년 전에 체결된 북대서양조약과 대충 비슷했다. 이 조약에서 두 공산국가는 피습을 당할 경우 서로 지원하기로 약속했다.

바로 이 시점에—마오쩌둥은 모스크바에 체류 중이고, 트루먼은 수소폭탄을 제조할 결심을 할 즈음—주요한 간첩 사건 2건이 발생했는데, 하나는 미국에서였고 다른 하나는 영국에서였다. 1월 21일에 전직 국무부 직원인 앨저 히스(Alger Hiss)는 법정 선서를 하고 1930년대 말부터 1940년대 초까지 소련 첩자로 활동한 사실을 부인하여 위증죄 판결을 받았다. 3일 후 영국 정부는 독일의 망명 과학자 클라우스 푹스(Klaus Fuchs)가 전쟁 중에 맨해튼 계획에 소속되어 일하는 동안 소련을 위해 간첩 행위를 했다고 고백했음을 발표했다.

간첩 행위에 대한 우려는 새로울 것이 없는 일이었다. 소련이 간첩 행위를 범하고 있다는 주장이 전쟁 내내 표면에 드러났고, 이를 우려한 트루먼은 1947년에 행정부 내에서 충성심(loyalty) 검사 프로그램을 시작하기로 했다. 하지만 히스의 위증죄가 확정되고 푹스가 고백한 사건이 거의 동시에 발표되기 전까지는 간첩 행위를 명백히 확인한 바가 없었다. 간첩들로 말미암아 소련이 그렇게 빨리 원자폭탄 제조에 성공할 수 있었다는 결론—이 결론은 판명된 바와 같이 아주 정확했다—을 내리기까지는 크게 논리 비약을 할 필요가 없었다.[57] 이들이 중국에서 마오쩌둥의 승리를 촉진했을까? 우연히 발생했다고 보기에는 사태가 너무나 끔찍한 방향으로 진행되었다. 행정부를 비판하는 사람들 마음속에는 불온한 점들이 수없이 연결되기 시작했다.

그 점들을 연결하는 자들 중에 가장 눈에 띄는 인물은 조지프 매카시(Joseph McCarthy) 상원 의원이었다. 1950년 2월, 그때까지만 해도 그다지 눈길을 끌지 못한 위스콘신 출신 공화당원인 그는 공산당이 신속히 중국을 접수하던 때 소련이 어찌 그리 신속하게 원자폭탄을 제조할 수 있었는지 의문을 제기했다. 그는 "적이 우리 해안에 공작원을 파견하여 침략한 것이 아니라, 오히려 지구상에서 가장 돈 많은 나라가 제공하는 혜택—우리들이 제공할 수 있는 최고의 주택, 최고의 대학 교육, 최고의 정부 요직—을 누려온 자들이 반역 행위를 했기 때문"[58]이라고 해답을 내놓으면서 웨스트버지니아 주 휠링의 여성 공화당 클럽에서 열린 포럼을 통해 비난했다. 트루먼 행정부는 매카시의 비난을 막느라 수개월을 보냈다. 매카시는 이 주장을 필사적으로 증명하기 위해 분주했지만 점차 설득력이 줄어들고 있었다. 아무리 나쁜 일을 저질렀다 해도 고위직의 대역죄를 주장하는 설명은 믿기 힘든 일로 보였다. 적어도 1950년 6월 25일 북한이 남한 침공을 개시하기 전까지는 그랬다.

[Ⅶ]

한국은 독일처럼 2차 세계대전이 끝날 때 소련과 미국 군대에 공동으로 점령되어 있었다. 이 나라는 1910년 이래로 일본 제국의 일부가 되었다. 그리고 1945년 여름, 일본의 항전이 급격히 무너질 때 만주(滿洲)를 침공하려고 계획 중이던 붉은 군대는 그와 함께 북한으로 진주할 길이 열려 있음을 알게 된다. 일본 본토를 침공하는 임무를 띠고 있던 일부 미군들도 한반도 남부에서 같은 길을 발견했다. 그러므로 한반도는 계획적이라기보다는 우연히 점령되었다. 이는 한반도에 단일 정부가 탄생하고 그 후에 점령군이 철수할 때까지 모스크바와 워싱턴이 별 어려움 없이 한반도를 반으로 가르는 위도 38도선을 분계선(line of demarcation)으로 만드는 데 합의할 수 있었다는 사실을 설명한다.

1948년과 1949년 사이에 점령군은 철수했지만, 이 나라를 누가 통치할 것인가에 대해서는 합의가 없었다. 그 대신 한반도는 분단된 채로 남았다. 즉 국제연합이 승인한 총선거 덕분에 미국의 지지를 받는 대한민국이 남반부를 통치하고, 한편으로는 소련의 지지를 받는 조선민주주의 인민공화국은 선거를 치르지 않는 북반부를 지배했다. 그때까지 이 나라를 통일시키는 유일한 방법은 내전, 즉 저마다 자기가 합법 정부라고 주장하면서 상대방을 침공하겠다고 위협하는 것이었다.

따라서 강대국의 지지 없이는 어느 쪽도 그렇게 할 수 없었다. 미국은 동맹국인 남한에 이를 거절했다. 그 주된 이유는 트루먼 행정부가 아시아 본토의 모든 거점을 정리하고, 일본, 오키나와, 필리핀 같은 도서―그러나 타이완은 빠졌다―의 전략적 거점 방어에 집중하기로 결정했기 때문이다. 남한 대통령인 이승만은 일본에 있는 미국 점령군 사령관 더글러스 맥아더 장군(General Douglas MacArthur)은 물론 워싱턴의 관리들에게서 북한을 해방시키려는 포부를 지지받기 위해 거듭 애썼다. 그러나 허사였다. 미국이 남한에서 군대를 철수한 이유 중에는 돌출 행동을 하는 이승만이 '북진'(北進)을 해서 미국을 원하지도 않는 전쟁으로 끌어들이지 않을까 하는 우려도 있었다.[59]

이승만의 북쪽 상대인 김일성은 남한에 대해 비슷한 계획을 품고 있었고, 한동안은 그의 강대국 후원자와 비슷한 경험을 했다. 그는 한반도를 통일할 군사작전에 모스크바가 지지해주기를 거듭 촉구했지만 번번

이 거부당했다. 드디어 1950년 1월, 새로이 지지를 요청한 것이 보다 고무적인 응답을 받았다. 동아시아에서 '제2전선'을 벌일 만하다는 것, 이를 대리인들이 수행한다면 소련에 위험도는 최소화하면서 미국이 이에 대응하지 않으리라는 것을 스탈린이 확신했기 때문에 이런 차이가 생겼다. 무엇보다도 미국은 중국국민당 정부를 구원하지 않았고, 1950년 1월 12일에는 애치슨 국무 장관이 미국의 "방어 범위"가 남한까지는 미치지 않는다고 공개적으로 언명하기까지 했다. 스탈린은 애치슨의 연설과 함께 (영국 간첩 덕분으로) 이 발언의 근거지인 국가안전보장회의 (National Security Council)의 극비 연구보고서를 주의 깊게 검토했다. 그리고 그의 외무 장관인 몰로토프에게 마오쩌둥과 논의하도록 권한을 주었다. 그 다음에 스탈린은 "미국으로부터 입수한 정보에 의하면 …… 간섭하지 않는 분위기가 지배적일 것"임을 김일성에게 알려주었다. 이에 대해 김일성은 "침공은 신속하게 진행될 것이고, 따라서 3일 안으로 승전보를 울릴 것"이라고 스탈린에게 확신을 주었다.[60]

스탈린은 중국 측과 논의했던 바대로 동아시아에서 기회를 잡는 보다 큰 전략의 일부로 김일성에게 '청신호'를 주었던 것이다. 남한 침략을 승인한 뒤 얼마 되지 않아 스탈린은 호찌민〔胡志明〕에게 인도차이나에 있는 프랑스에 대항해 베트민〔베트남(Vietnam)에 관련된 국호를 정리하면, 베트남은 역사적으로 과거와 현재의 통일된 지역과 국가로서 고유명사다. 1954년 제네바 협정에 따라 공식적으로 남북으로 분단된 후에는 남반부(South Vietnam)를 베트남(Vietnam, 월남), 북반부(North Vietnam)를 베트민(Vietmihn, 월맹)이라고 불러왔다. 베트민은 '베트남(월남)민주동맹'의 약칭으로 1941년에 호찌민을 중심으로 중국에서 결성된 독립운동 단체였다. 이는 반불(反佛), 항일(抗日) 운동을 전개하기 위해 조직되었으며 나중에 공산 베트남의 중핵 단체가 되었기에 북베트남을 흔히 베트민으로 불렀다. 베트콩(Vietcong)은 베트남어 'Việt Nam Công Sân'(Vietnamese communist, 베트남 공산당)의 약칭으로 남베트남 민족해방전선을 이르는 말이다. 이들은 분단 베트남에서 무장 게릴라로서 베트남전쟁 중(1956~1975)에 베트남 정부와 미군에 저항했다―옮긴이]의 공세를 강화하도록 격려했다. 두 지역에서 승리한다면, 지난해 마오쩌둥이 승리한 여세가 유지될 것이다. 그러면 소련이 유럽에서 맛봤던 좌절을 보상받고, 일본을 점차 확실히 전후 군사 동맹의 체제 안으로 끌어들이려 하는 미국의 노력에 반격을 가할 수 있을 것이다. 이 전략의 특별한 장점은 소련이 직접 관여할 필요가 없다는 것이었다. 북한과 베트민은 각기 조국을 통일한다는 구실로 작전을 펴면서 선수를 칠 것이다. 그리고 중국은 스탈린의 승인을 받아냄으로써 혁명이 정당화되기를 열망하고 있기 때문에 필요시에는 언제나 지원할 태세였다.[61]

이런 사건들은 곧 북한의 남한 침략으로 이어졌다. 다만 스탈린이 예상하지 못한 것은 남한 침략이 미국에 끼친 영향이었다. 이 불의의 습격은 9년 전에 일어난 진주만(Pearl Harbor) 습격만큼 커다란 충격이었고, 워싱턴의 전략에 미친 파급 효과는 심대했다. 남한은 본질적으로 그리고 자연히 세계적인 세력 균형에 미치는 영향력이 거의 없었다. 그러나 국제연합(UN)이 승인한 경계 38도선을 넘어서 [남한이] 그처럼 명백하게 침략을 당했다는 사실은 전쟁 이후 집단 안전보장이라는 전체 구도가 도전받는 것으로 보였다. 바로 이런 일들 때문에 1930년대에 국제 질서가 붕괴되어, 그 결과로 2차 세계대전이 발발한 것이었다. 트루먼은 무엇을 어떻게 해야 할지 생각할 필요가 거의 없었다. 트루먼은 "유엔의 위상이 떨어지게 놔둘 수는 없다"고 보좌관들에게 거듭 강조했다.[62] 트루먼 행정부가 미국의 남한 방어를 결정하는 데는 불과 몇 시간밖에 걸리지 않았다. 게다가 그 결정은 단지 미국 당국만이 아니라 UN의 권한까지 포함한 것이었다.

그렇게 신속한 결정이 가능했던 데는 두 가지 이유가 있었다. 그 첫째는 미군이 일본을 점령하면서 편리성 때문에 가까이에 배치해 있었다는 점이다. 이 사실은 스탈린이 간과했던 듯하다. 두 번째 이유는—이것 역시 스탈린이 간과했던 부분이다—국제연합의 조치에 거부권을 행사할 소련 대표가 안전보장이사회에 출석하지 않았다는 점이다. 소련 대표는 중국공산당 정부가 국제연합 가입에 거부당하자 이에 항의하는 표시로 그 몇 달 전부터 물러나 있었던 것이다. 그러자 국제사회는 국제 안전보장에 대한 이 새로운 위협에 대처하기 위해 국제연합의 승인 아래 며칠 안으로 전쟁 준비에 동원되었다. 이것도 모스크바가 예상하지 못한 또 다른 반응이었다.

이 대응은 확실히 실패할 가능성이 높았다. 미국과 남한 군대는 한반도 동남쪽 끝자락으로 퇴각할 수밖에 없었다. 그리고 유엔군 사령관 맥아더 장군의 눈부신 군사작전이 없었다면 한반도에서 전부 철퇴해야 했을 것이다. 맥아더 장군은 9월 중순에 서울 가까이 있는 인천에서 과감한 수륙양면작전으로 북한을 놀라게 했다. 얼마 지나지 않아 그는 38도선 아래 주둔한 북한군을 함정에 밀어넣어 거의 저항을 받지 않고 북한으로 진격했다. 연이은 사태로 충격을 받은 스탈린은 패전은 물론이고 미군이 중국·소련과 직접 국경을 맞대고 있는 북한을 점령하는 전망까지 받아들여야 할 처지에 놓였다. 지쳐 있던 스탈린은 당시에 이런 언

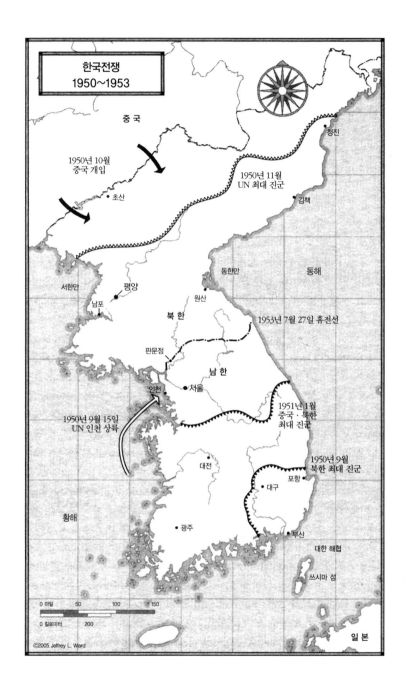

급을 했다. "내버려둬. 미국이 우리 이웃이 되게 놔둬."[63]

　그렇지만 중국이 무슨 일을 벌일지에 대한 문제가 남아 있었다. 마오쩌둥은 남한 침략을 지지했고, 인천 상륙—그는 이를 예상하고 김일성에게 대비하라고 경고하기도 했다—이전에 이미 타이완과 대치한 해안에서 북한 국경까지 군대를 이동시키기 시작했다. 8월 초에 그는 보좌관들에게 이렇게 말했다. "우리는 조선(朝鮮)에 원조를 아니할 수 없다. 우리는 의용군을 파견하는 방식으로 조선을 도와주어야 한다."[64] 워싱턴에서는 중국이 개입해 참전하지 않을까 우려하고 있었다. 이런 이유로 트루먼은 맥아더에게 중국과 북한의 접경을 이루는 압록강까지는 진격하지 말라고 명령했다. 한편, 미국 국무부에서는 사상자가 어마어마하게 발생하리라는 예상을 여러 중재자를 통해 제기함으로써 중국(참전)을 단념시키려 했다. 한동안 마오쩌둥은 보좌관들에게 참전의 필요성을 납득시키는 데 어려움을 겪었다. 이런 상황은 10월 초에 스탈린이 김일성에게 북한에서 철수해야 한다고 말하는 지경에 이르게 했다. 그렇지만 얼마 안 가서 중국 내에서 마오쩌둥의 의견이 채택됐고, 그리하여 중국은 소련과 북한에게 곧 (북한을) 구원할 것이라는 소식을 전할 수 있게 되었다.[65]

　이렇게 해서 1950년 11월 말에는 양측 군대가 강을 건너 서로 대치하게 되었는데, 이번에는 경계심을 녹일 만한 환호, 악수, 춤, 축배, 그리고 희망이 없었다. 한 미군 장교는 "우리는 전쟁에서 이겼다고 믿었지요!"라고 회상했다. "추수감사절이 왔고, 우리는 갖가지 음식을 차렸어요. ……그해 추수감사절은 우리들이 안심하고 있을 때였지요. ……그때 우리는 압록강 가까이 있었고, 그건 곧 우리가 귀국하리라는 뜻이었어요."[66] 그렇지만 이번 경우에 압록강 건너편에 있던 군대는 생각이 달랐다. 그들의 사령관인 마오쩌둥은 스탈린에게 "우리 목표는 (한국) 전쟁을 해결하는 것, 즉 미군을 한반도에서 제거하거나 그들과 다른 나라 침략군을 몰아내는 것"이라고 설명했다.[67] 11월 26일에는 중국군 30만여 명이 나팔을 불며 인해전술 공격으로 기습 작전의 모든 이점을 안고 이 약속을 실천하기 시작했다. 이틀 후에 맥아더는 합동참모본부에 이렇게 보고했다. "우리는 완전히 새로운 전쟁에 직면해 있다."[68]

[VIII]

2차 세계대전의 승리는 결과적으로 승전국에 안전보장을 받는 느낌을 주지 못했다. 1950년 말에는 미국도, 영국도, 소련도 독일과 일본을 패망시키는 데 인명과 재산을 소모했지만 안전해졌다고 생각할 수 없게 되었다. 대동맹 국가들은 이제 냉전의 적수가 되었다. 이해관계는 양립할 수 없는 것으로 드러났고, 이데올로기는 전쟁 이전에도 그러했듯이 양극화된 채로 남아 있었다. 기습 공격에 대한 공포심이 워싱턴, 런던, 모스크바의 군부를 끊임없이 괴롭혔다. 전후 유럽의 운명을 놓고 시작된 싸움은 이제 아시아로 퍼져나갔다. 스탈린의 독재정치는 쭉 그래왔듯이 무자비했고, 숙청에 의지하고 있었다. 그러나 미국에서 매카시즘(McCarthyism)이 떠오르고 대서양 양안(兩岸)〔미국과 영국〕에서 간첩 행위가 일어났다는 반박할 여지가 없는 증거가 나왔으니, 서방 진영의 민주주의가 과연 독재자—그것이 파시스트든, 공산당의 변종이든—와 구별되어 그것에 반대되는 관용과 시민 자유권에 대한 존중을 유지할 수 있을지에 대해서 명확한 부분이 전혀 없었다.

"사실은 우리 한 사람 한 사람의 마음 깊은 곳 어딘가에 전체주의적 생각이 조금씩 묻혀 있다." 케넌은 1947년 국립국방대학(National War College) 강의에서 학생들에게 이렇게 발언했다. "이 악(惡)의 천재를 억누를 수 있는 것은 오직 마음에서 우러나오는 밝은 확신과 안전보장뿐이다. ……확신과 안전보장이 사라지면, 그 악의 천재는 기다리지 않고 일어날 것이다."[69] 봉쇄된 적이 자유의 수혜자 안에 손쉽게 자리 잡을 수 있다는 봉쇄 정책의 창시자가 보내는 이 경고는 그렇게 큰 희망을 품어오던 전후 국제 질서에서 공포심이 얼마나 넘쳤는지를 보여주었다. 이는 왜 1949년에 오웰의 《1984》가 출간되자마자 즉시 문단의 대업적이 되었는지를 설명하는 데 도움이 된다.[70]

그러나 오웰의 전망이 비록 어두울지라도 그것은 적어도 미래를 가정한 것이었다. 케넌은 1950년대 초까지 미래가 **존재하지** 않을지도 모른다고 우려했다. 트루먼 행정부를 위해 준비했지만 외면당한 극비의 비망록을 통해서 그는 역사적으로 무력 사용은 "전쟁과는 다른 목적을 위한 수단이었다. ……그 목적은 최소한 생명의 원칙 자체를 부인하지 않았다"고 지적했다. 그러나 원자폭탄과 수소폭탄은 이러한 특성이 없었다.

그들[원자폭탄과 수소폭탄]은 서방 문명의 경계선을 너머 한때 아시아 유목민 집단에게 익숙한 전쟁 개념이 되었다. 그들은 적(敵)의 생명을 파멸시키기보다는 형성하는 방향으로 정립된 정치 목표와 조화될 수 없었다. 그들은 서로를 위한, 심지어 서로의 실수와 과오에 대한 인간의 궁극적인 책임을 고려하지 않았다. 그들은 인간이 스스로에게 최악인 적이자 가장 가공할 적이 될 수 있을 뿐 아니라 실제로 그렇다는 사실을 받아들인다는 의미다.

케넌은 이 교훈이 셰익스피어에게서 온 것이라고 주장했다.

힘은 의지로, 의지는 욕망으로
욕망은 모든 인간이 품고 있는 늑대와 같아,
의지와 권력의 이중 뒷받침을 받으면,
어쩔 수 없이 모든 것을 잡아먹게 될 것이며
결국에는 스스로를 잡아먹게 되리라.[71]

　　　　　　　　　　－《트로일로스와 크레시다》(Troilus and Cressida) 중에서

2장 죽음의 배와 삶의 배

트루먼 대통령: 우리는 군사적 상황에 대처하기 위해 필요한 조치는 무엇이든 취할 것입니다.

기자: 거기엔 원자폭탄도 포함합니까?

트루먼 대통령: 거기에는 우리가 갖고 있는 모든 무기가 포함되고…… 군 사령관은 늘 그랬듯이 무기 사용에 책임을 질 것입니다.

-1950년 11월 30일 대통령 기자 회견[1]

(공식적이긴 하지만 부정확한 명칭을 쓰자면) 중국 인민의용군(The Chinese People's Army)은 10월 중순에 은밀히 압록강을 건너기 시작했다. 11월 말까지 작전 준비가 완료되고 주로 미군과 한국군으로 구성된 유엔군이 북한의 국경선에 접근하자, 갑자기 중국 군대가 공격을 가해 가공할 결과를 가져왔다. 트루먼이 기자회견을 하던 날, 맥아더 장군이 이끄는 군대는 압도적인 적의 강습을 맞아 후퇴하는 중이었다. 그리고 워싱턴에서는 이 상황을 구제하기 위한 극단의 조치를 고려하고 있었다.

맥아더는 트루먼에게 위임받은 권한으로 군을 지휘했고, 12월 2일에는 한반도를 진격하며 내려오는 중국군 대열에 히로시마 원자폭탄과 같은 크기의 원자폭탄 5개를 투하할 것을 미국 공군에 명령했다. 2차 세계대전 끝 무렵 일본 도시에서 그랬던 것만큼 효과적이진 못했지만, 이로 인한 폭발과 불바람은 중국군의 공세를 멈추게 했다. 이 공격으로 수효를 알 수 없는 미군과 남한군의 전쟁 포로와 함께 중국군 약 15만 명이 전사했다. NATO 동맹국들은 맥아더가 상의도 없이 취한 행동을 서둘러 비난했다. 아울러 미국은 6개월 이전에 거부권을 행사함으로써 남한을 방어하는 군사행동을 승인한 UN 안전보장이사회의 결정을 즉각 번복시키는 일을 저지했다. 동맹국인 중국으로부터 핵무기 보복 압력을 집중적으로 받은 소련은 한반도에서 모든 군사작전을 중단하지 않으면 "가장 심각한 결과"에 직면할 것이라고 미국에 48시간 최후통첩을 보냈다.

12월 4일 최후통첩 시한이 지나자 소련 폭격기 2대가 비록 초보적인 수준이긴 하지만 완전히 작동이 가능한 원자폭탄을 탑재하고 블라디보스토크에서 발진했다. 그들은 한국의 부산과 인천을 목표로 했는데, 이 두 도시는 유엔군에게 중요한 보급기지 항구였다. 폭탄이 투하되자 남은 것이 거의 없었다. 이 폭격으로 사상자가 2배나 발생한 것을 보고, 맥아더는 병참 보급선이 완전히 끊긴 상태에서 중국에 대한 폭격을 명령했다. 맥아더는 일본에 기지를 둔 미국 폭격기로 중국 도시인 선양〔瀋陽〕과 하얼빈〔哈爾濱〕은 물론 소련의 블라디보스토크에도 원자폭탄을 투하하도록 명령했다. 폭격 소식이 전해지자 일본 전 지역―일본은 소련 폭격기의 비행 거리 안에 있다―에서 반미(反美) 시위가 일어났다. 또한 영국, 프랑스, 베네룩스 3개국은 NATO 동맹국에서 공식 탈퇴하겠다고 선언했다. 그러나 이미 서독의 도시 프랑크푸르트와 함부르크에 원자폭탄의 버섯구름이 보도된 뒤였다. 커트 보니것〔Kurt Vonnegut, 1922~

2007: 미국 소설가로 2차 세계대전 중에 독일군 포로가 되어 드레스덴 근처 수용소에 있었다. 연합군의 드레스덴 융단폭격에서 살아남아 참혹한 경험을 《제5도살장》이라는 소설로 묘사했다―옮긴이]의 표현을 빌리자면, 모두 지상에서 사라졌을 것이다.[2]

　그러나 그렇지 않았다. 첫 문단에서 묘사된 기자회견 대담과 사건들만 실제로 일어난 일이고, 그 다음 두 문단은 꾸민 이야기다. 사실, 트루먼 행정부는 급히 대통령의 언사(言辭)가 잘못 선택되었으며 미국은 한반도에서 핵무기를 사용할 계획이 전혀 **없을뿐더러** 이러한 계획을 뒤집을 수 있는 결정도 군(軍)의 최고 통수권자(commander-in-chief)〔즉 대통령〕만이 할 수 있다고 언론, 국민, 동맹국, 그리고 심지어 적국까지 안심시켰다. 미국은 남북전쟁 이래 가장 치욕스러운 군사적인 역전으로 충격을 입었으면서도 그것이 비록 무기한 교착 상태를 의미한다 해도 한국전쟁을 제한전(制限戰) 상태로 유지하기로 결정했다. 1951년 4월 맥아더가 이 방침을 수긍하지 않자 트루먼은 즉시 그를 해직시켰다.

　한반도에서 일어난 전투는 1차 세계대전의 참호 전쟁과 비슷한 상태로 2년을 더 끌었다. 중국, 미국, 그리고 이들의 각 동맹국〔북한과 남한〕이 1953년 7월에 휴전을 합의할 때까지 한반도는 전쟁으로 폐허가 되었고, 양쪽 어느 편에도 명백한 승전은 없었다. 남한과 북한을 가르는 경계선은 1950년 당시와 거의 변동이 없었다. 공식 통계로는 미군 3만6568명이 전사했다. 그 밖의 손실은 명확한 계산이 불가능하다. 그러나 3년이라는 전투 기간 동안 중국 군인은 약 60만 명이, 한국인은 민간인과 군인을 포함해서 200만 명 이상이 목숨을 잃었다.[3] 이 전쟁이 남긴 결정적인 산물은, 핵무기로 무장한 국가들도 장기간 유혈 전쟁에 참전할 수 있다는 전례를 만들었다는 것이다. 즉 핵무기를 사용하지 않는 선택을 할 수 있다는 것이다.

[I]

1945년 세계대전이 끝나면서 전체주의는 더 이상 이 세계가 두려워할 유일한 것이 아니었다. 일본을 항복시킨 바로 그 무기—미국이 히로시마와 나가사키에 실제로 투하한 원자폭탄—는 승전국의 원기를 돋구었듯이 그만큼 공포의 원인도 되었다. 폭탄 단 한 개가 도시 전체를 폐허로 만들 수 있다면, 미래의 전쟁은 어떻겠는가? 과거 사례로 볼 때 개발된 무기를 다시 거둬들이는 일은 극히 드물다. 단 하나 의미 있는 선례는 2차 세계대전에 독가스 사용을 금지한 일이다. 이는 1차 세계대전 중에 독가스가 광범위하게 사용되었지만 그 관리와 통제가 불완전했기 때문에 생긴 결과다. 실제로 활과 화살부터 화약, 대포, 잠수함, 폭격기에 이르기까지 새로운 무기가 발명되면 이것을 통제하지 않고 풀어놓는 경우가 많았다.

그러나 원자폭탄은 그 이전 무기들과는 달랐다. 원자폭탄은 미국의 전략가 버나드 브로디(Bernard Brodie, 1910~1978: 미국의 군사전략가. 특히 핵전략의 기본을 정립했다—옮긴이)가 1946년에 지적했듯이 "똑같은 조건에서 이전에 알려진 어느 최강의 폭약보다도 수백만 배나 더 강력했다."[4] 핵무기에 의존하는 경향이 널리 퍼지면, 문자 그대로 일선뿐 아니라 보급선, 그리고 도시와 그 도시를 지탱하는 공업단지 또한 전쟁 위험에 처하게 되므로 전쟁의 성격이 달라질 수 있다. 모든 것이 전쟁터가 되어버린다.

전쟁은 태곳적부터 있었다. 처음에는 부족과 부락에서 시작되었다가 도시, 국가, 제국, 그리고 현대 국가까지 지속되어왔다. 단지 싸움에 이용되는 수단만 달라졌을 뿐이다. 기술이 발전함에 따라 치명성도 높아졌으며 전쟁 규모가 클수록 그에 따른 비용도 더 거대해지는, 놀라울 것도 없는 결과를 함께 가져왔다. 우리가 상세히 내용을 알고 있는 역사상 첫 전쟁—기원전 5세기 아테네와 스파르타 사이에 벌어진 펠로폰네소스 전쟁—은 아마도 사망자 수가 25만 명쯤 될 것이다. 20세기에 벌어진 두 차례의 세계대전에서는 이보다 300배나 되는 인명이 목숨을 잃었다. 투키디데스(Thucydides)가 "인간의 본성은 언제나 그대로"[5]라고 예언한 것처럼, 이 두 전쟁은 충돌을 몰고 온 폭력 성향이나 그 밖의 모든 면이 거의 비슷했다. 차이가 있다면, 사상자의 수를 늘린 무기 성능의 '향상' 이었다.

프로이센의 위대한 군사전략가 카를 폰 클라우제비츠(Carl von Clausewitz) 는 나폴레옹전쟁의 여파 속에서 무제한 폭력에 의존한 국가들이 이 암울한 경향으로 말미암아 자멸할 수도 있다고 경고했다. 만약 전쟁의 목적이 국가를 안전하게 지키는 것이라면(어찌 아닐 수 있겠는가?), 전쟁은 **제한적이어야 한다**. 클라우제비츠가 전쟁은 "수단이 다를 뿐 정치 활동의 연장이다. ……정치적 의도는 목적이고, 전쟁은 그것을 달성하는 수단이다. 그리고 수단은 결코 목적과 분리된 것으로 볼 수 없다"[6]라고 주장한 것은 바로 이런 의미이다. 만약 무기가 전에 없이 파괴력이 엄청나서 전쟁을 하는 목적이 위험에 처하면, 국가 자체가 전쟁의 제물이 될 수도 있다. 이런 상황에서 무력에 호소하면 방어한다는 의미가 훼손될 수 있다.

바로 이런 일들이 20세기 전반기에 일어났다. 독일, 러시아, 오스트리아 · 헝가리, 오스만 제국이 1차 세계대전에서 패망한 결과 사라졌다. 다른 두 제국, 즉 영국과 프랑스는 승전은 했으나 심각하게 약화되었다. 2차 세계대전은 보다 더 파멸적인 결과를 가져왔다. 국가 전체의 정치적 소멸뿐만 아니라 물리적으로 궤멸 상태에 빠지고, 유대인의 경우에는 전체 인구가 거의 멸종되다시피 했다. 미국이 히로시마와 나가사키에 원자폭탄을 투하하기 훨씬 전에, 총력전의 위험성을 지적한 클라우제비츠의 경고는 충분히 확인되었다.

원자폭탄은 혁명적인 성격을 띠면서도 오래되고 익숙한 가정(假定) 아래 제조되었다. 즉 이 폭탄이 기능을 발휘한다면 사용할 것이라는 가정이다. 전시 맨해튼 계획(Wartime Manhattan Project)에 종사한 몇천 명이 안 되는 인원은 자신들이 하는 일이 설계나 생산 면에서 다르다는 것을 알았다. 원자폭탄은 아직 남아 있는 적을 표적으로 삼아 무엇이든 준비되는 대로 거기에 투하될 것이었다.[7] 기술상에 변화가 있었는지는 모르지만, 폭력을 증폭시키는 인간의 습성에는 변화가 없었다.

원자폭탄을 제조한 사람들은 이 핵무기를 1945년 8월 6일과 9일에 군사적으로 처음 사용한 것이 20세기 후반으로서는 마지막이었음을 알았다면 놀랐을 것이다. 큰 전쟁을 치르는 수단이 더욱 급격히 파괴력을 키우면서 이런 전쟁이 일어날 가능성은 줄어들었고, 궁극적으로는 다 같이 사라졌다. 투키디데스가 그 시대 최대의 전쟁을 통해 얻은 교훈과는 반대로, 인간의 본성이 변했다. 그리고 그 변화 과정은 히로시마와 나가사키의 충격에서 시작되었다.

[Ⅱ]

이런 과정이 일어나는 데는 통솔력이 필요했다. 그리고 가장 중요한 첫 걸음은 지금까지 사람을 죽이는 데 핵무기 사용을 지시한 바로 그 유일한 개인으로부터 시작되었다. 해리 S. 트루먼은 남아 있는 생애 내내 그 결정 때문에 잠을 못 이루었다고 주장했지만, 그의 행동은 그렇지 않아 보였다. 뉴멕시코 사막에서 원자폭탄을 처음 실험하던 날 그는 사색하면서 "여러 세기에 걸쳐 기계가 윤리를 앞서갔다. 그리고 윤리가 따라잡았을 때는 아마도 윤리가 필요없기 때문이었을 것이다"라고 기록을 남겼다. 1년 후에 트루먼은 그의 관심을 보다 확장된 문맥으로 표현했다. "인류라는 동물과 그들의 감정은 세대에서 세대를 거쳐도 크게 변동이 없다. 인류는 지금 변화하지 않으면 절대적이고 완전한 파멸에 직면할 것이다. 그리고 아마도 곤충 시대나 아니면 대기(大氣) 없는 행성이 그들의 뒤를 이어갈 것이다."[8] 1948년에 그는 보좌관 그룹에게 다음과 같이 언명했다. "가공할 파괴력, 우리에게 지금까지 있었던 그 무엇보다 훨씬 앞선 파괴력을 보유한 무언가를 사용하도록 명령하는 일은 정말 끔찍하다. ……그래서 우리는 소총, 대포, 그리고 그런 평범한 무기와는 다른 이것(원자폭탄)을 취급해야 했다."[9]

이 문구는 단조롭다(트루먼은 사실적인 인간이었다). 그러나 여기에 함축된 의미는 가히 혁명적이었다. 과거에 정치 지도자들은 전쟁 현장에 사용할 무기를 결정하는 일을, 그것이 어느 정도 파괴력을 가져올지와 상관없이 사령관들에게 일임해왔다. 이 추세를 변경하는 데 클라우제비츠의 경고는 여러 해 동안 별다른 효과가 없었다. 링컨은 장군들에게 남군(南軍)을 물리치기 위해 무엇이든 할 수 있도록 자유 권한을 주었다. 남북전쟁이 끝날 때까지 60만 명은 족히 넘는 미국인이 희생되었다. 1차 세계대전에서 민간인은 군대에 거의 제약을 주지 않았고, 그 결과는 너무나 끔찍했다. 솜(Somme) 전투[프랑스 북부 지역인 솜(Somme) 강 부근에서 1916년 6월부터 11월까지 벌어진 전투. 1차 세계대전 중 가장 규모가 큰 전투였으며 150만 명 이상의 사상자가 나와, 가장 유혈적인 군사작전으로 기록되고 있다—옮긴이]에서 약 2만1000명의 영국 군대가 단 하루 동안—대부분은 단 1시간 안에—전사했다. 2차 세계대전 중 영·미의 전략폭격으로 며칠 밤 사이에 민간인 사상자가 수만 명씩 생겨났다. 이런 일이 일어날 때 처칠이나 루스벨트를 깨우는 사람은 아무도 없었다. 그리고 트루먼은 최초의 원자폭탄을 언제 어디에 투하할지 결정하는 일을 육군 항공대에 일임했다. 다른 사람들과 마찬가지로, 원자폭탄이 투하되기 전까지 '히로시마'와 '나가사키'는 그에게도 생소한 지명이었다.[10]

그러나 일이 터지고 나서 트루먼은 과거의 관행에서 선명하게 단절할 것을 요구했다. 그는 원자폭탄의 사용 권한과 그에 따른 개발을 군이 아닌 민간 기관에서 통제해야 한다고 주장했다. 1946년에 그는 이런 무기를 생산하는 수단과 그 무기들 전부를 새로 창설된 국제연합(UN)으로 이관하자고 제안했다.—비록 미국은 바루크 안(Baruch Plan, 이 계획안을 제출한 연로한 정치인 버나드 바루크[Bernard Baruch]의 이름을 따온 것이다)으로 국제 감시 체제가 완전무결하게 자리를 잡을 때까지는 핵무기 독점을 포기하지 않을 것이긴 하지만. 그러는 동안 점점 불만이 쌓여가던 국방 계획 입안자들이 거듭 요청했지만, 트루먼은 앞으로 일어날 전쟁에서는 원자폭탄 사용에 의지하게 될 상황에 대해 명백히 밝혀주는 일을 거부했다. 이 결정은 대통령의 특권으로 지속될 것이다. 그는 "약간 저돌적인 중견급 장교들이 원자폭탄을 투하할 적절한 시기가 언제인지 결정하는 것"을 원치 않았다.[11]

트루먼의 입장에는 비논리적인 요소가 있었다. 그 때문에 핵무기가 기존 군대로 흡수되는 일이 불가능해졌다. 미국의 핵무기 독점이 소련에게서 더 큰 정치 협력을 유도하기 위해 어떻게 사용될지 애매모호해졌다. 전쟁 억지력을 가동시키려는 시도에 방해가 되었다. 트루먼 행정부는 이 새로운 무기로 스탈린이 유럽에서 붉은 군대가 지닌 인적 자원의 이점을 활용하지 못하게 되기를 기대했다. 그러나 펜타곤(Pentagon, 미국 국방부)에는 이 폭탄이 몇 개나 있으며 성능이 어느 정도인지에 관한 기초 정보조차 차단되어 있었으니, 이런 일이 어떻게 일어날지에 대해 명백한 것은 하나도 없었다. 전후 시대 처음 몇 년 동안 소련 정보망은 미국이 보유한 원자폭탄에 관해 미국의 합동 참모부보다 더 많이 알고 있었다. 모스크바 스파이들—영국 정보 조직의 최고 수뇌부에 침입해온—은 그만큼 능숙했고, 한편 군대 조직에 대해 문민(文民)의 우월적 지위(civilian supremacy)를 유지하려는 트루먼의 결심은 그만큼 강했다.[12]

긴 안목으로 보면 이렇게 기본 틀을 벗어난 상황은 트루먼이 세워놓은 선례보다는 덜 중요했다. 핵무기 관리를 군부에 맡기는 것을 부인함으로써 트루먼은 전쟁을 어떻게 치러야 하느냐에 대해 민간인의 권위를 거듭 주장했다. 트루먼 대통령은 클라우제비츠에 관해 한 번도 읽어보지 않았는데도(적어도 우리가 알고 있는 한) '전쟁은 정치의 도구이지 그 반대가 아니다'라는 이 전략가의 최대 원칙을 부활시켰다. 트루먼이 살아온 배경을 헤아려볼 때 그가 이런 결론을 예측할 가능성은 거의 없었다. 그의 군 경력은 1차 세계대전 때 포병 대위를 맡은 경험이 전부다. 사업가로서 실패했으며 정치인으로는 성공했으나 그리 뛰어나지는 않았다. 만약에 루스벨트가 1944년에 상원 의원이었던 그를 부통령으로 발탁해 러닝메이트 역할을 지명하지 않고 사망했다면, 그는 도저히 대통령 자리에 오르지 못했을 것이다.

그러나 트루먼에게는 클라우제비츠의 원칙으로 돌아가기를 주장할 만한 유일한 자격이 하나 있었다. 1945년 8월 이후, 단 한 번의 명령으로 역사상 그 어떤 인물이 할 수 있었던 것보다 더 많은 죽음과 파괴를 몰고 올 역량을 쥔 것이다. 이 엄연한 사실이 보통 사람이던 트루먼에게 비범한 일을 할 구실을 주었다. 그는 인간의 행동 유형을 완전히 반전(反轉)시켰다. 그 행동의 원형은 너무 오래되어 세월의 안개 속에 덮여 있었는데, 그것은 다름 아닌 '개발된 무기는 쓰이게 되어 있다'는 것이다.

[Ⅲ]

그러나 이런 반전이 오직 트루먼 한 사람 때문에 오래 유지될 수 있었던 것은 아니다. 붉은 군대가 유럽에 보유하고 있던 병력에 비할 때 미국과 그 동맹국들이 활용할 수 있는 병력 수가 얼마나 보잘 것 없는지에 놀란 펜타곤의 전략계획 입안자들은, 만약 소련이 남아 있는 유럽 대륙까지 점령하려 들면 그들의 최고 통수권자가 원자폭탄 사용을 허가하리라고 짐작할 수밖에 없었다. 아마도 그렇게 하는 것이 적절했을 것이다. 트루먼은 1949년에 원자폭탄이 없었다면 "소련은 유럽을 오래전에 접수했을 것"이라고 시인한 바 있다.¹³ 이는 곧 스탈린이 어떻게 대응하느냐에 따라 전쟁의 향방이 달라질 수도 있음을 의미한다.

트루먼과 그의 보좌관들은 스탈린이 원자폭탄의 힘을 인식하고 야심을 누그러뜨리기를 희망했다. 미국 측은 소련군 장교들에게 폐허가 된 히로시마를 돌아볼 것을 권장했고, 1946년 여름 태평양에서 2차 세계대전 이후 처음 실행한 핵폭탄 실험에 입회하도록 허용했다. 트루먼은 다음과 같이 확신하고 있었다. "만약에 우리가 스탈린과 그 부하들에게 이런 것들 중 하나만 보게 할 수 있어도 전쟁이 새로이 일어나리라는 의문은 사라질 것이다."¹⁴ 시각적인 설명이 효과를 보리라고 믿었다니, 이 연로한 독재자 스탈린을 평가절하한 것이다. 스탈린은 오랜 경험을 통해 어떤 공포심을 느끼든 간에 그 두려움을 **내색**하지 않는 것이 중요하다는 것을 익히 알고 있었다.

이제는 그런 공포심이 있었다는 것이 분명해졌다. 원자폭탄은 "강력하고 강력한 것이다!"라고 스탈린은 사석에서 인정했다.¹⁵ 이런 우려 때문에 그는 소련 자체에서 원자폭탄을 제조하도록 추진하는 거대한 계획을 세웠다. 이로써 안 그래도 파탄에 빠져 있던 소련 경제는 맨해튼 계획이 미국 경제에 끼친 것보다 훨씬 심각하고 막중한 부담을 안게 되었다—강제 노동을 활용하고 보건과 환경 위험을 전반적으로 무시하는 것이 다반사였다. 스탈린은 바루크 안, 즉 미국의 원자폭탄 무기고를 국제연합으로 이관하겠다는 트루먼의 제안을 거절했다. 왜냐하면 이 작업에는 소련 영토 내부를 검사하는 일이 필요하기 때문이었다. 스탈린은 소련이 자체적으로 원자폭탄을 생산하기 전에 그 제조 시설을 제거하기 위해 미국이 선제공격을 해오지 않을까 우려했다. 그러나 그런 우려는 필요 없었다. 나중에 밝혀졌지만, 워싱턴에서는 비록 원자폭탄을 독점하고 있더라도 앞으로 발발할 전쟁에서 미국이 승전할 수 있으리라는 확신이 별로 없었다.[16]

스탈린은 이 공포심 때문에 베를린 봉쇄 기간 중에 소련의 개입 없이 영·미가 항공수송을 진행하도록 허용했다. 스탈린은 아마도 간첩망을 통해 트루먼이 베를린 위기 때 유럽으로 보낸 B-29 폭격기에 원자폭탄을 운반할 장비를 갖추지 않았음을 알았을 것이다. 그뿐만 아니라 미국의 비행기를 격추하면 실제로 원자폭탄 탑재가 가능한 폭격기가 보복할 구실을 제공하는 것이라는 것도 알았을 것이다. 그리고 스탈린은 그런 공격이 가져올 결과에 대해 비관적이었다. 1945년에 미국은 핵무기 없이도 독일의 드레스덴을 완전히 파괴했다. 그렇다면 그 무기로 미국이 모스크바에 무슨 짓을 할 수 있을까?[17] "만약 우리 지도자들이 3차 세계대전 발발을 허용한다면, 소련 국민들은 우리를 이해하지 못할 거요. 더욱이 국민들은 우리를 내쫓을 거요. 전시와 전후 기간에 쏟아부었던 노력과 고통을 모조리 과소평가하고 소홀하게 취급했다는 이유로 말이오." 스탈린은 소련 최초의 원자폭탄을 실험하기 바로 직전에 소련을 방문해온 중국 사절단에게 이렇게 언급했다.[18]

요점은, 그가 미국 때문에 얼마나 두려움에 사로잡혀 있는지 알지 못하도록 공포심을 숨기는 것이었다. 스탈린은 1946년 인터뷰에서 "원자폭탄은 신경이 약한 사람을 겁주게 되어 있다"라고 조롱조로 말했다.[19] 그는 트루먼과 그 보좌관들이 이 기사를 읽으리라는 것을 알고 있었다. 그 이후 여러 해 동안 소련의 외교는 타협보다는 비타협 쪽으로 기울었다. 협상이 있을 때마다 그가 늘 써먹은 단어는 "반대요!"(nyet)인 것 같았다. 베를린 봉쇄 때의 한 가지 사례만 제외하면 미국이 핵 독점으로 **어떤** 정치적 이득을 얻었다고 보기는 어렵다. "그들(미국)이 원자폭탄으로 우리를 놀라게 했지만, 우리는 그걸 두려워하지 않는다." 스탈린은 이전에 그가 위태로운 전쟁을 감행하는 일이 위험하다고 경고해주었던 바로 그 중국 사절단에게 이렇게 확신했다.[20] 이 주장은 진실이 아닐 수도 있으나, 스탈린의 전략은 잘 들어맞았다. 그는 전쟁 자체만 아니면 원자폭탄이 거의 무용지물인 무기라는 점을 교활하게 계산했다.

하지만 아무리 결론이 이렇더라도 스탈린의 근심은 덜어지지 않았다. 1949년 8월에 소련의 과학자들은 그에게 원자폭탄을 만들어주었다. 그는 "만약 우리가 1년이나 1년 반 정도만 원자폭탄(실험)이 늦었더라면, 아마도 이 원자폭탄이 우리 자신에게 '실험'되었을 것이다"라고 시인했다. 스탈린이 이때 보여준 또 다른 소견은 더욱 흥미롭다. "만약에 전쟁이 터진다면, 원자폭탄의 사용 여부는 권력을 잡고 있는 트루먼이나 히틀러 같은 인간들에게 달려 있다. 국민들은 이런 인간들이 권력을 잡는 걸 허용하지 않을 것이다. 세계의 종말을 초래하지 않고 핵무기를 사용한다는 건 거의 불가능하다."[21]

여기에서 트루먼에 대한 오해는 이해할 수 있다. 스탈린이 공포심을 은폐했듯이 트루먼은 원자폭탄에 대한 의문을 조용히 품고 있었다. 그러나 고령의 독재자 스탈린이 미국인들에게 신뢰를 표현한 것은 참으로 놀랍다. 그 믿음은 만약 그도 함부로 전쟁을 감행한다면 소련 국민이 그를 "내쫓을 것"이라는 근심과 비슷한 것이다. 이 세계가 어떻게 종말을 맞을지를 예견하는 스탈린의 견해는 보다 더 뚜렷했다. 만약 트루먼이 이것을 알았더라도 충심으로 동의했으리라. 모스크바 "녀석"들은 실제로 비슷하게 생각하고 있었던 것 같다.

그러나 아마도 그것은 원자폭탄을 소유한다는 것이 의미하는 일일 것이다. 원자폭탄은 그 소유자가 누구이든 간에 클라우제비츠가 되게 한다. 전쟁은 문화, 사상, 국적, 개인의 도덕성에서 오는 차이와 관계없이 정치의 도구**이어야 한다**. 그 이유는 이와 같이 강력한 무기로는 오직 전멸만이 있기 때문이다.

[IV]

1950~1951년 참담한 겨울에 트루먼 행정부가 걱정한 것은 미국이나 세계가 전멸할 것이라는 전망이 아니라 오히려 미국과 한국 군대가 추격해오는—이 표현밖에는 달리 할 말이 없다—수십만 중국군에 밀려 한반도 끝까지 내려갈지도 모른다는 개연성이었다. 미국은 1950년 말에 작전용 원자폭탄 369개를 보유하고 있었다. 이들 모두는 일본과 오키나와 섬의 기지로부터 한국의 전쟁터나 중국군의 보급선까지 용이하게 투하할 수 있었다. 당시에 소련에는 아마도 이런 무기가 5개가 넘지 않았을 것이고, 게다가 미국제만큼의 신뢰도를 확보하기가 어려웠다.[22] 그렇다면 왜 미국은 74대 1의 우위를 점하고서도 거의 100년 만에 당하는 최악의 군사적 패배를 반전시키기 위해 핵무기라는 우월적 패권을 이용하지 않았을까?

원자폭탄이 온갖 다른 무기들과 완전히 구별된다는 트루먼의 신념은 그것이 쓰이는 일을 반대하는 **논리의 근거**를 확립해주었다. 하지만 군사작전상 필요하다면 이 논리는 뒤집힐 수 있었다. 만일 소련이 유럽을 침공했다면 거의 확실히 그런 일이 일어났을 것이다. 그러나 미국이 한반도에서 핵무기를 사용하려는 의도를 단념시킨 현실적인 어려움이 있었다. 그 가운데 하나는 "무엇을 표적으로 삼을 것인가?"라는 단순한 문제였다. 원자폭탄은 도시, 공업단지, 군사기지, 교통망을 목표 지점으로 사용하도록 개발되었다. 그런데 한반도에는 이런 시설들이 거의 없었다. 한반도에 주둔하던 유엔군은 원시적인 도로나 심지어 임시변통으로 만든 산길로 보급품을 실어 날랐고, 대개는 걸어서 진격하는 군대에 맞서고 있었다. "어디에 원자폭탄을 투하할 것인가?" 군 장성 한 사람이 이것을 알고 싶어했다. 그에 대한 대답은 분명하지 않았고, 이런 환경에서는 원자폭탄을 하나 또는 여러 개, 아니면 더 많이 투하해도 결정적일 것이라는 논거 역시 불명확했다.[23]

물론 압록강 북쪽에 있는 중국의 도시, 공업시설, 군사기지 등에 폭격을 가할 수도 있었다. 그리고 트루먼 행정부는 이런 작전을 시행하기 위한 계획도 세운 바 있다. 1951년 봄에는 아직 조립하지 않은 원자폭탄을 서부 태평양 기지로 옮기는 작전을 착수했다. 그러나 그로 인한 정치적 대가는 심각했다. 어느 역사학자가 설명했듯이 "워싱턴의 유럽 동맹국들은 확전(擴戰)을 생각하면서 겁을 먹고 제정신을 잃을 정도였다."[24] 이런 배경에는 중국에 핵 공격을 해서 소련을 전쟁에 끌어들이면—무엇보다 그 당시에는 중·소(中蘇) 상호 방위 조약이 있었다—미국은 소련을 공격하기 위해 서유럽에 기지가 필요하게 될 것이다. 그러면 이번에는 역으로 NATO 국가들이 보복 공습 혹은 전면적인 지상 침공으로 피해를 입을 수도 있다. 그 당시 NATO 동맹국의 군사 능력이 최저 수준이었음을 감안하면, 한반도에 원자폭탄을 투하한다는 것은 곧 궁극적으로 영국해협 또는 심지어 그 너머까지 퇴각한다는 의미가 될 수도 있었다.

한반도에 핵무기를 사용하지 않은 또 다른 이유는 그곳 군사 상황과도 관계가 있었다. 1951년 봄에 중국 군대는 그들의 보급선을 넘었고, 유엔군은—당시에는 매슈 리지웨이(Matthew B. Ridgeway) 장군이 지휘하고 있었다—공세를 취하고 있었다. 실지(失地) 회복은 거의 없었지만, 전선은 북위 38도선 약간 북쪽에서 안정되었다. 이런 상황은 소련 경로를 통해 조용히 외교교섭을 진행할 수 있는 길을 닦아놓았고, 그리하여 7월에는 휴전 협상을 시작할 수 있었다. 휴전 협상에서는 아무런 성과가 없었다. 전쟁은 모든 전투원과 한국 국민에게 막대한 희생을 치르게 하면서 2년을 더 질질 끌었다. 그러나 전쟁이 더 이상 확대되지 않고 아마도 핵무기가 사용되지 않으리라는 신조는 최소한 확립되었다.

이 모든 일에서 스탈린의 역할은 애매모호했다. 물론 그는 북한의 남침을 승인함으로써 한국전쟁을 시작했다. 스탈린은 미국이 단호하게 대응한 것에 놀랐고, 맥아더 군대가 압록강에 도달할 것처럼 보였을 때는 중국 참전을 강력히 추진했다. 하지만 중국군이 참전하지 않았다면 북한을 포기했을 것이다.[25] 스탈린은 군사적으로 교착 상태에 빠질 수 있음을 인정하고 전쟁 종결을 위한 회담을 승인했지만, 그와 동시에 미국의 군사력을 동아시아에 묶어두면 득이 된다는 것도 알고 있었다. 따라서 휴전 협상은 더디게 진행되어야 했다. "전쟁을 오래 끌수록 중국 군대는 전쟁터에서 현대 전쟁을 학습할 기회를 얻고, 두 번째로는 미국에서 정권을 쥔 트루먼을 흔들어 영·미 군대가 지닌 군사적 위세에 피해를 입힌다." 스탈린은 마오쩌둥에게 이렇게 설명했다.[26] 전쟁으로 기진

맥진한 중국과 북한은 1952년 가을까지는 전쟁을 끝낼 준비를 하고 있었으나, 스탈린은 그들에게 계속 싸울 것을 강요했다. 스탈린이 사망한 후에야 겨우, 그의 후계자가 승인하여 1953년 7월에 휴전이 성립했다.

그렇게 수년간 한반도에서 소련과 미국의 직접적인 군사 대결은 없었다(혹은 그렇게 보였다). 그러나 최근 입증된 자료에 따르면, 이 결론은 수정되어야 한다. 즉 스탈린은 또 다른 일 한 가지를 실행했는데, 그것은 한반도 상공에서 소련인이 조종하는 소련 전투기를 사용하도록 허가한 일이다. 이로써 소련 전투기는 미국 조종사가 조종하는 미국 전투기와 한반도 상공에서 조우했다. 그러니까 어쨌든 미국과 소련 사이에 총포를 쏘는 실전은 벌어졌던 것이다. 냉전 기간 중에 이런 일이 일어난 것은 그때뿐이었다. 그러나 양쪽 모두 이에 대해 입을 다물었다. 소련은 이 공중전에 관련된 사실을 전혀 발표하지 않았고, 이 사실을 잘 알고 있던 미국도 같은 선택을 했다.[27] 이 막강한 두 국가는 서로 전투를 치를 필요성이 있지만 거기에는 위험도 따른다는 사실을 깨달았다. 따라서 이에 대해서 은폐하기를 묵시적으로 합의한 것이다.

[V]

하지만 무기를 개발할 수는 있지만 사용하지는 않는다는 이 생소한 관념은 신기술을 군사상에 적용하기 위해 연구해야 한다는 친숙한 가설에 도전장을 내밀지 못했다. 그래서 1949년 8월 소련의 원자폭탄 실험에 뒤이어 미국의 원자력 과학자들은 자신들은 알지만 트루먼 대통령은 모르고 있는 중요한 사안, 즉 열핵(thermonuclear)폭탄〔수소폭탄〕 혹은 슈퍼폭탄(super-bomb)의 제조 가능성에 대해 트루먼에게 간추려 설명하게 되었다. 이 장치는 원자를 분열―원자폭탄 제조시 의존하는 방법― 시키는 것이 아니라 융합시킴으로써 작동하게 되어 있다. 추정에 따르면 이 장치의 폭발력이 너무나 거대해 전쟁용으로 썼을 때 무슨 일이 일어날지에 대해 트루먼에게 설명할 수 있는 사람이 아무도 없었다. 바로 이 점이 케넌은 물론 맨해튼 계획을 진행했던 J. 로버트 오펜하이머(J. Robert Oppenheimer)와, 이러한 〔인류의 멸망과 지구의 종말을 초래할―옮긴이〕 묵시록적 장치가 '군사작전은 그것이 방어하려 했던 것을 파괴해서는 안 된다'는 클라우제비츠의 규범을 어떻게 충족할는지 알지 못했던 몇몇 고위 보좌관들이 반대를 내세운 근거였다.[28]

그러나 전투는 '슈퍼폭탄' 지지자들이 입장을 밝힌 논거는 아니었다. 그들은 핵융합 무기가 군사적이라기보다는 **심리적으로** 필요하리라고 주장했다. 만약 미국이 핵융합 무기를 보유하지 않은 상태에서 소련이 그것을 획득한다면 서방 진영 전체에 공포감을 유발할 것이다. 핵융합 무기를 보유하면 안도감과 전쟁 억제력이 생길 것이다. 다시 말해서 스탈린이 원자폭탄으로 확보했을 유리한 입지는 무산될 것이며 미국은 핵무기 경쟁에서 선두를 지킬 것이다. 그런데 만약 양측 모두가 그 '슈퍼폭탄'을 개발한다면? 트루먼은 소련이 '슈퍼폭탄'을 독점하는 것보다는 오히려 그편이 나으리라는 결론을 내렸다.

결국 트루먼이 꿰뚫어 보았듯이, 만약 미국이 '수소'폭탄이라 불리는 것을 지금 제조할 **수** 있다면, 하나만 제조**해야 한다.** 이러한 무기 부문에서 뒷전으로 밀리면―그렇게 보이기만 해도―재앙을 각오해야 한다.

이제는 적을 어떻게 패망시키느냐보다 오히려 처음부터 적이 전쟁을 하지 않게끔 어떻게 확신을 주느냐가 문제다. 역설적이게도 이 때문에 아주 강력한 무기 개발이 필요한 것으로 보였다. 즉 미국 측에서는 군사 목적으로 쓰이면 무슨 일이 벌어질지 아무도 알 수 없는 것인 한편, 동시에 소련 측에서는 전쟁이 발발하면 이 무기가 의심할 나위 없이 쓰이리라는 점을 누구나 확신할 만큼 강력한 무기 말이다. 이 논리에 따르면 '불합리성'이 '합리성'을 결정하는 유일한 길이다. 전쟁에서 절대적인 무기는 전쟁을 여전히 정치 도구로 만드는 수단이 될 수 있다. 트루먼은 1950년 초에 이 점에 관해 보다 단순하게 언급했다. "우리는 아무도 사용하기를 원하지 않지만, 그것, 폭탄 제조를 해야 했다. 그러나…… 우리는 그것을 소련과 협상할 목적으로만 보유해야 했다."[29]

공교롭게도 소련 과학자들은 1946년 이래 '슈퍼폭탄'을 연구하고 있었다. 그들은 미국의 원자폭탄 개발자들이 했던 것만큼 핵분열과 핵융합을 구별하는 데 초점을 두지 않았다. 또한 이들은 수소폭탄이 원자폭탄보다 훨씬 폭발력이 강력할 것이라는 사실에 대해 그것이 도덕적인 정당성을 떨어뜨리라는 점을 전혀 사유하지 않았다. 그들이 먼저 시작했기 때문에 열핵무기를 개발하는 경쟁 시간은 원자폭탄 때보다 훨씬 짧았다. 이번에는 소련이 간첩 활동에 덜 의존했고, 그들 자신의 전문기술과 지식에 의존했다. 1952년 11월 1일 미국의 수소폭탄 첫 실험으로 태평양에 있던 섬 하나가 흔적도 없이 사라졌다. 소련은 1953년 8월 12일 중앙아시아 사막에서 첫 실험을 진행했다. 이 두 차례 폭발로 새들이 불에 타서 공중에서 떨어졌다. 이 사고는 새들에게는 악재였지만 인류에게는 작고도 의미 깊은 희망의 신호가 되었다.

이 실험을 관찰한 미국과 소련 사람들은 이 사건에 충격을 받고 거의 같은 단어로 현상을 기록했다. 이 '슈퍼폭탄'은 처음 원자폭탄을 실험했을 때처럼 인간을 대상으로 할 수 없었기 때문에, 인간에게 어떤 영향을 미칠지 짐작하기 위해 새들을 실험해야 했다. 그들은 그 어느 때보다 가장 위험한 탄광 안의 카나리아와 같았다. 이 목격자들은 또한 열핵 장치의 설계자들이 이미 예상했던 점을 확인했다. 즉 전쟁시에 이런 성능을 지닌 무기는 절대로 분별 있게 사용될 수 없다는 점이었다. 어느 미국 물리학자는 이렇게 회상했다. "수소폭탄은 마치 수평선 전체를 지워버리는 것 같았다." 또 어떤 소련 과학자는 수소폭탄의 폭발이 "심리적 장벽을 넘어섰다"는 것을 알게 되었다.[30] 그들은 9개월이라는 시차를 두고 1만5000여 킬로미터나 떨어진 지역에서 실행된 두 실험이 마치 별개가 아닌 **동일한** 사건이며 이미 이 세계를 양극화시키는 길로 들어선 지정학적인 경쟁을 목격하는 것 같았다. 현재 지구를 분할하는 다른 차이점들이 무엇이든 간에 물리학 법칙은 똑같았다.

[VI]

이 모든 일로 말미암아 소련과 미국의 과학자들은 새로운 무기들로 "전면전쟁", 따라서 "목적을 상실한 전쟁"이라는 클라우제비츠의 통찰이 실현되리라는 것을 스탈린과 트루먼이 이미 감지하고 있음을 알게 되었다. 비록 아무도 상대방의 근심을 깨닫지 못했다 해도 말이다. 그러나 트루먼은 1953년 1월에 퇴임했고, 스탈린도 그로부터 2개월 뒤에 생을 마감했다. 따라서 워싱턴과 모스크바에서는 핵에 대한 책임감(혹은 클라우제비츠가 경고한 지옥의 심연을 회피할 임무)이 가져다주는 악몽을 경험해보지 않은 새로운 지도자들이 권력을 잡았다.

드와이트 아이젠하워(Dwight D. Eisenhower) 대통령은 백악관의 전임자와는 달리 1920년대 육군 장교이던 청년 시절 클라우제비츠 책을 여러 번 탐독했다. 그는 군사적 수단이 정치적 목적에 종속해야 한다는 것에 의문을 품지 않았지만, 이 수단 안에 핵무기도 포함되어야 한다고 생각했다. 그는 전쟁의 본질이 근본적으로 바뀌었음을 납득하지 못한 채로 대통령직에 올랐다. 그리고 한국전쟁이 끝날 무렵인 몇 개월 동안 전략적이면서도 최근에 개발된 "전술" 핵무기를 써서 미국이 전투를 종식시킬 방안을 찾으라고 군사 보좌관들을 거듭 재촉했다. 그는 신임 국무 장관인 존 포스터 덜레스(John Foster Dulles)에게 이런 계획이 진행되고 있음을 넌지시 알리도록 했다. 물론 동맹국들의 반대에 부딪치겠지만 아이젠하워는 "원자폭탄 사용을 둘러싼 금기는 어떻게 해서든 타파해야 한다"[31]고 밝혔다.

대통령 입장에서 보면 그 이유는 단순했다. 즉 미국을 한국전쟁 같은 제한전쟁(limited war)에 참전시키지 않겠다는 것이다. 만약 그렇게 되면 적이 주도권을 쥐게 되어 그들 입장에서 군사 대결에 가장 유리한 시간, 장소, 방법을 선택하게 될 것이다. 그런 상황은 곧 **그들에게** 미국 자원을 활용할 통제력을 주게 되어 결국 미국의 경제력과 국민 사기를 떨어뜨릴 것이다. 해결 방안은 전략을 뒤집는 것이다. 즉 앞으로는 **미국이** 선택하는 시간, 장소, 수단으로 침략에 대응할 것임을 명백히 하는 것이다. 이에는 핵무기 사용도 당연히 포함했다. 1955년에 이 대통령은 "어느 전투에서든 정확한 군사적 목표물에 군사적인 목적으로만 엄격하게 핵무기를 사용할 수 있다면, 탄환이나 기타 다른 화기(火器)를 사용하는 것과 완전히 똑같이 핵무기를 사용해서는 안 된다는 이유를 모르겠다"[32]라고 직접 의견을 밝혔다.

그러나 아이젠하워가 이렇게 언급했을 당시는 이미 열핵 폭발의 물리학이 이 논리를 깨트리고 말았다. 결정적인 사건은 브라보(BRAVO), 즉 1954년 3월 1일에 태평양에서 실시된 미국의 핵실험이었는바 이 실험은 통제를 벗어나 있었다. 폭파 규모는 15메가톤[1메가톤은 티엔티(TNT) 100만 톤의 폭발력이다—옮긴이]으로 실험 전 예상했던 규모인 5메가톤의 3배이며 히로시마 원자폭탄의 750배에 이르는 것으로 판명되었다. 이 폭발로 방사능 낙진은 바람을 타고 수백 킬로미터 거리까지 퍼져 일본 어선 1척을 오염시켰으며 선원 1명이 목숨을 잃었다. 또한 위험도가 덜한 파편들로 인해 전 세계의 방사능 검출기가 작동했다. 핵전쟁에 관한 의문은 두드러졌다. 열핵 폭발 단 한 번으로 지구 생태계에 문제가 발생할 수 있다면, 핵무기를 수십 개, 수백 개, 심지어 수천 개 사용했을 때 과연 어떤 결과를 가져오겠는가?

그에 대한 첫 번째 답은 묘하게도 게오르기 말렌코프[Georgii Malenkov, 1902~1988: 공산당 지도자 스탈린의 밀접한 협조자로 1953~1955년까지 소련 수상으로 있었다. 재임 기간 중에 핵전쟁과 핵무장을 반대했고, 인민을 위한 소비재 생산을 독려했다—옮긴이]에게서 나왔다. 그는 아첨에 능숙한 밉살스런 경력을 지닌 골수 공산당 정치국원으로, 능력보다는 행운으로 스탈린을 계승한 3인조의 구성원이 되었다. 브라보 실험 이후 12일이 지나서, 말렌코프는 "현대무기"로 싸우는 새로운 세계 전쟁은 "세계 문명의 종말"을 의미하게 될 것이라고 공개적으로 경고하여 서방 관측자들은 물론 그의 동료들도 놀라게 했다. 소련 과학자들은 크렘린 지도층에 기밀 보고서를 제출해 수소폭탄 단 100개가 "지구 전체를 생명이 존재할 수 없는 상태로 만들 수 있다"고 재빨리 확증해주었다.[33]

한편, 그 이전까지만 해도 평화주의 성향이 알려지지 않았던 훨씬 저명한 정치인 심중에서도 비슷한 결론이 형성되고 있었다. 영국 수상으로 재선된 윈스턴 처칠은 불과 몇 년 전에도 미국이 원자폭탄을 독점하는 동안 소련과 군사 대결을 유발하도록 조장한 바 있다.[34] 그러나 브라보 실험이 파장을 남긴 지금 시점에서는 그 입장을 완전히 바꾸었고, 전시 맹우(盟友)였던 아이젠하워에게 영국 국토에서 이런 폭발이 한두 번만 일어나도 나라 전체가 생명이 발을 붙일 수 없는 곳으로 남을 것이라고 지적했다. 그러나 이는 반드시 나쁜 소식만은 아니었다. 연로한 전사 처칠은 하원에서 이렇게 언급했다. "이 새로운 공포는 인류 절멸의 평등 원칙을 초래할 것이다. 이상하게 들릴지 모르겠지만, 나는 우리가 희망과 심지어 확신을 가지고 잠재적 파괴의 보편성에 의지할 수 있다고 생각한다."[35]

말렌코프와 처칠처럼 서로 비슷한 점이 하나도 없는 지도자들이 거의 비슷한 시기에 상당히 비슷한 내용을 언급한 것은 참으로 신기한 일이었다. 그러나 그들에게 "인류 절멸의 평등"이 함축하는 바는 명백했다. 즉 핵무기로 싸우는 전쟁은 보호하려던 대상을 파괴할 수 있기 때문에 절대로 해서는 안 된다는 것이다. 이처럼 핵 위험에 대한 상식은 문화, 국적, 사상, 도덕률, 그리고 이번 경우처럼 인격의 차이까지 다시 한 번 초월했다. 그러나 이 두 지도자 모두 냉전 전략을 성안(成案)시킬 입장은 아니었다. 크렘린 내부의 말렌코프 동료들은 패배주의를 이유로 그를 강등시켰고, 한편 처칠은 노령이었고 인내심 없는 후배들에 의해 1955년 초 수상직에서 하야했다. 그리하여 이제 열핵 공학의 대변혁 속에 터를 잡은 공포와 희망을 균형 잡는 역할은 아이젠하워, 그리고 말렌코프를 퇴위시킨 당사자인 니키타 흐루쇼프〔흐루시초프〕(Nikita Khrushchev)가 맡게 되었다.

[VII]

아이젠하워는 이 역할을 절묘하고 공포스럽게 수행했다. 그는 즉시 핵시대의 예민하고 잔혹한 전략가가 되었다. 열핵 폭발의 **물리적** 효과는 말렌코프와 처칠과 마찬가지로 그에게도 소름 끼치는 일이었다. "핵전쟁은 문명을 파멸시킬 것이다." 브라보 실험이 실시되고 몇 개월 후에 아이젠하워는 이렇게 말했다. "수백만 명이 죽을 것이다. ……만약 크렘린과 워싱턴이 전쟁에 빠지기라도 한다면, 그 결과는 생각만으로도 너무 끔찍하다."[36] 1956년 초에 그는 '소련이 미국을 한 번만 공격해도 모든 정부 기관과 미국 인구의 65퍼센트가 사망할 것'이라는 보고를 듣고, 이것이 "문자 그대로 잿더미 속에서 우리 자신을 파내는 일이 되겠군. 다시 시작해야지요"라고 답했다. 얼마 되지 않아 그는 한 친구에게 "전쟁은 경기와 속성이 같아"라고 상기시켰다. 그러나 만약에 "적은 파멸하고 우리에게는 자살행위에 가깝다는 예측이 나온다면" 대체 어떤 경기가 될 것인가? 1959년 즈음에 그는 만약 전쟁이 터지면 "사람들은 전쟁터에 나가서 아무나 보이는 대로 사살하고, 그 다음에는 스스로를 쏴버릴 것이다"라고 우울한 기분으로 단언했다.[37]

이 같은 발설은 과거에 아이젠하워가 미국이 "탄환이나 기타 다른 화기를 사용하는 것과 완전히 똑같이" 핵무기로 전쟁을 해야 한다고 주장하던 바와 상치된다. 이제 아이젠하워는 누구든지 얼간이처럼 핵 "총알"을 적에게 발사하면 그것은 스스로에게 겨누는 격이 될 것이라고 말하는 듯했다. 그는 말렌코프나 처칠과 비슷한 입장이었다. 단 한 가지, 미국은 **오로지** 전면적인 핵전쟁만을 위해 대비해야 한다고 주장했다는 점만 제외하고는.

이 견해는 그의 최측근 보좌관까지 놀라게 했다. 이들은 핵무기로 싸우는 전쟁이 재앙일 것이라는 점에서는 같은 의견이었으나 미국과 그 동맹국들이 소련과 중국과 그 동맹국들의 군사 동원력에 필적할 수 없음을 우려했다. 핵무기 사용을 전면 배제한다는 것은 곧 서방 진영이 승리할 수 없는 비(非)핵전쟁을 초래할 것이다. 그들 대부분은 **제한적인** 핵전쟁을 수행하는 방안을 모색하는 것이 해결책이라고 믿었다. 즉 공산주의 세계가 인력 면에서 유리하다는 점에 맞서기 위해서는 미국의 기술적인 우월성을 적용해 적이 어떤 수준에서 싸우기를 선택해도 (자살 행위라는 모험을 걸지 않고도) 신뢰할 만한 군사적 대응이 확실히 존재하는 전략을 창안해야 했다.

1957년 아이젠하워의 두 번째 임기가 시작될 때까지 이런 의견은 덜레스 국무 장관부터 합동참모본부 대다수와 새롭게 떠오른 전략 연구 학계까지 확산되었다. 젊은 전략 연구가 헨리 키신저(Henry Kissinger)는 《핵무기와 외교정책》이라는 영향력 있는 책을 저술해 '유연적 대응'이라고 불린 의견을 제시했다. 이 생각에서 중요한 설정은, 핵무기가 비록 파괴적인 속성이 있지만 여전히 외교와 전쟁 양면에서 합리적인 도구라는 것이다. 아직까지는 무력 사용(혹은 무력 사용 위협)은 인류 절멸이 아니라 정치적 목적을 반영해야 한다는 클라우제비츠의 원칙에 부합할 수 있었다.

그 당시에 더욱 놀라운 것은 아이젠하워가 제한적인 핵전쟁 개념을 단호히 거부했다는 점이다. 한때 그는 "멋지고 기분 좋은 2차 세계대전 형태의 전쟁"을 가정하는 것조차 합리적이지 못하다고 말했다.[38] 미국은 전쟁이 **어떤** 형태로 발발하더라도 무기고에 있는 **온갖** 무기를 동원해 싸울 것이다. 왜냐하면 소련도 그렇게 똑같이 싸울 것이 확실하기 때문이다. 아이젠하워 대통령은 첫 핵무기 공격으로 치를 도덕적 대가, 핵무기 사용으로 발생할 생태학적인 손상, 그리고 미국과 그 동맹국들에게 닥칠 피할 수 없는 엄청난 보복을 인정하면서도 이 주장을 고수했다. 이는 마치 아이젠하워가 종래의 생각을 부인하는 것 같았다. 일종의 핵 자폐증이 시작되어 그는 최고의 지성에게서 구했던 조언을 경청하지 않게 되었다.

그러나 돌이켜보면 아이젠하워가 최고의 지성이었는지도 모른다. 그는 보좌관보다도 전쟁의 실상을 잘 알고 있었기 때문이다. 무엇보다도 보좌관들 중에는 1688년〔네덜란드의 오렌지공(公) 윌리엄이 영국의 브릭스햄 섬을 침공, 상륙했다―옮긴이〕이래 처음으로 영국해협을 건너 성공적인 침공을 조직해본 사람이 아무도 없었으며 서유럽을 해방시킨 군대를 지휘해본 사람도 없었다. 또한 아이젠하워만큼 클라우제비츠를 탐독한 사람도 없었다. 그 위대한 전략가 클라우제비츠는 전쟁이 정책의 합리적인 도구여야 한다고 주장했지만, 이는 그가 감정, 마찰, 공포 따위로 전쟁이 얼마나 쉽사리 의미 없는 폭력으로 확산되는지 알았기 때문이었다. 그는 총력전이라는 추상적 개념을 동원함으로써 정치가들을 겁주어 그들이 통치하는 각 나라가 생존하기 위해 전쟁을 제한하도록 했다.

아이젠하워는 심중에 같은 목적을 품고 있었으나, 클라우제비츠와는 달리 핵무기 때문에 전면전쟁이 추상적 개념에서 현실적인 가능성으로 전환된 시대에 살고 있었다. 감정, 마찰, 공포가 제한전쟁을 확전(擴戰)으로 바꾸는 원인이 되지 않으리라고 아무도 확신할 수 없었기 때문에 이런 전쟁을 수행하기 어렵게 만들 필요가 있었다. 이는 곧 전쟁을 수행할 준비를 하지 **않는다**는 뜻은 아니었다. 그것이 바로 (철저히 클라우제비츠주의자인) 아이젠하워가 **오직** 전면전쟁만을 위한 계획을 주장한 사유다. 그의 목적은 전쟁이 아예 발생하지 않도록 확실히 해두는 것이었다.[39]

[VIII]

이제 냉전 전략에서 감정, 마찰, 공포의 영향을 두려워할 이유는 충분했다. 소련은 1955년 11월에 처음으로 공중 투하 열핵 폭탄을 실험했는데, 그때 소련은 이미 미국의 표적물에 도달 할 수 있는 장거리 폭격기를 보유하고 있었다. 소련은 1957년 8월에 세계의 첫 대륙간탄도미사일(Intercontinental Ballistic Missile)을 성공적으로 발사했으며 10월 4일에는 이 미사일을 하나 더 사용함으로써 세계 첫 인공위성인 **스푸트니크**(Sputnik)를 궤도에 올려놓았다. 로켓 연구가라면 누구나 그 다음 단계, 즉 비슷한 미사일에 핵탄두를 장착하면, 불과 반시간 안에 미국에 있는 목표물에 도달할 수 있다는 사실을 예측할 수 있었다. 그러나 크렘린의 새 지도자가 어떤 행동을 취할지 예측하는 일은 전혀 다른 일이었다.

니키타 흐루쇼프는 그다지 교육의 혜택을 받지 못한 농부였고 탄광 광부였으며 공장 노동자였는바, 그는 처음에는 스탈린의 부하가 되었고 나중에는 말렌코프를 비롯한 다른 경쟁자들을 물리치고 스탈린의 후계자가 되었다. 그는 당시에 자신이 통제하고 있는 핵무기에 대해 별반 알지 못한 채 권좌에 올랐지만 학습 능력이 빨랐다. 아이젠하워처럼 그는 미사일과 핵무기가 군사적으로 어떻게 쓰일 수 있는지를 알고 소름이 돋았다. 그 역시 2차 세계대전에서 살육 행위를 충분히 봐왔기 때문에 전쟁터에서 합리성이 얼마나 쉽게 무너지는지 잘 알고 있었다.[40] 그러나 그는 평화론자라고 자처하기에는 아이젠하워만큼이나 준비가 안 되어 있었다. 그는 미국 대통령과 마찬가지로 핵무기가 전쟁을 수행하는 데 실용성이 없다 해도 전쟁을 제외한 상황에서는 국가의 약점을 보완하기 위해 핵무기를 제조할 수도 있다고 확신했다.

그러나 두 사람의 유사점은 여기서 끝난다. 극도로 자신감에 넘치는 아이젠하워는 늘 자기 자신과 정부는 물론 미국의 군사력을 통제하고 있었다. 이와 대조적으로 흐루쇼프는 과도함 그 자체였다. 그는 떠들썩하고, 촌뜨기처럼 교양이 없었고, 넌더리가 날 만큼 호전적이었으며, 지나치게 불안한 성격을 지녔다. 그는 위엄이라고는 없었고, 스탈린 이후 정치의 휘발성 때문에 스스로의 권위를 확신하지 못했다. 다른 점은 한 가지 더 있다. 아이젠하워가 핵의 강점을 통해 보완하려 했던 약점은 미국과 NATO 동맹국들의 인력 부족이었다. 흐루쇼프가 핵 능력으로 보완하려 했던 취약점은 그 자신의 핵 능력 부재였다.

그는 이를 실행할 필요성에 직면했다. 소련의 열핵무기는 충분히 잘 작동했지만, 장거리 폭격기는 숫자도 적었고 구식인 데다 미국 목표물에는 오직 편도 비행으로만 도달할 수 있었다. 미사일을 "소시지처럼" 생산하고 있다고 큰소리쳤지만, 실제 개수는 그가 호언한 것에 훨씬 못 미치는 데다 핵탄두가 공격할 목표로 자리를 잡게 할 정확한 유도장치도 충분하지 않았다. "대중 연설에서는 파리가 어느 정도 거리에 떨어져서 날아다니든 우리 미사일로 맞출 수 있다고 장담하면 언제나 멋있게 들렸지. 나는 좀 과장해서 말했어" 흐루쇼프는 뒷날에 이렇게 인정했다. 그의 아들인 세르게이(Sergei)는 로켓 기술자였는데, 이를 보다 퉁명스럽게 표현했다. "우리는 갖고 있지도 않은 미사일로 위협했지요."[41] 흐루쇼프는 1956년 11월에 이 속임수를 처음으로 시험했다. 소련 군대가 헝가리 반란을 진압하고 있을 당시에 마침 영국·프랑스·이스라엘 군대가 (미국 측에 알리지도 않고) 식민지 반대론자인 이집트 지도자 가말 압델 나세르(Gamal Abdel Nasser)를 전복시키기 위해 수에즈운하를 점령했지만, 이는 모두 허사였다. 이때 시급히 헝가리 부다페스트의 유혈 사태에서 주의를 돌려야 했던 흐루쇼프는 영국과 프랑스가 수에즈운하로부터 즉시 군대를 철수하지 않으면 "로켓 무기"를 사용하겠다고 위협했다. 그들은 바로 철군하긴 했지만, 흐루쇼프의 경고에 응한 것은 아니었다. 사전에 상의하지 않았다는 데 격노한 아이젠하워가 이들에게 수에즈운하에서 철수할 것을 요구하면서 만약 그렇지 않으면 엄격한 경제 제재에 직면할 것임을 통보했다. 하지만 흐루쇼프의 위협은 공개적이었던 데 비해 아이젠하워는 그렇지 않았으므로, 새로운 크렘린의 지도자 흐루쇼프는 자신이 발끈하며 허풍을 떨어서 철군이 이루어졌다고 결론을 냈고, 이 관행은 전략이 될 수 있었다.[42]

1957년부터 1961년까지 흐루쇼프는 노골적으로 간담이 서늘한 핵 전멸 협박을 거듭해 서방 세계를 위협했다. 소련의 미사일 능력은 미국보다 훨씬 우수했고, 흐루쇼프는 미국이나 유럽 어느 도시라도 파괴시킬 수 있다고 주장했다. 심지어 그는 각 목표물마다 미사일과 핵탄두가 얼마나 필요한지까지 명시하기도 했다. 그러나 그는 그 점에 관해 멋지게 보이고 싶었다. 언젠가는 미국인 내방객 휴버트 험프리[Hubert Humphrey: 미국 정치인. 후에 존슨 행정부에서 부통령 역임—옮긴이]를 위협하다가 잠깐 멈추면서 어느 지방에서 왔느냐고 물었다. 험프리가 지도에서 미니애폴리스를 가리키자 흐루쇼프는 커다란 푸른색 연필로 그 도시에 동그라미를 표시했다. 그리고 "그렇소. 우리 로켓이 공격할 때 이 도시는 남겨 두도록 명령하는 걸 잊지 않겠소"라고 상냥하게 설명했다.[43]

온화한 태도 역시 그의 전략에 속했기 때문에 적어도 흐루쇼프가 생각하기에 이것은 논리적인 관측이었다. 그는 전쟁이 불가피하다고 했던 예전 스탈린의 신봉을 거부했으며 "평화 공존"(peaceful coexistence)을 새로운 목표로 삼았다. 그는 대기권에서 계속 진행되는 핵무기 실험이 얼마나 위험한지를 설명하는 과학자들의 말을 신중하게 받아들였다. 1958년 5월에는 미국이 일련의 열핵무기 시험을 새롭게 착수하려 하자 그는 절묘하게 때를 맞추어 이런 실험들을 일방적으로 일시 중지한다는 선언까지 했다.[44]

그해 11월에 흐루쇼프는 호전적인 분위기로 돌아갔고, 미국·영국·프랑스에 그들이 아직도 점령하고 있는 서베를린 구역에서 군대를 철수하라며 6개월의 시간을 주었다. 만약 그렇지 않으면 서방측의 통행권 통제—이는 1948년 스탈린의 봉쇄 이후 늘 민감한 문제가 되어왔다— 를 동독(東獨)으로 이관하겠다는 뜻을 전했다. 그렇게 그는 공산주의 동독 한가운데 점점 자본주의의 영역이 자리 잡는 불편한 문제가 해결되기를 희망했다. 그리고 소련 미사일의 힘으로 그 일이 가능하리라고 확신했다. "이제 우리는 대륙간탄도미사일을 보유하고 있으니 미국의 목을 죄고 있는 셈이오. 사람들은 미국이 우리 미사일이 도달할 수 있는 거리를 넘어서 있다고 믿지만, 지금은 그렇지 않소" 그는 일찍이 마오쩌둥에게 이렇게 설명했다. "베를린은 서방의 아킬레스건이오." 그것은 "물집이 생겨 통증을 주는, 유럽에 놓인 미국의 발"이었다. 뒷날에 그는 더 놀라운 해부학적 은유를 쓰기도 했다. "베를린은 서방의 고환이다. 서방 세계가 아파서 소리 지르게 하고 싶을 때마다 나는 베를린을 꽉 움켜쥔다."[45]

그러나 흐루쇼프도 어느 정도는 초강대국들의 관계가 보다 안정적이기를 원했고, 자기 자신과 나라에 대해 존경심을 얻고 싶어했다. 그리고 미국을 방문할 기회를 바라고 있었다. 아이젠하워가 베를린 문제에 굴복하지는 않았지만 마지못해 흐루쇼프가 그렇게 학수고대하던 방미 초청장을 보내자, 흐루쇼프는 그가 불태워 없애겠다고 위협하던 나라를 여행할 기회가 생겼다는 사실에 기뻐 날뛰었다. 그는 자기 아들 세르게이에게 이렇게 일러두었다. "이제는 미국이 우리를 고려할 **수밖에 없어.** 이렇게 된 것도 우리 국력이지. 저들은 우리 존재와 힘을 인정해야 해. 자본주의자들이 나 같은 일개 노동자를 초청하리라고 누군들 생각했겠는가?"[46]

1959년 9월 흐루쇼프의 미국 방문은 초현실적인 화려한 쇼와 같았다. 그는 자신이 적절히 행동할 수 있을지, 또 부적절한 대접을 받지는 않을지 염려했고, 그래서 그가 본 것에 마음이 흔들리지 않아야겠다고 다짐하면서 동시에 미국인들에게 그의 나라가 머지않아 미국을 따라잡을 것이라는 확신을 주어야겠다고 작심했다. 그는 새로 개발해서 아직 시험 비행도 거치지 않은 비행기를 타고 워싱턴으로 날아가자고 주장했다. 신형 비행기의 규모로 초청장을 보낸 사람들에게 겁을 주겠다는 것이다. 그는 백악관의 축배 자리에서 미국의 풍요로움을 인정했지만 "내일은 우리도 당신네만큼 잘살게 될 거요. 그 다음 날은? 더 잘살게 될 거요!"라고 예견했다. 그는 뉴욕의 한 저택에서 피카소 그림 밑에 앉아 자본가 주역들과 회의를 열기도 했다. 그는 할리우드의 대형 영화 촬영실을 방문했고(거기서 본 것에 충격을 받았다고 알려져 있다), 신변 보호를 이유로 디즈니랜드에 방문할 기회를 잃자 마음이 토라졌고, 로스앤젤레스 시장과 소리 높여 언쟁을 하기도 했다. 또한 아이오와 주(州)의 어느 농장에서 옥수수를 살펴보았고, 이런 **시골 별장**에 초대받는 것은 영예이며 모욕이 아님을 확인한 후에는 캠프 데이비드에서 아이젠하워와 전쟁과 평화를 토론하기도 했다.[47]

흐루쇼프와 아이젠하워의 만남에서 실체적인 합의가 나오지는 않았지만, 이 여행은 소련에 스탈린과는 전혀 다른 새 지도자가 있음을 확인시켜주었다. 이런 사실이 그를 더 위험에 빠뜨릴지 반대로 덜 위험하게 할지는 두고 보아야 했다.

[IX]

포템킨 빌리지〔Potemkin Village: 러시아의 예카테리나 2세가 1787년 크림 반도를 방문했을 때 그리고리 포템킨이 가짜 거주 지역을 만들어 자기 업적을 과시하여 여제의 환심을 샀다―옮긴이〕는 그 뒤를 들여다보지 않는 한 효과가 있다. 미국과 그 동맹국들이 스탈린 시대에 이것을 확인할 수 있는 방법은 오직 소련 국경을 따라 정찰비행을 하거나 카메라를 탑재한 풍선을 풀어 소련 국경 위로 날려 보내는 것, 그것도 아니면 첩보원을 침투시키는 것이었다. 이 방안은 어느 것도 써먹을 수 없었다. 정찰기는 피격을 당하거나 가끔은 격추를 당하기도 했고, 풍선은 방향을 잘못 잡고 날아가다 터지기도 했으며, 스파이는 체포되어 종종 사형 집행도 받았다. 이는 소련의 첩자 킴 필비(Kim Philby)가 미국 중앙정보국(CIA)에 파견된 영국의 연락 장교였기 때문에 일어난 일이었다.[48] 스탈린 시대에 소련은 밀폐된 사회였기에 그 누구에게라도 외부에서 그 내부를 들여다보는 일이 까다로웠다.

이런 상태를 지속시켜야 흐루쇼프가 있지도 않은 로켓을 만지작거리며 겁을 주는 전략이 먹혀들 수 있었다. 이것이 바로 그가 1955년 제네바에서 있었던 첫 정상회담에서 미국과 소련이 서로 상대방 영토 위로 정찰기를 보내자는 아이젠하워의 제안을 거부한 이유다. 그는 마치 "우리 침실을 들여다보는 것" 같다며 불만을 토로했다.[49] 그러나 흐루쇼프는 아이젠하워가 머지않아 바로 그 목적을 정확히 달성시켜줄 '영공 공개'(領空公開, open skies) 감시 계획을 위해 비밀 대책을 세우고 있었다는 것을 알지 못했다.

1956년 7월 4일, 미국의 신형 첩보 비행기 U-2가 소련 전투기와 대공(對空)미사일의 사정거리를 훨씬 넘는 고도에서 우수한 사진을 찍으면서 모스크바와 레닌그라드 바로 위로 처녀비행을 했다. 같은 날 흐루쇼프는 모스크바의 미국 대사관저인 스파소 하우스 정원에서 미국의 독립기념일 연회를 즐기고 있었다. 그의 모습을 공중 첩보 사진에서 볼 수 있었는지는 밝혀지지 않았다.[50] 이 첩보 비행은 그 후 규칙적인 간격으로 4년간 계속되었다. 소련은 레이더로 이 비행을 탐지할 수는 있었지만 격추시키지는 못해서 형식적인 항의로만 그쳤다. 영공을 통제할 능력이 없음을 널리 알리기를 원하지 않았기 때문이다. 미국은 이런 비행이 국제법을 위반하는 것임을 알면서도 정보의 노다지를 거두는 동안 일체 함구했다.

U-2기에서 보내온 사진은 소련의 장거리 폭격기 부대의 크기가 제한되어 있으며 그 성능도 열악하다는 사실을 신속히 확인해주었다. 소련 미사일의 성능을 측정하는 작업은 더디게 진행되었다. 미사일 자체가 (흐루쇼프가 주장하던 수량만큼) 존재하지 않았기 때문이다. 1959년 말까지 소련 기술자들이 보유한 장거리 미사일 발사 기지는 겨우 6곳이었다. 각 미사일이 연료를 충전하는 데는 거의 20시간이나 걸리기 때문에 미국 폭격기 공습에 취약했다. 이는 흐루쇼프가 미사일 발사로 의존할 수 있는 **전체** 개수가 정확하게 6개였음을 의미했다.[51]

그러나 소련은 그 즈음에 개량된 대공미사일을 보유하고 있었다. "이 영리한 바보들에게 교훈을 주는 방법은 주먹이다. 여기에 다시 한 번만 더 낯짝을 내밀어봐라." 흐루쇼프는 그의 아들에게 이렇게 이야기했다.[52] 1960년 5월, 그들은 해냈다. 소련은 아이젠하워가 승인했을 마지막 비행을 하던 U-2기를 격추했고, 조종사 프랜시스 게리 파워즈(Francis Gary Powers)를 체포해 간첩 혐의로 재판에 붙이겠다고 위협했다. 아이젠하워는 흐루쇼프의 미사일 주장이 허풍이었다는 점은 확신했으나 U-2기의 취약성을 우려하기 시작했다. 미국의 첫 정찰용 인공위성이 막 궤도에 오르고 있었고, 아이젠하워는 이 인공위성으로 U-2기가 곧 구식으로 폐기되리라고(정확하게) 예상했다. 그 비행기의 유효성이 사라질 즈음 추락한 것이기는 해도 흐루쇼프는 어쨌든 이 격추를 위기로 몰고 갔다.

그 다음 정상회담은 2주 후 파리에서 열기로 되어 있었다. 흐루쇼프는 이 회담을 위해 나타났지만, 오로지 정상회담을 깨트릴 목적으로 간 것이었다. 모스크바를 떠나기 바로 직전에 그는 이번 U-2기 사건으로 집권 말기 레임덕(lame duck)에 빠진 아이젠하워 행정부와 더 이상 협력이 불가능하게 되었다고 결론지었다. "만일 아무 일도 없었다는 듯이 정상회담을 추진한다면 우리의 자긍심과 품위가 훼손될 것이라는 확신이 점점 강하게 들었다."[53] 그러므로 그는 아이젠하워의 후임자를 기다리고 있었다. 이것은 충동적인 결심이었지만, 곤란한 현실을 반영한 것이었다. 격추된 비행기에서 입수한 사진의 품질을 본 흐루쇼프는 그의 포템킨 전략(즉 위장 전략)에 문제가 있음을 깨달을 수밖에 없었다.

존 F. 케네디는 이 점을 이용했다. 1960년 대선 운동 당시에 그는 아이젠하워가 전개한 이른바 '미사일 격차'(missile gap: 냉전 기간 중 미국과 소련의 미사일 재고 숫자와 그 힘의 격차. 대체로 소련이 미국보다 우세하다고 주장됨—옮긴이)를 내세웠다. 취임 이후에 그렇지 않음을 인정하는 것은 당황스럽다. 그런데 케네디는 취임하고 처음 몇 개월 동안 연달아 실패를 겪어

당황스러워 했다. 1961년 4월에는 피델 카스트로(Fidel Castro)가 있는 쿠바에 실시한 피그스 만(Bay of Pigs) 상륙작전이 실패했고, 같은 달에 소련은 인간을 처음으로 우주 궤도에 올려놓았으며, 6월에 열린 비엔나 정상회담에서는 흐루쇼프가 베를린 최후통첩을 새롭게 제안해 잘 진행되지 않았다. 그 후 얼마 지나지 않아 흐루쇼프가 소련이 100메가톤의 폭발력—이는 브라보(BRAVO)의 성능보다 거의 7배에 이른다—을 내는 핵무기 실험을 재개할 것이라고 발표했을 때 케네디는 더 이상 참을 수 없었다.

그는 정찰위성에서 나온 새롭고, 풍부하고, 확신을 주는 증거를 꺼내들어 흐루쇼프의 허풍을 폭로했다. 그는 대변인을 통해 소련의 핵과 미사일 성능은 절대로 미국보다 월등하지 않음을 알렸다. "우리는 최소한 소련이 첫 공격으로 가져다주는 것만큼 광범위한 2차 공격 능력을 보유하고 있다. 그러므로 우리는 소련이 위험한 핵전쟁을 도발하지 않을 것임을 자신한다."[54] 흐루쇼프는 대형 폭탄 실험을 강행함으로써 응답했지만(그는 그것의 메가톤급 성능을 반으로 줄임으로써 생태학적 책임감을 과시했다), 이것은 열핵 능력을 뽐내는 것에 지나지 않았다. 그의 전기 작가는 이렇게 지적했다. "미국은 전략적 우월성을 외관으로 보이기만 해도 결정적이라고 가정한 흐루쇼프를 이중으로 손상시킴으로써 실리(實利)를 얻었다. 즉 흐루쇼프는 4년 동안 써먹은 원자폭탄의 효력을 상실했지만, 미국은 그것을 거머쥐었다."[55]

[X]

역사학자들이 추정한 바에 따르면, 여러 해 동안 흐루쇼프는 소련이 대량으로 보유하고 있던 중간거리(intermediate-range)미사일과 중거리(medium-range) 미사일을 1962년에 쿠바로 보냄으로써 (그가 쌓아놓은 포템킨의 출입구가 모두 철거된) 체면 손상을 회복하려고 필사적인 노력을 기울였다. "왜 미국인 속옷에 고슴도치를 집어넣지 않는 거지?" 그해 4월에 그는 소련이 미국의 장거리 미사일 성능에 필적하려면 10년이 걸린다는 사실을 염두에 두고 이렇게 물었다.[56] 이는 흐루쇼프가 취한 행동의 주된 사유가 아니었음이 이제야 명백해졌다. 이는 역사가들이 얼마나 쉽사리 조급한 결론에 빠지는지를 암시해주고 있다. 더욱 의미심장한 것은, 긴장이 고조되고 이해관계가 클 경우 강대국들이 얼마나 큰 착오를 저지를 수 있는지 쿠바 미사일 위기가 보여주었다는 점이다. 그 파급 결과는 이 경우처럼 만인을 놀라게 할 수 있다.

흐루쇼프는 비록 실현 가능성이 없을 것 같아도 라틴아메리카 전역에 〔공산〕혁명을 전파하기 위한 노력의 일환으로 미사일 배치를 주로 의도했다. 그와 그의 보좌관들은 소련이 동유럽에서 공산 정권을 창건하기 위해 실행할 수밖에 없었던 밀고 찌르고 하던 일이 일체 없이 쿠바에서 마르크스-레닌주의 반란이 자력으로 일어나 정권을 잡았을 때 놀라고 흥분하기까지 했고, 궁극적으로는 기분이 상기되었다. 마르크스 자신은 쿠바 혁명을 예측하지 않았을 것―쿠바에는 무산계급이 별로 없었기에―이고, 피델 카스트로와 제멋대로인 그 동료들이 레닌의 기강 잡힌 혁명 '전위대' 모델에 잘 맞지도 않았다. 단지 역사의 향방을 예언한 마르크스의 생각을 확인하는 듯이, 쿠바가 모스크바의 도움 없이 **자발적으로** 공산화되었다는 것만으로 충분했다. "그렇다, 그는 참된 혁명가다." 노령의 볼셰비키였던 아나스타스 미코얀〔Anastas Miikoyan, 1895~1978: 스탈린과 흐루쇼프 집권기의 소련 정치인. 흐루쇼프 집권 기간 중에 외무 장관 및 제1부 수상으로 막강한 지위를 누렸고 쿠바 미사일 위기 때는 카스트로를 설득해 미사일을 철거하도록 했다—옮긴이〕은 카스트로를 만나보고는 감탄했다. "우리와 완전히 같아서, 나는 마치 어린 시절로 돌아간 것 같았다."[57]

그러나 카스트로 혁명은 위기에 빠졌다. 아이젠하워가 퇴임하기 전에 그의 행정부는 쿠바와 맺던 외교 관계를 파기하고 경제제재를 가하면서 카스트로의 전복을 기도했다. 케네디는 이 모든 계획을 승인함으로써 반(反)카스트로 쿠바 망명자들을 지원해 피그스에서 상륙작전을 추진했지만 실패했다. 이 사건은 흐루쇼프에게 만족감을 주거나 축하할 만한 이유가 되지 않았다. 그가 보았듯이 오히려 이 침공 미수 사건은 워싱턴의 반혁명 결의를 반영했다. 그리고 이런 일은 다음부터 더 큰 병력으로 반복될 것이 확실했다. "나는 쿠바의 운명과 그 지역에서 소련의 위신을 유지하는 문제로 여념이 없었다. 우리는 말(words) 이상으로 미국과 대결할 방안을 구상해야 했다. 우리는 카리브 해 지역을 간섭하는 미국에 대해 확고하고 효과적인 억제력을 확립해야 했다. 그러나 정확히 무엇을 확립한단 말인가? 논리적인 해답은 미사일이었다."[58]라고 흐루쇼프는 회고했다.

미국은 이에 대해 항의할 수 없었다. 왜냐하면 1950년대 말엽 아이젠하워 행정부가 ('미사일 격차'가 없다는 것을 확신하기 전에) 중간거리 미사일을 전부 소련을 겨냥해 영국, 이탈리아, 터키에 배치했기 때문이다. 흐루쇼프는 "적국의 미사일이 당신을 겨냥하고 있는 것이 어떤 느낌일까?"를 미국이 알게 될 것이라고 확언했다. "우리는 그저 그들이 제조한 약을 조금 되돌려주는 것에 불과하다."[59]

그러나 케네디와 그의 보좌관들은 흐루쇼프가 말한 이유에 관해 아무것도 아는 바가 없었다. 그로부터 사반세기가 지난 후까지 생존해 있던 사람들은 소련의 기밀문서가 개방되어 그런 내용들이 밝혀지기 시작하자 몹시 놀랐다.[60] 이들은 U-2기가 쿠바 상공을 비행하는 새로운 임무를 받았던 1962년 10월 중순에야 겨우 쿠바의 미사일 배치를 알게 되었는데, 오랫동안 계속되어온 도발 중에서도 이 일을 가장 위험한 행위로 보았다. 그보다 6년 앞서 수에즈운하 위기 중에 크렘린의 지도자가 영국과 프랑스를 위협한 일까지 소급해 범위를 확장해 보아도 마찬가지다. 그리고 한 가지 더, 이 사태는 이제까지와는 달리 미국까지 닿을 수 있는 성능을 지닌 소련 미사일 수효를 최소한 배로 늘리는 것이었다. 케네디는 "쿠바에 있는 공격용 미사일은 이 서반구에서 우리를 겨누는 소련 내의 미사일과는 차원이 다른 심리적·정치적 효과를 주고 있다. 각국 정부가 이 새로운 힘의 증거에 겁을 먹고 [흔들리면서] ……공산주의와 카스트로주의(Castroism)는 퍼진다. ……이는 모두 미·소 양국이 지금까지 지탱해온 정교한 현상 유지(status quo)에 도발적인 변화를 주고 있다."[61]라고 경고했다. 흐루쇼프가 쿠바 미사일로 이루려 했던 의도가 무엇이었는지는 지금도 분명하지 않다. 처음부터 끝까지 치밀하게 생각하지 않는 것이 그의 특징이었다.[62] 그는 자신이 의도한 점에 대해 케네디에게 거짓말을 하면서 비밀리에 미사일을 쿠바로 보냈기 때문에, 미국이 반응하지 않으리라는 기대는 거의 할 수가 없었다. 그가 중간거리 미사일을 통해 의도한 것은 오직 전쟁 억지력이었겠지만, 여기에 더해 오로지 미군 상륙을 격퇴하는 데만 쓸 수 있는 핵탄두를 장착한 근거리 미사일도 밀송했다. 미군은 이런 무기가 기다리고 있다는 사실을 알 수 없었을 것이다. 흐루쇼프는 핵무기를 엄격히 통제하지 않았고, 지역 사령관이 침공에 대비해 사용 여부를 승인할 수 있었다.[63]

결국 흐루쇼프의 이념적 낭만주의가 전략적인 분석 능력을 넘어섰다고 하는 것이 가장 알맞은 설명일 듯하다. 그는 감정적으로 카스트로의 혁명에 전념해 그 자신의 혁명과 조국, 그리고 세계를 도박에 걸었다. 카스트로는 뒷날 "말하자면 니키타[흐루쇼프]는 쿠바를 대단히 사랑했다. 그는 정치적 소신이 있는 인물이었기 때문에 감정적으로나 여러 면에서 쿠바를 유독 편애했다."[64]라고 인정했다. 그러나 물론 레닌과 스탈린도 그랬듯이 그들이 혁명의 우선순위를 감정으로 결정하는 일은 거의 드물었다. 흐루쇼프는 그들보다 훨씬 더 큰 파괴력을 발휘하면서도 그에 대한 책임감은 훨씬 적게 지고 있었다. 그는 마치 장전된 총을 갖고 노는 안달 난 어린아이 같았다.

하지만 그는 어린아이가 가끔 그렇듯이 원하는 것을 조금이라도 얻어냈다. 미국은 핵탄두와 운반 체계 면에서 압도적인 강점—어떻게 계산하느냐에 따라 미국은 소련보다 핵무기를 8배 내지 17배는 많이 보유하고 있었다[65]—이 있었는데도, 케네디는 기껏해야 한두 개인 소련 미사일이 미국을 명중시킬 것이라는 예상만으로도 충분히 설득되었다. 그는 흐루쇼프에게서 쿠바에서 무기를 철수시키겠다는 동의를 얻고 그 대가로 더 이상 쿠바를 침공하지 않겠다는 약속을 공개적으로 했다. 케네디는 또한 터키에 있는 미국의 중간거리 미사일을 해체하기로 비밀리에 약속했는데, 흐루쇼프는 이 거래가 알려지기를 기대했었다. 케네디, 흐루쇼프, 그리고 소련조차 역사의 현장에서 사라진 뒤에도 오랫동안 피델 카스트로(그를 보호하기 위해 소련이 미사일을 보낸 것이었다)는 여전히 생존해서 잘살고 있고 하바나에서 권력을 잡고 있다.〔카스트로는 대장 수술 후 2006년 7월 31일에 모든 권력을 친동생인 라울 카스트로에게 이양했다. 2008년 2월 19일에는 임기 종료 5일을 남기고 대통령과 쿠바군 최고사령관직을 사임했으며 국회는 라울을 후계자로 선출했다―옮긴이〕

그러나 넓은 의미에서 보면 쿠바 미사일 위기는 10년 전에 진행된 첫 수소폭탄 실험으로 불에 탄 새들이 미국과 소련의 관측자들에게 미쳤던 것과 똑같은 역할을 했다. 이는 관련된 모든 사람(단 카스트로는 몇 년 후에도 핵 불더미 속에서 타죽기를 마다하지 않겠다고 주장했으니[66] 아마 예외일 것이다)에게 냉전 중에 미국과 소련이 개발한 무기가 서로에게 주었던 위협보다 더 커다란 위협을 **양측**에 주었음을 확신시켰다. 지금은 보편적으로 20세기 후반기에 3차 세계대전에 가장 근접했던 일로 여겨지는, 이 있을 법하지 않은 일련의 사건들은 아무도 원하지 않는 미래의 일단을 보여주었다. 그것은 억제, 이성, 그리고 생존 가망성을 넘어 투영된 갈등이었다.

[XI]

케네디 행정부는 이러한 결과를 전혀 기대하지 않았다. 실제로는 1961년 케네디 행정부가 들어서면서 핵전쟁 행위를 합리화하기로 결심했다.

아이젠하워가 남긴 유일한 전쟁 계획은 3000개가 넘는 핵무기를 **모든** 공산주의 국가에 **동시에** 사용할 필요성이 있다는 것이었다. 이 사실에 충격을 받은 케네디는 전략가들에게 선택의 폭을 넓히라고 지시했다. 그 임무는 국방 장관인 로버트 S. 맥나마라(Robert S. McNamara)에게 떨어졌는바, 그는 핵전쟁을 어떻게 치를지에 대한 가능성의 범위를 고안하는 것뿐만 아니라 소련 측이 이런 전투 규칙에 **동의**하게 만드는 일이 가능해야 한다고 주장했다. 1962년 여름에 그가 제시한 기본 착상은 "과거에 취급되던 재래식 군사작전과 상당히 유사한 방법으로" 핵전쟁을 수행하는 것이다. 그 목적은 "적의 군사력을 파괴하는 것이지 민간인을 파멸시키는 것이 아니다."[67]

그러나 이 전략에는 문제가 있었다. 첫째, 전쟁 행위는 오래전부터 전투원과 비전투원 사이의 구분을 흐릿하게 했다. 2차 세계대전에서는 민간인이 적어도 군인만큼 많이 희생되었으니, 핵전쟁이 온다면 그런 상황이 훨씬 악화될 것이다. 맥나마라가 꾸린 계획자들은 민간인이 아닌 군대 병력과 군사시설만 목표로 해도 이러한 전쟁에서 미국인 1000만 명이 사망할 것이라고 추정했다.[68] 둘째, 이처럼 정확한 목표 설정이 가능하리라는 보장도 없었다. 2차 세계대전 중에 투하된 폭탄 대부분은 목표를 벗어났고, 미사일 유도 체계(특히 소련 측의 체계)는 여전히 초보 수준이었다. 더욱이 미국의 군사시설은 소련이나 유럽과 마찬가지로 도시와 그 주변에 위치하고 있었다. 결국 맥나마라의 '도시 제외' 원칙은 소련이 그 '규범'을 따르고 도시를 목표물로 잡지 않아야만 효과가 있게 마련이다. 이것은 흐루쇼프가 맥나마라처럼 생각하느냐에 달렸는데, 그럴 가능성은 높지 않았다.

쿠바 미사일 위기는 이 일이 얼마나 어려운지 확증해주었다. 여기에서 얻은 교훈이 있다면, 소련과 미국이 얼마만큼 비슷한 생각을 하지 못하는지 그 범위를 알게 해주었다는 점이다. 모스크바에서 "합리적인" 행동으로 여겨지던 것도 워싱턴으로 건너오면 위험할 정도로 "불합리한" 행동이 되었고, 그 반대 경우도 마찬가지였다. 만약 평상시에도 이처럼 공통적인 합리성을 구할 수 없다면, 핵전쟁의 대혼란 중에는 어떨 것인가? 맥나마라는 이 위기가 절정에 이른 날 일몰을 바라보면서, 살아남아서 이 모습을 다시 바라볼 수 있을지 의문스러웠다고 회고했다.[69] 그는 살아남았지만, 제한적이고 통제되고 **합리적인** 핵전쟁이 가능할 것이라는 그의 확신은 살아남지 못했다.

1962년 가을에 전쟁 발발을 막은 것은 미·소 양측에 모두 해당되는, 단순한 공포의 불합리성이었다. 그것이 바로 처칠이 "인류 절멸의 평등" 안에서 희망을 보았을 때 예견했던 것이다. 또한 아이젠하워는 다음과 같이 이해하면서 제한적인 핵전쟁 수행을 배제했다. 그는 전쟁이 진행되는 중에 파괴 수준을 조절하기보다는 차라리 제한적 핵전쟁 수행을 배제하는 것이 전쟁 발발을 막는 최선의 방책이라는 가정하에, 전면 파괴의 확신 외에 아무 선택도 남기지 않는 전략을 세웠다.

맥나마라는 그답게 쿠바 미사일 위기의 여파 속에서 이 불합리성에 대한 의존을 새로운 합리성으로 전환시켰다. 양측은 군사시설만을 표적으로 했던 초기 생각을 단절하고, 그 대신 가능한 한 **최대치**로 사상자가 발생할 수 있도록 상대편 도시를 목표물로 잡아야 한다.[70] 이 새로운 전략은 '상호 확실 파괴'(Mutual Assured Destruction)라는 말로 알려졌는데, 이 말을 줄이면 심술궂게도 적절한 단어인 'MAD'〔미친〕가 나온다. 이 전략은 핵전쟁에서 살아남을 수 있다는 확신이 누구에게도 없으면 핵전쟁도 없을 것임을 가정하고 있다. 그러나 이것은 아이젠하워가 오래전에 결론낸 것을 단순히 재탕하는 것에 지나지 않았다. 열핵무기의 출현은 전쟁이 더 이상은 치국책(治國策)의 수단이 될 수 없음을 의미했다. 아니, 오히려 국가가 생존하려면 전쟁이 전혀 없어야 한다는 것을 요구한다.

핵으로 인한 경종은—경계경보조차도—1962년 후에 일어났다. 그러나 1940년대 말기 이래로 초대강국 관계를 지배할 만큼의 핵 위기는 없었다. 그 대신 처음에는 암묵적으로, 그 다음에는 숨김없이 핵무기가 자본주의와 공산주의 세계 양쪽 모두에 미치는 위험을 인식하면서 소련과 미국 사이에 합의가 이루어지기 시작했다. 여기에는 양측이 서로 인공위성 정찰을 감내한다는 불문의 양해가 포함되었다. 이는 또 한 번 아이젠하워의 통찰력을 입증한 것으로서 미국과 소련은 투명하게— '영공공개'로—살아가기를 배움으로써 기습 공격의 가능성을 최소화할 수 있었다.[71]

핵무기를 국제적으로 통제하는 것까지는 아니더라도 최소한 핵무기를 취급하는 방법을 합의해야 할 시기가 내도했다는 자각도 있었다. 이로 인한 첫 합의는 1963년 제한적 핵실험 금지조약(Limited Test Ban Treaty)이었다. 이는 대기권에서 핵실험을 폐지하는 것이었다. 그 다음 합의는 1968년에 이루어 것으로 핵무기를 보유한 국가는 다른 국가들의 핵무기 획득을 지원하지 말아야 한다는 요구를 담은 핵확산금지조약(Nuclear Non-Proliferation Treaty)이었다. 또한 1972년에는 전략무기제한 잠정협정 (Strategic Arms Limitation Interim Agreement)으로 양측에 허용된 지상과 해상

기지에 유도 미사일의 수를 제한했다. 이 협정에는 정찰위성을 수단으로 협정을 준수하는지 여부를 증명한다는 내용도 포함되었다.

그렇지만 가장 흥미로운 합의는 소련과 미국이 1972년에 체결한 '탄도탄 요격 미사일 조약'(Anti-Ballistic Missile Treaty)인바, 이 조약은 장거리 미사일에 대한 **방어 시설**을 금지했다. 이는 한순간에 절멸될 수 있다는 전망이 이끄는 취약성이 안정적이고, 장기적이며, 미·소 관계에 기초가 될 수 있다는 처칠(그리고 아이젠하워)의 생각이 양측에 의해 공식적으로 인정된 첫 사례였다. 이는 또한 좀처럼 도달하기 어려운 상호 확실 파괴를 모스크바가 수용했음을 반영했다. 스스로를 방어하려는 노력은 **나쁜** 착상이라고 소련을 설득하는 일이 그 협상의 첫 도전이었다. 그 노력이 빛을 본 것—미국 관리들이 국가 안보를 어떻게 생각하는지에 대해 소련 관리들을 교육하게 되었다—은 냉전 첫해에 각각 핵무기를 개발함으로써 상대를 공포에 떨게 한 이래 그들이 얼마나 먼 길을 왔는지를 보여준다.

그래서 커트 보니것의 표현으로 말하자면, 실제로 일이 그렇게 진행됐다. 냉전은 이 지구상에서 인류라는 생명체를 멸종시킬 만한 열전(熱戰)을 유발할 수도 있었다. 그러나 전쟁의 **공포심**이 미국과 소련, 그들의 각 동맹국들을 갈라놓는 모든 차이점보다 더 컸기 때문에 전쟁은 결코 일어나지 않으리라는 희망을 품을 **이유**가 있었다.

[XII]

쿠바 미사일 위기 이후 40년이 지나 또 한 사람의 소설가 얀 마텔(Yann Martel)이 《파이 이야기》(Life of Pi)를 발표했는데, 이 소설에서는 죽음의 보트가 될 뻔했던 구호선에 관한 기상천외한 이야기가 펼쳐진다.[72] 주요 등장인물은 한 소년과 벵갈 호랑이로 이 두 주인공은 난파선의 희생자로 불편하기 짝이 없는 작은 배에 올라타고 함께 태평양을 표류하게된다. 공통 언어가 없기에 그들 사이에는 이성적인 토론이 있을 수 없었다. 그런데도 이해관계가 공존한다. 호랑이는 소년에게 자기가 먹을 물고기를 잡게 하고, 소년은 호랑이에게 잡아 먹히지 않게 되었다. 아무튼함께 이 방법을 생각해냄으로써 이 둘은 결국 살아남는다.

그렇다면 이 이야기는 냉전 우화일까? 마텔이 이 소설을 그런 의도로 썼는지는 중요하지 않다. 왜냐하면 좋은 소설은 작가 고유의 전망을 넘어선 것이라도 독자에게 읽힐 수 있기 때문이다. 핵무기는 각 국가들이 공통의 언어, 사상, 이해관계가 없더라도 서로 상대방의 생존을 위해 그이익을 공유하게 했다. 그들은 호랑이를 탄생시켰지만, 이제는 함께 살아가는 법을 배워야 했다.

3장 통제 vs 자발성

두 국민은 서로 교통하지도 않고 공감대도 없다. 마치 다른 지역 주민이나 다른 행성에 거주하는 외계인처럼 상대방의 습관, 생각, 감정을 모른다. 이들은 다른 종으로 태어났고, 다른 음식을 섭취하고, 다른 방법으로 명령을 받으며 같은 법령 아래 통치되지 않는다.

−벤저민 디즈레일리, 1845[1]

2차 세계대전이 끝난 뒤 초대강국 사이에는─정치와 경제 양면에서─단결 대신 철저한 분열이 있다. 그 한편에는 소련과 그 위성국이, 다른 한편에는 이 세계의 나머지 국가들이 있다. 간단히 말해서, 하나가 아니라 둘인 세계가 존재한다.

−찰스 E. 볼렌, 1947[2]

이 유일무이한 행성, 지구에서는 초강대국들이 서로 상대 진영을 제거할 수 있는 수단을 공유하면서도 서로의 생존에 대한 관심도 나누고 있었다. 여기까지는 그럭저럭 괜찮았다. 그렇지만 **어떤** 생존을 말하는 것인가? 각 체제 아래 어떤 삶이 있는가? 경제적인 복지는 얼마나 여지가 있을까? 사회정의를 위한 여지는? 사람들이 각자의 삶을 영위하는 방식을 손수 선택할 자유는? 냉전은 단순히 지정학적인 대결이나 핵무기 경쟁이 아니었다. 그것은 또한 이러한 질문에 답해주는 경쟁이기도 했다. 이 문제는 인류 생존의 문제만큼이나 중요했다. 즉 인간 사회를 어떻게 조직하는 것이 최선일까에 대한 문제다.

"여러분이 좋건 싫건 역사는 우리 편이란 말이오." 한때 니키타 흐루쇼프는 일단의 서방 외교관 앞에서 이렇게 뽐낸 적이 있었다. "우리는 여러분을 매장시킬 것이오." 그는 남은 생애 동안 이 말이 의도했던 바를 설명하면서 보냈다.

흐루쇼프는 자신이 핵전쟁에 관해 말한 적이 없다고 주장했다. 공산주의가 자본주의를 넘어서 역사적으로 예정된 승리를 이룰 것이라고 말했을 뿐이라는 것이다. 흐루쇼프는 소련이 사실 서방 진영보다 낙후되어 있음을 1961년에 인정했다. 그러나 10년 안으로 소련의 주택 부족 문제가 해소될 것이고, 소비자 상품도 풍부해질 것이며, 인민들은 "물질적으로 충분히 공급받게 될 것"이다. 20년 안으로는 소련이 "크게 발전해 주요 자본주의국가들과 비교할 때 그들이 훨씬 밑에 그리고 멀리 뒤떨어져 있을 것"이다.[3] 공산주의는 아주 쉽사리 미래의 물결이 되었다.

그러나 그렇게 되지는 못했다. 1971년까지 소련과 그 동유럽 위성국의 경제는 침체했다. 1981년에 이르러 소련 내부에서는 생활수준이 너무나 열악해져 평균 수명이 **떨어질** 정도였다. 이는 선진 산업사회에서는 전례 없는 현상이었다. 1991년 말에 이르렀을 때는 세계 어디서나 공산주의의 본보기였던 소련 자체가 더 이상 존재하지 않게 되었다.

흐루쇼프의 예측은 이제 명백해졌다. 즉 그는 철저한 분석이 아니라 희망적인 생각을 바탕으로 예측했다. 그러나 당시에 그의 예측을 진정으로 받아들인 사람이 상당히 많았다는 점만은 분명하다. 그들 전부가 공산주의자였던 것도 아니었다. 예를 들면 1961년 비엔나 정상회담에서 소련의 지도자 흐루쇼프를 대면한 케네디는 이념적으로 자신에 넘쳐 있는 그를 보고 완전히 위축되었다. "그는 나를 온통 애먹였다." 새로 취임한 케네디는 이렇게 시인했다. 그 직후에 영국 수상 해럴드 맥밀

런〔Harold McMillan(1894~1986): 영국의 보수당 정치인으로 수상을 역임(1957~
1963)했다. 재임 중에 프랑스 · 이스라엘과 함께 수에즈운하 점령 전쟁을 벌였다―옮
긴이〕은 케네디가 "생전 처음 나폴레옹(그가 권력을 거머쥐었을 때)을 알현
하는 사람처럼 어안이 벙벙해 있었다"⁴라고 언급했다. 케네디만 그런
것이 아니었다. 공산주의는 지난 한 세기를 훨씬 넘도록 정치인은 물론
그들이 통치하는 국가들을 위협해왔다. 공산주의가 시민들에게 수없이
영감을 주면서 고조시켰기 때문이다. 이들은 마르크스-레닌주의에서
보다 나은 삶에 대한 희망을 보았다. 냉전 초기에는 그런 위협과 영감이
극에 달했다. 냉전이 끝날 무렵에는 공산주의에서 바랄 것이 별로 남지
않았고, 두려워할 것은 아무것도 남지 않았다.

[I]

공산주의가 누렸던 존경심과 공산주의가 원인이 된 불안감을 이해하려
고 시도하는 데 좋은 출발점이 되는 소설이 또 한 권 있다. 1845년에 출
판된 이 책의 제목은 《시빌》〔Sybil, or The Two Nations: 영국의 노동계급 대다수
가 겪는 참혹한 생활 조건을 다룬 소설. 이때 프리드리히 엥겔스의 저서 "1844년 영국
노동계급의 상태"(The Condition of the Working Class in England in 1844)도 출판되었
다―옮긴이〕로서 작가인 벤저민 디즈레일리(Benjamin Disraeli)는 영국 수상
이 되었다. 이 소설의 부제는 '두 국민'(The Two Nations)이었다. 이 소설에
서 디즈레일리는 부유층과 빈곤층을 염두에 두었다. 한 사회 안에서 불
안하게 공존하고 있는 이 두 계층의 격차는 산업혁명―그보다 반세기 앞

서 대영제국이 성취한 최고의 업적—으로 인해 점점 더 넓어지고 있었다. 소설에 등장하는 한 인물은 다음과 같이 불평한다. "자본주의자는 번창하고 있다."

그는 막대한 재산을 모으고 있다. 우리들은 밑으로 밑으로, 짐 나르는 짐승보다도 더 밑으로 떨어지고 있다. 오히려 짐승들은 우리보다 더 잘 먹고 보살핌을 더 많이 받는다. 그리고 정말로, 현재 제도로 보면 짐승들이 더 고귀하다. 그러나 사람들은 언필칭 자본과 노동의 중요도는 동일하다고 한다.[5]

《시빌》은 경고와 같았다. 즉 경제 발전이 일부 시민을 위해 다른 이들의 이익을 착취하는 데 의존하는 국가는 내분을 향해 치닫고 있다는 경고다.

카를 마르크스(Karl Marx)는 그 당시 영국에 살면서 이와 똑같은 현상을 목격하고 경고했다. 그러나 그는 소설이 아니라 학술 이론으로 그렇게 했다. 자본주의는 부(富)를 불공평하게 분배하기 때문에 스스로를 교수대에 세우고 있다. 경제 불평등으로 발생하는 사회 위화감은 오로지 혁명을 불러일으킬 뿐이다. "부르주아는 스스로를 죽음으로 모는 무기를 만들 뿐 아니라 그 무기를 휘두를 사람들인—현대의 노동계급—프롤레타리아를 부른다." 자본주의의 무덤을 파는 사람들은 조만간 자본주의를 공산주의로 교체할 것이다. 이는 생산수단을 공동소유로 하고 극도의 부와 빈곤이 더 이상 존재하지 않는 사회를 조직하는, 보다 합리적인 방법이다. 따라서 아무도 원한을 품지 않아 인류의 행복이 따라올 것이다. 마르크스의 협조자인 프리드리히 엥겔스(Friedrich Engels)가 주장한 바에 따르면, 공산주의는 필요의 왕국(kingdom of necessity)에서 자유의 왕국(kingdom of freedom)으로 가는 인간 진보를 기록할 것이다.[6] [공산주의는 재화를 '능력'이 아니라 '필요'에 따라 분배된다는 이론과 비교 고찰할 필요가 있다―옮긴이]

이것은 단순한 신앙고백이 아니었다. 마르크스와 엥겔스는 이것을 과학으로 보았다. 기술 진보, 사회의식, 혁명의 귀결을 연계한 마르크스는 역사를 전향적으로 이끄는 엔진의 모습을 보여주었다. 이것이 계급투쟁이었다. 그리고 이 엔진은 산업화와 거기에서 생성되는 사회 위화감을 되돌릴 수 없다는 면에서 후진 기어가 없다. 마르크스 이론은 빈곤층에게는 희망을, 부유층에게는 공포감을 심어주었고, 정부는 그 중간에 자리 잡게 되었다. 오직 유산계급(bourgeoisie)만을 위한 통치를 하면 혁명이 일어날 것은 확실하고, 이로써 마르크스의 예언이 확인된다. 한편 무산계급(proletariat)만을 위한 통치는 마르크스 혁명이 이미 내도했음을 의미한다. 그러므로 정치인들은 거의 모두 어중간하게 얼버무리는 정치를 했다. 디즈레일리가 통치하는 영국이든, 비스마르크가 통치하는 독일이든, 아니면 그 어느 나라보다도 더 급속히 산업화로 가는 미국이든 정치가들은 자본주의의 가혹한 면을 덜어냄으로써 그것을 보전하는 일에 착수했다. 그 결과로 나타난 것이 사회 복지국가인데, 그 기본 구조는 대표적으로 두드러진 몇몇 국가들이 1914년 8월 서로 전쟁에 돌입할 때까지 산업화된 세계를 통틀어 상당한 자리를 차지했다.

자본주의국가가 산업화의 잔인성을 완화시킴으로써 어떤 식으로든 진보를 이루었다고 하지만, 1차 세계대전은 그들이 아직도 평화를 유지하는 법을 배우지 못했음을 보여주었다. 전례 없는 경제개발을 이루고 그에 따라 상호 의존성이 수반되는데도 유럽 열강은―그중 몇 나라는 사회적으로 가장 진보된 정부였다―이제껏 세계가 보지 못했던 최악의 전쟁으로 빠져들었다. 그들이 일구어낸 산업은 방대한 양의 무기를 생산해 예상했던 것보다 훨씬 오랫동안 전쟁을 지속할 수 있게 했다. 분명한 점은 유산계급이 자기 무덤을 파고 있었다는 것이다.

그것은 적어도 레닌이 처음에는 망명지에서, 그리고 그 다음에는 러시아 황제 니콜라이 2세를 전복시키고 나서 러시아 국내에서 제창한 주장이었다. 레닌은 이론을 행동으로 옮기는 결단력 면에서 마르크스와 엥겔스와는 달랐다. 그가 주도한 11월 쿠데타〔1917년 3월 로마노프왕조 최후의 황제 니콜라이 2세 폐위와 동시에 집권한 케렌스키 주도의 임시정부를 1917년 11월에 밀어내고, 세계에서 처음으로 공산당 정부가 세워졌다. 케렌스키 임시정부는 중산계급을 포용하고 있었지만, 레닌은 무산계급의 독재를 실현했다―옮긴이〕는― 이미 지나간 일이지만―한 인간이 역사의 진로를 어느 범위까지 바꿀 수 있는지를 보여준 놀라운 사례로 남아 있다. 레닌이 마르크스의 말을 빌려 표현했듯이, "무산계급의 의식 있는 전위대"는 과학적으로 예정된 결론을 향해 역사를 **빨리 앞당길** 수 있다는 사례가 되었다. 볼셰비키 '혁명'은 한 국가가 자본주의를 옹호하려는 노력 끝에 사라졌음을 의미한다. 이 혁명은 자본주의자들이 시작한 전쟁 한복판에서 자본주의 자체에 선전포고를 한 것이다. 그리고 만약 레닌과 그 추종자들이 기대한 내용이 옳았다면, 다른 나라 시민들―그들 자신도 자본주의에 고통받고 전쟁으로 기진맥진했다―도 곧 권력을 장악하고 같은 행동을 취했을 것이다.

이 역사적 시기의 의미를 그 당시 미국 대통령인 우드로 윌슨(Woodrow Wilson)만큼 명확하게 감지한 사람은 아무도 없었다. 그는 레닌이 실행했듯이 사상(idea)이 국가를 움직일 수 있는 범위를 이해하고 있었다. 그가 "민주주의를 위해 안전한 세계"(world safe for democracy)〔1917년 4월 2일, 윌슨은 상·하원 합동 회의에서 "이 세계의 민주주의를 안전하게 지키기 위해" 독일에 대한 선전포고 동의를 요청했고, 나흘 뒤에 의회가 이를 동의했다―옮긴이〕를 외치며 1917년 4월에 미국을 참전시키지 않았다면 어떻게 되었을까? 그러나 윌슨이 확신했던 것처럼 그런 세계는 프롤레타리아혁명을 위해서도 안전하지 않았고, 그 반대도 마찬가지였다. 윌슨은 자신이 두 가지 전쟁을 치르고 있음을 재빨리 깨달았다. 즉 하나는 독일제국과 그 동맹국에 대항한 군사 전쟁이고, 또 하나는 볼셰비키에 대항한 논쟁으로 벌이는 전쟁이다. 1918년 1월에 윌슨은 20세기 들어 단건(單件)으로서는 가장 영향력 있는 **미국의** 이념선언인 14개 조항(Fourteen Points) 연설을 통해 레닌이 포석한 사상적 도전에 직접적으로 대응했다. 여기에서 사상 전쟁(a war of ideas), 어찌 보면 전망 시합이 펼쳐졌는데, 이 전쟁은 1차 세계대전의 잔여 기간, 양차 대전 사이의 기간, 2차 세계대전, 그리고 냉전의 거의 모든 기간을 통해 확산되었다.[7] 이 시합에는 디즈레일리가 말한 '두 국민'을 분열시킨 쟁점이 있었다. 즉 산업사회를 살고 있는 인민 **모두**에게 이익을 주는 최선의 통치 방법은 무엇인가이다.

[II]

레닌의 입장은 마르크스 입장의 연장이었다. 그들의 입장이란 자본주의 국가는 불평등과 전쟁의 원인을 제공하기 때문에 자본주의가 타도되기 전까지는 정의도, 평화도 널리 보급될 수 없다는 것이다. 마르크스는 이런 일이 어떻게 일어날 수 있을까에 대해 막연했지만, 레닌은 그 실례를 보여주었다. 공산당이 그 길을 인도하며 러시아에서 그가 실행했던 것처럼 한 개인이 당(黨)을 지도한다. 프롤레타리아**독재**는 프롤레타리아를 **해방**시킬 것이다. 혁명의 적(敵)은 자발적으로 권력을 양도하지 않을 것이기에, 프롤레타리아독재는 그 목적을 달성하기 위해 모든 가능한 수단—선전(propaganda), 전복(subversion), 감시(surveillance), 정보원(informants), 비밀공작(covert action), 정규군과 비정규군을 통한 군사작전, 그리고 심지어 테러 행위까지—을 활용해야 한다. 목적은 그 수단을 정당화한다. 그러면 이것은 상부에서 명령을 내려 하층계급을 해방시키는 **권위주의적 혁명**이 될 것이다.

디즈레일리와 마찬가지로 윌슨의 목적은 자본주의의 개혁이었으며 그 파괴가 아니었다. 이를 행하는 길은 자발적인 행동을 격려하는 것이다. 자본주의와 동반되는 문제는 사람들에게 자기 스스로 삶을 영위할 수 있는 자유가 너무 적게 주어진다는 점이다. 자본주의는 제국(empire)과 공조했고, 제국은 주민들이 지도자를 선택할 권리를 거부했다. 자본주의는 보호주의, 가격 책정, 불경기와 호경기의 반복 순환 따위로 시장의 효율성에 한계를 그었다. 물론—이 점에서 윌슨은 레닌과 뜻을 같이한다—자본주의는 자유를 궁극적으로 부정하는 전쟁을 예방하는 데 실패했다. 윌슨의 1차 세계대전 전후 계획은 정치적 자결주의, 경제적 자유화, 그리고 국제적인 집단 안전보장 기구 창설을 추진하는 것이었다. 이 기구는 앞으로 국가 간 대립—이는 완전히 사라지지 않는다—을 평화적으로 다룰 것을 보장하는 권한을 갖출 것이다. 이는 하층계급이 스스로를 해방시키는 길을 여는 **민주혁명**이 될 것이다.

마르크스에 이어 레닌은 계급의 이해관계는 양립할 수 없다고 생각했다. 부유층은 늘 빈곤층을 착취하며 빈곤층에게 남는 선택이라고는 부유층을 제거하고 그 자리를 차지하는 수밖에 없기 때문이다. 윌슨은 애덤 스미스(Adam Smith)를 따라 그 반대로 생각했다. 개인의 이익 추구는 만인의 이익을 증진시켜 부유층과 빈곤층 모두에게 혜택을 주면서 계급 차별을 서서히 파괴한다. 그러므로 이 두 갈림길은 근대 산업사회에서 사회정의를 달성하는 문제에 대해 근본적으로 판이한 해결책을 내놓았다. 냉전이 시작되었을 때는 어느 길이 우세할지 전혀 분명하지 않았다. 그 이유를 알아보기 위해 1924년 같은 해에 사망한 레닌과 윌슨이 이후 20년에 걸쳐 남긴 유산을 추적해보자.

2차 세계대전이 끝날 때 윌슨은 실패한 이상주의자로 보였을 것이다. 그는 1919년 베르사유 조약에서—패전 독일에 대한 가혹한 처우, 승전국의 영토 요구 수락, 뻔히 들여다보이는 위장된 식민주의 영속화를 수용하는 등—지나치게 자주 타협적이었고, 이 협상은 정치적 자결주의와 경제적 자유화의 승인이라고는 할 수 없었다.[8] 그러나 막상 자국민인 미국인들은 그의 가장 자랑스러운 창작물인 국제연맹 가입을 반대했고, 따라서 이 기구는 심각하게 취약해졌다. 자본주의는 1차 세계대전 후에 불안하게 부활했지만 결국 1929년에 붕괴함으로써 최악의 세계 대공황이 시작되었다. 그동안 권위주의는 처음에는 베니토 무솔리니〔Benito Mussolini: 이탈리아 국가 파시스트당 지도자. 원래 마르크스주의자였으나 1차 세계대전 중에 민족주의자로 변신했다. 정당 해산, 언론 검열로 독재정치를 하면서 이탈리아를 경찰국가로 만들었다. 2차 세계대전 중에는 독일·일본과 함께 추축국의 일원으로 연합국에 대항했다—옮긴이〕의 이탈리아에서, 그 다음에는 일본 제국에서, 그리고 마지막으로 가장 불길하게 독일에서 상승세를 타고 있었다. 독일에서는 1933년 헌법 절차에 따라 권력을 잡은 후에 아돌프 히틀러가 즉시 그 헌법을 폐지했다.

미국과 그 밖의 다른 민주주의국가들은 1931년 일본의 만주(滿洲) 침략〔일본제국의 관동군이 1931년 9월 19일 시작한 만주 침략은 중일전쟁의 시작이 되었다. 일본의 만주 점령은 2차 세계대전 끝까지 지속되었다. 일본 소유의 남만주철도의 일부가 폭파되었는데, 일본은 이를 중국의 불평분자 소행으로 간주하고 만주침략, 병탄의 구실로 삼았다—옮긴이〕, 1935년 이탈리아의 에티오피아 병탄(倂呑)〔무솔리니는 1935년 10월 에티오피아를 침공, 병탄했다. 이 전쟁은 일본의 만주 침략과 함께 그 당시 국제연맹에 내재한 취약성을 노출시킨 사건으로 기억되고 있다. 이탈리아와 에티오피아는 국제연맹 회원국이었으나 연맹은 이탈리아를 통제하지 못했으며 따라서 에티오피아를 보호하지 못했다—옮긴이〕, 그리고 이때 이미 나치 독일이 된 독일의 급속한 재무장 등을 저지하기 위해 진지한 노력을 기울이지 않았다. 독일은 재무장으로 10년 후에 유럽 대륙에서 가장 우세한 강대국이 되었다. 그리고 예측 가능한 결과지만 2차 세계대전이 발발했을 때 미국과 영국은 승리를 위해—1939~1941년 사이 히틀러와 공조했던—스탈린의 소련에 의존할 수밖에 없었다. 1945년 즈음에는 승전이 확실해졌지만, 전후(戰後) 세계의 성격은 그렇지 못했다. 이런 기록을 근거로 윌슨에 대한 옹호를 기대한다는 것은 기껏해야 순진하게 보였을 것이다. 2차 세계대전이 시작했을 때 국제 관계의 선구적인 한 이론가는 이렇게 설명했다. "1919년 평화조약으로 세계적으로 산발된 민주주의는 추상적 이론의 산물이었으며 토양에 뿌리를 내리지 못하고 곧바로 시들어 죽었다."[9]

2차 세계대전 종전 당시 레닌은 성공적인 현실론자로 보였을 것이다. 그의 계승자인 스탈린은 위로부터의 혁명을 소련에서 실행했다. 그 첫 사업은 농업의 집단화였고, 그 다음은 급속한 공업화 계획 추진, 그리고 마지막은 실제이든 상상이든 잠재적 경쟁자를 무자비하게 숙청한 것이다. 레닌이 기대했던 국제 프롤레타리아혁명은 일어나지 않았다. 그래도 소련은 1930년대 말까지 세계에서 가장 막강한 프롤레타리아 국가였다. 그리고 상대방인 자본주의국가들과는 달리 대공황 기간 내내 생산의 완전 가동, 따라서 완전고용을 유지했다. 나치 독일의 번영은 과연 심각한 도전을 불러일으켰지만 스탈린은 히틀러와 체결한 조약으로 시간과 영토를 벌었으니, 1941년 나치 독일이 침략을 시작했을 때 소련은 생존했을 뿐 아니라 종국에는 나치를 물리쳤다. 전쟁의 종말이 다가오면서 소련은 물리적·정치적으로 유럽의 절반을 지배할 자세를 취했다. 소련의 이데올로기는—권위주의 체제가 성취할 수 있었던 다른 예를 고려하면—훨씬 더 멀리까지 영향력을 행사했다.

당시에 유럽에는 마르크스-레닌주의 지지자가 수백만 명이나 되었다. 에스파냐, 프랑스, 이탈리아, 독일의 공산주의자들은 파시스트에 대항해 지하 저항운동을 주도했다. 사회혁명 사상—하류층이 맨 위까지 올라설 수 있다는—은 심지어 소련을 향한 적대감정이 오랜 역사를 지닌 폴란드 같은 나라에도 그 매력이 널리 퍼졌다.[10] 전쟁 전의 공황이 초래한 손실과 더불어 전쟁으로 파괴된 상태를 감안할 때 민주주의적 자본주의 국가들이 과연 전후 재건이라는 사명을 감당할 수 있을지 전혀 알 수 없었다. 이는 최대의 자본주의 민주국가인 미국이 과거에 국경 너머 저편에서 발생한 사태를 두고 그다지 자진해서 책임을 지려는 뜻이 없었기에 더욱 그러했다.

심지어는 미국인들도 스스로 회의(懷疑)를 품었다. 루스벨트의 뉴딜(New Deal) 정책으로 미국 경제의 문제점을 임시변통으로 개선하긴 했지만 치유하지는 못했다. 다만 전시 소비(wartime spending)가 유일하게 그 일을 했을 뿐이고, 종전 후에는 연방 예산이 정상으로 감축됨에 따라 불황이 돌아오지 않으리라는 보장이 없었다. 정부 권한은 루스벨트가 재임하는 동안 극적으로 확대되었으나 시장의 앞날, 자발성, 심지어—루스벨트 반대 진영의 눈에는—자유 그 자체도 훨씬 불투명했다. 어느 학자는 1943년에 이렇게 저술했다. "전반적으로 미국에는 러시아보다 자유가 더 많고 평등은 적었다. 러시아에는 더 적은 자유와 더 많은 평등이 있었다. 민주주의의 일차적인 평가 기준을 자유로 해야 할지 아니면 평등으로 해야 할지에 관한 문제는 끝없는 논쟁의 뿌리였다."[11]

이런 논평은 그 당시 이런 사안을 결정하려고 마음먹기까지 늘 문제가 많던, 그저 사람좋고 순진했던 루스벨트의 부통령 헨리 A. 월리스(Henry A. Wallace)에게서 나왔음 직하다. 그러나 실제 이 논평의 주인공은 의지가 굳은 신학자 라인홀트 니부어(Reinhold Niebuhr, 1892~1971: 개신교 신학자로서 기독교 신앙을 현대 정치와 외교에 결부시켰다. 기독교 현실론의 구조 안에서 2차 세계대전, 반공주의, 핵무기 개발에 대해 미국의 행동을 지지했다—옮긴이였다. 그는 냉전 기간 중에 지조 있게 공산주의에 저항한 것으로 알려져 있다. 니부어가 2차 세계대전 중에 민주주의를 일차적으로 정의내리는 기준이 자유인지 아니면 평등인지를 두고 의문을 품은 것은 그 당시 윌슨이 내세운 전망의 실현 가능성이 애매모호했던 것만큼이나 좋은 설명이 된다.

[III]

냉전은 그 모든 것을 바꿔놓았다. 그 결과 윌슨은 오늘날 예언자 같은 현실론자로 기억되는 한편, 레닌의 동상은 과거 공산주의 세계 곳곳에서 쓰레기 더미 속에 파묻히게 되었다. 전혀 발발하지 않았던 핵전쟁과 마찬가지로 민주주의적 자본주의의 부흥과 최종적인 승리는 놀랄 만한 진전이었는바, 1945년 이데올로기 분열 양쪽에 있던 사람들은 이런 사태를 거의 예측하지 못했다. 20세기 전반의 환경은 독재정치에 물리적인 힘과 정치 권력을 제공했다. 그렇다면 왜 20세기 후반에는 사정이 달라졌을까?

그것은 마르크스주의자 역사가들이 주장했음 직한 생산수단의 근본적인 변화와는 별 관계가 없었고, 국제 체제를 바라보는 미국의 태도가 두드러지게 변화한 것에 더 큰 이유 이유가 있었다. 세계에서 가장 강력하고 다양한 경제를 건설했으면서도 미국은 신기하리만큼 1941년 이전에는 세계의 나머지 지역과 국가들의 통치 형태에 별 관심을 보이지 않았다. 압제 체제들은 유감스러운 일이었지만, 그들은 미국에 별다른 위해를 가하지 않았다. 윌슨이 당혹감과 유감을 표했지만, 이런 태도는 1차 세계대전에 참전했어도 바뀌지 않았다.

이런 분위기를 즉시 그리고 번복할 수 없도록 바꾼 것은 일본의 진주만 습격이었다. 이 사건은 "거리가 안전을 보장한다"는 환상을 깨뜨렸다. 대양 건너 저편에서 누가 무슨 짓을 하는지는 문제가 안 되었다. 국가의 안보가 지금 위험에 처해 있고, 공군력과 해군력을 갖춘 미래의 침략자들은 일본의 전례를 따를 수도 있기 때문에 문제가 쉽사리 사라지지는 않을 것 같았다. 그러자 선택할 수 있는 길이 별로 남지 않은 미국으로서는 세계적인 책임을 떠맡을 수밖에 없었다. 그러려면 대일(對日), 대독(對獨) 전쟁에서 승리를 거둘 필요가 있었다. 히틀러는 진주만 습격이 있은 지 4일 만에 미국에 선전포고를 했다. 이 일은 동시에 민주주의와 자본주의의 안전을 보장할 전후(戰後) 세계를 설계하는 것을 의미했다.

여기에서 윌슨은 다시 한 번 타당성을 얻었다. 왜냐하면 1차 세계대전이 끝난 이후 무엇이 잘못되었는지 알아야 할 사항이 상당히 많기 때문이다. 민주주의로 이 세계를 안전하게 만들자는 그의 주창 뒤에는 민주주의는 전쟁을 시작하지 않는다는 무언의 주장이 숨어 있었다. 양차 세계대전 사이의 기간은 이 주장을 입증하는 것 같았다. 그러나 여러 국가들에 민주주의가 존속하지 못하게 된 원인은 무엇일까? 독일, 이탈리아, 일본은 한때 의회정치를 했다. 그러나 1920년대와 1930년대에 경제위기가 닥치자 그에 대한 불신이 초래되었다. 이들 세 나라는 물론 여러 나라들이 권위주의적 해법을 수용했고, 그 다음에는 군사 공격이 뒤따랐다. 그뿐만 아니라 자본주의는 마르크스가 예언했던 대로 사회 불평등을 야기시켰다. 이런 추론의 연장선상에서, 자본주의는 **두 차례**의 세계대전을 일으킨 것이다.

그러면 3차 세계대전은 어떻게 예방할 것인가? 루스벨트 행정부 입장에서는 그 해답이 분명해 보였다. 즉 국제 질서를 세우는 것이다. 그러려면 자본주의는 자멸적 성향에서 벗어나 안전을 지키도록 해야 한다. 인류는 자본주의가 배태하는 불평등과, 자유로부터 도피하려는 유혹에서 벗어나 안전해야 한다. 국가는 결과적으로 발생하는 권위주의가 침략을 일으키지 않도록 안전을 지켜야 한다. 1944년 당시 국무 장관 코델 헐(Cordell Hull, 1871~1955: 국제연합(UN) 헌장을 기초하는 등 UN 창설에 기여한 공로로 1945년 노벨 평화상을 받았으며 사실상 UN의 아버지로 알려졌다—옮긴이)은 "세계는 경제 혼란에 빠지면 영원히 분쟁과 전쟁의 온상이 되고 만다"[12]라고 경고한 바 있다. 프랭클린 루스벨트와 그의 보좌관들은 거의 시인하지 않았지만, 그들은 사실상 윌슨 못지않게 자본주의에 대한 마르크스-레닌주의의 비판에 의존하고 있었다. 그렇다면 스탈린의 위치는 어디에 있는가?

항상 실용적이었던 루스벨트는 2차 세계대전 중에 소련을 동맹국으로서 환영했다. "당신이나 나나 공산주의를 택할 수는 없지만, 이 다리를 건너려니 나는 악마와 손을 잡겠소."[13] 그는 다른 사람들처럼 일단 전쟁에 승리하면 모스크바와 맺은 협력이 끝날 것임을 알고 있었다. 그러면서도 그에 대한 책임은 워싱턴이 아닌 모스크바에 두기를 원했다. 이 목적을 달성하기 위해 그는 새로운 국제기관인 국제통화기금(IMF), 세계은행(the World Bank), 국제연합(UN)에 가입할 것을 소련에 제안하면서 미국이 전폭적으로 지지해주겠다고 약속했다.

이 세 가지 기구의 목적은 관세장벽을 내리고 통화를 안정시키며 정부 계획을 시장의 기능과 조화시킴으로써 미래에 경기 불황이 생길 확률을 낮추는 것이었다. 한편으로는 국제사회가 미래의 침략자를 억제하거나, 필요하다면 이를 타도할 수 있는 수단을 제공하려 했다. 이 기구들은 윌슨의 계획 중 두 가지, 즉 경제적 자유화와 집단 안보 체제를 결합한 것이었다. 루스벨트는 윌슨의 계획 중 나머지 하나인 정치적 자결은 최소한 소련의 지배 아래 있거나 그럴 개연성이 높은 국가와 인민을 위해 잠시 미루어야 한다고 믿었다. 중요한 것은 전쟁에서 이기고, 평화를 보장하며, 전후 복구를 보장하는 것이었다. 그런 다음에 민주주의를 위한 자리가 남아 있기를 희망했다.

스탈린은 소련이 UN의 창설 회원국이 된다는 사실에 흡족해 했다. 안정보장이사회에서 거부권을 행사하면 이 기구를 전승국이 원하는 대로 만들게 될 것이다. 그러나 국제통화기금과 세계은행은 이것과 전혀 별개의 문제였다. 그는 이 기구들의 목적이 그가 처음에 생각했던 대로 소련이 미국에게서 전후 복구를 원조받을 수 있는 체계를 마련하는 것이 아니라 **자본주의를 보전**하는 데 있음을 깨닫자,[14] 거기에 참여하지 않았다. 이런 결정은 스탈린이 동유럽에서 전제주의 정권을 강요하려는 결심을 점점 노골화하는 것과 더해져 윌슨과 레닌 사이에 놓인 간극을 메우려는 루스벨트의 노력을 확실히 좌초시켰다. 그러나 최소한 윌슨의 전망은 부활했다. 그와 레닌이 1차 세계대전 중에 벌였던 사상 경쟁은 이제 막 시작된 냉전에서 계속되려 했다. 이것은 1946~1947년 중 13개월에 걸쳐 번갈아 행했던 세 번의 중요한 연설에서 명백해졌다.

그 첫째는 1946년 2월 9일 모스크바에서 스탈린이 행한 연설로서, 이 연설에서 그는 기본으로 돌아갔다. 그는 부(富)의 불공평한 분배를 이유로 마르크스의 자본주의 규탄을 다시 꺼내들었고, 자본주의국가는 결과적으로 서로 전쟁을 벌일 것이라는 레닌의 주장을 강조했다. 그는 이 논리로 공산주의가 온 세계에서 승리해야만 평화가 오리라는 결론을 끌어내면서 소련이 2차 세계대전 이전에 이루어낸 산업화 덕분에 전쟁에서 승리할 수 있었음을 강조했다. 그렇지만 그는 미국과 영국으로부터 받은 원조에 관해서는 언급하지 않았다. 마지막으로, 그는 지나간 전쟁으로 입은 험난한 희생을 다 같이 공평하게 감내하고, 자본주의 모순으로 틀림없이 야기될 다음 전쟁에 대비하자고 호소했다.[15]

두 번째는 영국 총리직에서 퇴임한[처칠은 총리직을 두 번 맡았다. 1차 임기는 1940년 5월 10일~1945년 7월 27일, 2차 임기는 1951년 10월 26일~1955년 4월 7일이었다—옮긴이] 윈스턴 처칠이 1946년 3월 5일에 미국 미주리 주 풀턴에서 트루먼 대통령이 옆에 앉아 있는 가운데 행한 연설이다. 특유의 과장된 억양으로 이 전직 수상은 다음과 같이 경고했다.

발트 해의 슈테틴부터 아드리아 해의 트리에스테까지 철의 장막 하나가 대륙을 가로질러 내려졌습니다. 그 장막 뒤에는 중유럽과 동유럽의 고대 국가 수도들이 있습니다. ……그 유명한 도시와 그 주변 주민들은 갖가지 형태로 소련의 영향력 아래 있을 뿐만 아니라 모스크바로부터 대단히 강하면서도 점차 커지는 조종 수단에 굴종하고 있습니다.

처칠도 인정했듯이 소련은 전쟁을 원치 않았지만, "전쟁으로 얻는 수확(fruits), 그리고 그들의 세력(power)과 원칙(doctrine)의 무제한 확장"을 원했다. 오로지 힘만이 그들을 퇴치할 수 있었다. "만일 서방 민주주의

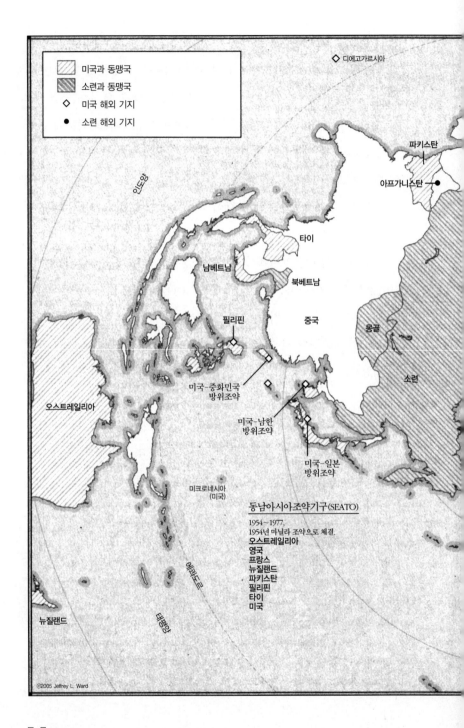

1970년대 초
미국과 소련의 동맹국과
기지 현황

아프리카

대서양

애리드르

이집트

시리아

이라크

터키

그리스

알바니아

유고슬라비아

이탈리아

서독

불가리아

루마니아

헝가리

체코슬로바키아

폴란드

동독

스페인

포르투갈

기니

바르샤바조약

불가리아
체코슬로바키아
동독
헝가리
폴란드
루마니아
소련

프랑스

벨기에

덴마크

노르웨이

네덜란드

아이슬란드

북대서양조약기구(NATO)

벨기에
영국
캐나다
덴마크
서독
그리스
아이슬란드
이탈리아
룩셈부르크
스페인
네덜란드
포르투갈
터키
미국

× 북극

알래스카 주

캐나다

미국

쿠바

파나마

남아메리카

멕시코

국가들이 단결해 일어난다면…… 아무도 그들을 괴롭히지 못할 것이다. 하지만 만일 그들이 분열하거나 자기 임무를 주저하고 이 절체절명의 세월을 그냥 지나친다면, 그때는 정말 재앙이 우리 모두를 파멸시킬 것이다."[16]

세 번째는 1년이 지난 뒤인 1947월 3월 12일에 트루먼이 직접 행한 연설이다. 이 연설에서 그는 그리스와 터키에 원조할 것을 의회에 요청했고, 트루먼 독트린을 발표했다. 이는 전 세계적으로 침략과 위협을 받은 희생자에 대해서는 미국이 지원하겠다는 약속을 의미했다. 이런 수단을 통해 이념을 정당화시키는 것은 윌슨식(Wisonian)이었다. 세계는 지금 "삶의 갈림길"을 놓고 분열되었다. 여기서 갈림길은 공산주의 대 자본주의가 아니라 민주주의 대 권위주의이며, 이런 구별은 미국이 새롭게 유럽 정세에 관여하는 일을 1917년과 1941년에 선행된 사례와 연결할 수 있게 해주었다. 그렇게 하기로 결단을 내리면서 그는 신중했다. 트루먼의 연설문 작성자 중 한 사람이 나중에 회고한 바와 같이, 미국은 "단순한 반공주의가 아니라 긍정적이고 매력적인 것을 제공할 수 있음을 세계에 과시할 필요가 있었다."[17]

이것은 마셜 플랜의 요점이 되었고, 동시에 점령지인 독일과 일본을 부흥시키겠다는 결심이기도 했다. 이는 너무나 불안한 상황 때문에 (인간의 자유가 명백히 위험에 빠질 텐데도) 쉽사리 권위주의적 대안이 뿌리를 내릴 수 있었던 상황에서 자본주의를 보전하고 민주주의를 확보하려는 디즈레일리와 같은 노력이었으며 윌슨과 루스벨트도 찬성했을 것이다.

마셜의 보좌관이었던 찰스 E. 볼렌(Charles E. Bohlen)은 이 생각은 "마르크스와 레닌의 언어를 사용한다고 해서 누구나 공산주의자로" 낙인

찍지 않았다고 말하면서 "마르크스주의에는 …… 공산주의 이론에 대한 신념이나 현대 공산주의 조직에 대한 개입을 반영하지 않는 것이 많다"[18]고 언급했다. 이는 오히려 민주주의와 자본주의 구조 안에서 공산주의에 대한 대안을 안출(案出)하여 우선 인민을 공산주의로 몰고 갔던 경제적·사회적 절망감을 제거할 것이다. 이것은 미국이 2차 세계대전 이후 자기 반구(半球)를 넘어서 평화 시대의 책임을 부담했기 때문이다. 스탈린의 도전은 그 일을 실천하는 데 도움이 되었다.

디즈레일리 소설 《시빌》의 한 등장인물은 "그 격차는 절대로 극복할 수가 없다"[19]라고 인정했다. 한 세기가 지나자 부유층과 빈곤층의 격차는—잘살 수 있는 수단을 갖춘 소수와 그렇지 못한 다수—세계적으로 지정학적인 의미를 지니게 되었으며, 그 격차를 어떻게 좁힐 수 있느냐를 두고 두 가지 전망이 경쟁하게 되었다. 1947년 여름철에 볼렌은 다음과 같이 언급했다. "간단히 말해서 이 세상은 하나가 아니라 둘이 존재한다."[20]

[IV]

이 두 세계를 정의하는 두 이데올로기는 희망을 제시하는 의미가 있었다. 그것이 바로 애초에 이데올로기를 갖는 이유다. 그런데 그중 하나는 자기 기능을 발휘하기 위해 공포감 조성에 의존하게 되었다. 다른 하나는 그럴 필요가 없었다. 여기에 냉전의 이념적인 부조화가 놓여 있다.

레닌이 프롤레타리아독재를 얼마나 확대하려고 마음을 먹었는지는 확실치 않았다. 그는 분명히 혁명이라는 목적이 수단을 정당화시킨다고 보았으며, 그 수단에는 공포를 이용하는 것도 포함된다.[21] 하지만 그는 **모든** 권력을 한 개인의 손에 집중시켜 그 개인이 이 절차에 의문을 품거나 의문을 **품을지도 모른다고** 생각되는 자를 투옥하고 유배시키고 사형 집행을 함으로써 권력을 지속하는 일을 선호했을까? 레닌은 어땠을지 몰라도 스탈린은 실제로 그렇게 했다.

1930년 말까지 스탈린의 하수인들은 집단 농장화에 반대하던 사람들 6만3000여 명을 체포 또는 살해했다. 1932년까지는 120만 명의 '쿨라크' (kulak)—스탈린의 용어로는 부농(富農), 즉 '부유한' 농민—를 외딴 곳으로 유배시켰다. 1934년까지는 최소한 우크라이나 주민 500만 명이 기근으로 사망했다. 그런 다음 스탈린은 정부와 공산당 요원을 숙청하기 시작해 360만 명을 투옥했고, 1937~1938년만 해도 70만 명 가까이 사형시켰다. 여기에는 생존해 있던 레닌의 동료들도 상당히 포함되어 있었다. 이때 예외적으로 살아남은 인물 중 가장 유명한 사례는 레온 트로츠키[Leon Trotsky, 1879~1940: 유태계 우크라이나 출신 볼셰비키 혁명가이자 마르크스 이론가로 붉은 군대를 창립했다. 10월 혁명의 주모자에 속하며 레닌 다음 2인자였다. 1920년대 숙청 과정에서 공산당과 소련에서 축출당했다—옮긴이]로서, 스탈린은 결국 그를 추적해 1940년 멕시코에서 살해했다. 한 역사학자가 추산한 바로는 그때까지 스탈린 독재 정권은 소련 시민 1000만 내지 1100만 명의 생명을 없애거나 파멸시켰다. 이 모두가 독재 정권을 유지하기 위한 목적으로 자행되었다.[22]

이 비극의 전모는 2차 세계대전이 끝날 때까지 전혀 알 수가 없었다. 스탈린은 1937년도 센서스(이것으로 그 비극의 내용이 꽤 많이 드러났을 것이다)를 시행해 검열한 후 그 조사를 담당했던 최고 관리 전원을 체포해 그들 중 상당수를 총살에 처했다.[23] 유럽인들은 폭정 기록이 나치와 진배 없이 사악해 보이는 국가에 의지해 나치의 압제로부터 해방되기를 기다렸던 만큼, 그들의 마음속에는 희망과 동시에 공포가 스며들기에 충분했다. 독일로 진격해오는 붉은 군대의 행동은 이런 우려를 더 심화시켰다. 군대는 패전국의 영토를 점령하는 데 별로 관대하지 않은 법이다. 그러나 소련 군대는 약탈, 폭행, 집단 강간 등으로 유난히 가혹했다.[24] 소련에 깃들어 살던 잔학성이 국경을 넘어 동일한 문화를 낳은 것이라고 할 수 있다.

어떤 의미에서는 이러한 사정을 이해할 만하다. 독일은 전쟁 기간에 소련을 점령하면서 훨씬 더 잔학했었다. 그러나 당시 스탈린의 목적은 단순히 보복에 그치는 것이 아니었다. 그는 가능한 한 유럽 전역에 걸쳐 마르크스-레닌주의를 전파하려 했다. 하지만 그는 본국에서 썼던 무자비한 방법인 폭력 행사와 공포심 조성만으로는 이 일을 달성할 수 없음을 알고 있었다. 폴란드, 체코슬로바키아, 헝가리, 루마니아, 불가리아, 그리고 1949년 이후 동독의 공산주의자들은 표면상 독립국가였다. 스탈린은 물론 이들을 지배할 수 있었다—티토(Tito)와 유고슬라비아 국민은 그 반대였지만, 그 시절 공산주의자들은 거의 모스크바의 지령에 복종했다. 그러나 억압이 필요한 혁명의 모습을 가리기 위한 수완을 **너무** 고압적으로 쓸 수는 없었다. 그래서 공산주의자들에게는 인민의 지지를 확보하는 일이 중요했다. 스탈린은 폴란드 공산당 당수인 브와디스와프 고무우카(Wladyslaw Gomulka)에게 "훌륭한 선동과 적절한 태도로 선거에서 상당한 표를 확보할 수 있다"[25]라고 말한 바 있다.

만약에 크렘린 두목이 다른 국민도 아닌 **폴란드인**에 대해 이렇게 생각했다면, 그의 군사적·정치적 세력권 밖에 있는 독일인들과 그 외 다른 유럽인들 또한 그 지역 공산당원을 (정부직으로 선출하든 연립 집권당에 참여시키든) 지지하는 일이 영 터무니없지는 않다고 보았을 것이다. 이렇게 하는 것이 미국과 영국에 직접 대결하는 것보다 오히려 나을 것이다. 레닌주의의 교지(敎旨)가 시사하는 바처럼 자본주의국가들은 얼마 가지 않아 서로 대결하게 될 것이다.[26] 만약 프롤레타리아독재가 이들 지역에 전파된다면 스탈린이 소련과 동유럽에서 독재 정권을 설치할 때 써먹던 수법으로 그렇게 할 수는 없었다. 서유럽인 **대다수**가 이 길을 **선택**해야만 했다.

스탈린의 전략에는 확고한 논리가 있었는데, 단 한 가지만 예외였다. 그는 과거에 공포를 통해 권력을 얻고 유지한 폭군의 모습을 버려야 했다. 스탈린은 동유럽 위성국에서 독립하려는 기미가 조금만 보여도—체코슬로바키아가 마셜 플랜에 참여하려고 허락을 구했을 때처럼—그 일을 도모한 장본인들을 소련 내부에서 전쟁 전에 실제든 가상이든 경쟁자들을 다루었던 것과 똑같은 방법으로 취급했다. 이들은 권력에서 추방되고 빈번하게 재판에 회부되고 툭하면 투옥되었으며, 몇몇은 사형에 처해진 사례도 있었다. 만약 유고슬라비아가 그의 세력권을 벗어나 있지 않았다면 스탈린은 틀림없이 티토에게도 같은 조치를 취했을 것이다. 1949년에서 1953년 사이에 어떤 방법으로든 동유럽 공산당원 100만 명이 숙청당한 것으로 추산된다.[27] 이와 거의 같은 일이 소련 내부에서도 일어나고 있었다. 스탈린이 말년에 이르렀을 때는 체포와 심판과 처형의 범위가 점점 확대되고 있었고, 그런 처사에 대해 정당한 사유를 대지 못하면 '사고'로 처리했다. 그가 사망할 무렵 소련의 감옥에는 과거 어느 때보다 사람이 넘쳐났다.[28]

"공산주의 혁명으로 지배계급을 벌벌 떨게 하자." 1848년 마르크스가 선포했다. "프롤레타리아가 잃을 것이라곤 쇠사슬밖에 없다."[29] 그러나 한 세기가 지난 뒤 스탈린의 독재 정권 아래서 아직 희생되지 않은 프롤레타리아들은 당연히 그가 이미 그 불운을 겪게 한 사람들을 묶었던 쇠사슬에 겁먹고 떨게 되었다. 오웰 소설에 등장하는 주인공 독재자(Big Brother)가 스탈린처럼 콧수염을 달고 있는 것은 우연이 아니었다.

[V]

만약 스탈린이 프롤레타리아를 통치하는 데 쇠사슬이 필요했다면, 어떻게 이런 수법이 다른 지역에서 지지를 끌어낼 수 있었는지를 오늘날 알아내기는 곤란하다. 결핍은 절망을 낳는다. 그러나 굶주림 아니면 압제라는 양자택일은 그리 쉬운 일이 아니다. 미국의 이데올로기가 대안으로 성공하기 위해서는 단순히 공산주의가 자유를 억압한다는 사실만 보여줄 수는 없었다. 자본주의가 자유를 지속시킬 수 있다는 것 또한 실증해야만 했다.

이 일을 어떻게 하느냐에 관해 워싱턴에서는 미리 마련해둔 계획이 전혀 없었다. 그 대신 2차 세계대전이 끝날 즈음에는 패전 적국 응징, 소련 공조, 민주주의와 자본주의 부활, 국제연합(UN) 강화 같은 목표가 상충했다. 이들의 배열과 우선순위가 먼저 정해지지 않으면 이 모두가 실현될 수 없음이 분명했다. 마침 1947년 말에 그 순위가 결정됐다. 당시 마셜 장관의 수석 정책 입안자가 된 케넌이 특별히 구성한 새로운 목표는 과거 적국의 산업시설과 군사기지—주로 독일과 일본의 시설—가 현재와 미래의 적국인 소련의 수중에 떨어지지 않도록 저지하는 것이었다.[30]

이 목표는 남아 있는 시설을 파괴함으로써 실현할 수 있었다. 하지만 그렇게 하면 미국 인근 동맹국들의 경제 부흥이 저해되는 한편, 독일과 일본을 기아 상태로 몰고 갈 것이다. 이 일은 독일과 일본의 권위주의를 회복시킨 다음 이들과 공조함으로써 이루어질 수도 있었으나, 이는 전쟁을 치른 목적을 훼손할 것이다. 그래서 미국은 제3의 대안을 안출했다. 이 대안은 독일과 일본의 경제를 회생시킴으로써 이들 국가와 주변 지역에서 자본주의의 미래를 확보할 것이다. 그리고 독일인과 일본인을 민주주의자로 변환시킬 것이다.

이는 대단히 야심 차고 대담하기까지 한 전략이어서, 만일 누군가가 이것을 트루먼 독트린 그리고 마셜 플랜과 나란히 공표했다면 무턱대고 불가능하게 들렸을 것이다. 독일과 일본에는 1930년대 독재주의로 넘어가기 이전에 의회 제도가 있긴 했지만, 민주주의 **문화**가 뿌리를 내리지는 못했다. 그들이 그렇게 쉽사리 권위주의로 전락한 이유가 여기에 있다. 그러나 그들의 독재정치는 패전으로 신망을 잃었다. 이로써 미국은 백지 위임장을 얻었고, 군사점령 기간을 통해 자유재량을 누리게 되었다. 그들은 스탈린이 취했던 방식 그대로 대응했다. 즉 본국에서 효과가 있었던 것을 해외에 적용하는 것이었다. 그러나 미국은 국내 제도 조직이 소련과 전혀 달랐기에 점령 지역을 운영하는 목표도 비슷한 점이 거의 없었다.

그들이 보았던 대로 정부의 기능은 자유를 촉진하는 것이었다. 그러자면 경제를 규제할 필요가 있었을 것이다. 하지만 소련처럼 모든 면에서 경제를 제어하지는 않았다. 인민은 사유재산을 소유할 수 있고 시장은 자원을 배정할 수 있으니, 그 결과로 만인의 이익을 증진시킬 수 있을 것이었다. 지도자는 동의를 받아야만 정치를 이끌 것이고, 법은 공평하게 집행되어 공정성을 보장하게 된다. 언론의 자유는 투명성과 그에 따른 책임 소재를 밝혀준다. 정부의 기본 원칙은 희망이지 공포가 아니다. 이와 같은 여건 가운데 어느 하나도 소련과 그 위성국가, 아니면 소련의 지배를 받는 점령지에 존재하지 않았다.

그러나 이 모든 것도 실행하지 않으면 아무런 의미가 없었다. 이 시점에 마셜 플랜이 등장했다. 마셜 플랜의 착상은 미국이 실질적으로 원조를 하면서도 원조 방법을 결정하는 데 처음부터 수혜국을 개입시켜 유럽 경제가 (그리고 동시에 일본 경제도) 재개하도록 돕는 것이었다. 단 한 가지 요건은 서로 협력하는 것이었다. 과거의 적대감은 새로운 위험에 당면해 사라졌다. 목표는 **민주적인** 방법을 통해 자신감, 번영, 사회평화를 회복하고, 이로써 이데올로기가 둘로 갈라진 세상이 존재할지언정 자본주의국가 안에 있는 사람들은 무엇보다 마르크스주의를 싹트게 했던 부유층과 빈곤층으로 갈라진 별개의 국민이 될 필요가 없음을 시현하는 것이었다. 레닌이 꼭 일어나리라고 주장했던 자본주의국가 간 전쟁도 일어날 필요가 없다.

오직 미국만이 이런 임무를 시도할 경제적 자원이—또한 순진함도— 있었다. 이 점에서 소련은 경쟁할 입장이 아니었다. 이 때문에 스탈린은 그가 지배할 수 있었던 유럽 지역을 엄격히 단속하는 것으로 대응했다. 그러나 미국은 소련보다 우위에 선 강점이 또 한 가지 있었다. 그것은 물자 동원 능력과는 관계가 없는, 자발성을 바탕으로 하는 실용적인 신뢰였다. 그 뿌리가 무엇이든(시장경제든, 민주주의 정치든, 단순히 국가가 지닌 문화든) 그들은 지혜나 심지어 상식까지도 오로지 위에서부터 나온다는 생각을 절대로 받아들이지 않았다. 그들은 서열 계급제도를 불편해 했고, 유연성에는 편안함을 느꼈다. 현실이 이론을 결정한다기보다 이론이 현실을 결정해야 한다는 관념은 도저히 믿을 수 없었다.

그러기에 트루먼이나 그의 보좌관들은 독일과 일본에 있는 미군 당국이 그 국가를 점령하기 위해 당면한 현실을 수용하는 방향으로 지침서를 개작해도 부당하게 저지하지 않았다. '한 가지 치수에 모두를 맞추는' 방식이 갖는 결함은 구태여 설명할 필요조차 없었다. 워싱턴 관리들은 충실한 자본주의자였지만 유럽의 공산주의자들을 견제하기 위해 유럽의 사회주의자들과 협력하는 일에 반대하지 않았다. 사상의 일관성보다 결과가 중요했다. 마셜 플랜의 수혜를 받는 몇몇 국가가 군사 보호 없이는 자신감을 확보하기 힘들다고 지적하자, 미국인들은 북대서양조약기구(NATO)라는 형식으로 이것 역시 충족시켜주기로 합의했다. 평화시 군사동맹으로는 미국 독립을 보장했던 프랑스와의 군사동맹이 만료된 1800년 이후 처음 있는 일이었다.

반면 스탈린이 통치하는 소련에서는 기본적인 통치 원칙에 도전하지 못하도록 그 원인이 무엇이든 자발적인 행동을 억압했다. 그러나 이것은 스탈린의 보좌관들이 그의 생애 마지막 수년간 자주 외쳤던 주장, 즉 스탈린 자체가 모든 지혜와 상식의 원천이라는 명제를 수용하는 것이었다. 스탈린이 그들을 신뢰했건 아니건 간에 "인류의 위대한 천재"는 사실상 고독하고, 미혹하고, 겁 많은 늙은이였다. 유전학, 경제학, 철학, 언어학 정보에 어두웠고, 거드름을 피우며 독단적으로 말을 떠벌리는 데 탐닉하고, 겁에 질린 부하들과 만찬을 할 때는 오래도록 술에 취하는 습관이 생겼다. 또한 이상하게도 미국영화에 심취했다. "나는 이제 끝장이네." 임종 직전 솔직한 순간에 그는 이렇게 인정했다. "나는 나 자신도 믿지 못하겠네."[31]

이것은 마르크스의 열망과 레닌의 야심이 전락한 결과였다. 공포를 동력으로 작동되며 이성이 왜곡되고 신뢰가 가려진 한 체제는 이제 희망을 제공하는 자본주의와 경쟁하고 있었다.

[VI]

하지만 만약 스탈린 자체가 문제였고, 다른 지도자가 들어서서 공산주의가 구조되었다면? 그를 승계하려는 자들은 모두 그 진단이 정확하고 처방이 적절했다고 믿었다. 그들은 한 사람, 한 사람 스탈린의 유산에서 마르크스-레닌주의를 해방시키기 시작했다. 그러나 그들은 두 가지가 서로 얽혀 있으며 이것을 분리시키면 둘 다 사멸할 위험성이 있음을 알게 되었다.

이 일을 시도했던 스탈린 이후 첫 지도자는 결국 스스로를 죽이는 꼴이 되고 말았다. 라브렌티 베리야(Lavrentii Beria)는 1938년 이래 스탈린의 비밀경찰 수장으로 있었으며 스탈린 사망 후 권력을 떠안은 3인 집정

체제의 한 사람이었다. 다른 두 사람은 몰로토프와 말렌코프였다. 연쇄 살인범이자 성 범죄자이기도 한 베리야는 소련이 원자폭탄을 제조하는 데 그 누구보다도 공이 컸던 인상적인 행정가였다. 그는 놀랍게도 자기에게 이런 권력을 부여한 체제에 비판적이었고, 스탈린이 사망하자 기쁨을 감추지 못했다—역사가 중에는 그가 스탈린의 죽음을 미리 계획했을 가능성까지 제시하는 사람들도 있다.[32]—그리고 그는 스탈린 통치 중 최악의 장면 몇 가지를 공개하는 방향으로 즉시 움직였다.

베리야는 마지막 한 차례 숙청을 중단시켰는데, 이 숙청은 스탈린이 아주 어리석게도 자기 주치의들을 대상으로 추진한 것이었다. 동료들과 더불어 베리야는 오랫동안 교착 상태에 빠진 휴전 협상을 마치고 한국전쟁을 끝내도록 북한과 중국에 지령을 내렸다. 그들은 또한 미국과 더 좋은 관계를 바라는 기사를 〈프라우다〉(Pravda) 신문에 싣기도 했다. 그런 다음 베리야는 소련의 비(非)러시아 민족에게 스탈린이 허용하려고 했던 것보다 자치권을 더 폭넓게 부여하자고 제안함으로써 동료들을 제치고 나갔다.[33] 하지만 무엇보다 그가 물의를 가장 많이 일으킨 행동은 스탈린이 독일의 장래에 관해 남기고 간 딜레마를 풀려고 했던 일이다.

1949년 5월에 독일연방공화국(서독)이 창건되자 공산주의가 자력으로 그곳에 널리 퍼지리라는 스탈린의 희망은 모두 좌절되었다. 콘라트 아데나워(Konrad Adenauer)가 이끄는 새로운 정부로서는 통일 문제보다 오히려 미국에 밀착되어 소련으로부터 독립을 유지하는 것이 더 중요했다. 이렇게 되자 스탈린은 어쩔 수 없이 독일민주공화국(동독)이 10월에 설립되는 것을 허락했으나 별다른 열의는 없었다. 만약 서독의 NATO

가입을 저지하는 길이 있다면, 스탈린은 독일의 노련한 공산주의자인 발터 울브리히트[Walter Ulbricht, 1893~1973: 독일 사회주의 통일당(독일 공산당의 정식 명칭)의 제1서기로서 동독 탄생의 주역. 1945년 4월, 나치 독일이 패망한 직후 독일로 돌아가 정통 스탈린 노선에 따라 독일 공산당을 재건했다. 평생 철저한 레닌-스탈린주의자였다—옮긴이]가 수장으로 있는 동독 정권을 언제든지 희생시킬 준비를 하고 있었다. 1952년 3월에는 이 목표를 마음에 두고 중립의 대가로 독일 재통일을 제안했다.[34]

이 제안은 아무 소용이 없었다. 스탈린의 목적이 빤히 들여다보였기 때문이었다. 그 즈음 동독은 프롤레타리아 국가로 막 전환하기 시작했는데, 이 일은 결코 쉽지 않았다. 동독 지역은 이제까지 농업 지역이 주를 이뤘고, 그나마 있던 공업시설은 상당 부분을 소련이 전쟁배상으로 철거해갔기 때문이다.

그러나 스탈린주의 모범생인 울브리히트는 동독이 단지 노동 강도만 높여도 이 문제를 풀 수 있을 것이라고 주장했다. 그는 스탈린이 소련에서 했던 것과 비슷한 공업 촉진 계획을 세웠다. 그러나 이 때문에 경제 위기가 심화되었고, 사회불안이 만연해 수많은 동독인들이 서독으로 이주했다. 그때까지는 동·서베를린을 가르는 국경이 여전히 개방되어 있었기 때문에 이런 일이 가능했다.

새로운 크렘린의 지도자 베리야는 내켜 하지 않는 울브리히트에게 계획 실행을 늦추라고 명령했고(울브리히트는 부분적으로만 그렇게 했다), 1953년 5월에 파격적인 제안을 내놓았다. 소련이 중립화에 대한 대가로 재통합되는 **자본주의국가** 독일을 수용하기로 한 것이다. 이는 울브리히트와 동독 공산주의자들을 단순히 유기하는 것이었다. 그러나 계획이 실행되기도 전인 그 다음 달, 동베를린을 비롯한 여러 지역에서 폭동이 일어났다.[35] 폭도들은 주로 **프롤레타리아** 계급이었는데, 이들은 적어도 이론상으로는 독재정치로 자유를 보장받기로 된 사람들이었다. 사실상 공산주의는 인민들에게 자유를 거부했고, 스탈린 후계자들은 적어도 한 공산당 정권이 불붙은 분노의 화약통에 앉아 있었기 때문에 딜레마에 처했다. 그 화약통의 연료는 마르크스-레닌주의가 약속을 지키지 못하고 실패한 데서 나왔다. 그런데 만약 이런 정권이 더 있다면 어떤 일이 벌어지겠는가.

베리야의 동료들은 소련 군대를 동원해 동독 폭동을 진압함으로써 당면 문제를 풀었다—그렇지만 크렘린과 울브리히트에게 이런 식의 해결은 상당히 곤혹스럽게 실패를 자인하는 행위였다. 그리고 베리야의 동료들은 베리야를 체포하고 북아메리카 제국주의의 간첩이라는 죄를 뒤집어 씌워 재판에 회부한 다음, 유죄를 확정하고 사형에 처했다〔1953년〕. 이 사건을 주도한 흐루쇼프는 소련을 울브리히트의 압제 정권과 밀접하게 제휴시켰다. 스탈린은 절대 이런 일을 하지 않았다.[36] 이것은 공산주의를 스탈린식 통치 방식에서 탈피시키려는 자들에게 상서로운 출발은 아니었다. 게다가 이것이 마지막 시도인 것도 아니었다.

[VII]

그 다음 사건은 흐루쇼프가 직접 벌였다. 베리야를 퇴출과 동시에 처형하고 나서 2년에 걸쳐 말렌코프와 몰로토프를 제치고—그러나 죽이지는 않았다—1955년 중반까지 그는 스탈린 이후 소련에서 가장 강력한 지도자가 되었다. 성품이 스탈린과 판이하게 다른 흐루쇼프는 마르크스주의를 본래 목적, 즉 자본주의보다 더 윤택한 생활을 제공한다는 목적으로 회귀시키려는 결단에 충실했다(그리고 근본적으로 인정이 많았다). 이를 위해 그가 택한 노선은, 일단 크렘린 안에서 권력을 공고히 하고 나서 스탈린의 유산에 도전하는 것이었다.

1956년 2월 25일, 흐루쇼프는 스탈린의 죄과 목록을 숨김없이 나열한 다음 비난을 퍼부어 소련공산당 20차 대회에 모인 대표들을 경악시켰다. 그렇게 그는 소련 인민과 세계 전역의 공산주의 활동가들에게서 스탈린 정권의 참된 본질을 은폐해온 장막—테러와 부정으로 인한 생산물—을 끌어내렸다. 그가 이런 일들을 실행한 것은 공산주의를 유지하기 위해서였다. 즉 실수를 인정해야만 개혁이 일어날 수 있는 것이다. "나는 지나간 과거에 관해 진실을 알려야만 했다." 그는 뒷날 회고했다. "아무리 내게 위험이 닥친다 해도 말이다."[37] 그러나 그가 보전하려 했던 체제는 마르크스와 엥겔스 시절 이래 오류가 없다는 주장을 근거로 존재해왔다. 그 주장은 곧 역사를 진취적으로 추진하는 엔진을 발견했음을 의미한다. 과학에 기초한 운동에는 자백, 회개, 구원 가능성을 둘 여지가 별로 없다. 따라서 흐루쇼프가 그 자신과 국제 공산주의 운동에 야기한 문제는 그가 연설을 끝내는 순간부터 시작되었다.

그 가운데 하나는 단순한 충격이었다. 공산주의자들은 최고위층에서, 그것도 이런 규모로 실수를 인정하는 데 익숙지 않았다. 이것은 당시에 덜레스 국무 장관이 언급한 바와 같이 "지금까지 독재자들 중에서 가장 파멸적인 독재주의 고발"[38]이었다. 폴란드 공산당 서기장인 볼레스와프 비에루트(Boleslaw Bierut)는 흐루쇼프의 연설문을 읽고 심장마비를 일으켜 즉사했다. 그 연설은 다른 공산주의자들에게도 마찬가지로 파멸적인 영향을 주었다. 왜냐하면 소련의 새 지도자 흐루쇼프는 역사가 그들 편이라는 주장이 이제는 이론적인 명제로서 부족하다고 말하는 듯했기 때문이다. 인민의 지지를 받는 것 또한 필요했다. 흐루쇼프는 비에루트 장례식에서 이렇게 언명했다. "나는 완전히 확신한다. 우리는 우리 당 내부의 서열과 당을 둘러싼 인민 사이에 놓인 거리를 전례 없이 좁히는 일을 성취할 것이다."[39]

이 교훈을 가슴에 새긴 폴란드 공산당은 비에루트의 죽음을 계기로 정치범을 석방하고 스탈린주의자들을 권좌에서 추방하기 시작했다—그 결과 동독에서 비슷한 환경에서 일어났던 것처럼 폭동이 일어났다. 이 경우에는 비록 강경론자들이 권력을 회복하지 못했지만, 그 대신 폴란드는 스탈린 숙청의 제물이 되었던 고무우카를 복귀시키고 흐루쇼프의 승낙 없이 그를 지도자로 옹립했다. 흐루쇼프는 격노해 초대도 받지 않은 채 바르샤바로 날아가 발끈 화를 내고 소련 군대를 투입하겠다고 위협도 했으나, 결국 조용히 새로운 폴란드 정부를 받아들였다. 폴란드 정부는 무엇보다 오로지 흐루쇼프가 실현하고 싶다고 말했던 것, 즉 "사회주의"—공산주의를 뜻한다—에 "인간의 얼굴"을 부여할 것을 약속했다.

그러나 화약통이 지닌 문제—아직 폭발하지 않은 것조차—는 근처에 종종 다른 화약통이 있다는 것이다. 흐루쇼프는 더 이상 불안과 소요가 일어나는 일이 없도록 하려고 1956년 7월에 헝가리의 스탈린주의 공산당 당수인 마차시 라코시(Mátyás Rákosi)를 권좌에서 퇴출시키기로 했다.

라코시는 그가 "병중"이고 모스크바에서 "치료"할 필요가 있다는 통보를 받았다.[40] 이는 오로지 양보를 더 많이 구하도록 자극했고, 10월 말에는─폴란드 사태에 고취되어─헝가리 인민들이 헝가리 공산당뿐만 아니라 소련 자체에도 반대하여 전면적인 반란을 일으켰다. 붉은 군대는 부다페스트 가두에서 유혈 전투에 당면하자 철수했고, 며칠 동안은 마치 헝가리가 바르샤바조약으로부터 탈퇴 허가를 받을 것처럼 보였다. 바르샤바조약은 NATO에 대항하기 위해 그 전해에 창설한 군사동맹이다. 흐루쇼프는 어떻게 조치를 취할지 고민했다. 그러나 결국은 마오쩌둥에게 압력을 받아 소련 군대를 다시 헝가리에 진주시키고 반란을 진압했다.

이 조치는 신속했지만, 이때는 이미 소련 병사 1500명과 헝가리 인민 2만 명이 목숨을 잃은 뒤였다. 임레 너지(나지)〔Imre Nagy, 1896~1958: 1929년 모스크바로 가서 농업과학연구소 연구원으로서 1944년까지 머물렀다가 소련이 점령한 헝가리로 돌아와 전후의 정부 수립을 도왔다. 1956년 10월 봉기 당시 반소(反蘇)주의자들의 요청에 따라 수상에 취임했다. 실패로 끝난 봉기의 마지막 날 소련군에 대항하기 위해 서방 세계에 도움을 요청했다. 피신해 있던 유고슬라비아 대사관에서 모스크바의 속임수로 나왔다가 루마니아로 강제 이송되었다─옮긴이〕는 헝가리의 수상으로서 마지못해 반란 정부를 이끌었으나 체포되어 총살당했다. 생존한 헝가리 인민 수만 명은 서방으로 결사적인 탈출을 시도했으며 그렇지 못한 자들은 복귀된 억압 정치에 직면했는데, 이는 마르크스-레닌주의자들이 알고 있는 유일한 통치 방법인 듯했다. 또한 그것은 헝가리가 남긴 교훈이기도 했다. 흐루쇼프는 1957년 초 중국인 방문단에 공산주의자 되기와 "스탈린주의자 되기는 따로 떨어질 수 없다"고 말했다. "신(神)이여, 스탈린이 투쟁했듯이 공산주의자 모두가 노동계급의 이익을 위해 투쟁할 수 있도록 해주소서."[41] 이에 대해서 신이 어떤 생각을 하셨든 간에 결국 늙은 독재자의 망령은 쉽사리 떨어지지 않았다.

[VIII]

중국이 헝가리 폭동을 진압한 흐루쇼프의 결정에 이처럼 중요한 역할을 한 것은 아주 시의적절했다. 왜냐하면 마오쩌둥 자신이 스탈린의 뒤를 잇는 또 다른 지도자로서 공산주의를 구조할 방안이 무엇일지를 생각했기 때문이다. 그러나 그가 내놓은 해결책이란 스탈린으로 **되돌아가는 것**이었다.

마오쩌둥은 1956년 2월 흐루쇼프의 스탈린 격하(de-Stalinization) 연설에 관해 사전에 상의 한마디 들은 바가 없었고, 이런 사정은 다른 나라 공산주의자들도 마찬가지였다. 그는 스탈린을 존경했고 그의 의견에 잘 따랐지만, 한편으로는 그를 다루기가 결코 쉽지 않음을 깨달았다. 스탈린은 좀처럼 중국 공산혁명을 지지하지 않았으며 그것이 성공하자 놀라워했다. 그는 1950년 중소(中蘇) 협정의 조건을 설정하거나 한국전쟁 중에 중국에 군사 지원을 하는 데 결코 너그럽지 못했다. 또한 마오쩌둥과 김일성이 전쟁 종식을 준비할 때는 전쟁이 계속되어야 한다고 주장했다. 스탈린이 사망했다는 소식을 듣고 마오(毛) 주석이 슬퍼했을까? 그의 통역관 스저(師哲)는 한때 이 질문을 받고, "주석이 슬퍼했다고는

생각되지 않는군요"라고 대답한 적이 있다.[42]

　그러나 마오쩌둥에게 스탈린은 공산주의 혁명을 강화할 수 있는 방법을 보여주는 모범으로서 쓸모가 있었다. 중국에서 마오는 레닌과 스탈린, 두 사람 모두의 역할을 해야 했다. 마오쩌둥은 마르크스 이론을 혁명 행동으로 도약시키는 면에서는 레닌의 사례를 따랐는데, 사태는 역으로 진전되어 중국에서는 내전이 먼저 일어나고 권력 장악이 그 뒤를 따랐다. 하지만 그는 또한—레닌과는 달리—우람차게 건강했고, 레닌이 전혀 직면하지 않았던 과업을 떠맡았다. 즉 마르크스 이론에 따르면 공산혁명이 도저히 정권을 장악할 수 없는 국가를 그렇게 변환시키는 과업이다. 러시아에서 스탈린은 나라를 **무산계급화**함으로써 이 과업을 수행했다. 그는 거대한 산업 기지를 건설했고, 심지어 농업까지 집단화해서 산업으로 전환시키려 했을 정도였다. 그가 이 과업을 마칠 즈음에는 러시아에 농부가 한 사람도 남지 않을 것이었다. 그리고 그는 이 목적을 달성하는 데 근접했다.

　마오쩌둥은 다른 노선을 택했다. 그는 기본적으로 농민은 모두 프롤레타리아이며 따라서 변신할 필요가 없다는 주장으로 이론적인 혁신을 보여주었다. 혁명 의식은 그들 〔의식〕 속에 배어 있으니, 다만 일깨우기만 하면 되었다. 스탈린의 방식과는 확실히 달랐다. 그리고 이 때문에 스탈린과 마오쩌둥 사이가 뭔가 거북스러워졌다. 비록 유럽 노동자들에게서 봉기가 일어나지 않았다는 점에 좌절감을 느낀 연로한 스탈린으로서는 유럽권 밖의 농부들이 봉기할 수 있다는 전망에서 어느 정도 위안을 얻었지만.[43] 마오쩌둥은 일단 국가의 지배권을 확보해준 혁명으로 무엇을 할 것인가에 관한 문제에 소련을 본보기로 삼았다. 마오쩌둥은 레닌 그리고 특히 스탈린이 러시아에서 혁명을 공고히 했던 행보를 기계처럼 정밀히 복제하지 않으면 중국에서 공산 혁명이 실패할 것이라고 믿었다.

레닌의 신경제 정책(NEP)을 상기하면서 마오쩌둥은 1950대 초기에 시장 자본주의를 시험하는 기간을 짧게 허용했다. 이는 오로지 시장 자본주의를 스탈린식 노선에 따른 공업화 강행, 농장 집단화를 위한 5개년 계획으로 바꾸기 위한 것이었다. 스탈린 사망 후 그의 뒤를 이은 모스크바의 후계자들에게서 별다른 인상을 받지 못했던 마오쩌둥은 이제 중국 공산당의 영도자로서뿐만 아니라 현재 국제 공산주의 운동에서 가장 경험 많고 존경 받는 지도자로서 자기 주변에 집중되는 '개인숭배'(cult of personality)를 조장했다.

그러므로 흐루쇼프가 1956년 초에 사전 예고도 없이 스탈린식 '개인숭배'를 비난하면서 도처의 공산 당원들에게 개인숭배에서 벗어나라고 주장했다는 소식은 마오쩌둥에게 달갑지 않은 사건이었다. 마오는 다음과 같이 불만을 드러냈다. "그는 칼을 다른 사람에게 넘겨주어 호랑이가 우리를 해치도록 도와주었다. 만약 그들이 칼을 원치 않더라도, 우리는 필요하다. 소련에서는 스탈린을 공격하더라도 우리는 그렇지 않을 것이다."⁴⁴ 마오쩌둥은 스탈린의 전례를 추종한다는 계획에 집착했지만, 한편으로는—미사일과 물질 생산으로 서방을 따라잡겠다는 흐루쇼프의 야심에 영감을 받았는지—그 과정을 압축하고 가속화하기로 결심했다. 그는 소련이 혁명의 예봉을 상실했다고 주장했다. **진정한** 혁명국가인 중국은 그런 실수를 범하지 않을 것이라고.

따라서 마오쩌둥은 공업화와 집단화 운동에 덧붙여 잠재적 불만분자들에게 숙청을 가했다. 그는 "백화제방(百花齊放), 백가쟁명(百家爭鳴)"〔온갖 꽃을 피우고, 갖가지 사상을 경쟁시킨다〕을 선언했지만, 그의 방침을 곧이곧대로 듣고 비판적인 행보를 취한 어리석은 '우파'들을 체포했다. 이것은 "뱀을 꾀어 구멍에서 나오게 하고 …… 독초를 먼저 자라게 한 다음 하나씩 뽑아낸다. 그들은 비료가 되게 하라"라며 꾸민 전략이었다.[45] 그 다음으로 그는 한층 더 극적인 중요한 사안을 결정했다. 다시 말해서 그는 농부들을 결국 프롤레타리아로 전환시켜 공업화와 농장 집단화 운동을 **통합**했다. 그러나 이는 스탈린이 고려했던 바를 완전히 넘어선 수단이었다. 그는 전국 농민들에게 추수를 포기하게 했고, 뒷마당에 용광로를 설치해 집에 있는 가구를 연료로 농기구를 녹여서 강철을 생산하도록 명령했다.

마오쩌둥의 '대약진운동'(大躍進運動, Great Leap Forward)은 단일 사건으로는 20세기 최대의 인간 재앙이었다. 스탈린의 농업 집단화로 1930년대 초반 500만 내지 700만 인민이 굶어 죽었다. 그런데 마오쩌둥은 1958년에서 1961년 사이에 그 6배나 되는 3000만 명이 넘는 인명을 앗아간 기근을 초래해 이제까지 최악의 기록을 남겼다.[46] 이처럼 마오쩌둥은 최소한 한 범주로 올린 기록으로는 소련이나 다른 누구도 능가했다. 그러나 이것은 마르크스주의, 레닌주의, 스탈린주의, 마오〔毛〕주의 사상가 가운데 어느 누구도 자랑할 만한 일은 아니었다.

[IX]

그 당시 세계 다른 곳에서는 중국에서 벌어지던 일이 거의 알려지지 않았다. 마오쩌둥은 중국을 최소한 소련에서 스탈린이 그랬던 것처럼 외부와 통하는 끈을 폐쇄했다. 그리고 중국은 그 이래로 죽 과거의 스탈린처럼 센서스를 세심하게 검열했다. 마르크스-레닌주의를 마오(毛)식으로 행한 희생과 손실이 밝혀지기까지는 여러 해가 걸렸다. 공산주의 이데올로기에 포함된 결함은 그 당시 공산주의와 자본주의가 경쟁하던 투명한 시합 장소, 즉 분할된 도시 베를린에서 더욱더 분명해졌다.

냉전만이 지닌 특성─2차 세계대전이 끝났을 때 잠정적인 조치로 여겼던 것들이 그대로 동결된 것처럼─은 미국 · 영국 · 프랑스 · 소련 구역으로 분열된 도시를 만들었다. 이들은 1949년에 스탈린이 창건해 소련 군사 수십만이 둘러싸고 있던 동독 내부로 160킬로미터 이상 들어와 있었다. 마셜 플랜으로 인한 원조와 더불어 서독 정부에서 관대한 보조금을 지원했고, 미국에서는 대학, 도서관, 문화센터, 방송 시설에 지원해준 덕분에─그중 얼마는 은밀하게 중앙정보국을 통해 자금이 지원되었다─베를린의 서방 점령 지역은 공산주의 동독 한가운데서 자본주의와 민주주의의 장점을 과시하는 고정 광고가 되었다. 그러나 서베를린은 불안한 생존을 하고 있었다. 왜냐하면 스탈린이 10년 전에 해놓은 것처럼, 소련이─또는 허가를 받는다면 동독이─서베를린으로 가는 육상 통로를 봉쇄하지 못하게 할 방도가 전혀 없었기 때문이다. 이때는 공중 보급이 먹혀 들어가지 않을 것임이 분명했다. 당시에 1948년보다 인구가 현저히 늘어난─그리고 훨씬 더 번영한─도시를 공중으로 버텨낼 방도는 없었다. 서베를린은 성공 그 자체로 취약해졌다. 서베를린은 오로지 모스크바의 인내와 관용으로만 생존했다.

그러나 소련이 점령한 동베를린은 1953년 폭동으로 밝혀진 바와 같이 그 자체로 취약성을 지니고 있었다. 당시에 베를린 시민들은 동서 두 지역을 자유롭게 오갈 수 있도록 허용되었기 때문에 전반적으로 불만이 일어났다. 동베를린 시민 한 사람은 다음과 같이 회고했다. "정말 괴상한 체제였다. 지하나 지상 철도를 타는 것이 우리가 할 일의 전부였고, ……그러면 우리는 별세계에 있었다. ……우리는 사회주의에서 …… 자본주의로 2분 만에 갈 수 있었다."[47] 서베를린에서 서독으로 이주하기는 쉬웠다. 현격한 생활수준 차이는 소련 관리 구역 안에서 "커다란 불만" 원인이 되었다. 크렘린 지도자 게오르기 말렌코프가 폭동의 여파로 즉시 시인했듯이 "주민들이 동독에서 서독으로 탈출하기 시작했으므로 이 불만은 특히 두드러졌다."[48]

말렌코프는 그간 2년에 걸쳐 50만 명이 탈출했다고 예증했다. 소련 통계에 따르면 1956년 말까지 100만 명을 훨씬 웃도는 동독 주민이 떠났다. 이들 피난민은 걸맞지 않게 교육수준이 높고 고도의 기술을 습득했으며, 이들이 공산주의를 포기한 동기는 정치적 부자유와 경제적 궁핍과 상당한 관계가 있음이 밝혀졌다. 동독 주재 소련 대사인 미하일 페르부힌(Mikhail Pervukhin)은 어휘를 세심하게 선택하면서 1959년 상황을 다음과 같이 요약했다. "사회주의와 자본주의 세계 사이에 통제가 없는 열린 국경이 베를린에 존재한다는 것 자체가 주민들에게 부지불식간에 양쪽 도시를 비교하게끔 충동질한다. 이는 불행하게도 민주주의 〔동〕베를린에 반드시 득이 되지는 않는 것으로 드러났다."[49]

흐루쇼프는 1958년 최후통첩으로 이 문제를 해결하려 했다. 즉 베를린에서 4대 강국 점령을 종료하거나 접근권 관리를 동독으로 이관하겠다고 위협했다. 그러면 그가 다양한 해부학적 비유로 생생히 암시했듯이 아마도 무사히 미국·영국·프랑스 구역을 "꽉 움켜쥘" 수 있게 된다. 그러나 첫걸음부터 그 통첩은 미국을 방문하고 싶은 흐루쇼프의 끝없는 욕망과 아이젠하워 행정부의 강경한 태도의 제물이 되고 말았다. 미국에서 돌아온 흐루쇼프는 실망에 빠진 울브리히트에게 이렇게 약속했다. "1961년이면 GDR〔독일민주공화국, 동독〕은 생활수준 면에서 FRG〔독일연방공화국, 서독〕를 추월할 것이다. 이는 서방 측에 폭탄이 되는 격이다. 그러므로 우리의 입장은 시간을 버는 일이다."[50] 그러나 그 대신 시간만 낭비됐다. 1961년까지 동독 주민 270만여 명이 개방된 국경을 통해 서베를린으로, 그 다음에는 연이어 서독으로 탈출하여 1949년 이래 독일민주공화국 전체 인구가 1900만 명에서 1700만 명으로 줄어들었다.[51]

이것은 공산주의 자체에 중대한 위기였다. 소련의 부수상인 아나스타스 미코얀은 1961년 7월, 동독에 이렇게 경고했다. "우리는 마르크스-레닌주의 이론을 동독에서 스스로 입증해야 한다. 자본주의 분자들과 변절자들이 말하는 것이 틀렸음을 …… 증명해야 한다." 결국 "마르크스 사상은 독일에서 태어났는데 …… 만약 사회주의가 GDR에서 승리하지 못하면, 만약 공산주의가 여기에서 우월하고 필요불가결한 것임을 스스로 입증하지 못하면, 우리는 승리한 것이 아니다. 이 문제는 우리들에게 이렇게 중대하다."[52] 이 말을 한 사람은 1년 전 불시에 일어났지만 역사적으로 예정된 카스트로의 쿠바혁명을 아주 감동적으로 환영했던, 바로 그 미코얀이었다. 그러나 이제 마르크스의 독일에서 혁명은 위태로워졌다. 역사의 원동력은 결국 제 방향으로 나아가지 않았다.

울브리히트는 적어도 1952년경부터 동베를린을 포함한 동독에게서 서베를린을 격리시키는 장벽을 세워 이민자들의 흐름을 막을 계획이었다. 그러나 소련과 그 밖의 동유럽 지도자들은 이 착상에 반대했다. 몰로토프는 1953년에 이 장벽은 "베를린 시민들에게 GDR 정부와 독일 주둔 소련군에 대한 고통과 불만을 불러일으킬 것"이라고 경고했다. 흐루쇼프는 서독의 도전에 대항해 싸우기 위해서는 "보다 나은 생활 여건을 창출하는 문화와 정책을 활용하여 인민들의 마음을 잡도록 노력하는 것"이 좀 더 나은 방법이라고 주장했다. 1961년 초에 헝가리의 지도자 야노스 카다르(János Kádár)는—그 자신은 1956년 봉기 이후 불만에 가득 찬 인민들을 억지로 진정시켰다—베를린에 장벽을 쌓으면 "공산주의 운동 전체 명성이 심각하게 훼손"될 것이라고 예고했다. 흐루쇼프는 이 장벽을 "혐오스러운 것"이라고 하면서, 하지만 "낸들 무엇을 해야 했을까? GDR에서 3만 명이 넘는, 실은 최고이자 가장 뛰어난 자질을 갖춘 주민들이 7월 중에 나라를 떠났다. ……만약 대량 탈출에 대비한 모종의 조치를 취하지 않으면 동독 경제는 붕괴될 것이다. ……그러니 장벽은 유일하게 남은 선택이었다"라고 시인했다.[53]

1961년 8월 12일에서 13일 밤. 먼저 가시철조망 장애물이 세워졌고, 그 다음에는 높이가 약 3.65미터, 길이가 거의 160킬로미터인 콘크리트 벽돌 장벽이 올라갔으며 감시탑, 지뢰밭, 경찰견, 그리고 그 벽을 타넘으려는 자는 누구든 살해하라는 사격 명령이 떨어졌다. 흐루쇼프의 결단으로 적어도 냉전 강대국 관계에 관한 한 베를린 사태는 안정되었다.

서베를린이 동베를린과 동독으로부터 고립되어 있기에 이제 더 이상 흐루쇼프는 핵전쟁을 일으킬 위험을 무릅쓰면서까지 서방 세력을 서베를린에서 추방하려 애쓸 필요가 없었다. 이제 그는 한결 안심할 수 있었고,—사실대로 말하자면—서구의 지도자들도 마찬가지였다. 케네디는 이렇게 시인했다. "그 장벽은 대단히 훌륭한 해결책은 아니지만, 전쟁보다는 훨씬 나았다."[54] 하지만 이 대통령이 직접 1963년 6월에 베를린 장벽을 방문했을 때는 다음과 같이 말하고 싶은 충동을 억누를 수가 없었다. "우리는 주민들을 가두어두거나 그들이 우리에게서 떠나려는 것을 막으려고 장벽을 쌓지 말았어야 했다." 흐루쇼프가 쌓은 이 흉측한 구조물은 "공산주의 체제가 실패했음을 보여주는 가장 뚜렷하고 생생한 전시물이 되어, 모든 세계가 이를 바라볼 수 있게 했다."[55]

[X]

그리고 베를린장벽 반대쪽에서는 자본주의가 잘 풀려가고 있었다. 이것을 분명히 밝혀주는 단 한 건의 행사, 날짜, 통계 수치도 없다. 그 대신 주목할 것은 2차 세계대전 종전 이래로 발생하지 **않은 것**이 있다는 점이다. 이론에 기반을 둔 공산주의자들의 희망과, 역사에 기반을 둔 자본주의자들의 불안과는 별개로 대공황은 돌아오지 않았다. 자본주의국가들이 서로 큰 전쟁을 하리라는—레닌 이론을 바탕으로 스탈린이 한 예측—개연성은 웃음거리가 되었다.

훗날 최후의 위대한 마르크스 역사학자 에릭 홉스봄(Eric Hobsbawm)은

초기 전후(postwar) 시대를 "황금기"(Golden Age)라고 명명했다. 그가 이
표현을 통해 의도한 것은 "자본주의에 끊임없이 붙어 다니던 문제는 모
두 …… 용해되었거나 사라졌다"는 것이다. 세계 제조업 생산은 1950년
대 초~1970년대 초 사이에 4배로 늘어났다. 제조품 교역량은 10배수로
증가했다. 식량 생산은 인구 증가보다 빠르게 치솟았다. 한때 사치품으
로 간주되던 소비재—자동차, 냉장고, 전화기, 라디오, 텔레비전, 세탁
기—는 기본 물품이 되었다. 서유럽에서는 실업이 거의 사라졌다. 홉스
봄은 다음과 같이 인정했다. "물론 인류 대부분은 여전히 빈곤한 채로
있었다. 그러나 산업 노동의 오랜 심장부에서 나오는 〔공산주의—지은이〕
랭테르나시오날〔L'Internationale: 사회주의 혁명을 위한 민중가요. 파리 코뮌에 가담
한 시인 외젠 포티에가 프랑스 어로 작시하고 피에르 드제이테가 작곡했다. 수십 가지
언어로 번역되어 세계로 퍼졌으며, 1864년 런던에서 결성된 국제 노동자 동맹의 주제
가가 되었다—옮긴이〕의 '굶주린 자여, 잠에서 깨어나라'(Arise! ye starvelings,
from your slumbers)라는 구호가 승용차를 소유하고 스페인 해변가에서 연
례 유급휴가를 보내기를 기대하는 노동자들에게 지금에 와서 무슨 의
미가 있겠는가?"[56]

홉스봄은 이 현상에 대한 해명보다는 목록화가 더 쉽다는 것을 알았
다. "자본주의 세계경제의 이 '대약진'〔Great Leap Forward: 1950년대 중반 중
국의 대약진운동을 빗대어 인용한 것이다—옮긴이〕이 보여주는 가파른 상승세
와 더불어 결과적으로 전례 없는 사회적 결과에 대해서는 참으로 만족
스럽게 설명할 길이 없다." 그는 이것이 지난 수백 년을 거슬러 올라가
불황과 호황을 오가는 장기적인 경제 주기에서 일시적으로 일어나는
경기 상승세를 반영할 수도 있다고 생각했다. 하지만 이런 해석은 앞선

시대의 경제 위기와 공황과는 두드러지게 대조되며 "보기 드문 규모와 심도(深度)로 나타나는 장기적인 호경기"를 설명할 수 없었다. 이는 기술 향상이 가져온 결과일 수도 있지만, 그렇게 따지자면 2차 세계대전 직후 몇 년간보다 오히려 1970~1980년대의 컴퓨터 출현이 더욱 두드러진다. 마침내 그는 실제로 그런 마술을 부린 것은 "지난 전쟁 기간 동안 주로 미국과 영국에서 그런 일을 할 수 있는 직위에 있던 사람들에 의해 신중히 개혁된 자본주의"이며 "사람들이 역사에서 배울 것이 없다고 생각하는 건 착각이다"[57]라고 판결을 내렸다.

만약 이 말이 옳다면, 분노하고 성난 무산계급 안에서 자본주의가 스스로 사형집행인을 배출한다고 주장하던 마르크스에게 남은 것은 무엇인가? 또는 자본주의자들의 탐욕은 결국 전쟁을 야기시킬 것이라고 주장한 레닌은? 또는 공산주의 치하에서 자본주의가 지금껏 줄 수 있었던 것보다 더 나은 생활을 제공하겠다고 인민들에게 약속한 스탈린, 흐루쇼프, 마오쩌둥은? 그들 모두는 자본주의자들이 **절대로** 역사에서 교훈을 얻을 수 없음을 기본 전제로 했다. 오직 계급투쟁에서 역사의 추진력을 발견한 공산주의자들만이 역사에서 배울 수 있었다. 모호성을 폐지하고 복잡한 것을 잘라낸 이론만이 그 길을 제시할 수 있었다. 그리고 필요한 규율을 제공하는 독재자만이 의도했던 목적지에 확실히 도착할 수 있었다. 그러나 너무 많은 것들이 올바른 역사와 이론과 독재자를 얻는 일에 좌우되었다. 이 가운데 하나라도 잘못되었음이 판명되면 모두 백지화된다.

이것이 바로 자본주의자들이 제대로 파악했던 지점이다. 그들은 역사의 교훈을 얻는다는 면에서 공산주의자들보다 나았다. 왜냐하면 이들은 역사에서 유일하고 신성불가침한 영역, 따라서 도전해서는 안 되는 이론을 전혀 받아들이지 않았기 때문이다. 그 대신 그들은 디즈레일리의 두 국민을 볼렌의 두 세계에서 분리시킨 세기를 거치면서 실용성과 융통성, 그리고 앞서간 독단론이 아니라 산출된 결과에서 진실을 추구하는 데 열중했다. 그들은 실수를 범했지만 시정했다. 홉스봄은 "대안적인 세계를 창출한다는 사회주의의 전망은 대공황과 2차 세계대전 이후 개혁된 세계 자본주의 경제와 경쟁하는 능력에 달려 있었다. 사회주의가 가속도를 내며 하락한 것은 1960년 이후부터 확실해졌다. 더 이상 경쟁력이 없어진 것이다"[58]라고 결론지었다.

그 결론은 사회주의를 좁은 견지에서 설명한 것이다. 왜냐하면 마르크스주의와 그 뒤를 잇는 레닌주의, 스탈린주의, 마오〔毛〕주의는 경제적 성과로만 판단할 수 없기 때문이다. 인간이 치른 대가는 가공할 만큼 컸다. 이들 이념을 현실에 적용한 20세기에 거의 1억 명 인구가 조기 사망했다고 해도 무방할 것이다.[59] 설사 생존했다 해도, 이들 사상과 그것이 정당화한 억압으로 인생에 장애를 입은 인구의 숫자는 가늠이 안 될 정도다. 선의에서 생겨났으면서도 그보다 훨씬 비참한 상황을 초래한 사례는 역사상 거의 없었다. 비록 오래된 사례이긴 하지만, 베를린장벽이 붕괴된 직후 동독의 어떤 공장 담벽에 내걸린 표어는 아주 적절했다. "세계의 노동자들이여, 미안합니다." 여기에 굳이 서명을 남길 필요는 없었다.

4장 자율성의 등장

한 체제의 맨 위에 배치된 군사력은 …… 심지어 그 맨 아래 있는 인민의 의지에 바탕을 둔 훨씬 더 거대한 세력과 충돌한다. 《이상한 나라의 앨리스》에서 나무망치(타구용 방망이—옮긴이) 대신 홍학(紅鶴)으로, 공 대신 고슴도치로 크로케 경기를 했던 것처럼 이 (냉전) 경기에서는 (초강대국들이) 인질(로 잡힌 약소국가—옮긴이)을 무생물로 착각했지만, 이들은 지배 아래서도 활기차게 살아나와 도처에서 거침없이 계획과 야망을 추구하기 시작했다.

−조너선 셸[1]

그 어느 누가 감히 스탈린에게 더 이상 우리와 맞지 않는다고 말한다거나 이제 물러나야 한다고 제안할 꿈이나 꿀 수 있었을까? 우리가 서 있던 자리에는 한 점 얼룩도 남지 않아야 했다. 이제 모든 것이 달라졌다. 공포는 사라졌고, 우리는 동등한 자격으로 말할 수 있다. 이것은 내가 공헌한 것이다.

−1964년 10월 13일, 니키타 흐루쇼프

흐루쇼프는 크렘린 동료들이 그를 축출시키려는 계획을 알리던 날, 이런 말로 지푸라기라도 잡으려 했다. "당이 제1서기까지 제지할 수 있는 정도가 되었다니 나는 기쁘다. 여러분은 나를 오물로 온통 더럽혔다. 그런데도 나는 '여러분이 옳소'라고 말한다."

흐루쇼프에 대한 죄목은 물론 그것보다는 더 일리가 있었다. 그가 뒤집어쓴 죄목은 무례, 주의 산만, 오만, 무능력, 족벌주의, 과대망상, 의기소침, 예측 불가능, 그리고 노쇠해지고 있다는 것이었다. 그는 자신을 개인숭배하는 풍조가 번지도록 내버려두었고, 이제는 더 이상 보좌관들에게 귀를 기울이지 않았다. 그가 이 세계를 핵전쟁의 벼랑 끝까지 몰고 가는 동안 소련의 농업은 몰락했다. 그는 베를린장벽을 쌓고 마르크스-레닌주의를 공개적으로 모욕하도록 허용했다. 그는 오래전부터 자기가 영도하려고 애썼던 국가와 영감을 추구했던 국제 공산주의 운동에 당혹스러운 인물이 되었다. 그의 후계자인 레오니트 브레주네프(Leonid Brezhnev)가 부언할 필요를 느꼈듯이 흐루쇼프는 한때 공산당 중앙위원회 위원들을 "갓돌에 오줌을 갈기는 개들"[2]이라고 묘사한 적이 있었다.

세계에서 둘째가는 강대국 지도자를 제거하는 것치고는 위엄도 없고 미숙한 방법이긴 했지만, 유혈 사태는 없었으며 아무도 투옥되거나 유배되지 않았다. 흐루쇼프는—비록 남의 눈길은 끌지 못한 것이 고통스러웠겠지만—평안한 은퇴 생활을 보낼 수 있었다. 늘 낙천주의자였던 그는 자기 자리를 유지하지 **못했다**는 사실을 가장 뜻깊은 업적으로 평가하기에 이르렀다. 그가 집권한 동안 권력 행사에 대한 억제력이 발달되었다. 더 이상은 지도자 한 사람이 절대복종을 요구하거나 받아들이기를 기대하는 일이 불가능했다.

소우주(小宇宙) 안에서 흐루쇼프의 운명은 1950년대 말과 1960년대를 거쳐 1970년대 초까지 소련과 미국의 운명을 반영했다. 이 기간에 국제 체제는 마치 자석으로 쇳가루가 정렬되듯이 모스크바와 워싱턴으로 모든 힘이 끌려간 양극(兩極) 체제로 **드러났다**. 사실상 초강대국들은 동맹국이건 중립국이건 냉전 안에서 약소국들을 지배하기가 점점 어려워지고 있음을 깨달았다. 동시에 그들은 종래 당연한 것으로 생각해오던 권위를 상실하고 있었다. 약자는 강자와 대결할 기회를 발견하고 있었다. 전통적으로 품어왔던 권력에 대한 공포심이 줄어들고 있었기 때문에 권력의 본질은 변화하고 있었다. 참말로 나무망치는 홍학으로, 공은 고슴도치로 변하기 시작했던 것이다.

[I]

이 같은 현상이 일어난 첫 신호는 유럽 식민주의의 몰락과 종말이었다. 이 과정은 냉전이 시작하기 전부터 이미 시작되어 그것의 초창기부터 병행해 성장했고 이후부터는 진화에 점차 영향을 끼쳤다. 유럽은 15세기부터 세계 지배를 시작했는데, 이때는 포르투갈과 에스파냐가 인류 사회를 격리시켜왔던 대양을 건너 처음으로 인간, 무기, 병균을(깨닫지도 못한 채) 운송하는 수단을 완성했다.[3] 19세기 말에 이르자 유럽인과 그 후손들이 지배하지 않는 영토가 거의 남지 않았다. 그런데 1905년에 유럽 강대국도 아닌 신흥 일본이 유럽 제국 가운데 아주 취약한 국가에 속했던 러시아와 전쟁을 벌여 승리했다. 이로써 유럽은 도전을 받는다 해도 언제나 승리한다는 환상이 깨졌다.

그 다음에는 1914년에 전쟁에 돌입하면서 그들 스스로가 또 한 가지—그들끼리 단결한다는—환상을 깨뜨렸다. 1차 세계대전으로 말미암아 식민지 통치에 종말을 고하는 뚜렷한 사유 두 가지가 차례로 나왔다. 그 하나는 레닌이 모든 형태의 '제국주의'에 종언을 촉구한 볼셰비키 혁명에서 나왔다. 또 하나는 미국에서 나왔다. 우드로 윌슨이 14개 조항의 하나로 민족자결주의 원칙을 제안했을 때는 볼셰비키의 인기를 깎아내리려는 의도가 있었던 것인데, 그 영향으로 아시아, 중동, 아프리카 도처에서 제국주의의 반대자들을 자극했다. 자극을 받은 사람 중에는 영국령 인도의 모한다스 간디(Mohandas Gandhi), 프랑스령 인도차이나의 호찌민, 일본이 점령한 한국의 이승만, 그리고 남의 눈에 띄지 않던 중국의 젊은 사서(司書) 마오쩌둥이라는 인물이었다.[4] (마오쩌둥은 미래의

장인이 될 양창지의 추천으로 북경대학 도서관의 보조 사서로 일했다―옮긴이]

그러나 식민주의를 완전히 고사시키기 위해서는 2차 세계대전을 치러야 했다. 이 전쟁은 5세기 앞서 출발한 유럽의 제국 시대를 20년에 걸쳐 마감하는 과정에서 시작되었다. 따라서 냉전의 시작은 식민주의 몰락과 때를 같이하지만, 냉전 자체가 그 몰락의 원인이 되지는 않았다. 그 뿌리는 다른 데서 자라고 있었다. 토머스 페인[Thomas Paine, 1737~1809: 영국의 혁명가, 급진주의자, 고전적 자유주의자로서 37세에 미국으로 이주해 독립전쟁에 영향을 주었다. 《상식론》(1776)을 저술해 미국이 대영제국으로부터 독립해야 한다고 주창했고, 《미국의 위기》라는 소책자를 통해서도 미국 독립을 지지했다. 《인권론》은 계몽사상과 프랑스혁명에 큰 영향을 끼쳤다―옮긴이]이 1776년에 한 도서국가가 대륙을 무제한적으로 통치하는 것이 불합리함을 지적했듯이,[5] 1945년 전쟁으로 폐허가 된 유럽 대륙이 세계 대부분을 무제한적으로 계속해서 통치할 가능성은 거의 없었다. 전시 대동맹이 깨지지 않았다 해도 마찬가지였을 것이다.

냉전 초기에는 식민지 해방(decolonization)이 주요한 문제가 아니었다. 소련은 반(反)제국주의로 남았지만―어찌 아닐 수 있으랴?―종전 직후 몇 년간 스탈린에게 "제3세계"라 불리는 지역에서 [공산]혁명을 추진하는 일의 중요도는 뒤로 밀렸다. 이는 스탈린이 전쟁 복구와 함께 유럽에서 가능한 한 폭넓게 세력을 확대하려 했기 때문이다. 미국으로서도 그 기간에는 유럽의 식민주의를 변호하려 들지 않았다. 미국의 역사는 제국에 대한 반란에서 시작되었다. 비록 미국도 19세기 말엽에 식민지를 보유―그중 필리핀이 가장 눈에 띈다―하긴 했지만, 식민주의에 만족해본 적이 없었고 그보다는 해외에서 경제적이고 문화적인 수단으로 영향력을 발휘하기를 더 선호했다. 모스크바도 워싱턴도 유럽 제국들의 쇠퇴를 애도하지 않았다. 그러므로 유럽 외부에서 힘의 공백이 생기고 있는데도 결과적으로 볼 때 처음에는 그 자리를 선점하려는 세력이 없었다. 그러나 이런 상황은 오래가지 못했다. 1949년 말에 유럽을 사이에 둔 소련과 미국의 경쟁이 교착 상태에 빠지자, 다른 지역에서 기회를 잡으려는 유혹을 불러일으켰다. 스탈린은 그 유혹에 못 이겨 김일성이 남한을 침공하는 것을 승낙했다. 동시에 프랑스에 대항해 인도차이나에서 전쟁을 벌이도록 호찌민을 부추겼다. 이 연로한 독재자 스탈린은 '제3세계'에 관해 별로 아는 바가 없어서 소련 세력을 주입하기 위해 지속적으로 노력을 기울이지는 않았다. 흐루쇼프는 보다 정력적이었다. 그는 스탈린과는 달리 해외여행을 좋아했고, 그런 기회가 생길 때마다 마다한 적이 거의 없었다. 그가 좋아했던 여행 목적지는 유럽의 식민 통치에서 벗어나 새로이 일어서는 신생 독립국들이었다. "나는 모험가가 아니다. 그러나 민족해방운동은 지원해야 한다."[6]라고 흐루쇼프는 설명했다.

미국은 바로 이 점을 두려워했다. 미국은 이제까지 식민주의를 식민 지역에서 서방 진영의 평판을 실추시키기만 하는 낡은 제도라고 믿었다. 유럽에서 강대해질 필요가 있는 식민주의 세력은 약화되고 있었다. 하지만 미국은 영국, 프랑스, 네덜란드, 포르투갈 같은 동맹국을 단순히 이들이 식민지를 유지하고 있다는 이유만으로는 떼어놓을 수는 없었다. 전후 유럽에서 안전보장과 번영을 회복하는 일이 특히 중요했기 때문이다. '제3세계'의 민족주의자들이 미국을 제국주의로 연상할 위험성은 상당히 높았다. 식민주의로 인해 상당히 오랜 기간 분노가

쌓였지만, 그렇다고 해서 공산주의가 매력적인 대안이 되리라는 확신도 없었다. 마르크스는 자본주의의 모순을 침소봉대했는지도 모른다. 그러나 제국주의의 자멸은 누가 보아도 명백했다. 냉전이 격화되는 가운데 제국주의가 막을 내리는 것은 미국으로서 난처한 일이었고, 심지어 위험했다. 동맹국이 저지른 과거의 죄과로 미래에 쉽게 취약해질 수 있기 때문이었다. 의심할 여지없이 흐루쇼프는 바로 여기에 희망을 걸었다.

이 모두는 당시에 신생 독립국들의 선택으로 냉전의 세력 균형이 깨질 수 있었음을 뜻한다. 미국이 한국전쟁에 관해 가장 경악한 점은 주변적인 이해관계―남한의 방위―가 갑자기 치명적인 이해관계로 변해가는 속도였다. 산업과 군사 역량이 없는 저개발 국가라 해도 공산주의 치하로 떨어지면, 비(非)공산주의 세계 곳곳에 감돌던 자신감을 뒤흔들 수도 있었다. 이 점은 1954년 아이젠하워가 유념하던 것으로, 그는 냉전에 관해 가장 유명한 비유를 들었다. "도미노를 한 줄로 세우고 첫 번째 도미노를 넘어뜨리면 …… 마지막 도미노는 …… 대단히 빨리 넘어질 것이다. 그러면 당신은 …… 가장 심각한 영향을 끼칠 붕괴를 일으킬 수 있다."[7]

'도미노'는 한국처럼 외부 침략 때문에 넘어질 수도 있고 베트남처럼 내부의 정부 전복 활동의 결과로 넘어질 수 있다. 그러나 만약 식민주의에서 벗어나는 신생국들이 소련이나 중국 쪽으로 편향해 **선택**해도 그럴 수 있었다. 그 점이 식민지 해방을 새로운 국면으로 만들었다. 워싱턴의 시각에서는 민족주의의 등장이 식민주의가 지속되는 것만큼이나 골칫거리가 될 수 있었다. 냉전은 그 범위가 세계적으로 확장되었다. 그러나 그것이 역설적인 효과를 나타내―최근까지도 전혀 힘이 없었던―인민들에게 힘을 부여했다. 그들을 둘러싸고 냉전이 벌어졌다. 그들의 수단은 '비동맹'(非同盟, non-alignment)이었다.

[Ⅱ]

'비동맹'은 '제3세계' 국가 지도자들이 쓰러지지 않으면서도 한쪽으로 기울 수 있는 방안을 마련해주었다. 냉전에서 어느 편과도 관련을 맺지 않으면서 가능성을 열어둔다는 착상에서 나온 방안이었다. 작은 국가들은 한쪽 초강대국의 압력이 지나치게 강해지면 반대편 초강대국과 동맹을 맺겠다고 **위협**함으로써 스스로를 방어할 수 있었다.

유고슬라비아―제3세계 국가가 아닌―는 이런 과정에서 선구자 역할을 했다. 이곳 통치자인 티토는 1948년에 스탈린의 비난을 바라지 않았다. 그는 예전에도 그랬고 그 당시에도 헌신적인 공산주의자였다. 하지만 그는 이념적 연대라는 목적 때문에 국가 주권을 희생시키지는 않겠다고 결심했다. 그리고 당시 동유럽의 대다수 다른 지도자들과는 달리 그는 그럴 필요가 없었다. 티토는 스탈린과 결별하자 미국이 얼마나 신속하게 경제원조를 했는지 알아차리고 거기서 생명선(lifeline)의 가능성을 보았다. 이것 때문에 소련과 미국 사이에 전쟁이 일어난다면 과연 소련이 유고슬라비아에 무력을 쓰는 위험을 감수하겠는가를 생각한 것이다. 미국의 6함대가 유고슬라비아의 긴 해안 가까이서 작전을 전개하고 있으므로 스탈린으로서는 침공을 주저하게 될 것이었다. 실제 그랬다

는 증거도 있다. 대신에 스탈린은 암살 계획으로 만족해야 했지만, 그 계획은 모두 성공하지 못했다.[8]

동시에 티토는 미국에 너무 의존하는 것도 좋지 않다고 판단했다. NATO가 보호해준다고 확신할 수 있을까? 아니면 미국이 원조를 대가로 자본주의로 복구하라고 요구하지 않을까? 따라서 소련과 화해할 길을 열어두는 것이 옳았다. 스탈린 사망 후 흐루쇼프가 그의 전임자인 스탈린의 행동을 사과하기 위해 베오그라드를 방문했을 때 티토는 흐루쇼프를 정중하면서도 자신과 대등한 자격으로 영접했다. 그 이후로 계속 흐루쇼프는 티토의 **의견을 듣기**로 했다. 그중 가장 눈에 띄는 사례가 1956년 헝가리 위기 중에 있었다. 그때 흐루쇼프와 말렌코프는 험악한 기후를 무릅쓰고 소형 비행기를 타고 머리카락이 곤두설 만큼 위험한 비행을 한 다음 다시 작은 배에 올라타 험한 바다를 헤치며 멀미 나는 항해를 했다. 이는 오로지 봉기를 진압하기 위한 소련의 결단에 대해 티토의 찬성을 확보하기 위한 것이었다. 그때 아드리아 해의 섬에서 '휴가를 보내고 있던' 티토는 일부러 베오그라드나 모스크바로 갈 이유가 없었다. 당시 티토의 보좌관은 이렇게 회고했다. "흐루쇼프와 말렌코프는 상당히 지쳐 보였다. 특히 말렌코프는 거의 서 있지도 못할 지경이었다."[9] 이 사건은 '비동맹'이 주는 효력을 생생하게 보여주었다.

그러나 티토가 '비동맹'에 보인 관심은 동유럽 너머까지 가 닿았다. 그는 아시아에서 민족주의 물결이 일고 있음을 알고 그 지역의 두 지도자와 이미 교분을 쌓아두었다. 그 두 사람은 바로 인도의 자와할랄 네루(Jawaharlal Nehru)와 중국의 저우언라이〔周恩來〕였으며 이들은 제가기 초강대국의 주도권에 저항하는 자기 나름의 이유가 있었다.

네루의 관심은 미국과 파키스탄에 가 있었다. 영국은 1947년에 인도와 파키스탄을 독립시켰고, 네루는 그들이 공유하는 인도 대륙을 냉전이 미치는 범위 밖으로 지켜두기를 희망했다. 그러나 인도의 야망에 불안을 느낀 파키스탄은 영국이 훈련시킨 군대를 이용해 스스로를 불굴의 반공주의자로 연출하여 미국의 지원을 얻으려 애썼다. 그들 군대는 소련의 민감한 남부 국경을 따라 군사기지를 제공할 수도 있었다. 네루—그 역시 영국식 훈련을 받았지만, 사회주의자이자 평화론자였으며 냉전에서 한쪽 편을 들지 않기로 결심했다—와 대조해보면 엄청난 차이였다. 1954년 말까지 파키스탄은 중앙조약기구(Central Treaty Organization; CENTO), **그리고** 동남아시아조약기구(South East Asian Treaty Organization; SEATO)에 가입해 교묘히 행보를 정했다. 이들 기구는 소련을 포위하기 위해 미국이 주도하는 군사동맹으로서 덜레스 국무 장관이 설계했다. 네루로서는 인도가 '비동맹' 노선에 가담하는 것이 미국과 파키스탄에 경고를 보낼 방편이었고, 한편으로는 나머지 '제3세계' 국가들에게 냉전에서 어느 편을 드느냐에 여러 대안이 있음을 주장하는 것이었다.[10]

저우언라이가 '비동맹'을 지지한 이유—물론 마오쩌둥도 같은 이유였다—는 중국 입장에서 볼 때 미국이나 소련이 쥘 수 있었던 주도권[패권]에 대한 두려움과 관계가 있었다. 1949년에 장제스와 중국국민당이 타이완으로 패주한 뒤에도 미국 정부는 계속 이들을 지원했다. 베이징에서는 국민당이 미국의 지원 속에 본토를 회복하려 한다는 위협을 고려하지 않을 수 없었다. 하지만 마오쩌둥은 이 위험을 억제하기 위해 오로지 1950년 중·소 동맹에만 의존할 각오는 없었다. 그러므로 과거에 중국의 식민지나 속령(屬領)이었던 국가들과 제휴하는 것이 도리에 맞았다. 저우언라이는 마오쩌둥에게 이렇게 보고서를 올렸다. "그들의 승리는 사회주의 진영을 위한 것이며 …… 서방 제국주의가 동방 진영의 포위를 완성하려는 기도(企圖)를 저지할 것입니다."[11]

궁극적인 목적은 아니더라도 이해관계가 이렇게 수렴됨으로써 티토, 네루, 저우언라이는 1955년 4월에 인도네시아 반둥〔자바 섬 서부에 위치한 인도네시아 4번째 대도시. 이른바 반둥회의라고 하는 아시아·아프리카 회의가 열렸다. 아시아와 아프리카 29개국과 식민지가 참가해 세계평화 증진과 식민주의 반대를 내건 10개 조항을 채택했다. 인류 사상 처음으로 진행된 유색인종 국제회의로, 정치학자 리처드 라이트(Richard Wright)는 이를 "유색 장막"(The Color Curtain)이라 부르기도 했다—옮긴이〕에서 제1차 '비동맹' 회의를 소집했다. 냉전에서 중립적인 태도를 장려하여 자율성을 확대하자는 의도였다. 이 회담에 초대받은 인사들 중에는 이제 곧 '비동맹' 운동을 실행하는 가운데 최고의 능란함을 보여줄 이집트의 가말 압델 나세르 대령(大領)도 있었다.

이집트는 공식적으로는 식민지가 아니었으나 1880년대부터 영국이 이 지역을 지배하고 있었다. 완전히 이집트 영토 안에 자리잡은 수에즈운하는 중동과 인도와 동남아시아로 가는 중대한 통로였다. 1952년에 일어난 민족주의 혁명으로 고분고분하기로 유명한 파루크 왕〔Farouk I, 1920~1965: 이집트 왕이자 무함마드 알리 왕조의 마지막 통치자다. 그의 퇴위는 곧 오늘날까지 이어지는 이집트 군사정권을 알리는 시작이었다—옮긴이〕은 폐위되었으며 2년 뒤 영국은 이집트에 남아 있던 군사기지를 해체하기로 합의했다. 단 수에즈운하가 위험에 처할 경우 운하를 보호하기 위해 영국 군대를 다시 진주시킬 권한은 그대로 유지했다. 이 즈음 나세르는 카이로에서 권력을 장악했고 아랍 세계에서 민족주의 지도자의 맹주가 될 야심을 품었다.

나세르가 미국과 제휴함으로써 그렇게 할 가능성은 거의 없었다. 왜냐하면 미국은 그를 지지하기는 하지만 유럽과 눈에 띄게 유대가 깊어서 나세르가 표현한 대로 "식민주의 세력을 괴롭힐까"[12] 염려했기 때문이다. 나세르는 반둥 정신에 따라 중립을 고수하기로 결심했으나 워싱턴과 모스크바의 지도자 모두가 그를 각기 자기 세력으로 영입하기 위해 품은 희망을 유리하게 이용하려 했다. 그는 이집트 경제개발에 결정적인 사업 계획, 즉 나일 강의 아스완댐 건설을 위해 자금을 지원해 달라고 미국을 설득했다. 그러는 한편 체코슬로바키아에서 무기를 사들이기로 결정했다. 이 두 가지 결정으로 냉전 최초의 중대한 중동 위기가 시작되었다.

덜레스는 그러잖아도 나세르가 반둥회의에 참석했다는 데 이미 불안감을 느끼던 차였는데, 체코와 무기 거래를 했음을 알고 나세르가 '소련의 도구'로 전락하지 않을까 우려했다. 그렇게 되면 "미국은 전반적인 정책 수정을 고려해야 할 것이다." 이집트는 중화인민공화국을 외교적으로 승인했다. 이에 대해 덜레스는 화를 내면서 나세르가 "페르시아 해협부터 대서양까지 세력을 미치는 제국을 건설하려는 희망을 품고 악(惡)과 거래했다"라고 언급했다. 곧 미국은 아스완댐 자금 지원을 취소했다. 그러나 그때 나세르는 이미 이 사업을 위해 소련에 자금 지원을 요청해 두었으며 수에즈운하를 국유화함으로써 미국에 자유로이 보복할 수 있게 조치를 취한 상태였다.[13] 그러자 이에 경악한 영국과 프랑스는 워싱턴과 협의하지도 않은 채 이스라엘과 은밀히 계획을 꾸미며 이스라엘이 수에즈운하를 공격하게 했다. 이로써 영국과 프랑스는 수에즈운하를 "보호할" 권한을 행사하게 됐다. 하지만 그들의 참된 의도는 나세르를 함께 축출하는 것이었다. 그 당시 영국 수상인 앤소니 이든(Anthony Eden)은 "우리가 나세르를 상대해 이 나라에 개입하는 데 지금보다 더 좋은 구실을 찾을 수는 없을 것"[14]이라고 발언했다. 1956년 10월 말에 영국·프랑스·이스라엘은 합작으로 침공했는데, 바로 이때 폴란드와 헝가리에서는 위기가 고조되고 있었다.

이 침공은 잘못된 구상, 적절치 못한 기회, 실행 능력 부족으로 NATO 동맹을 와해시키다시피 했다. 아이젠하워는 분노했다. 허를 찔렸다는 것, 동유럽에서 벌어지는 일로 심란하던 차였다는 것, 이에 더해 유럽의 식민주의가 부활하는 듯한 모양새가 보인다는 것 등으로 화가 치밀었다. "어찌 영국과 프랑스를 지지할 수 있을까? 우리가 그렇게 하면 아랍 세계를 전부 잃는다."[15] 아이젠하워 대통령은 영국과 프랑스에는 운하에 주둔하던 군대를 철수시킬 것을 주장하는 한편, 이스라엘에는 시나이(Sinai) 반도를 반환하지 않으면 엄중한 경제제재를 가하겠다고 압력을 주었다.[16] 그때까지도 흐루쇼프는 군사작전을 즉각 중단하지 않으면 핵 미사일로 침략자를 공격하겠다고 위협했다. 그러나 진정한 승자는 나세르였다. 그는 운하를 지켰고, 식민주의자들을 굴복시켰으며, 냉전의 초강대국들이 서로 균형을 잡도록 조율했다. 동시에 논란의 여지없이 아랍민족주의 지도자로서 입지를 확고히 다졌다.

이에 더해 미국은 자국의 무능력으로 나세르에게 훨씬 더 큰 힘을 주었다. 1957년 1월에 아이젠하워는 미국이 이 지역을 공산주의로부터 지키기 위해 여러 국가와 협력하겠다고 발표했다. 미국에서 민족주의가 지속적으로 힘을 발휘할 것이라는 신뢰를 보이지 않자 '아이젠하워 독트린'은 별다른 지지를 받지 못했다. 몇 개월 뒤에 CIA가 주목했듯이, 아마도 아랍인들은 미국이 이 지역에서 가장 시급한 문제를 배제한 채 공산주의에만 몰두한다고 믿었을 것이다.[17] 미국은 예상치 못하게 이라크의 친(親)서방 정부가 전복되자 1958년 7월 서둘러 해병대를 조직해 레바논에 상륙시킴으로써 아랍민족주의를 억제하려고 마지막 시도를 했다. 이 또한 별다른 성과를 가져오지는 않았지만, 아이젠하워는 이후에 다음과 같이 적절한 결론을 내렸다. "미국이 중동에서 추방되려는 마당에 차라리 아랍민족주의의 존재 가치를 믿는 편이 낫다."[18]

이처럼 나세르는—네루, 저우언라이와 함께—냉전의 초강대국이라고 해서 반드시 제멋대로 할 수 있다는 보장은 없음을 보여주었다. 모스크바나 워싱턴이 약소국들을 제멋대로 부리는 데도 한계가 있었다. 왜냐하면 약소국들이 변절하면서 상대방 쪽으로 넘어가거나 혹은 그렇게 하겠다고 위협할 수 있었기 때문이다. 소련과 미국이 이들 국가를 자기 세력권 안에 무리하게 붙잡아두려는 노력은 이들에게 탈출 수단을 제공하는 쪽으로 마무리되곤 했다. 자율성은 그렇게 황폐한 환경에서도 점차 달성되고 있었다. 강아지 꼬리가 강아지를 흔들기 시작한 것이다.

[Ⅲ]

초강대국의 그늘 아래 생존하면서 자율성을 확대하려는 약소국들에게 '비동맹'만이 유일하게 활용 가능한 무기인 것은 아니었다. 다시 말해서 약소국 자체나 정부가 붕괴할 수 있다는 개연성 또한 무기로 활용 가능한 것이다. 한국의 이승만, 타이완의 장제스, 베트남의 응오딘지엠[고딘디엠](Ngo Dinh Diem, 吳廷琰)처럼 강직한 반공주의자들은 반대편 진영으로 이탈하겠다고 그럴듯하게 위협할 수 없었다. (1963년 미국이 응오딘지엠을 포기했을 때 그는 결사적으로 권력에 매달려 믿기 어렵게도 베트민(북베트남)과 협상을 열려고 시도하기는 했다.)[19] 북한의 김일성이나 베트민의 호찌민 같은 헌신적인 반자본주의자들도 미국과 제휴 전망을 제기하지는 않았다. 그들이 할 수 있었던 일은 만약 초강대국 후원국이 지원해주지 않을 시에는 정권이 붕괴될 수 있다는 우려감을 증폭시키는 것뿐이었다. '도미노' 이론으로 무너진다는 경향을 널리 **광고**하는 것은 가끔 유용한 것으로 밝혀졌다.

한국전쟁 이후 한국의 역사는 명백한 사례를 보여준다. 이승만은 한국을 분단된 상태로 지속시킬 1953년 휴전을 결사적으로 반대했고, 휴전을 방해하기 위해 북한의 전쟁 포로 수천 명을 석방함으로써 이 포로들이 자기 의사에 반하여 북한으로 강제 송환될 수 없게 했다. 이 사건으로 워싱턴은 평양만큼이나 분노했다. 이승만이 독자적으로 행동했기 때문이다. 이승만은 휴전을 파기하는 데는 성공하지 못했으나 아이젠하워 행정부에게 '종속된 동맹국'(dependent ally)이라고 해서 반드시 '맹종하는 동맹국'(obedient ally)은 아니라는 신호를 보낸 것이다.[20] 이승만이 가장 효과적으로 주장한 내용은 다음과 같다. 만약 미국이 그를—그리고 그가 남한에서 유지하는 억압적인 정권을—지원하지 않는다면 국가가 붕괴될 것이다. 그러면 미국은 망설임 없이 스스로를 지원하는 것보다 한반도에서 입지가 훨씬 열악해질 것이다.

이것은 설득력 있는 주장이었다. 이승만에게는 이보다 명쾌한 대안이 없었기 때문이다. 미국은 "한국을 방치할 각오가 충분히 되어 있음을 암시하는 온갖 수단을 **동원할 수 있었다.** 그러나 미국이 실제로 한국을 방치할 수는 없었다."[21] 아이젠하워는 우울하게 언급했다. 이리하여 이승만은 국가 안보가 요구되는 한 미군을 남한에 주둔시키겠다는 약속을 워싱턴으로부터 받아내고 상호 안전보장 조약을 체결했다. 이것은 미국이 권위주의 체제를 방위한다는 의미이기도 하다. 왜냐하면 이승만은 민주적 절차에 대해 인내심이나 관심이 별로 없었기 때문이다. 한국은 미국이 아니라 이승만이 원하는 대로 되었다. 그리고 제멋대로 하기 위해 이승만은 "당신네가 나를 심히 몰아치면 내 정부는 망할 것이고, 그러면 당신은 후회하게 될 것이오"라는 식으로 냉전을 이용한 강력한 협박 방식을 고안해냈다.

지금에야 밝혀졌지만, 소련 역시 북한의 김일성에게서 비슷한 일을 겪었다. 김일성은 자신에게 집중된 개인숭배 사상과 함께 스탈린주의 국가를 세우는 일에 승낙을 얻어냈다. 바로 그때 흐루쇼프는 다른 데서 마르크스-레닌주의가 왜곡되고 있음을 비난하고 있었다. 북한은 결과적으로 점점 고립되고 권위주의적으로 되어갔다. 그러면서도 다른 공산주의 세계에서 받는 경제적 · 군사적 지원에 완전히 의존하게 되었다. 그것은 흐루쇼프나 그 후계자들이 전혀 계획하지 않았던 결과였다. 그들에게는 그런 계획을 세울 기회도 없었다. 김일성은 개혁을 위한 제안이 자기 정부를 불안하게 만들어 남한과 미국에 승리를 안겨줄 것이라는 주장으로 그런 제안 하나하나를 모두 반대할 수 있었다. 1973년에 어느 러시아 관리는 "우리들의 공동 과업을 위해 가끔은 그들의 어리석은 생각을 눈감아주어야 할 때가 있다"라고 설명한 바 있다.[22] 이처럼 워싱턴과 모스크바 양쪽 모두는 그들을 당황시킨 한반도의 각자 동맹국을 지원하는 방향으로 마무리했다. 이것은 한국전쟁이 남긴 진기한 소산물이었고, 냉전 기간 중에 약자가 강자를 딛고 어느 정도까지 힘을 확보할 수 있는지 상기시키는 또 한 가지 사례다.

미국도 소련도 각자의 중국 동맹국〔중국과 타이완─옮긴이〕을 제어하는 데 성공하지 못했다. 장제스는 1949년 본토에서 패주했을 때 중국 연안에 아주 근접한 작은 섬 몇 곳을 계속 지키겠다고 고집했다. 그는 이 섬들이 중국 전토를 회복하기 위해 끊임없이 노력하는 부대 집결지가 될 것이라고 주장했다. 트루먼 행정부는 이에 회의적이어서 타이완을 방위하겠다는 언급조차 하지 않았다. 그러나 마오쩌둥이 1954년 9월에 이 연안 도서(島嶼)를 포격하기 시작했고, 이는 명백히 제네바 회담에서 인도차이나에 대해 중국과 북베트남이 양보한 뒤에 일어난 무력시위였다. 이때 장제스는 이 섬들을 잃으면 심각한 심리적 효과가 발생해 타이완의 자기 정부가 붕괴할지도 모른다고 주장했다. 아이젠하워와 덜레스는 이승만에게 그랬던 것처럼 장제스에게 대응했다. 장제스는 미국을 타이완 방위에 묶어두는 상호방위조약을 받아냈다. 그러나 연안 도서를 방위하는 문제는 미해결로 남았다.

이는 마오쩌둥에게 호기(好機)로 작용해 연안 도서 가운데 하나를 점령하고 다른 도서 건너편에 군대를 증강시켰다. 미국은 이제 장제스는 물론 자국의 신뢰도까지 위험에 처했음을 확신했다. 그래서 1955년 초에 아이젠하워와 덜레스는 필요하다면 핵무기를 써서라도 그중 가장 중대한 섬인 진먼다오〔金門島, Quemoy〕와 마쭈다오(馬祖島, Matsu)를 방위

할 각오가 되어 있음을 널리 알렸다. 그러자 마오쩌둥은 이 위기를 냉각시키는 쪽으로 방향을 틀었다. 그렇지만 이 일로 의미심장한 요점이 남았다. 그 하나는 미국의 동맹국 하나가 자기 약점을 널리 알림으로써 미국에게서 안전보장 약속을 받아냈다는 점이고, 다른 하나는 워싱턴이 사태의 주도권을 마오쩌둥에게 넘겼다는 점이다. 마오쩌둥이 나중에 설명했듯이, 미국은 진먼다오와 마쭈다오에서 위험을 자초해 목을 내밀면서 자기를 옭아맬 올가미를 마오쩌둥에게 쥐어주었기에 마오쩌둥은 쥐락펴락할 수 있게 되었다.[23]

마오쩌둥은 1958년 8월에 이 올가미를 다시 죄기로 했다. 이번에는 국내 경제의 파탄에서 인민들의 주의를 돌리면서 특이하게도 그와 동시에 한 달 전에 있었던 미군의 레바논 상륙에 항의하려는 것이 목적이었다.[24] 마오쩌둥이 연안 도서에 포격을 가하자, 장제스는 수비를 강화했고 미국은 방위를 위해 핵무기를 사용하겠다고 다시 한 번 위협을 했다. 화가 난 덜레스는 일찍이 이 섬들을 "바위 한 뭉치"라고 표현했다.[25] 그러나 이 위기로 놀란 쪽은 미국뿐만이 아니었다. 마오쩌둥은 이에 대해서 소련과 사전 논의를 하지 않았다. 마오쩌둥이 미국과 전쟁을 해도 그다지 나쁠 것은 없다고, 다시 말해서 중국은 미국을 중국 영토 안으로 깊숙이 유인할 수 있으며 이때 소련이 "보유하고 있는 수단을 총동원해" 이들에게 타격을 가할 수 있다는 뜻을 무심코 비추자, 소련은 완전히 당황하고 놀랐다. 마오는 뒷날 이 연안 도서가 "아이젠하워와 흐루쇼프를 이리저리 춤추고 뛰게 하는 두 개의 지휘봉이오. 이 섬들이 얼마나 멋진지나 알고 있소?"[26]라며 자랑했다.

결국 흐루쇼프는 이번 위기가 곧 해결되리라고 확신한 뒤에야 비로

소 진먼다오와 마쭈다오에 대한 미국의 핵 위협을 소련의 핵무기 위협으로 대응했다.[27] 1954~1955년과 1958년에 벌어진 연안 도서 대결에서 소련은 물론 미국도 초강대국의 권위에 한계가 있다는 교훈을 재확인했다. 워싱턴과 모스크바에서는 아무도 이런 사태를 교사(敎唆)하지 않았다. 그것은 장제스와 마오쩌둥이 저지른 것이었다. 미국이나 소련의 지도자는 이 연안 도서가 핵무기를 사용하는 전쟁을 치를 만큼 가치가 있다고는 생각하지 않았다. 그러나 그들은 단순히 이런 결과로만 상호 위협을 피할 수는 없었다. 각자의 '동맹국'을 지배할 수단이 없었기 때문이다. 한국에서 그랬던 것처럼 타이완과 그 연안 도서에서도 강아지 꼬리가 강아지를 흔들었다.

거의 같은 일이 또 다른 동남아 국가, 즉 냉전으로 분단된 베트남에서 일어났으며 그 결과는 훨씬 파괴적이었다. 1954년 호찌민이 프랑스를 상대로 승전한 뒤에 제네바에서는 베트남을 북위 17도 선에서 분단하자는 합의가 이루어졌다. 여기에는 미국, 영국, 소련, 그리고 중국공산당도 함께했다. 그 이후에 호찌민은 북쪽에서 공산주의 국가를 건립했고, 한편 남쪽에서는 그 대안으로 반공주의자를 물색하는 일을 미국이 맡게 되었다. 미국은 드디어 1955년에 응오딘지엠을 대안으로 정했다. 응오딘지엠은 프랑스에 부역한 오점이 없는 망명객이었고 천주교 신앙을 지닌 덕분에 신뢰할 만한 동맹으로 기대를 모았다. 그러나 응오딘지엠 역시 이승만처럼 권위주의 정치가였고, 1960년대 초엽까지 그가 이끄는 베트남 정부는 미국에게는 당황스러운 골칫거리였으며 베트민에게는 새로운 반란 봉기의 표적이 되었다. 응오딘지엠은 미국에게 신임을 잃고 있음을 의식하고—이승만과 장제스의 전례를 따라서—만약에 미국이 지원을 강화하지 않으면 자기 정권이 붕괴될 것이라고 경고했다. 케네디의 보좌관인 월트 로스토〔Walt Rostow, 1916~2003: 미국의 경제학자이자 정치 이론가로서 케네디와 존슨 대통령 밑에서 국가 안보 담당 특보를 역임했다. 1960년대 미국의 동남아 정책을 성안했다. 자본주의와 자유기업의 효능을 신봉했으며 베트남전쟁 때 미국 참전을 지지했다—옮긴이〕는 1961년에 이렇게 언급했다. "우리는 유리한 협상을 끌어내기 위해 상대방 지도자를 압박하여 그들이 원하지 않더라도 할 일을 하게끔 만들어야 한다. 그러려면 계속 방안을 모색해야 한다."[28]

그러나 베트남(남베트남)에서는 정권 붕괴의 위협이 어디까지 갈 수 있는지 그 한계가 드러났다. 지엠(응오딘지엠) 정권은 지나치게 잔인해졌고, 동시에 대단히 비효율적이었다. 그러자 케네디 정부는 응오딘지엠을 퇴진시켜야겠다고 확신하기에 이르렀다. 따라서 미국은 베트남의 영관급 그룹과 손을 잡고 1963년 11월 초에 베트남 대통령을 전복시킨 다음 살해했다. 이 뜻밖의 결과와 함께 3주 뒤에는 케네디가 암살당하자 미국 관리들은 그 충격으로 다음에 무슨 조치를 취해야 할지 아무 생각을 하지 못했다. 베트남 사태는 점점 악화 일로에 있었다. 미국은 과장된 목소리로 남베트남의 중요성을 세계적인 수준으로 격상시켜 놓았지만, 이를 해결할 전략은 없었다.

다음 해에 린든 B. 존슨 행정부는 임시변통으로 전략을 마련했다. 즉 남베트남을 구하기 위해 필요한 조치라면 무엇이든 취하도록 의회의 승인을 확보했고, 그 다음에는—존슨이 1964년 선거에서 배리 골드워터(Barry Goldwater)에 압승한 뒤에—주요한 군사적 확전을 시작했다. 그 양상은 베트민의 항구 시설과 보급선(補給線)을 폭격하는 것으로 나타났다. 그러나 1965년 여름에는 미국 지상군이 베트남으로 파병되었다. 그해 연말에는 군사가 더 많이 증파되어 18만4000명이 전장에 배치되었다.[29] 존슨은 다음과 같이 선언했다. "만약 우리가 베트남 전장에서 축출된다면, 그 어떤 국가도 미국의 보호에 변함없는 신뢰를 보이지 않을 것이다."[30]

미국은 동맹국이 지닌 바로 그 **약점** 때문에 전면적으로 동맹국 방위를 공약하는 데 몰입했다. 이 공약은 마지못해 응한 것으로서 존슨 대통령 입장에서는 불길한 전조가 짙어가고 있었다. 1965년 7월에 존슨의 부인 버드(Bird) 여사가 기록한 바와 같이 존슨은 잠꼬대도 했다. "나는 전쟁에 빠져들고 싶지 않고, 거기서 빠져나올 줄도 모른다. 나는 미국 청년을 60만 명이나 소집해서 그들이 집과 가족을 떠나게 했다." 또한 그는 그것이 미칠 파급효과를 알고 있었다. 그는 "만약 이 전쟁이 악화되어 우리가 아시아에서 육상전으로 들어간다면, 그들이 찾을 주소는 딱 하나 …… 바로 지뢰뿐이다"라고 버드 여사에게 말했다.[31]

이상하게도 소련 지도자들은 사태가 이렇게 진전되는데도 그다지 달가워하지 않았다. 흐루쇼프는 쿠바 미사일 위기 여파로 미국과 관계를 개선하려 애썼다. 동맹국 하나가 붕괴할지도 모른다는 두려움에서 벗어난 것이다. 그의 후임자인 레오니트 브레주네프와 알렉세이 코시긴(Aleksey Kosygin)도 이 과정이 계속되길 바랐다. 하지만 일단 베트남에서 전쟁이 시작하자 그들은 어쩔 수 없이 베트민을 지원할 수밖에 없다고 생각했다. 이런 생각에는 이념적인 유대감도 어느 정도 작용했지만, 만약 소련이 지원하지 않는다면 중국공산당이 이 전쟁을 최대한 이용하리라는 점도 그 이유에 포함되었다. 중국은 그때까지도 소련에 노골적인 논쟁을 걸어오고 있었다. 이 상황을 면밀히 관측하고 있던 티토는 "소련은 하노이와 결속된 입장에서 베트민을 지원하지 않을 수 없었다. 그렇지 않으면 소련은 동남아시아와 다른 지역 공산당으로부터 고립될 위험에 빠지기 때문이다."[32]

그렇게 해서 워싱턴과 모스크바에서 이 노력이 결실을 맺기를 원했는데도 냉전의 긴장을 풀기 위한 초기의 노력이 실패했다. 약소국가들의 행동이 초강대국을 대결 상태로 고착시켰기 때문이다. 약소국들은 이 대결 상황에서 벗어날 수단이나 해결책이 없었다. 주미 소련 대사인 아나톨리 도브리닌(Anatoly Dobrynin)은 뒷날에 다음과 같이 인정했다. "어처구니없는 상황이었다. 우리 동맹국들은 우리 양측〔미국과 소련〕에 절대적으로 중요한 다른 문제들을 합리적으로 논의하려는 일조차 조직적으로 방해했다."[33]

[IV]

그것은 어느 정도 사실이었지만, 초강대국의 좌절은 아시아와 라틴아메리카의 동맹국 관계에만 국한된 것이 절대로 아니었다. 미국과 소련은 NATO와 바르샤바조약 안에서 불균형하게 막강한 군사적·경제적 힘을 보유하고 있었으나, 이들 동맹국도 통제하기가 쉽지 않음을 알게 되었다. 미국과 소련이 서독과 동독을 다루는 데 당면했던 문제는 그 유형을 가장 잘 보여준다.

전후 독일은 강력하면서도 취약했다. 1945년 이전에 독일은 유럽에서 최강국이었기 때문에 미국이나 소련은 통일 독일이 자기 주적(主敵)과 제휴하는 위험을 감당할 준비가 되어 있지 않았다. 이런 의미에서 독일 분단은 외부에서 강요된 것이며 일단 냉전이 시작되자 분단이 불가피하게 되었다. 그런데 독일이 분단되자 독일이 안고 있던 취약점은 그 자체로 강점이 되었다. 붕괴 직전에—그리고 시간이 지나면서 단순히 붕괴될 것처럼 **보이기만** 해도—서독과 동독은 원하기만 하면 언제든지 과거의 적이 미래의 적 지배 아래로 전락하리라는 염려를 낳았다.[34]

워싱턴의 시각으로는 서독에서 콘라트 아데나워 수상의 기독교 민주당이 선거에서 패배할 위험성이 있었다. 아데나워는 1949년 취임한 이래 독일 통일보다는 분단이 지속되기를 선호했다. 서독을 NATO에서, 그러니까 미국의 보호에서 격리시켜야만 통일이 가능할 것 같았기 때문이다. 아데나워는 독일을 통일하려는 노력이 몰고 올 불안을 각오하느니 차라리 일부라도 미국과 서유럽의 다른 민주주의국가들과 긴밀히 제휴하면서 번영을 이끄는 것이 상책이라고 주장했다. 아데나워는 통일을 목적으로 소련과 협상하는 일을 거절하지는 않았겠지만(거절하면 국내 지지를 상실할 각오를 해야 한다) 그 협상이 성공하지 못하도록 신경 썼을 것이다. 그의 보좌관 한 사람이 언급했듯이 아데나워는 "서방 진영과 자유로이 동행하기 위해 유연한 척했다."[35]

아데나워의 주 경쟁자인 사회민주당 당수 쿠르트 슈마허(Kurt Schumacher, 1895~1952: 1918년 사회민주당에 입당했으나 공산당에는 철저히 반대하여 동독의 공산당 당수 그로테볼(Grotewohl)의 공산당과 사회민주당 합당 제안을 거부했다. 아데나워 같은 보수 진영과 독일 국민에게 존경을 받았다—옮긴이)는 비록 협상이 성공한 대가로 NATO에서 탈퇴하고 냉전에서 중립을 지킨다 해도 독일 통일을 위한 협상은 해야 한다고 강력히 주장했다. 이 전망은 미국이 충분히 놀랄 만했으니, 아데나워는 이를 압력 수단으로 이용했다. 1955년까지 그는 미국을 비롯한 NATO 동맹국들이 전반적으로 독일 문제, 특히 베를린 문제를 언급하는 협상을 실질적으로 거부할 힘을 얻었다. 1959년 흐루쇼프가 미국을 방문한 뒤에 아이젠하워는 자신이 소련 지도자와 "협상을 타결할" 수도 있지만 "우리 동맹국들은 미국의 일방적인 행동을 받아들이지 않을 것이며, 따라서 비록 받아들일 마음이 있더라도 그것을 고려할 수 없다. 그렇게 하면 아데나워는 끝장이기 때문이다."[36]라고 언급했다.

동독에서도 비슷한 유형이 전개되고 있었다. 여기서는 어느 한 정당이 아니라—사실상 정당이 하나만 있었기에—정권 전체가 붕괴할 위협에 놓여 있었다. 울브리히트는 1953년 6월 소련의 개입으로 살아남았다. 그런데 역설적이게도 취약점을 드러낸 것이 오히려 그에게 힘이 되었다. 동독이 무너질 뻔했던 위기가 모스크바를 크게 놀라게 했으니 스탈린 이후(그리고 베리야 이후) 크렘린 지도층은 별수 없이 울브리히트가 버틸 수 있는 데 필요한 것은 무엇이든 해주어야 한다는 사실을 깨달았다. 동독 지도자 울브리히트는 원할 때면 언제든지 소련을 협박할 역량이 있었다.

울브리히트는 1956년에 벌써 이 카드를 썼다. 그는 점점 확대되어가는 폴란드와 헝가리의 소요를 이용해 흐루쇼프에게 소련이 경제원조를 충분히 해주지 않으면 "우리에게 매우 심각한 결과가 초래될 것이며 …… 적이 공작하기가 더욱 수월해질 것"이라고 경고했다. 울브리히트가 요구한 원자재와 소비재를 조달하기에는 열악한 상황이었는데도 소

런은 동독을 지원했다.[37] 1958년 가을 울브리히트는 마오쩌둥이 최근 중국 연안 도서를 포격한 것을 찬동하면서까지 흐루쇼프에게 압력을 가하여 동독 피난민이 서베를린을 통해 탈출하는 문제를 해결하도록 압력을 넣었다.

> 진먼다오와 서베를린은 현재 무력을 행사하는 세력에 의해 도발 센터로 악용되고 있으며 그와 동시에 각 배후지에서 부당하게 분리된 …… 지역으로 개발되고 있다. 두 곳 모두 목적이 같을 뿐 아니라 취약점 역시 동일하다. 이들은 섬이고, 그 위치상 영향력을 모두 지녀야 한다.[38]

마오쩌둥을 통제하는 문제로 이미 염려하고 있던 흐루쇼프는 이런 비교로 안심이 되지 않았다. 그렇지만 그는 1958년 11월 베를린에 최후통첩을 발표해 대체로 울브리히트의 설득에 답해주었다. 혹은 아마도 베를린의 목에 걸린 '올가미'를 조이지 못하면 점차 비판적이 되어가는 중국에게서 모욕을 받지 않을까 두려웠기 때문이기도 했다. 마오쩌둥은 어디서든 서방의 양보를 끌어내지 못한다면 흐루쇼프의 미사일이 대체 무슨 소용이 있는지 묻기 시작했다.[39]

울브리히트도 같은 생각을 했다. 그는 분통이 치미는 베를린 문제를 해결하자는 자신의 요구를 흐루쇼프가 실행하기 꺼린다는 것을 알았다. 1960년 11월에 울브리히트는 흐루쇼프에게 퉁명스럽게 말했다. "당신네는 평화협정에 관해 말만 하고 있다. 그러면서 그에 관해서 아무것도 안 한다."[40] 그때 울브리히트는 뭔가 일을 꾸미기 시작했다. 그는 모스크바와 상의도 하지 않고 서베를린에서 시행되는 영국·미국·프랑스의 정책에 항의했다. 그는 일방적으로 동베를린으로 건너가는 절차를 수정했다. 그리고 1961년 1월에는 공식 사절단을 중국에 보냈다. 소련은 동독 사절단이 중국으로 가는 길에 모스크바 공항에 잠시 머물 때 비로소 그 사실을 알게 되었다. 고의였든 아니든 울브리히트는 장벽을 쌓을 수도 있다는 가능성—아무도 그렇게 할 의도가 없음을 주장하기는 했지만—을 공개적으로 처음 인정함으로써 6월 피난민의 행렬이 **늘어나게** 했다. 동독 주재 소련 대사는 이 일이 일어나기 직전에 이렇게 인정했다. "우리 동지들은 …… 가끔 인내심을 잃고 다소 일방적으로 접근한다. 사회주의 진영 전체의 이해관계나 특정 시기의 국제 상황을 고려하지 않기도 한다."[41]

결국 흐루쇼프는 비엔나 정상회담에서 새롭게 베를린에 최후통첩을 함으로써 케네디와 대결할 수밖에 없었다. 아이젠하워와 마찬가지로 케네디도 핵전쟁의 위험을 각오하더라도 서베를린을 방위할 각오가 되어 있음을 분명히 하자, 흐루쇼프는 울브리히트에게 실행하지 말 것을 약속받았던 일을 하도록 허용하는 것이 유일한 돌파구라는 확신을 얻게 됐다. 그것은 곧 동독 한가운데 있는 자본주의 고립 지역[서베를린—옮긴이]에서 동독을 격리시키는 장벽을 쌓는 일이었다. 흐루쇼프가 바라던 것은 서베를린을 서독에서 떼어놓는 것이지, 동독을 서베를린에서 분리시키는 것은 아니었다. 그러나 이제는 선택권이 하나도 남지 않았다. 이 장벽은 소련이 취약한 동맹국에 묶여 있는 정도가 극적으로 표현된 것이었다. 약소국은 제멋대로 행동하기 위해 그 취약점을 활용할 수 있었다.

독일의 약점을 강점으로 변화시킨 것은 물론 워싱턴과 모스크바의 사고를 지배하고 있던 신뢰성에 대한 집착이었다. 미국과 소련은 제각기 보호국을 설정한 다음 자국의 명성을 그 나라에 결부시키고 나면 보호국들이 자기네 우선권을 추구하기 시작했을 때 이들을 떼어내기가 쉽지 않음을 알게 되었다. 그래서 미국과 소련은 각자의 독일 동맹국이 독일의 이익, 즉 독일식 정책을 결정하도록 내버려두는 습성에 빠지게 되었다.

[V]

그렇지만 아데나워와 울브리히트가 가장 곤란한 동맹은 아니었다. 이들과 구별되는 인물로 샤를 드골(Charles de Gaulle)과 마오쩌둥이 있었다. 프랑스와 중국 두 나라는 초강대국과 관계를 맺으면서 이득을 보았다. 미국은 전후 프랑스 재건에 자금을 조달했고, NATO를 통해 프랑스의 국가 안전을 보장했으며, 프랑스가 핵무기 역량을 개발하도록 은밀히 지원했다.[42] 소련도 중국이 공산혁명을 하는 데 이념적으로 영감을 주었다. 스탈린 사망 이후에는 경제와 군사 면에서 원조를 해준 것은 물론이고, 마오쩌둥이 1955년부터 시작해온 중국의 원자폭탄 제조 노력에도 기술 지원을 후하게 했다.[43] 그런데도 1950년대 말과 1960년대 초에 드골과 마오쩌둥은 그들 나라를 육성하고 정권을 옹호해준 동맹 관계를 해체하기 시작했다. 그들의 목표는 다름 아닌 "냉전의 양극체제를 종식시키는 것"이었다.

　　2차 세계대전 패전과 독일 점령이 끝나고 설립된 프랑스의 제4공화국

〔1946~1958년—옮긴이〕은 경제적으로는 성공했으나 정치적으로는 마비된 국가였다. 불안정한 연립내각은 빈번하게 교체되어 헌법 개정이 불가피했다. 오로지 드골만이 자유 프랑스의 전시(戰時) 지도자로서 개헌이 가능한 권위와 신망을 지녔다. 1958년에 설립된 제5공화국은 드골이 필요로 하는 권력을 부여했다. 여기에는 미국의 축복이 있었다. 미국은 보다 확고하면서도 예측 가능한 지도력이 파리에서 확립되기를 바라고 있었다. 아이젠하워는 바로 그때 "프랑스는 지난 12년간 거의 끊임없이 도덕적·정치적·군사적 타락을 보여줬다"라고 논평했다. 당시 기록은 "거의 모두 드골이라는 '강력한 인물'이 출현하기를 바라고 있었다."[44]

프랑스의 신임 대통령은 분명히 확고부동하긴 했지만 예측 가능성은 없었다. 드골이 프랑스 최후의 거대한 식민지인 알제리를 보유하려던 오래되고 헛된 노력을 교묘히 청산했을 때 워싱턴에서는 별달리 반대하지 않았다. 미국이 생각하기에 알제리 독립 전쟁은 프랑스의 자원을 고갈시키고 있었고 아랍민족주의를 고취시키기만 할 뿐 승리할 수 없는 전쟁이었다. 하지만 이것은 미국이 드골을 승인할 수 있는 이유 전부였다. 드골이 할 수 있는 한 어디서든지 미국의 유럽 정책을 훼방하는 일이 다음 목적임을 분명히 밝혔기 때문이다. NATO가 지속적으로 보호해주기를 기대하면서 드골이 이런 행동을 취한다는 사실은 미국의 분노만 격화시켰다. 그러나 드골이 정확하게 의도한 바가 바로 그 분노인 듯했다. 강력한 힘을 발휘하는 초강대국 시대에 드골은 마치 작심하고 프랑스의 자율성을 주창할 뿐 아니라 그것을 과시할 여유가 있음을 미국에 보여주기로 한 것 같았다. 1959년 중반 즈음에 아이젠하워는 드골의 '구세주 콤플렉스'(Messiah complex)에 화가 치밀었다. 그는 "나폴레

옹과 잔다르크의 혼합형 인물"이었다.[45]

드골의 반칙 목록은 길었다. 그는 프랑스가 영국·미국과 함께 핵전략—프랑스는 1960년에 첫 원자폭탄을 시험했다—을 공조하는 걸 거부했다. 그리고 오히려 규모가 작은 프랑스의 **핵무장 부대**(force de frappe: 프랑스어로 '타격 부대'를 의미한다. 프랑스는 미국과 러시아에 이어 세계 3위의 핵무장 부대를 보유하고 있다—옮긴이)가 '전방위 방어'를 위해 구상되었다. 명백히 적국과 동맹국을 다 같이 불안하게 흔들려는 의도였다.[46] 드골은 영국이 유럽경제공동체(European Economic Community, EEC)에 가입하는 데 거부권을 행사했다. 이로써 미국의 친밀한 동맹국에 굴욕감을 주었고 유럽 통합을 향한 운동을 적어도 10년은 후퇴시켰다. 그는 서독의 노쇠한 아데나워에게 서독과 NATO의 유대를 느슨하게 하라고 설득하면서 베를린을 압박하는 소련에 저항하기에 미국은 의존할 만한 상대가 될 수 없다고 역설했다. 그 다음에 그는 '유럽의 비전'을 "대서양에서 우랄산맥까지" 확장한다고 선포했다. 여기서 미국의 입지가—따라서 서독의 입지도—불편하고 모호해졌다. 드골은 1964년 마오쩌둥이 통치하는 중국과 외교를 맺기로 했다. 그러는 한편 베트남에서 벌어지는 미국의 확전(擴戰)을 크게 비난했다. 또한 1966년에는 NATO 동맹국과 맺은 군사적 협력 관계를 깨고 탈퇴해 NATO 본부가 어쩔 수 없이 프랑스 파리에서 벨기에 브뤼셀로 이전하게 했다. 아울러 2차 세계대전에 프랑스 해방을 위해 지원해준 미군 부대도 프랑스에서 철군할 수밖에 없었다. 존슨 대통령은 국무 장관 딘 러스크(Dean Rusk)를 시켜 드골에게 이렇게 질문했다. "미군 묘지까지 프랑스 영토 밖으로 이전하기를 원하십니까?"[47]

워싱턴은 드골의 도발에 대응했지만 모두 효과가 없었다. 화해를 위해 거듭 노력해도 드골은 모두 거절했다. 압력을 가해도 요지부동이었다. 그는 프랑스를 NATO에서 탈퇴시킬 수 있지만, 미국을 비롯한 다른 동맹국들은 프랑스를 방어할 필요성을 외면할 수 없을 것이라는 점을 교활하게 계산했다. 드골은 근본적으로 무임승차를 했고, 어느 미국 외교관이 설명한 것처럼 "가벼운 과대망상 증세"를 보이는 "대단히 자기중심적인" 지도자였다. 드골은 강대국 프랑스의 정통성을 회복시키기 위해 미국과 기꺼이 대결하려 했다.[48] 결국 존슨 대통령은 미국이 손쓸 수 있는 것은 없다고 결론지었다. 그저 드골에 대해 참고 지낼 수밖에 없었다. "우리는 정말로 프랑스의 대외 정책을 통제할 수가 없었습니다." 1964년에 리처드 러셀(Richard Russell) 상원 의원이 존슨 대통령에게 전하자, 존슨은 이렇게 시인했다. "그렇소, 아무것도 할 수 없다오."[49]

그러나 흐루쇼프가 마오쩌둥을 다루면서 애쓴 것에 비하면 드골을 상대로 미국이 겪은 어려움은 덜한 편이었다. 중국과 소련 사이에 놓인 긴장의 첫 번째 원인은 역사상 러시아와 중국의 오랜 적대 관계였다. 이데올로기를 공유함으로써 이런 적대 관계는 일부나마 극복되었다. 하지만 아무리 공산주의자라 해도 흐루쇼프와 마오쩌둥은 모두 민족주의자의 본능과 편견을 지니고 있었다. 스탈린의 유업(遺業)도 문제가 되었다. 흐루쇼프가 1956년 스탈린을 비판했을 때 마오쩌둥은 그 사망한 독재자를 옹호했다. 그러면서도 마오쩌둥은 스탈린이 보였던 경멸, 무례, 모욕의 기억을 되새기면서 이를 자주 표출했다. 스탈린은 마치 마오쩌둥의 도구가 된 듯했다. 마오쩌둥이 스스로 권위를 높이려 할 때는 이용되고, 소련이 쥔 패권의 위험성을 일깨울 필요가 있을 때는 버릴 수 있는 도구 말이다. 동시에 마오쩌둥은 흐루쇼프를 벼락출세한 천박한 자로 취급했다. 그는 사소한 모욕, 비밀리의 발언, 베일에 가려진 도발을 통해 흐루쇼프를 당황시킬 기회를 놓치지 않았다. 흐루쇼프는 "마오쩌둥의 본심이 무엇인지 도무지 알 수 없었다. ……나는 그를 믿었건만 그는 나를 농간했다."[50]

적어도 부분적으로 볼 때 마오쩌둥은 외국에 싸움을 거는 것이―적국이건 동맹국이건 간에―국내 단결을 유지하는 방편이었기에 그렇게 행동했다. 그것은 대약진운동을 전개할 때 중점 사항이 되었다.[51] 이것이 2차 연안 도서 위기에 한 원인으로 작용했다. 이 위기로 인해 1958년 여름에는 미국과 전쟁 직전까지 갔다. 그러나 마오쩌둥은 그때 이미 소련에도 별도로 싸움을 걸고 있었다. 소련은 중·소 연합으로 잠수함 함대를 창설하고 중국 연안에 장파(long wave) 방송국을 건설하자고 제안했는데, 이것은 큰 실책이었다. 마오쩌둥은 격노했다. "소련은 중국을 전혀 믿지 않는군!" 그는 소련 대사에게 모스크바에서 "우리의 육해공군, 공업, 농업, 문화, 교육……"을 공동소유하자고 요구할지도 모른다면서 "원자폭탄 몇 개 가졌다고 당신네들이 우리를 지배할 지위에 있다고 생각하는군요"라며 불만을 토했다.[52]

흐루쇼프가 만사를 원만하게 하고자 베이징으로 급히 갔을 때 마오쩌둥은 그가 혁명의 예봉(銳鋒)을 상실했다며 힐책했다. 마오쩌둥은 "우리 중국은 확실히 적들보다 유리한 입장에 있다"고 말하면서 흐루쇼프를 수영장에서 접견함으로써 수영을 못하는 그를 불리한 입장으로 만들었다. "당신들이 할 일은 미국을 자극해서 군사 행동을 끌어내는 것이오. 그리고 우리는 소련이 미국을 분쇄하는 데 필요한 군 병력을 지원하겠소." 흐루쇼프는 수영장 물에 떠 있으려고 애를 쓰면서 "미사일 한

두 개면 중국 군부대 전부를 격파할 수 있다"고 설명하려 애썼다. 그러나 마오쩌둥은 "내 주장을 들으려 하지도 않고, 명백히 나를 겁쟁이로 취급했다."[53]

마오쩌둥은 국제 체제의 세력 균형 논리를 무시하면서 다른 형태로 균형을 추구했다. 즉 이 세계가 미국 혹은 소련 혹은 두 나라 모두에서 기인한 위험으로 가득 찰수록 중국 내부의 경쟁자들이 그의 통치에 도전할 위험을 최소화할 수 있었다.[54] 이 전략은 화려하게 성공했다. 근대 역사상 전례가 없던 운영상의 과오(이러한 완곡한 표현법이 대약진운동 기간 중에 수많은 인민들을 굶어 죽게 한 정책의 특성을 나타낼 수 있다면)를 저질렀는데도 마오쩌둥은 중국의 '위대한 지도자'로 살아남았다. 살아남지 못한 것은 중국과 소련의 동맹 관계로서 마오쩌둥에게는 그것의 유용성이 끝났다. 흐루쇼프는 그에 함축된 의미를 두려워하여 마오쩌둥에게서 모욕, 거절, 심지어 고의적인 방해를 받으면서도 1964년 실각하는 순간까지 그것을 바로잡으려고 필사적이었다.[55] 그러나 결국 그는 "어린아이의 간절하고 순진한 눈으로 중국을 바라보기가 점점 더 어려워졌다"고 (의미심장하게) 시인하지 않을 수 없었다.[56]

그렇다면 중진 강대국(medium power)의 지도자인 드골과 마오쩌둥은 어떻게 이런 식으로 초강대국을 다룰 수 있었을까? 전통적인 힘의 형태—군사력, 경제력, 지리적 거리—가 이런 상황에서 이다지도 쓸모없어진 이유는 무엇인가? 그 해답의 일부는 여기에서 발생하는 새로운 힘의 균형과 관계가 있다. 드골의 전략인 '전방위 방어'(defense of all directions)는 마오쩌둥의 전방위 공격(offence in all directions)과 별다를 바가 없었다. 두 사람은 외부 세력에 저항하면서 내부 정당성(legitimacy)을 강화하는 길을 알았다. 두 사람 모두가 국가 자존심의 재건을 추구했고, 그러려면 이전에 식량 혹은 다른 형태로 생계에 도움을 주었던 일을 조소하든가 심지어는 은혜를 원수로 갚는 일도 필요하다고 믿었다.

하지만 공포가 소멸되었다는 점도 일정 부분 그 해답에 포함시킬 수 있다. 1960년대까지 프랑스와 중국은 각기 동맹 관계의 틀 안에서 충분히 강대해졌기 때문에 애초에 이러한 동맹관계를 추구하게 했던 국가 안전에 대한 불안을 더 이상 겪지 않았다. 1949년 북대서양조약이나 1950년 중·소 조약에서 초강대국은 약소국들의 안전을 보장해주려 했다. 적어도 이 기준으로 보자면 10년 뒤 드골과 마오쩌둥의 행동은 그 동맹 관계가 목적을 달성했음을 의미했다. 또한 이 모든 상황에서 보면 특유한 성품도 일정 역할을 했다. 지도자라고 해서 모두들 이 두 사람처럼 안전보장을 오만한 행동의 근거로 활용하지는 않았다. 프랑스와 독일의 두 지도자는 두 나라 어느 언어에서도 정확한 동의어가 없는 단어, 즉 '후츠퍼'(Chutzpa)〔'대담함, 후안무치, 철면피' 등으로 해석할 수 있다. 어원은 히브리어에서 왔으며 뻔뻔한 기질이나 대담함, 거만하거나 오만하다는 의미를 담고 있다―옮긴이〕를 이용했다는 점에서 흡사했다. 이는 안전망도 없이 고공 곡예를 하는 것이라고 정의내릴 수 있을 것이다. 그런 곡예를 하려면― 드골과 마오쩌둥은 이런 예술에 도사였다―아래를 내려다보지 않아야 했다.[57]

[VI]

그렇지만 그들은 결국 아래를 내려다보았고, 그들이 본 것에 큰 충격을 받았다. 1967년 7월에 베이징 중심부 마오쩌둥 지도층의 안가(安家)인 중난하이〔中南海: 베이징 자금성 옆에 위치한 복합건물로 중국공산당과 중국 정부의 본부로 기능한다. 미국의 백악관, 러시아의 크렘린 같은 권력의 중심을 의미하며 대중에 차단되어 있다—옮긴이〕가 젊은 홍위병(紅衛兵, Red Guards)들에게 포위되었다. 마오쩌둥의 측근 여러 명이 공개적으로 모욕을 당하고 심지어 폭행도 당했으며, 그 자신도 점차 커져가는 소요를 진정시키려고 갔던 우한〔武漢〕에서 탈출했다. "그들은 내 말을 안 들었다. 나를 무시했다."[58] 마오쩌둥은 믿을 수 없다는 듯이 불평했다. 드골도 1968년 5월에 비슷한 경험을 했다. 드골은 크게 불거지는 대학생 가두시위가 정부를 전복시킬 수도 있다고 두려워한 나머지 파리에서 서독의 프랑스 군사 기지로 황급히 날아갔다. 그가 시인했듯이 프랑스는 "총체적 마비" 상태에 빠졌다. 드골은 "더 이상 아무 일도 할 수 없었다."[59]

마오쩌둥과 드골은 권위를 회복했지만 고공 곡예를 벌이던 대담함(후츠퍼)은 되찾지 못했다. 포위된 기분을 느끼는 것도 혼자는 아니었다. 1968년 바로 그 여름에 브레주네프와 그 보좌관들은 사회주의 형제 국가 체코슬로바키아를 침공할 준비를 하고 있었다. 그들 자신이 고무시켰던 개혁을 뒤집으려는 목적이었다. 1953년 동독뿐만 아니라 1956년 폴란드와 헝가리에서 그랬던 것처럼 이들은 모스크바가 의도했던 바를 훨씬 넘어서서 결과적으로 동유럽은 물론 소련 자체까지 뒤흔드는 위협이 되었다. "우리가 이야기하려는 것은, 사회주의 진영 내 사회주의의 운명뿐만 아니라 사회주의국가 내 사회주의의 운명이다." 우크라이나의 당 총서기 페트르 셸레스트(Petr Shelest)는 이렇게 경고했다. 울브리히트는 붕괴 가능성을 가늠하는 데 경험이 있기에 더 단호했다. "만약체코슬로바키아에서 이 노선을 계속 추구하면 여기 있는 우리 모두를멸망시킬 만큼 심각한 위험을 끼칠 것이다."[60]

울브리히트가 불안해 하는 가운데 서독 지도층도 마음을 놓지 못했다. 이들 역시 포위당했기 때문이다. 서독 대학에서는 미국의 베트남 개입에 반대하는 소란이 1년 넘게 계속되고 있었다. 지금까지 미군이 방위해온 도시에 집중된 가장 큰 소요였다. 1948년 베를린 봉쇄 중에 워싱턴의 지원으로 설립된 베를린자유대학은 혁명 활동의 온상이 되었고,미국 문화 접촉을 장려하기 위해 건립된 '미국의 집'(America House)은 이제 호전적 시위대가 정기적인 표적으로 삼는, 또 가끔은 물리적 공격을받는 대상이 되었다. 학생 지도자 루디 두취케(Rudi Dutschke)가 선언한대로 미국과 그 서유럽 동맹국은 모두 '제국주의자'로 몰렸다. 이제 독일 학생들은 베트남의 촌민들과 제휴해—마오쩌둥과 피델 카스트로의정신으로—"인민 대중에게 혁명 사상을 불어넣어야 했다."[61]

그해 여름 미국에서는 베트남 반전운동이 매우 격렬하게 퍼져 권력의모든 원천(정부, 군사, 기업, 교육)이 공격을 받고 있었다. 그때까지 약 55만명의 미군이 전쟁터에서 싸우고 있었다. 거의 대부분이 징병제로 소집된 병사였고 곧 더 많이 징집되어야 할 것이었다. 미국 젊은이들이 반전시위를 하는 이유는 원칙적인 것과 개인적인 것 두 가지가 있었다. 즉대다수 젊은이는 베트남전쟁을 의롭지도 않고 이길 수도 없는 전쟁으로 보았다. 그런데도 그들은 참전해야 했던 것이다. 학생 징병 유예 조치는 어느 정도 보호책이 되었으나, 그 대신 부족한 병력을 불우한 젊은 이들이 채워야 했다. 한편 국내에서는 인종 폭동이 터졌고, 특히 젊은이의 존경을 받았던 두 지도자인 마틴 루서 킹(Martin Luther King, Jr)과 로버트 케네디(Robert F. Kennedy)는 암살로 목숨을 잃었다.

존슨 대통령은 재출마를 포기한 채 백악관 안에서 꼼짝 못 하고 갇힌 신세가 됐다. 백악관이 밤낮으로 소란스러운 시위대에 포위되어 있으니, 존슨은 세심하게 경비하는 군사기지 외에는 공개석상에 나타날 수가 없었다. 8월 민주당 대회는 난장판이 되었고, 시카고 경찰은 격분하며 환멸에 빠졌다. 이들은 그 즈음에 완전히 냉소적이 된 젊은이들 수천 명과 싸웠다. 젊은이들은 존슨이 직접 지명한 차기 후보자 휴버트 험프리가 내건, 빗나간 선거 구호 '기쁨의 정치'(the politics of joy)에 별 감동을 받지 못했을 것이다.[62]

그해 가을 대통령 선거에서 험프리를 누르고 당선된 리처드 닉슨은 국가권력의 전통적인 도구가 실종되어가는 듯한 세상을 물려받았다. 닉슨의 국가안보 보좌관 헨리 키신저가 회고했듯이, 마치 미국에서 "젊은이에게 무한해 보였던 가능성의 폭이 돌연 좁아지고 모든 선택권이 더 이상 열려 있지 않다는 사실과 씨름해야 하는" 때가 온 것 같았다.[63] 닉슨은 더 퉁명스럽게 표현했다. "미국은 지금 무정부 시대(age of anarchy)에 살고 있다." 1970년 4월 30일에 그는 전 국민에게 연설했다.

우리는 지난 500년 동안 자유 문명이 창건한 위대한 제도 전반이 비지성적으로 공격당하고 있는 모습을 목도하고 있습니다. 심지어 여기 미국에서도, 저명한 대학들이 체계적으로 파괴되어가고 있습니다. ……만일 운명이 다하여 미국이 가련하고 무기력한 거인처럼 행동한다면, 전체주의와 무정부 세력이 전 세계의 자유국가와 자유 제도를 위협할 것입니다.[64]

닉슨은 그 연설을 통해 미국과 남베트남 군대의 캄보디아 침공을 발표했다. 베트남전에서 겪던 군사적인 교착 상태를 타개하기 위해 시도한 몇 가지 조치 가운데 하나였다. 그러나 이런 확전(擴戰)은 미국 내에서 이를 반대하는 새로운 물결을 일으켰고, 그 결과 처음으로 인명 희생이 일어났다. 5월 4일 오하이오 주 방위군이 켄트 주립대학 학생 4명을 사살했다. 나라 전체가 대학과 함께 산산조각이 났다.

닷새가 지난 뒤 미국 대통령은 수행원과 운전기사만 데리고 백악관을 몰래 빠져나가 링컨 기념관 앞에서 밤을 세우며 학생들과 논리적으로 토론하려 했다. 닉슨은 말에 조리가 맞지 않을 만큼 초조했고, 처칠, 유화 정책, 파도타기, 미식축구, 자신이 내놓은 환경 정책, 젊은 시절 여행의 좋은 점 따위를 장황하게 늘어놓았다. 학생들은 대통령이 뜻밖으로 야간에 나타난 데 놀랐지만, 공손하고 자신감에 넘쳤으며 토론에 집중했다. "저는 각하께서 이해하시기를 바랍니다. 즉 저희들은 소신을 위해 기꺼이 죽을 각오가 되어 있습니다."[65] 그중 한 학생이 이 세계에서 가장 '막강한' 사람에게 이렇게 말했다.

도대체 여기서 무슨 일이 일어나고 있었는가? 어떻게 해서 **어린애들**이 주요 냉전 강대국 중에서 가장 막강한 지도자들을 자기 **부모** 대하듯 하게 된 것일까? 다시 말해서 잔소리나 하고 무능력하면서 공연히 화만 내고, 자주 당황하고, 심란하게도 이미 예전만큼 위엄을 지니지 못하다는 걸 깨닫는 존재로 격하시킨 것이다. 젊은이들은 어떻게 해서—자기

네들끼리는 별 조화도 안 되면서—노인들을 무시하며 이런 힘을 축적했을까?

간단하게 설명할 수 있는 한 가지는 젊은이들이 과거보다 더 많아졌다는 점이다. 2차 세계대전 이후 '베이비 붐'(baby boom)은 미국을 넘어선 국제적인 현상이었다. 출산율은 상승하고 사망률은 하락했다. 부분적으로 보면 평화가 다시 찾아온 데다 건강관리 환경이 더 좋아졌다는 것도 그 이유가 된다.[66] 1960년대 말부터 1970년대 초에 이르니 전후 세대는 10대 후반과 20대 초반 나이가 되었다. 마음만 먹으면 말썽을 일으킬 만한 나이인 것이다.

역설적으로 각국 정부는 그들에게 수단과 동기를 제공했다. 미국은 교육 그 자체를 가치 있는 목표로 간주했지만, 냉전으로 인해 **고등** 교육이 각별히 우대를 받았다. 갈수록 고도의 과학 기술에 좌우되는 지정학적 싸움에서 경쟁력을 유지할 필요가 있었기 때문이다. 1955년과 1970년 사이에 미국의 단과대학과 종합대학 등록생 수는 연방 정부가 재정 지원을 확대하면서 3배로 뛰었다. 소련에서는 학생 수가 2.5배로 늘어났다. 프랑스에서는 4배로 늘어났고, 중국조차 문화혁명 여파로 급전직하하기 전인 1965년까지는 2배 이상 늘어났다. 중국 교육은 문화혁명으로 족히 10년 이상이 훼손되었다.[67]

각국 정부들은 젊은이들이 늘어나고 교육 수준이 높아진 상태에서 교착에 빠진 냉전이 결합되면 폭동이라는 처방이 내려질 수 있음을 예측하지 못했다. 학문은 쉽사리 구분이 안 된다. 학생들이 스스로 생각하지 않도록 만들면서 국가나 부모가 허가한 목적으로만 생각하게 할 수 있는가? 역사를 통틀어 청년들은 종종 연장자의 가치에 의문을 품기를 바랐다. 그러나 대학 교육을 받은 그들은 이제 연장자들이 그렇게 하도록 수련시켰다. 그 결과는 핵무기 경쟁, 사회 · 경제적 불공정, 베트남전쟁, 동유럽 억압, 심지어는 대학 자체가 전복해야 할 낡은 질서의 수단으로 전락하고 말았다는 신념까지 그 당시 세계에 대한 불만으로 나타났다. 이는 일찍이 보지 못하던 현상이었다. 즉 이데올로기와 상관없이 기성 체제에 대한 반대를 겨냥한, 국가를 초월한 혁명이었다.

다만 중국에서는 이 혁명이 계획적으로 일어났다. 마오쩌둥은 잠재적 경쟁자들을 제거하기 위해 정기적으로 그래왔듯이 1966년 여름에는 또 다른 술책으로서 문화혁명을 발진시켰다. "나는 대격변을 좋아한다." 그 당시에 마오쩌둥은 껄껄대며 말했다.[68] 그런데 그 대격변이 이번에는 국제가 아닌 국내에서 있었고, 그가 시동을 걸긴 했지만 제동을 걸기에는 어려움이 컸다. 마오쩌둥이 부추긴 홍위병들은 정부, 당, 교육제도를 맹공격했다. 마오쩌둥이 주장한 바에 따르면, 관료 경직화 현상과 그 결과로 일어나는 혁명 열기의 실종을 방지하려는 데 목적이 있었다. 그러나 그로 인한 폭력으로 대략 40만 내지 100만 명 인민이 목숨을 잃었고, 그의 정부는 상당 부분 제 기능을 발휘하지 못했다. 중국은 완전히 광란에 빠진 국가로 외부 세계에 알려졌다.[69] 마오쩌둥은 이것이 뻣뻣해진 관절을 풀기 위해 최강의 화학요법을 처방한 것과 같다고 설명했지만, 이 치료법은 질병보다 더한 악재였다.

그런 다음 1967년 초부터는 자신이 풀어놓았던 운동의 통제권을 회복하려 했다. 마오쩌둥은 1968년 초에 국가는 "기강 실종, 심지어 여러 곳에 만연한 무정부 상태를 단호히 극복해야" 한다고 주장했다. 1969년 말경 그는 질서를 거의 회복시켰다. 그러나 이는 오로지 이전의 홍위병

(중국의 교육 받은 엘리트) 수백만 명을 농촌으로 내려보내는〔중국에서 사상 단련을 위해 간부나 지식인들을 공장·농촌·광산 등지로 보내 노동에 종사하게 한 운동을 하방(下放)운동이라고 한다. 1957년 정풍 운동 때 시작되어 문화혁명 시기에 도 시행되었다―옮긴이〕 극단적인 수단을 통해서만 가능했다. 〈인민일보〉 〔人民日報: 1948년 6월 15일에 창간된 중국공산당 중앙 위원회 기관지. 영어, 일본어, 프랑스어, 스페인어, 러시아어, 아랍어 판도 있다. 공산당 대변지로 당의 정책이나 관점을 제공한다―옮긴이〕는 이렇게 해설했다. "젊은이들은 올바른 노선의 지도 아래 노동자, 농민, 군인에게 재교육을 받는 일이…… 절대적으로 필요하다. 그래야 그들의 낡은 사고방식을 완전히 개조할 수 있다."[70]

그런데 더욱 신기한 것은 서유럽과 미국의 급진 청년들은 노동자, 농민, 군인에게 재교육을 받지 않고도 마오쩌둥을 영웅으로 여겼다. 이것이 그가 피델 카스트로나 그 혁명 동지 체 게바라(Che Guevara)와 공유하고 있는 특징이었다. 체 게바라는 쿠바에서처럼 중앙아프리카에서 반란을 일으키려다 실패했고, 1967년 볼리비아에서 미국 CIA에 붙잡혀 총살되었다.[71] 그러나 여기서 능력은 존경받을 만한 자질이 아니었다. 혁명적인 낭만주의가 존경을 받았고, 그 때문에 마오, 피델, 체가 힘 있는 상징이 되었다.

이런 측면은 혁명가들이 1967년에서 1968년 사이에 그다지 이루어놓은 성과가 없는 이유를 설명하는 데 도움이 된다. 그들은 확실히 도처에서 기성 체제를 흔들었다. 하지만 결국은 어느 하나 전복시키지 못했고, 그 대신 오히려 앞으로 이런 도전을 막으려면 협력이 최선이라는 확신을 기성 체제에 가져다주었다. 이런 와중에 설득된 것은 미국, 소련, 서독, 동독, 그리고 늘 유연하던 마오쩌둥 정부였다.

[VII]

1969년 3월, 소련과 중국의 동북아시아 국경이 접하는 우수리 강(the Ussuri River)을 따라 두 나라의 군사 충돌이 있었다. 이 전투는 곧 아무르 강(the Amur River), 그리고 신장(新疆)과 카자흐스탄의 경계까지 확대되었다. 8월경에는 세계 최강의 **공산주의** 국가 간에 전면 전쟁이 일어나, 핵무기를 쓰는 사태가 초래될지도 모른다는 소문이 돌았다. 마오쩌둥은 소련 침공에 대비해 굴을 파고 보급품을 저장하라고 명령했다. 그런 다음 그의 주치의인 리즈수이[李志綏]를 불러들여 문제를 제시했다.

"이 점에 대하여 생각해보시오. ……우리는 북서쪽으로 소련과 접하고 있고, 남쪽에는 인도가, 동쪽에는 일본이 있소. 만약 우리 적들이 모두 단결해서 동서남북 사방으로 공격해온다면 어떻게 대처해야 한다고 생각하시오?" 리즈수이는 모르겠다고 고백했다. 마오쩌둥은 말했다. "다시 생각해보시오, 일본 너머 저편에는 미국이 있소. 우리 조상들은 가까이 있는 나라와는 싸우면서 먼 나라와는 교섭하라는 원교근공(遠交近攻)의 책략을 권하지 않았소?" 리즈수이는 중국과 미국의 오랜 적대 관계를 생각하며 놀랐다. "미국과 어떻게 교섭할 수 있겠습니까?" 마오쩌둥은 다음과 같이 대답했다.

미국과 소련은 다르오. ……미국의 신임 대통령 닉슨은 오랜 우익으로서 미국에서 반공주의를 이끌어온 인물이오. 나는 우익들과 협상하기를 좋아하오. 그들은 겉말과 속뜻이 다른 좌익들과는 달리 진실로 생각하는 것을 말하지.[72]

만약 미국과 유럽에 있는 마오의 젊은 숭배자들이 이 대화 내용을 알았다면 어떻게 받아들였을지 궁금하다. 그러나 이것은 그저 1969년 여름의 놀랄 만한 대화로만 그치지 않았다.

워싱턴에서는 또 다른 사건이 일어났다. 소련 대사관의 중간급 외교관이 오찬을 하면서 미국 국무부 상대에게 만약 소련이 중국의 핵 시설을 공격하면 미국은 어떤 반응을 보일 것인지 질문했다. 이 질문은 모스크바의 지시에 따라 행해졌을 테고, 이 질문을 받은 미국 관리는 대답하지 않은 채 계통을 따라 자기 상관에게 전달만 했을 것이고, 그는 다시 백악관으로 전달했을 것이다. 백악관에서는 이미 그 대답을 갖고 있었다. 그보다 며칠 전에 닉슨 대통령은 미국은 중·소 전쟁에서 중국의 '패망'을 좌시할 수 없다고 발표해 각료들을 놀라게 했다. 나중에 키신저는 "대통령이 아무 접촉도 없이 숙적으로 지내온 주요 공산국의 생존에 전략적인 이해관계가 있다고 선언한 것은 미국의 대외 정책에서 중대한 사건이었다."[73]라고 논평했다.

그해 여름에 마오쩌둥이 워싱턴 고위층에 간첩을 심어놓았거나 닉슨이 베이징 고위층에 같은 일을 했을 리는 없다. 미국과 중국 사이에는 아직 별다른 의사소통이 없었다. 그래도 몇 가지 이해관계는 수렴했다. 그중 하나는 말할 것도 없이 소련에 대한 우려로서, 소련은 미국과 중국 양국에 점차 위협적인 존재가 되고 있었다. 1968년 8월 소련의 체코슬로바키아 침공은 무자비하게 성공한 작전처럼 보였다. 그런 인상은 11월에 더욱 강해졌는데, 이때 브레주네프는 마르크스-레닌주의를 자본주의로 대체하려고 시도하는 국가는 **어느** 국가든 주권을 침범할 권리를 주장했다. "이것은 단지 그 나라 인민에 국한되는 문제가 아니라 모든 사회주의국가와 관련된 공통의 문제다."[74] 한편 소련은 드디어 미국과 전략적 균형(strategic parity)을 성취했다. 만약 이제 '미사일 격차'가 있다면, 미국이 불리한 위치에 놓일 것이다. 결국 소련은 중국에 무력을 과시했고, 이는 소련의 핵 역량과 함께 브레주네프 독트린이 실제로 실행될 수 있음을 암시했다.

또 한 가지 중국과 미국이 공유한 이해관계는 베트남전과 관련이 있었다. 닉슨은 베트남에서 발을 빼고 싶었다. 단 미국에게 굴욕적이지 않은 조건으로 철수하기를 원했다. 이것이 이듬해 봄에 있었던 "가련하고 무기력한 거인" 연설의 요점이었다. 북베트남(베트민)이 〔미국의 베트남 철수에〕 도움이 되리라는 예측은 할 수 없었지만, 그때까지 하노이에 군사적·경제적으로 주요 공급원이 되었던 중국은 전망이 달랐다. 중국은 소련과 치를 크고 위험한 전쟁을 코앞에 둔 상태에서 남쪽 국경의 전쟁이 질질 끄는 것을 바랄 리가 없었다. 1970년 초에 키신저는 하노이의 협상 대표인 레둑토(Le Duc Tho)에게 베트민은 "지금까지 지지해준 국가들에게서 지속적인 지원"을 누릴 수 없게 될 것임을 상기시켰다.[75] 이미 베트남전에 열의가 식어가고 있다는 신호를 보냈던 중국은 시간이 지나면서 더욱 직설적으로 그런 뜻을 전했다. "우리 빗자루는 너무 짧아서 타이완에서 미국을 쓸어버릴 수 없고, 당신네 것도 너무 짧아서 남베트남에서 같은 일을 할 수 없다."[76] 이는 마오쩌둥이 1971년 말에 베트민에 전한 말이다.

당시에 닉슨과 마오쩌둥은 공통된 이해관계가 있었다. 각기 제 나라에서 질서를 회복하는 일이었다. 마오쩌둥의 외상 저우언라이는 1971년 7월 키신저가 최초로 극비리에 베이징을 방문했을 때 이를 암암리에 언급했다. 저우언라이는 키신저에게 문화혁명이 끝났음을 확신시키려 애썼다. 아울러 중국은 닉슨이 국내에서 입지를 강화하도록 돕겠다고 약속하면서 미국의 다른 정치인은 물론 서방 지도자 누구도 닉슨 대통령 이전에는 베이징에 받아들이지 않을 것이라고 확언했다.[77] 닉슨은 1972년 2월에 중국을 방문했고, 저우언라이뿐만 아니라 마오쩌둥과도 즉시 의견 일치를 보았다.

"지난 선거 기간에 귀국에 난리가 났을 때 저는 귀하에게 투표했습니다." 마오는 이렇게 농담했다. "저는 우파 인민들이 집권할 때 비교적 기분이 좋답니다." 그러자 닉슨은 "좌파들이 말하는 것을 우파는 실천할 수 있지요"라고 인정했다. 좌파 인사들이 닉슨의 방중(訪中)을 반대할 수도 있다고 키신저가 넌지시 말하자, 마오쩌둥이 맞장구를 쳤다. "바로 그렇소. ……우리 나라에서도 우리가 여러분과 접촉하기를 반대하는 반동 집단이 있소이다." 그리고 다음과 같이 대화를 주고받았다.

마오쩌둥: 제 생각에, 일반적으로 저 같은 사람은 많은 거포(巨砲)처럼 소리가 크지요. 즉 "전 세계는 단결하여 자본주의, 수정주의, 그리고 모든 반동분자를 물리치자"는 식이지요.

닉슨: 저처럼요…….

마오쩌둥: 그러나 귀하는 개인으로서는 쓰러지지 않을 무리에 속하겠지요……. [키신저]도 또한 개인적으로 쓰러지지 않을 무리에 속할 겁니다. 그리고 만약에 여러분 모두가 쓰러진다면 우리에게 친구라고는 남지 않을

겁니다.

"역사는 우리를 한곳에 불러모았습니다." 닉슨은 마오쩌둥에게 작별
인사를 하면서 언급했다. "문제는 우리가 서로 다른 철학을 갖고 있으
면서도 두 발을 대지에 디디고 인민을 대표하고 있기에, 중국과 미국뿐
아니라 앞으로 전 세계에 봉사할 돌파구를 만들 수 있느냐 하는 것입니
다." 그러자 마오쩌둥은 닉슨이 대통령이 되기 전에 집필한 책《여섯 가
지 위기》(Six Crises)에 대해, "귀하가 쓴 책은 읽을 만하더군요"라고 화답
했다.[78]

[VIII]

이것은 주목할 만한 순간이었지만, 모스크바에서는 무엇을 생각했을
까? 닉슨과 마오쩌둥이 소련을 불안하게 만들려는 의도였음은 분명하
다. 그러나 이 두 사람은 크렘린 지도층이 이미 얼마나 불안했는지를 거
의 자각하지 못했다. 왜냐하면 겉으로는 그 반대인데도, 전통적인 권력
형태가 이미 이전과 같은 비중을 얻지 못하고 있는 이 세계에서 권위를
유지하기 위한 시름이 깊었기 때문이다. 정신적인 상처를 깊이 입은 경
험은 만인에게 잔혹한 자신감을 드러낸 체코슬로바키아의 사례였다.
브레주네프는 스스로 취약성을 의식해 침공을 명령했다. 그에게는 '프
라하의 봄'〔체코슬로바키아의 정치적 자유화 기간—옮긴이〕개혁이 널리 전파
될 수 있다는 두려움이 있었다. 그러나 적어도 표면상으로는 무력 개입

자체가 문제를 해결한 것으로 보였다. 브레주네프는 왜 이 무력 개입을 다른 곳에도 적용되는 독트린으로 바꾸었을까?

하지만 침공은 순조롭지 **못했다**. 환영받을 줄만 알았던 붉은 군대의 장교들은 부대가 프라하 시내에서 환영은커녕 야유를 받자 지휘 통제권을 거의 상실하고 말았다. 소련군이 점령한 상태에서 집권을 원하는 체코인을 물색하는 일은 예상보다 시간이 오래 걸렸다. 무력 개입은 평소라면 모스크바가 결정하는 대로 따르던 서유럽의 공산당과 다른 좌익 정당은 물론이고 유고슬라비아, 루마니아, 중국에서까지 항의를 촉발시켰다. 모스크바 붉은 광장(Red Square)에 있는 레닌의 묘 앞에서 작은 시위도 벌어졌다. 이전에는 들어본 적도 없는 이 사건은 크렘린 지도자들에게 그들이 오랫동안 낌새를 챘던 사실을 확인해주었다. 즉 소련 자체에서 표면 아래 잠들어 있던 불만이 더 크게 불어나고 있다는 것이다.[79]

브레주네프 독트린은 그 당시로서는 과감한 전선(前線)이었다. 소련 지도자들은 만일 이것을 실행하면 대가를 치러야 함을 잘 알고 있었다. 1970년대에 주요한 우선순위 사항은 브레주네프 독트린을 실행할 일이 생기지 않도록 하는 것이었다. 그러려면 미국을 비롯한 NATO 동맹국과의 관계를 개선해야 했다. 그 이유는 기대에 부응하지 못한 마르크스-레닌주의의 실패와 관계가 있다. 폴란드, 헝가리, 동독 같은 나라는 이제 생활수준이 침체되기 시작했고, 심지어는 이미 떨어지고 있었다. 이는 서독이나 다른 서유럽의 번영과 대비하면 더욱 의기소침할 일이었다. 무력 개입도 그 문제는 전혀 해결할 수 없었다. 오히려 서방 측의 경제제재를 촉발하여 사태를 악화시켰다. 그래서 미국과 데탕트(détente, 긴장 완화)를 추구하는 일이 이치에 맞았다. 이로써 동유럽의 소련 세력권은 지속적으로 안정을 기약할 수 있게 되었다.

이미 서독은 설사 독일 통일이 불가능하다 해도 동독과 동유럽, 심지어 소련 자체도 조만간 변화할 수 있음을 시사함으로써 길을 열어놓았다. 사람, 상품, 사상이 적절히 통제되면서 냉전의 경계선을 오고간다면 긴장을 낮추고, 관계를 확대하고, 장기간에 걸쳐 공산주의 정권의 권위주의적 성격을 완화시킬 수도 있다. 1차 목표는 지정학적인 안정이었으나 동방 정책(Ostpolitik)으로 알려진 정책의 내용이 밝혀지면서 사회적인 안정도 제공할 수 있었다. 독일이 계속 분단 상태로 존속될 것이 확실해지면서 두 독일 안에서 일어날 것이 확실한 좌절감을 감소시키면 가능한 일이었다. 동방 정책 설계의 주인공인 빌리 브란트(Willy Brandt)가 1969년 서독 수상이 될 즈음에는 이 계획을 추구할 사유가 하나 더 생겼다. 서독에서뿐 아니라 그 밖의 유럽 지역에서도 그들이 대치하던 모든 '기성 체제' 가운데 동결된 냉전을 가장 억압적인 것으로 간주했던 시위자들의 입지를 약화시킬 수 있기 때문이었다.[80]

닉슨과 키신저는 처음에 **동방 정책**을 경계했다. 그 이유는 아마도 이 두 사람이 이 정책을 먼저 생각해내지 못했기 때문이리라. 그러나 이 둘은 보다 폭넓은 전략 안에서 어떻게 동방 정책을 조정하여 맞출 수 있는지 알게 되었다. 경제적인 필요성은 중국에 문호 개방을 촉구하고 소련을 미국과 이루는 협상 테이블로 나오도록 몰아댔다. 협상 범위는 전략 무기 제한, 베트남전 종식을 위한 협상, 동서 진영 간 통상 확대였다. 이렇게 하면 존슨 대통령 임기 말부터 닉슨의 임기 초 몇 년간 미국의 대외 정책을 거의 마비시켜온 국내 비판도 동시에 해소시킬 수 있을 것이었다. 요약하자면, 상황이 새로운 봉쇄 전략에 알맞게 돌아갔다. 그러나 이것은 냉전의 주요 적수들 스스로가 **합동으로** 발의해야 한다. 그들은 각기 사회 내부의 젊은층이 들고일어나는 위협을 겨냥했다. 젊은이들의 행동으로—핵무기로 인한 위험이 그랬던 것처럼—그들은 모두 한 배에 탄 처지가 되었다.

1969년 1월에 취임한 닉슨 대통령은 미국이 베트남전에서 벗어나게 하고, 냉전에서 주도권을 다시 잡게 만들고, 국내적으로는 정부의 권위를 회복시키겠다고 결심했다. 1972년 11월 대통령 선거운동이 막바지에 이를 무렵 그는 처음 두 가지 목적은 달성했다고 확실히 주장할 수 있었다. 그리고 세 번째 목적 달성도 잘 진행되고 있다고 주장했다. 키신저가 표현했듯이 베트민과 평화협정은 "임박"했다. 더디지만 꾸준하게 베트남에서 미군이 철수하고, 이와 함께 징병제도 철폐되자 국내의 반전시위는 활기를 잃었다. 닉슨이 중국에 문을 열자, 미국은 냉전의 적들을 서로 대결시켜 어부지리로 선망의 지위를 차지하게 되었다. 닉슨은 그해 초에 베이징과 모스크바 두 곳 모두를 방문하는 첫 번째 미국 대통령이 되었다. 그는 필요에 따라 소련 또는 중국 쪽으로 '기울면서' '영향력'을 발휘했다. 중국과 소련은 그때까지도 적대 관계였고 서로 워싱턴의 환심을 사려고 경쟁했다. 이는 메테르니히(Metternich), 캐슬레이(Castlereagh), 비스마르크(Bismarck)에 필적할 만한 업적이었다. 이들은 키신저가 역사학자로서 본분을 발휘해 저술하고 대단히 존경해 마지않던 위대한 대전략가들이다.

11월 7일 대통령 선거일에 닉슨의 전략이 옳았음이 증명되었다. 닉슨은 일반투표에서 61:37이라는 비율로 민주당 후보 조지 맥거번(George McGovern)에 완승했다. 선거인단 투표 차이는 520:17로 더욱 인상적이었다. 맥거번은 매사추세스 주와 워싱턴 D.C.에서만 승리했다. 이것은 2년 반 전만 해도 기대할 수 없었던 결과다. 그때는 여러 가지로 시달리던 닉슨이 미국의 속수무책을 경고했다. 키신저가 닉슨에게 아첨하듯이 썼지만 잘못된 사실도 아닌 보고서 내용처럼, "전쟁의 수렁에 빠져 자신감을 잃고 소신도 없는 지식인들에 의해 파괴되어 분열된 국가에 새로운 목적을" 부여한 것은 상당한 업적이었다.[81] 힘은 힘을 거듭 내세웠다.

  그러나 미국은 닉슨이 다시 시달리는 모습을 보게 됐다. 그러나 이번에는 베트남 반란군이나 과격한 학생들 때문이 아니라 잡스러운 주거 침입죄가 낳은 **법적** 귀결에 따른 것으로서 돌이킬 수 없는 일이었다. 이 사건으로 닉슨은 공직에서 쫓겨나게 된다. 법치주의는 적어도 미국에서는 위대한 전략 달성보다 더 중요했다. 워터게이트(Watergate) 사건은 빙산의 일각에 지나지 않았다. 왜냐하면 다음 20년간 냉전의 진로는 국가 권력을 초월한 힘에 의해 추진되었기 때문이다. 즉 그동안 국제 체제에서 적대시되던 형평(equity)이라는 **상식**이 회복된 것이었다. 이상한 나라의 앨리스 같은 냉전 게임이 진화하면서 도덕률 그 자체가 나무망치가 되고 있었다.

5장 형평 원칙의 회복

워터게이트 위기로 인해 주미 소련 대사와 크렘린 지도층은 물론 닉슨조차 예기치 못한 일에 크게 당황했다. 도대체 어떻게 해서 그의 공보 대변인의 표현처럼 겨우 "삼류 도둑질"에 지나지 않는 사건으로 세계에서 가장 막강한 인물이 파멸될 수 있었을까? 이 사건은 어설픈 도둑들이 출입문 잠금장치 손잡이를 수직으로가 아니라 수평으로 묶어놓아 테이프의 끝이 야간 경비원 눈에 띄어 발각되었다. 워싱턴에 위치한 워터게이트 빌딩 안 민주당 전국 위원회 본부에 침입한 도둑이 발견된 시각은 1972년 6월 17일 새벽 1시경. 이때부터 미국 대통령을 최초로 하야(下野)시키는 일련의 사태가 시작되었다. 그 범죄와 결과 사이에 불균형이 너무 심해서 닉슨은 믿기지가 않았다. 그는 사임 직전에 스스로를 애처롭게 여겼다. "세계 평화뿐만 아니라 간접적으로 세계 도처에서 누구든 복지를 누리게 하려고 우리가 이루어놓은 일과 앞으로 할 수 있는 일을 비교해보면, 우리가 받은 그 끔찍한 맹비난은 아주 사소하고 하찮은 일이다."[3] 아마도 그럴 수 있겠지만, 워터게이트 사건은 아무리 칭송받을 만한 목적으로 사용했다 해도 미국 국민은 권력 행사보다 법치주의에 더 비중을 둔다는 점을 보여주었다. 목적이 반드시 수단을 정당화하지는 않는다. 오직 힘(might)만으로는 정의가 될 수 없었다.

"자, 대통령이 행동할 때 그 행위는 불법이 아니라는 걸 의미합니다." 〔닉슨은 변호사 출신이기에 '군주에게는 불법 행위가 없다'는 영국 일반법의 법언 "Rex non potest peccare"를 인용하고 대통령의 통치 행위는 사법 대상이 아님을 주장한 듯하다—옮긴이〕 나중에 닉슨은 자신이 승인한 도청과 침입을 서툴게 정당화하면서 이렇게 설명했다. 그는 베트남전 수행에 관해 행정부 안에서 누설을 막으려고 이를 승인했던 것이다.

"예를 들어 만약 대통령이…… 국가 안보, 아니면 이 경우에는 국내 치안과 질서에 대한 중차대한 위협을 사유로 모종의 조치를 승인하면, 대통령의 결단은 …… 이를 실행하는 사람들이 위법성에서 벗어나 그 일을 수행할 수 있게 한다."[4] 이 주장이 새롭지는 않다. 프랭클린 루스벨트는 국가 안보를 위해 적법성이 의심되는 행위를 재가했다. 에이브러햄 링컨은 국민 단결을 유지하기 위해 그 어느 대통령보다 훨씬 악명 높게 그런 조치를 취했다. 그런데 닉슨은 몇 가지 실수를 저질렀는바 이는 명백히 그가 한 것이다. 첫째로, 그는 당면한 문제를 침소봉대했다. 미국 국방부 기밀문서(The Pentagon Papers)가 〈뉴욕타임스〉 신문사로 누출된 것은 1861년 남부의 연방 탈퇴 또는 2차 세계대전과 냉전 초기의 파괴 활동 전망에 견줄 만한 위협은 아니었다. 닉슨이 저지른 두 번째 실수는 쉽사리 체포될 정도로 얼빠진 행동 대원을 고용한 것이다. 그리고 세 번째 실수는―이 때문에 그는 대통령직을 끝냈다―그가 저지른 일을 은폐하려고 헛되이 거짓말을 한 것이다.[5]

워터게이트 사건은 한 가지만 아니었어도 미국 역사에서 단지 일화 정도로만 남았을지도 모른다. 그 한 가지란 힘과 정의(might and right)의 구분이 냉전 초강대국의 행동에도 영향을 미치기 시작했다는 사실이다. 닉슨 행정부의 마지막 몇 년간은 미국과 소련이 압박 상황에 직면한 첫 번째 시점이 되었다.

이는 핵 교착 상태에서 일어난 것이 아니다. 그들이 공약했던 이데올로기가 실패하고, 명백한 '강자'(强者)에 대항해 '약자'(弱者)로 보이는 이들이 점점 강도 높게 도전하면서 생겨난 것이다. 그리고 법치주의―즉 최소한 인간 품격의 기본 규범이 되는―가 그 안에 거주하는 개인은 물론 국가 행위에도 적용되어야 한다는 주장이 점점 커지는 데서 생기기도 했다.

[I]

반드시 힘(force)만이 국가 관계를 형성하지는 못하리라는 희망은 오래 전부터 있어왔다. 일찍이 철학자 이마누엘 칸트(Immanuel Kant)는 1784년에 "인류에게 가장 큰 과제는 보편 정의를 구현할 수 있는 시민사회를 달성하는 것"이라고 저술한 바 있다.[6] 우드로 윌슨은 국가가(적어도 보다 진보적인 국가가) 국민에게 그러는 것처럼 국제연맹 회원국에 법적 강제력을 부과하려 했다. 국제연합(UN) 창설자들은 국제연맹의 목적을 보전하면서도 국제연맹이 안고 있던 수많은 결함을 개선하는 방식으로 국제연합을 설계했다. 이 새로운 기구는 헌장을 발표하면서 국제연합이 "남성과 여성, 대국과 소국이 동등한 권리"를 갖도록 보장하며 "정의와 협약, 기타 국제법의 근원에서 발생하는 의무를 지속적으로 준수할 수 있는" 상태를 확립할 것이라고 언명했다.[7] 국제 체제 안의 세력 균형으로 발생하는 질서는 더 이상 그 자체가 목적이 될 수는 없었다. 따라서 선결 과제는 국제 체제를 구성하는 여러 국가들이 외부에서 유래한 정의의 기준을 놓고 합의점을 찾는 것이다.

국제연합 창설 당시에는 이 과제를 실제로 달성하리라는 낙관주의가 가능했을지 몰라도 오늘날에는 그런 생각을 불러일으키기가 어렵다. 많은 비평가들에게 이 기구는 그만큼 평판이 악화되었다. 국제연합을 충분히 신뢰했던 트루먼 행정부는 1946년에 핵무기와 그 생산 수단을—분명히 미국이 명시했을 조건으로—새로운 국제기관으로 이관하자고 제안했다. 4년 후에는 북한의 남한 침략을 즉각 국제연합에 상정했고, 그 후 3년 동안 국제연합 깃발 아래에서 전쟁을 수행했다. 국제 관리에 대한 트루먼의 신념은 그 뿌리가 깊고 다분히 감정적이었다. 그는 성인이 된 이후 평생 동안 "인류의 의회, 세계의 연방"(the Parliament of Man, the federation of the World)을 열망하는 알프레드 테니슨(Alfred Tennyson)의 시(詩) '록슬리 홀'(Locksley Hall) 시구를 지갑 속에 들고 다녔다.[8]

그러나 냉전이라는 가혹한 현실은 테니슨의 꿈—트루먼의 꿈이기도 했던—을 확실히 꿈으로만 남게 했다. 미국과 소련은 모두 국제연합 창설 회원국이면서 동시에 국제연합의 결의를 집행할 책임을 맡은 안정보장이사회의 거부권을 보유했다. 영국, 프랑스, (아직은 장제스 국민당 지배하에 있는) 중국 역시 동일한 특권을 부여받았다. 이는 국제연합이 가장 강력한 회원국들이 합의할 때만 행동할 수 있음을 의미하며 힘과 정의의 구별을 애매하게 만든 조치였다. 안보리(안전보장이사회) 거부권을 보유한 회원국들이 이런 합의에 도달할 리가 없었다. '정의'(正義)를 어떻게 정의(定義)하느냐에 대한 견해차가 극심하기 때문이다. 미국인들에게 정의란 정치적 민주주의, 시장 자본주의, 그리고—반드시 현실은 아니라도 원칙상으로는—개인의 권리 존중을 의미했다. 여전히 식민제국(colonial empires)을 경영하고 있던 영국과 프랑스에서도 정의는 그런 의미와 가까웠다. 중국국민당 정부는 중국공산당에게 밀려 권력을 잃을 판이었기 때문에 그 의미가 훨씬 적었다. 스탈린이 통치하는 소련에서 '정의'란 다음과 같은 제도를 무조건 수용하는 것을 의미했다. 즉 권위주의 정치, 계획경제, 무산계급을 인도하는 독재정치가 선택한 수단이라면 무엇이든 그것을 이용해 무산계급이 세계적으로 '계급 없는' 사회를 향해 진출할 권리 등이다.

사정이 이렇다 보니, 국제연합이 원칙을 분명히 정의(定義)하고 그에 따라 회원국에 책임을 부과할 수 있는 기구라기보다는 토론 모임으로 기능하고 있다 해도 그다지 놀랄 일이 아니었다. 1948년 초에 조지 케넌이 불만을 표했듯이, 그 안에서 잡은 지위는 "죽은 그림의 경연장"과 유사했다. 즉 "비교적 세상에 알려지지 않은 채 준비 기간이 길고, 그 다음에 막이 오르고 조명이 잠시 켜진다. 단체 사진은 후손에 남기기 위해 투표하는 장면을 남겨둔다. 가장 기품 있고 인상 깊은 자리에 등장하는 자는 그가 누구든 이기게 마련이다." 케넌은 만약 강대국들이 그런 목적으로 국제연합에 의존하기로 합의한다면 "결정적인 행동을 회피하는 의회는 …… 국제적인 불화와 이견을 가라앉히는 세련되고 우월한 방안이 될 것"이라고 첨언했다.⁹ 그러나 실제로는 그렇지 않았다. 워싱턴의 일반 견해는—물론 케넌의 견해이기도 하다—합동참모본부가 표현한 바와 같이 "현재처럼 구성된 국제연합이 현재와 미래에 미국의 안전보장을 지킬 수 있다고 신뢰한다면, 이는 국제연합의 능력을 충실히 믿는 자들이 절체절명한 미국의 안전보장에 대한 시각을 상실한 것에 불과하다."¹⁰

1948년 12월에 국제연합 총회는 용케도 '세계인권선언'(Universal Declaration Of Human Right)을 통과시켰다. 그러나 사우디아라비아와 남아프리카공화국은 물론—이들은 기권했다—소련과 그 동맹국들은 이를 지지하지 않았고, 또한 집행 기구도 설정하지 않은 채로 통과시켰다.¹¹ 국제연합 헌장과 그 실행 과정에 훨씬 뿌리 깊이 박혀 있었던 것은 주권국가의 내정불간섭 원칙이었다. 다만 주권국 가운데 최강 국가들이 이 원칙을 위반했다. 그래서 소련이 1953년에 동독, 1956년에 헝가리, 1968년에 체코슬로바키아에서 반체제 불평·불만분자들을 무력으로 진압했을 때도 그렇고, 미국이 1953년에 이란〔민족주의 좌파인 모하마드 모사데크 수상이 영국·이란 석유회사(AIOC)와 오늘날 영국 국영 석유회사(BP)를 통해 영국이 독점해온 이란의 석유 산업을 국유화하자 영국의 대외정보기관 SIS와 미국의 CIA가 비밀공작으로 이란의 반공 인사들과 장교단을 끌어들여 모사데크 정부를 전복시켰다—옮긴이〕, 1954년에 과테말라에서〔과테말라에서 급격한 토지개혁으로 큰 타격을 입은 미국의 과일 회사는 미국 정부에 로비를 벌였고, CIA는 과테말라의 망명 인사와

군 장교를 훈련시키고 자금을 지원하여 아르벤스구스만 정부를 전복시켰다—옮긴이〕

비밀공작으로 그 나라 정부를 전복시켰을 때나, 1961년에 쿠바에서도 〔미국의 지원을 받은 반(反)카스트로 망명군이 쿠바의 피그스 만에 상륙해 침공한 사건—옮긴이〕 그렇게 하려다가 미수에 그쳤을 때, 그리고 10년 뒤 칠레에서〔1971년 칠레의 좌파 민선 대통령 아옌데 살해 사건. 그 후에는 군부가 집권했다—옮긴이〕 정부를 전복시켰을 때도 국제연합은 전혀 비난하지 않았다. 또한 국제연합은 스탈린이 2차 세계대전 후 소련과 동유럽 내부에 숙청을 진행해 인명을 희생시켰을 때도, 미국이 '제3세계'에서 공산주의가 집권하지 못하도록 독재 정권과 제휴했을 때도, 마오쩌둥이 대약진운동의 결과로 중국에서 수백만 인민이 굶어 죽도록 내버려둔 때도 항의하지 않았다.

이 모두가 뜻하는 바는 다음과 같다. 만약 정의를 수호할 목적으로 권력을 제한하는 일이 생긴다면, 이는 국제연합이 아니라 냉전을 치르고 있는 당사국으로부터 나와야 한다는 점이다. 이는 1940년대 말과 1950년대 초라면 얼토당토않은 일이었다. 초강대국이 무엇 때문에 스스로 권력을 제한하겠는가? 하지만 1970년대 중반에는 그 얼토당토않던 일도 되돌릴 수 없이 확고한 일이 되었다. 이런 일이 일어난 진행 순서는 미국에서 가장 잘 볼 수 있었다. 미국에서는, 국제 무대에서 행사하는 권력과 보편적 정의 원칙 사이의 간격이 처음에는 냉전으로 인해 확대됐지만, 그 후로는 점차 좁아졌다.

[Ⅱ]

처음에 미국 관리들은 자국 내 경험으로 도출된 행동 기준을 버리지 않고 소련과 국제 공산주의를 억제할 수 있다고 꽤 자신했다.[12] 그들은 침략 행위가 전제정치와 연관이 있으며 국제 질서란 언론의 자유, 신앙의 자유, 기업의 자유, 정치 선택의 자유 같은 원칙 위에서 최선의 안정을 찾을 수 있다고 확고히 믿었다. 케넌은 1947년 여름에 "소련과 미국 사이에 놓인 문제는 본질적으로 여러 국가 가운데 한 국가로서 미국의 종합적인 가치를 시험하는 것이다"라고 기술했다. "파멸을 면하기 위해 미국에 필요한 것은 오직 이 나라에 깃든 최선의 전통에 부합하면서 위대한 국가로서 보전될 가치가 있다는 점을 스스로 증명하는 것이다. 의심할 여지없이 이보다 더 …… 공정한 시험은 절대로 없었다."[13]

그 시험이 공정했을지는 모르지만, 쉽지는 않았다. 거의 동시에 국내에서는 용납되지 않을 행동을 해외에서 허용하자는 압력이 가해지기 시작했다. 마셜 플랜—언뜻 보기에는 미국 내의 가치를 냉전에 성공적으로 투사한—자체에서 그 문제점이 드러났다. 마셜 플랜의 목적은 유럽에서 비(非)공산주의로 남아 있는 나라에 경제 부흥을 일으켜 정치적 자유를 보장하는 것이었다. 굶주리고 사기가 떨어진 주민들은 공산당에 표를 던져 그들이 집권하게 만들지도 모른다는 것이 마셜 플랜 입안자들의 생각이었다. 그러나 경제 재건과 자신감 회복에는 시간이 걸린다. 그러는 사이에 투표는 이미 행해졌다. 특히 이탈리아에서 문제가 심각했는데, 모스크바에서 자금을 충분히 지원받는 거대한 공산당이 1948년 4월 선거에서 승리할 것 같았다. 만약 그렇게 된다면, (같은 해 2월 체코슬로바키아에서 일어난 쿠데타에 이어) 심리적으로 커다란 파국을 몰고 올 수도 있었다. 미국 국무부의 어느 고문은 "만약 이탈리아가 적화(赤化)된다면, 유럽에서 공산주의를 저지할 수 없다"라고 경고했다.[14] 그리고 미국 원조는 이제 겨우 들어오기 시작했으니 마셜 플랜은 공약 이상이 될 수 없었다.

새로이 창립한 중앙정보국 CIA(Central Intelligence Agency)는 그 당시 비밀공작을 수행할 역량도, 권한도 없었다. 이처럼 그때는 비교적 순진하던 시대였다. 그러나 국무부의 지지와 격려로 CIA는 개입 공작에 착수하게 된다. 이들은 재빨리 이탈리아에서 기독교 민주당을 비롯한 비(非)공산 정당에 비밀 자금을 대주는 한편, 이탈리아계 미국 시민들을 상대로 이탈리아에 거주하는 친구나 친척에게 편지 쓰기 운동을 벌였다. 이런 임기응변 조치는 효과를 봤다. 이탈리아 공산당은 4월 18~19일 이틀에 걸친 투표에서 크게 패했다. 케넌이 회고했듯이 "특수한 상황이 지배할 때에는 …… 미국 정부가 때때로 공개적인 활동도 아니고 공식적인 책임도 받아들일 수 없는 행동을 할 필요가 있었다."[15] 그 후 얼마 지나지 않아 국가안전보장회의는 CIA의 역할을 확대하면서 다음 사항을 포함시키기로 했다.

선전, 경제 전쟁; 태업, 반태업, 파괴, 탈출 행위를 포함한 예방적인 직접행동; 지하 저항운동, 게릴라와 피난민 해방 집단, 자유세계에서 위협을 받는 토착 반공주의자 지원을 포함한 적성국에 대한 전복 행위.

이런 행동 모두는 "발각될 시에는 미국 정부가 어떠한 책임도 그럴듯하게 부인할 수 있는 방식으로 수행되었다."[16] 간단히 말해서 미국 관리들은 거짓말하는 법을 배웠다.

미국은 이것을 케넌이 일찍이 주장한 내용, 즉 오직 "최선의 전통에 부합하면서 위대한 국가로서 보전될 가치가 있다는 점을 스스로 증명하는 것"과 어떻게 조화시켰는가? 케넌은 "그럴듯하게 부인할 권리"(plausible deniability)가 모든 제한을 푼다는 의미는 아님을 보장하려면 국무부에서 CIA의 행동을 감시해야 한다고 주장했다. 그는 개인적으로 "모든 공작의 목적과 더불어 〔이러한〕 정치적 결단에 관련된 사안이 채택한 절차와 수단에 관해 구체적으로 인지하기"를 기대했다. 또한 그는 이러한 진취적인 착상에는 "통상적인 작전에 적용되는 규정과 행정 기준을 벗어나는 최대한의 유연성과 자유로움이 필요하다"고 인정했다.[17] 그러나 이런 경우는 드물 것이었고, "이것이 필요한 경우가 발생할 때"는 선택이 가능했지만, "여러 해 동안 이 같은 일을 할 필요가 없을 것이다." 그런데 나중에 케넌이 시인했듯이, "내가 생각했던 방식대로 일이 풀려가지는 않았다."[18]

비밀공작에 관련된 CIA 요원은 1946년 302명에서 1952년 2812명으로 늘어났고, 여기에 별도로 해외 '계약직'(contract) 직원이 3142명 있었다. 그때까지 이들은 미국 외 영토 47개 지역에 배치되었고(이는 1949년 7개 지역에서 늘어난 것이다), 비밀 활동을 위한 연간 예산은 470만 달러에서 8200만 달러로 대폭 증액되었다.[19] 그들은 이따금씩이 아니라 자주 활동했다. 아이젠하워 행정부가 들어서면서 CIA는 정기적으로 스파이, 파업 음모꾼, 저항운동 지도자를 소련, 동유럽, 중국 등지에 침투시키는 시도를 했다. CIA는 노동조합, 학술회의, 학술지, 학생 조직(이들 중 어떤 조직은 미국 안에도 있었다)은 물론 각 국가에 방송하는 독자적 라디오 방송국에도 확실히 자금 지원을 했다. CIA는 미국 공군과 협력해 정찰비행을 하면서 소련과 기타 공산국가의 영공을 상례적으로 침범하기도 했다. CIA는 독극물과 심리 조절 약물도 실험 중이었다. 필리핀에서는 반란군을 진압하는 작전도 전개했다. 그리고 현지의 지지자들이나 망명 집단과 협력함으로써 1953년에는 이란의 모하메드 모사데그(Mohammed Mossadegh), 1954년에는 과테말라의 하코보 아르벤스구스만(Jacobo Arbenz-Guzman) 정부를 전복시켰는데, 이들 정부는 자국 내에서 외국인 소유 재산을 국유화했기 때문에 워싱턴에서는 이들이 공산주의에 동조했는지 의심을 품게 되었다.[20] 비밀공작의 규모가 확대되고 대담해지자 몇 년 후 케넌은 이를 건의한 일이 "내가 저지른 가장 큰 실수였음"[21]을 시인하기에 이르렀다.

트루먼과 아이젠하워 행정부 내에서는 이 견해에 공감하는 공무원이 거의 없었다. 그들에게 이 문제는 간단했다. 소련은 볼셰비키 혁명 초창기부터 간첩 행위를 해왔고, '전위' 조직에 자금을 지원하거나 외국 정부를 전복시키는 일, 인간의 의지를 통제하는 일 등을 자행하고 있었다. 소련은 도덕적·법적 제한을 존중하지도 않았다. 1950년에 국가 안전보장 전략에 대한 극비 보고서 NSC-68에는 "크렘린은 근본적인 설계를 실행하는 데 적합한 수단이라면 그 무엇이라도 선택할 수 있다"고 명시되어 있다. 그 문서를 주무한 기안자는 폴 니체(Paul Nitze)였는데, 그는 국무부 정책 기획 실장으로서 케넌의 후임자였다. 그는 이런 위험에 당면한 자유 사회가 자신을 방어하려면 스스로의 가치를 보류해야 한다고 주장했다.

우리 체제의 통합성은 크렘린의 계획을 좌절시키려는 목적에 부합한다면 공개적이든 비공개적이든, 폭력적이든 비폭력적이든 어떤 조치를 취해도 위험에 빠지지 않을 것이다. 우리가 인민을 노예화한 사악한 인간들의 적이 아니라 오히려 그 인민들의 적이 될 정도로 지나치거나 오도되지만 않는다면, 말은 물론 행동으로 우리가 지닌 가치를 확신하도록 처신할 필요가 있기 때문에 이러한 조치들을 막지 않을 것이다.[22]

NSC-68의 주목적은 '유연한 대응' 사례를 만드는 것이었다. 즉 어디서든 침략 행위가 발생하면, 전쟁을 확대하지 않고 거기서 손을 떼지도 않으면서 그 침략에 대응하는 전략이다. 아이젠하워는 이 방안을 폐기하는 대신 핵 보복 위협에 의존했는데, 그 이유는 비용 때문이었다.[23] 그러나 NSC-68에 극명하게 표명된 견해, 즉 미국 내에서 정부의 행동을 제한하는 법적·도덕적 장치를 사회 전반에 마련할 필요가 없으며 보다 광범위한 영역에서는 적측이 그랬던 것처럼 미국의 활동이 자유로워야 한다는 뜻은 그와 그 이후 닉슨까지 대통령들에게 견지되었다.

"우리는 결코 화해할 수 없는 적과 대결하고 있는데, 그들이 공언한 목적은 세계 지배다." 1954년에 제출되었으며 CIA 비밀공작에 관한 극비 평가서인 둘리틀 보고서(the Doolittle Report)는 이렇게 결론을 지었다. "이 게임에는 규칙이 없다. 지금까지 인정된 인간 행위의 규범은 적용되지 않는다."[24] 아이젠하워도 공감을 표시했다. "이 세계가 지금 늪지에 빠져 허우적거리고 있는 동안에는 국제적인 스포츠맨 정신이라는 전통 개념은 거의 적용할 수 없다고 판단된다." 그가 1955년에 개인적으로 기록해둔 내용이다. "진실, 명예, 정의, 배려, 만인을 위한 자유—

문제는 이것을 어떻게 보전하느냐다. ……우리들이 이런 가치를 ……경멸하는 자들과 대립하고 있는 시기에 말이다. 나는 우리가 할 수 있다고 믿는다." 그리고 그는 문구에 밑줄을 그어 강조했다. "그러나 **우리는 비록 그 절차들이 한때 도덕 개념에 버금가는 지위를 보유했을지 몰라도 이런 가치를 그저 절차와 혼동해서는 안 된다.**"[25]

냉전은 미국 지도자들을 마키아벨리처럼 변화시켰다. "안 좋은 사람들과 너무 많이" 대립하다 보니, 스스로가 "선해지지 않을 방법을 배우게 되고", 그 위대한 이탈리아의 냉소가(冷笑家)—그리고 애국자였던—가 서술했듯이 "필요에 따라" 이 기술을 사용할 것인가 말 것인가를 결심했다.

[Ⅲ]

둘리틀 보고서가 제시한 바와 같이 미국인들은 "근본적으로 모순된 이 철학을 잘 알게 되고, 납득도 하고, 심지어 지지할"[26] 필요까지 생길지도 몰랐다. 그러나 아이젠하워부터 닉슨에 이르기까지 미국 행정부는 "선이 되지 않는" 법을 터득하는 것은 옳다고 보지 않았다. 그 이유는 분명했다. 비밀공작은 공적으로 논의하면 비밀로 유지되기 어렵고, 아직까지 법치주의를 확고하게 신봉하는 사회에서는 "지금까지 인정된 인간 행위의 규범"에서 벗어나 해명하는 일도 쉽지 않다. 결과적으로 나타나는 침묵은 문제를 미뤄두기만 할 뿐 해결하지는 못했다. 그 문제란 마키아벨리식의 관행을 의회, 언론, 더 나아가 일반 대중에 대한 기본적인 책

임 원칙과 헌법상 어떻게 조화시키느냐 하는 것이다. 그 결과 비록 지도층이 의도했던 길은 아니지만, 미국 사람들은 지도층이 냉전을 치르는 데 필요한 것으로 생각한 "모순된 철학"에 대해 점차로 잘 알게 되었다.

비밀공작의 범위와 빈도가 점점 커지고 잦아지자 계속해서 "그럴듯하게 부인할 권리"를 유지하는 일도 더욱 어렵게 되었다.[27] 이란과 과테말라의 쿠데타에 미국이 관련되었다는 소문이 거의 한꺼번에 나돌기 시작했는데, 이는 여러 해 동안 공식적으로 확인되지는 않았다.[28] 그러나 이 소문은 그 당시로서는 설득력이 충분했고, CIA는 바라지 않던 평판을 듣게 되었다. 1950년대 말에 이르자 CIA는 미국이 원하기만 하면 언제든지 마음에 들지 않는 정부를 축출할 수 있는 도구가 되어 라틴아메리카와 중동에서 거의 신화적인 명성을 지니게 되었다.

앞의 두 지역에서는 결과적으로 비싼 대가를 치렀음이 입증되었다. 카리브해 지역에서는 아르벤스 정부를 전복시키자 의도하지도 않던 공산주의가 **힘을 받았다**. 과테말라에서 일어난 사태에 격분한 피델 카스트로, 체 게바라, 그리고 그 지지자들은 쿠바를 워싱턴의 세력권에서 해방시켜 마르크스-레닌주의 국가로 만들기로 결의했다. 1959년에 그들이 집권했을 때 CIA가 이들을 전복시키려고 한 시도는 비참한 실패를 맛보았다. 1961년 4월 CIA가 그때까지 시도했던 가장 야심찬 비밀공작이었던 피그스 만 상륙 실패는 새로 들어선 케네디 정부에 굴욕감을 안겨주었고, 모스크바와 하바나의 유대를 강화했다. 그리고 일련의 사태를 진전시켜 1년 반 안에 세계를 핵전쟁의 벼랑 끝까지 몰고 갔다.[29]

한편 1953년 미국을 등에 업고 권좌로 복귀한 이란의 샤[Shah: 호메이니 혁명 이전 이란 왕들의 일반적 호칭. 서방의 황제(emperor)에 해당된다. 여기서는 이란의 마지막 샤인 모하마드 레자 샤 팔라비(Mohammad Reza Shah Pahlavi)를 지칭한다—옮긴이)는 억압 정치를 점차 강화해 워싱턴에서도 부인하기가 불가능해졌다. 다시 한 번 강아지 꼬리가 강아지를 흔들어 미국을 권위주의 지도자에게 묶어놓았다. 미국 입장에서 볼 때 권위주의 지도자가 갖는 덕목은 오직 질서를 유지하고, 석유를 유통시키고, 미국제 무기를 구입하고, 믿음직한 반공주의자가 되는 것뿐이었다. 이란 국민들은 넌더리가 나다 못해 1979년경에 샤를 축출하고 그를 지원한 미국을 비난했다. 그리고 아야톨라 루홀라 호메이니(Ayatollah Ruholla Khomeini) 지도 아래 세계 어디에도 없던 급진 이슬람 정부를 세웠다.[30]

CIA 공작이 모두 이렇게 비참하게 끝난 것은 아니었다. 1956년 4월, 완전히 글자 그대로 그들의 최고 성공작 하나가 폭로되었다. 소련은 기자단을 초청해 CIA가 파놓은 굴을 유람시켰다. 이 굴은 서베를린에서 약 5킬로미터를 뻗어나가 동베를린까지 침투했다. 이를 통해 미국은 소련과 동독의 전신·전화 통신을 1년 이상 도청했던 것이다. 그러나 이 통신 도청의 초기 사례는 미국에서 비난을 받기보다는 칭찬을 끌어냈다. 미국 스파이라면 정확히 이런 방식으로 일해야 한다는 것이 일반적인 반응이었다.[31] 두 달 뒤에 CIA는 흐루쇼프가 20차 소련공산당 전당대회에서 스탈린을 비난했던 비밀 연설 발췌문의 공개 발표를 추진했다. 폴란드와 이스라엘의 정보통으로부터 입수한 이 절취 문건은 별다른 양심의 가책을 낳지 않았다. 폴란드에서는 이 때문에 불안감이 조장되어 거의 반란 직전까지 갔었고, 같은 해 헝가리에서는 나중에 실제로 반란을 몰고 왔는데도 말이다. 후회스러운 면이 있다면, CIA의 자금 지원을 받는 자유 유럽 방송(Radio Free Europe)에 대한 감독이 부적절했다는 점이었다. 자유 유럽 방송은 헝가리 국민에게 소련이 보복한다 해도 미국이 보호해줄 것이라는 확신을 심어주었다. CIA는 이번 경우엔 확실히 지나치게 행동했지만 대중들의 당혹감을 최소화하기로 조용히 결론지었다.[32]

첩보 윤리에 관해 공개적으로 처음 논의한 것은 1960년 5월이었다. 이때 소련은 프랜시스 게리 파워즈가 조종하던 U-2 정찰기를 스베르들롭스크(Sverdlovsk)〔현재 지명은 예카테린부르크로, 우크라이나 동남부에 위치한 인구 8~9만의 작은 도시다—옮긴이〕 근처에서 격추시켰다. 아이젠하워는 만약 정찰비행이 공개되면 어떻게 정당화할지를 오랫동안 고민해왔다. 그는 이전에 **소련**이 **미국** 영공을 침범한다면 어떤 경우라 해도 의회에 즉각 선전포고를 요청할 것이라고 시인한 바 있다. '그럴듯하게 부인할 권리'는 이 이중 기준을 유지할 수 있다는 확신을 주었다. U-2 정찰기의 활동 고도(高度)와 관련해 아이젠하워는 일이 잘못되면 비행기건 조종사건 무사할 리가 없다는 설명을 들었다. 그래서 그는 정찰기가 격추되었음을 알자 공식적으로 거짓말을 하도록 허용했다. 국무부 언론 담당 대변인은 기상관측 비행기 한 대가 단순히 항로를 벗어나 길을 잃은 것뿐이라고 발표했다. 그러자 흐루쇼프는 U-2 정찰기의 잔해, 그 정찰기가 촬영한 사진, 그리고 양호한 상태로 살아 있는 조종사를 기꺼이 보여줌으로써 이에 격노한 아이젠하워가 거짓말을 인정할 수밖에 없도록 했다. 뒷날 이 일을 회고하면서 아이젠하워는 "나는 그 거짓말로 치러야 할 대가가 얼마나 클지 깨닫지 못했다. 그런 일을 다시 겪는다면 절대로 입을 다물겠다"고 말했다.[33]

미국인들에게는 지도자도 거짓말을 할 수 있다는 생각 자체가 생소한 일이었다. 하지만 아이젠하워에게 심각한 결과는 일어나지 않았다. 그는 얼마 지나지 않아 퇴임할 예정이었다. 미국인 대다수는 (비록 아이젠하워가 그랬던 것처럼 소련 비행기가 미국 영공을 비행하는 것은 절대로 용납하지 않았을지 몰라도) U-2 정찰기를 제작하고 그것을 그토록 장기간 비행시킨 CIA의 기술에 탄복했다. 케네디는 취임한 지 얼마 되지 않았을 때 피그스 만 상륙작전 직전에 기자회견을 열어서 카스트로를 전복시키기 위해 미국 군대를 활용하지는 않겠다고 한 것이 거짓말이었음을 시인해야 했다. 그런데 놀랍게도 여론조사에서 케네디의 지지도는 **상승**했다. 카리브 해역에서 마르크스주의 정권을 제거하자는 뜻이 대중적인 명분을 얻었고, 비록 실패하긴 했지만 신임 대통령이 이 일을 시도했다는 점이 신뢰를 주었다. 케네디는 "잘못한 것이 많을수록 사람들은 더 좋아한다"[34]고 생각했다.

그런데 만약 대통령이 인기 없는 명분을 들고 거짓말을 한다면—그것도 반복해서—어떨까? 린든 존슨(Lyndon Johnson)은 베트남전쟁 확대가 바로 이런 경우임을 알고 있었다. "나는 국민들이…… 베트남에 대해 많이 안다고 생각하지 않는다. 내 생각에 사람들은 베트남에 전혀 관심이 없다." 1964년에 그는 이렇게 남몰래 우려했다. 그러나 "우리에게 주어진 선택은 많지 않고, ……우리는 조약에 묶여 있고, ……베트남에 있고, [만약 남베트남이 패망하면] 이는 판을 새로 짜서 시작하는 도미노처럼 될 것이다. ……우리는 최악의 사태를 각오해야 한다."[35] 존슨은 그해 대통령 선거운동 내내 전쟁을 확대하려는 의도를 부인함으로써 그렇게 하려 했다. 이로써 그는 교묘하게 경쟁자인 배리 골드워터(Barry Goldwater)로 하여금 그 노선을 지지하게끔 했다. 존슨은 선거에서 압승한 이후 여론이 반전되기 전에 신속하게 승전할 수 있을 것이라는 신념이 생겼고, 착수하지 않겠다고 약속했던 확전을 승인했다. 그는 12월에 보좌관들에게 지시하면서 "나는 특별히 지시하지 않는 한 이 입장의 실체가 공개되어선 안 된다는 점을 무엇보다도 가장 중요한 사안으로 간주한다"[36]라고 설명했다.

그러나 전쟁은 빨리 끝나지 않았다. 오히려 끝이 보이지 않게 확대되어갔다. 존슨은 전망이 어둡다는 것을 알았지만, 그에 대해 직접 나서서 공개적으로 해명할 수도 없었다. 그가 내세운 이유는 개인적인 정치 운명을 넘어섰다. 그는 1963년 중반까지 뉴딜 정책 이래 국내적으로 가장 큰 개혁 입법의 물결을 주재했고, 할 일이 더 많아졌다. "나는 전쟁 때문에 그 꿈을 깨뜨릴 순 없다고 결심했다. 이는 곧 대외 정책을 계속 숨길 수밖에 없었다는 뜻이다. ……나는 내 아내 레이디 버드(Lady Bird)를 잘 아는 만큼 의회도 잘 알고 있었다. 베트남전에 관한 주요 논의가 터지는 날, 그날은 위대한 사회(the Great Society)〔존슨 대통령이 주창한 미국 내 정책으로, 주목표는 빈곤 퇴치와 인종차별 철폐였다. 교육, 의료, 도시문제, 교통과 수송을 위한 예산이 동원되었다. 이 제안은 1964년 5월 22일 미시간대학 연설에서 나왔으며, '위대한 사회'라는 이름은 케네디와 존슨의 연설문 작성자였던 리처드 굿윈이 만들었다—옮긴이〕의 끝장이 시작되는 날이다."[37]

그 딜레마는 잔인했다. 존슨은 냉전에서 미국이 이익을 얻으려면 승전할 때까지 베트남에 끝까지 남아 있어야 한다고 믿었다. 그러면서 동시에 위대한 사회를 희생시키지 않고 베트남에서 승리하기 위해 취해야 할 행동은 밝힐 수 없다고 확신했다. 국민은 '총'과 '버터' 두 가지 모두를 위한 막대한 비용을 동시에 지원하지는 않을 것이다. 그래서 그 대신 국민의 신뢰를 희생시켰다. 존슨의 언행 불일치에서 오는 '신뢰성 손상'(credibility gap)은 그가 한국전쟁 이래 최대의 미국 군사작전 비용을 은폐하려고 지속적으로 시도하면서 생겨났다. 또한 CIA와 여러 정보기관과 그의 전략계획 입안자까지 비관적인 전망을 내놓은 평가를 은폐하려 했던 것도 신뢰성 결여에 한몫을 했다.[38]

존슨이 어떻게 여기에서 빠져나갈 수 있다고 생각했는지 이해하기는 어렵다. 일부분을 해명하자면, 모든 대안이 고통스러울 때는 선택을 아예 안 하는 것이 고통을 최소화하는 길이라는 것이다. 물론 존슨은 위대한 사회와 베트남전 사이에서 가급적 오랫동안 선택을 연기했다. 다른 일부는, 존슨의 개인적인 믿음에서 나왔다. 즉 이 세계에서 가장 풍요한 사회〔풍요한 사회(The Affluent Society)는 1958년 당시 하버드대학 경제학자 존 K. 갤브레이스(1908~2006)가 저술한 책 제목이기도 하다. 2차 세계대전 이후 미국이 민간 부문은 풍요로워졌지만, 사회간접자본 부족과 지속적인 소득 격차로 공공 분야는 빈곤해진 특징을 설명하고 있다—옮긴이〕인 미국이 밖으로는 안전보장을 책임지고 안으로는 형평성을 보장하기 위해 대중이나 의회가 무엇을 생각하든 상관없이 필요한 것이라면 무엇이든 돈을 쓸 수 있다는 믿음이었다.[39] 그러나 그런 경제학적인 주장은 승전의 전망이 사라지고 전쟁에서는 인명이 점점 더 많이 희생되고 있는 상태에서 과연 미국이 사기(士氣)를 유지할 수 있을지를 고려하지 못한 것이다. 1968년 초에는 **매주** 미군 수백 명이 작전 중에 전사했다. 게다가 1월 하순과 2월 초순에 일어난 구정 공세(舊正攻勢, Tet Offensive)〔1968년 음력설(베트남어로 테트)인 구정 (1968년 1월 30일) 연휴 3일간 휴전 약속을 어기고 새벽에 베트민과 민족해방전선 등 공산 진영 군대가 남베트남, 미국, 미국의 동맹군을 향해 총공격을 했다. 당시에 공산군은 미국 대사관 안까지 침투했다—옮긴이)는 남베트남에서 안전한 곳이 **없음**—심지어 사이공(호찌민) 시내에 있는 미국 대사관마저도—을 보여주었다. 그러나 구정 공세로 인해 북베트남은 군사적으로 패배했음이 판명되었다. 그들이 촉발하려던 민중 봉기는 일어나지 않았다. 그러나 이것은 또한 존슨 행정부에게 심리적인 패배와 같았으며 그 당시에는 이것이 더 중요했다. 존슨 대통령은 3월 말에 이를 인정했는바, 이때 그는 전투 병력의 증파를 거부하면서 한편으로는 재선에 나서지 않겠다는 깜짝 놀랄 만한 결심을 공표했다.[40]

존슨이 베트남전쟁을 다루는 데는 냉전 초기의 또 다른 유산이 영향을 주었을 듯하다. 미국 대통령들은 오랫동안 국내에서 책임질 필요가 없는 방법으로 해외에서 자유로이 행동해왔다. 아이젠하워는 도청을 하고, 영공을 침범하고, 외국 정부를 사실상 전복시킨 두 가지 사례를 재가하지 않았던가? 타국 정부를 전복시키는 데는 실패했지만, 케네디도 그런 노력을 했다고 박수를 받지 않았던가? 존슨은 케네디 암살에 대한 애도와 자신을 향한 호의(好意)의 물결이 흐르는 가운데 백악관에 들어서면서 대통령직은 막강하다는 결론을 쉽게 내렸다. 즉 그는 NSC-68 보고서에 표현된 대로 "우리 체제의 통합성"을 해하지 않고 냉전에서 미국의 명분을 강화시킬 "공개적이든 비공개적이든, 폭력적이든 비폭력적이든 어떤 조치"라도 구사할 수 있었다. 그러나 1969년 존슨이 백악관을 떠날 즈음에는 이 주장이 이전처럼 그럴싸하게 들리지 않았다. 그가 베트남전을 치르는 방식은 국내외적으로 미국 체제를 깊은 수렁에 빠트렸다.

NSC-68 보고서를 작성한 사람들은 이 두 영역에 각기 다른 행동 기준이 있을 수 있다고 믿었다. 즉 미국 지도자들은 자국 내 민주사회의 틀 안에서는 '선'(善)을 유지하지만 냉전을 치르면서는 '선이 되지 않는' 방법도 터득할 수 있었다. 아이젠하워와 케네디 집권기에는 그런 분리 상태를 유지하기 어려운 편이었다. 두 대통령 모두 U-2 정찰기와 피그스 만 사건을 '그럴듯하게 부인'(否認)하지 못했음을 인정해야 했다. 베트남전을 거치면서 해외에서 용납되던 것과 국내에서 허용되던 것의 구분선은 모두 사라졌다. 존슨 행정부는 미국 국민들에게 의도를 몇 번이고 은폐하지 않고는 전쟁의 계획을 세우거나 실행하는 일이 불가능함을 알게 되었다. 그러나 정부가 내리는 결정은 미국 국민에게 지대한 영향을 끼쳤다. 냉전을 치르면서 "최선의 전통"에 부합하기는커녕 법적·도덕적 책임이라는 최선의 전통을 희생시키는 것 같았다.

[Ⅳ]

리처드 닉슨은 이런 상황을 이어받았고, 그 다음에는 더욱 악화시켰다. 닉슨은 현대에서 지정학에 가장 정통한 지도자이면서 동시에 자기 고유의 권한을 제한하는 일에는 존중할 뜻이 거의 없었던 미국 대통령이었다. 닉슨은 존슨 임기 중에 일어났던 일들이 모두 지나간 뒤에도 여전히 국가 안보라는 필수 요건은 대통령직에 요구되는 책임의 구속력이나 심지어 합법성보다도 그 비중이 높다고 믿고 있었다. 닉슨의 활동은 국내와 해외를 구분해서 별개의 기준으로 행동할 수 있다는 생각을 훨씬 넘어섰다. 대신에 그는 조국을 냉전의 전쟁터로 만들었다. 그러나 바로 여기서 그는 소련이나 국제 공산주의 운동보다 훨씬 강력한 상대를 만나게 된다. 그것은 바로 미국 헌법이었다. 대통령직을 사임한 뒤에 닉슨은 이렇게 기록했다. "비밀이 없이는 중국 개방도, 소련과 SALT 협정을 체결하는 것도, 베트남전을 종식시키는 평화협정도 모두 없었을 것이다."[41] 이 주장을 의심할 이유는 별로 없다. 키신저가 1971년 베이징 방문에 앞서 국무부, 국방부, CIA, 의회 담당 위원회, 그리고 이해관계가 미칠 모든 동맹국들과 상의를 했다면, 분명히 중국을 방문하지 않았을 것이다. 협상을 수용하기 전에 시험해볼 입장을 제시해주는 '이면 경로'(back channel) 없이 모스크바와 무기 통제 협상을 시도했다면, 틀림없이 실패했을 것이다. 그리고 닉슨이 베트남 평화회담의 오랜 교착 상태를 타개할 유일한 돌파구는 군사·외교적으로 북베트남을 압박함과 동시에 미 의회 내부, 반전운동, 심지어 이전의 존슨 행정부 각료들에게서 받는 압력을 줄임으로써 하노이의 조건—미군 즉각 철수, 남베트남 정부를 권력으로부터 제거하라—을 수락하는 것이었다. 이 일 또한 공개적인 것과 보이지 않는 것, 두 경로로 작전할 필요가 있었다.

닉슨이 저지른 잘못은 외교 정책을 수행하면서 비밀을 이용했다는 것이 아니라(외교 행위는 언제나 비밀이 필요하다), 폭로되었을 때 정당화할 수 있는 행동과 전혀 정당화할 수 없는 행동을 구별하지 못했던 것이다. 미국인들이 아이젠하워와 케네디의 거짓말이 노출됐을 때 용서할 수 있었던 것은 그들이 은폐한 작전이 정당하다고 인정했기 때문이다. 닉슨이 중국 개방, SALT 협정, 베트남 휴전을 성취한 수단도 마찬가지였고, 그 결과 이 사례들은 비밀이나 심지어 기만에 의존했던 것조차 합리적으로 보였다.

그런데 주권국가를 폭격한 비밀은 어떤가? 아니면 민주적으로 선출된 정부를 전복시키려다 미수에 그친 일은? 또는 법적인 인증 없이 미국 시민을 도청한 일은? 대통령의 허가로 수행된 주거침입 행위는? 이미 벌어진 일을 은폐하려는 백악관 내부의 음모 조직은? 이들은 모두 닉슨이 첫 임기 중에 허용한 일이었다. 그는 너무 억지스럽게 비밀에 의존했기 때문에 그럴싸하게 정당화할 수 없는 상황에서도 그 전술을 썼다. 그럴듯하게 부인하는 것이 더 이상 불가능해지자—주로 닉슨이 그의 집무실(The Oval Office)의 비밀 녹음시스템으로 스스로에게도 감청(監聽) 장치를 했기 때문에—헌법상 위기를 피할 수 없게 되었다.

그 과정은 1969년 닉슨이 캄보디아 폭격을 명령했을 때부터 시작되었다. 캄보디아 폭격은 북베트남이 캄보디아와 라오스를 경유해 여러해 동안 남베트남으로 군대와 보급품을 보내오던 보급로를 막으려는 것이었다. 군사적으로 합당한 결정이었는데도 닉슨은 이를 공개적으로 해명하려는 노력을 하지 않았다. 대신에 그는 폭격 사건을 은폐하기 위해 공군 기록을 날조하도록 승인하는 한편, 미국은 캄보디아의 중립을 존중한다고 몇 달 뒤 주장했다. 폭격 사실은 명백히 캄보디아 국민들은 물론 북베트남과 그들의 동맹국인 중국과 소련에 비밀이 아니었다. 오직 미국인들만 전혀 몰랐는데, 닉슨이 나중에 인정한 바처럼 이는 반전 시위를 피하려고 한 것이었다. "내 정부가 들어선 지 겨우 두 달 남짓한 때였다. 나는 되도록이면 처음에 대중들에게서 고함소리가 적게 나오길 원했다."[42]

그러나 그것이 바로 존슨에게 '신뢰성 손상'이 나타난 이유였으며, 닉슨도 얼마 안 가 그렇게 되었다. 〈뉴욕타임스〉는 믿을 만한 정보원을 확보해 캄보디아 폭격뿐만 아니라 닉슨 행정부의 단계적인 베트남 철군 계획을 신속히 보도했다. 화가 난 닉슨은 그 대응 조치로 법무부와 연방수사국(FBI)에서 정보 누설 혐의가 짙은, 키신저의 몇몇 보좌관 전화를 감청했다. 전화 감청은 보좌관 몇 명이 정부를 떠난 후에도 키신저의 승인하에 계속되었고, 처음부터 정보 누설에 관여할 리 없었던 언론인에게까지 확대되었다.[43] 변호가 가능한 기밀과 그렇지 않은 기밀을 구별하는 경계선이 이미 존슨 행정부 때부터 희미해지더니, 이제는 더욱 그 구분이 불명확해졌다.

그런데 1970년 10월 칠레에서는 살바도르 아옌데(Salvador Allende)의 마르크스주의 정부가 민주적으로 선출되어 정권을 잡았다. 닉슨은 이 선거 결과를 존중한다고 공개적으로 언명했다. "미국이 …… 자유선거에 간섭했다면 …… 라틴아메리카 전역에 반향을 일으켰을 것이며 …… 칠레에서 일어난 것보다 훨씬 더 악화된 사태를 가져왔을지도 모른다."[44] 그러나 닉슨 행정부는 칠레에 간섭을 **했었고**, 심지어 닉슨이 1971년 초에 이 성명을 발표하고서도 계속해서 간섭하고 있었다.

존슨이 마련해놓은 전례에 따라 CIA는 선거운동 중에 아옌데의 반대 진영을 지원하는 비밀공작에 착수했다. 그런데도 아옌데가 선거에서 승리하자 닉슨은 CIA에 "아옌데가 집권하지 못하도록 저지하든가 권좌에서 축출"하는 일을 허용했다.[45] 이로써 CIA는 군사혁명을 시작하도록 지원했지만 아옌데의 취임을 저지하지는 못했다. 그러나 그것은 칠레 군 최고사령관 레네 슈나이더(René Schneider) 장군[아옌데 집권을 쿠데타를 통해 저지하는 일을 반대했다. 그는 마르크스 사상을 갖고 있었으나 헌법 옹호론자로서 군부에 "정치권 영향을 배제한 역사"를 확립하려 했다. 1970년 10월 19일에 납치 암살 기도를 피했으나 10월 22일에 다시 저격당해 25일에 사망했다. 그가 암살된 사건이 CIA의 공작으로 밝혀지자 칠레 국민은 격노했고 칠레 의회는 결선 투표에서 10월 24에 아옌데 당선을 비준했다—옮긴이]을 납치 살해하는 결과를 초래했다. 그 후 3년간 CIA는 아옌데 정권을 동요시키려고 지속적인 노력을 기울였다.

닉슨 행정부로서는 다행하게도 당시에는 이 사실이 누설되지 않았다. 오히려 닉슨은 칠레 내에서 확실히 자제했다는 신망을 얻었다. 그러나 발생한 것처럼 **보이는 것**과 **실제로** 발생한 것 사이의 격차가 점점 벌어지는 가운데 (만약 공개된다면) 그 차이를 변호할 수 있는 전망은 어두워져가고 있었다. 미국이 아옌데가 선거 승리로 거머쥔 자리를 인정하지 않으려 하는 시도는 "미국 자체의 원칙들을 명백히 위반하는 것이고 …… 만약 이 원칙들이 어떤 의미가 있다면, 우리는 생존하는 데 …… 가장 중대한 위협에 직면했을 때만 대개 그 원칙들에서 벗어난다. 과연 아옌데는 미국에 치명적인 위험이었던가? 이를 증명하기는 어렵다."[46] 이것은 키신저의 한 보좌관이 언급했던 내용이다.

한편 국내에서는 더욱 정당화하기 어려운 조치가 이어졌다. 1971년 6월에 전직 국방부 관리였던 대니얼 엘스버그(Daniel Ellsburg)가 펜타곤 페이퍼라 불리게 된 문건을 〈뉴욕타임스〉에 넘겨주었다. 이 문건은 존슨의 국방 장관이었던 로버트 맥나라마(Robert McNarama)가 지시한 것으로서 베트남전의 기원과 확전을 기록한 기밀문서로 분류되었다. 이 기록에는 국가 안전보장을 위해(危害)하거나 닉슨이 베트남전을 다루는 것을 비난하는 내용은 전혀 없었다. 하지만 닉슨은 이 누설 사건을 위험한 선례로 간주하고 개인적인 모욕으로 받아들였다. 닉슨 대통령은 FBI

나 법원이 이 사건과 또 그 비슷한 사건을 취급할 능력이 있는지 신뢰가 부족했기 때문에 백악관 내부에 전문 팀을 조직하도록 명령했다. 이로써 더 이상은 민감한 자료가 허락 없이 누출되는 일을 방지하려 했다. "우리는 적(敵), 즉 음모에 직면해 있다. **우리는 어떠한 수단이라도 동원하려 한다. 분명히 알아들었는가?**"[47]

닉슨의 참모들은 신속히 전직 CIA와 FBI 요원과 은퇴한 형사들로 구성된 팀을 꾸렸다. 이들에게는 곧 누설을 막으라는 임무가 주어졌으며 '배관공'(配管工)으로 알려졌다. 다음해 내내 이들은 잇달아 주거침입, 도둑질, 사찰 공작, 통신 도청 일을 감행했는데, 이는 모두 비밀로 진행되어야 했다. 아무리 백악관의 허가가 떨어진 일이라 해도 모두 불법이었기 때문이다. "내 생각에 이런 대화는 법무부 사무실에서 해서는 안 된다." 법무장관 존 미첼(John Mitchell)에게 배관공들이 요약 보고를 끝내자, 닉슨의 보좌관 한 사람이 초조해져서 말했다.[48] 1972년 6월 17일 아침에 배관공 몇 명이 워터게이트 건물 안에 있는 민주당 전국 위원회 본부에서 체포되었을 때는 미첼도 초조해졌다. 워터게이트 건물은 법률에 따라 미첼이 법을 집행할 의무가 있는 곳이었고, 그들은 분명히 거기 있으면 안 되는 것이었다.[49]

이 서투른 침입 사건이 가져온 모든 결과는 1974년 8월 9일(닉슨이 사임한 날)에 가서야 밝혀졌다. 그러나 체포 당일 아침에 진행된 사실은 도덕적 원칙과 법적 원칙, 그리고 궁극적으로 헌법 원칙이 대통령의 권위보다 우위에 있음을 재확인시켰다. 이 사건은 다음과 같은 순서로 진행됐다. 즉 그 불운했던 침입자들의 심리(審理)와 유죄 평결, 그들의 공작을 감독하고 자금을 대주던 행정부 관리들의 연루(連累), 점점 놀랍게 만드는 언론의 연이은 폭로 기사, 신뢰감이 점점 더 떨어지는 대통령의 부인(否認) 행위, 닉슨 집무실의 녹음 장치 발각, 그 녹음테이프를 개봉하기 위한 법적 청구, 하원의 탄핵 가결, 그리고 마침내 대통령이 은폐 공작에 연루된 사실을 증명하는 유일한 '결정적 증거'(smoking gun)인 테이프를 제출하라는 대법원의 판결이다.

　　바로 이 시점에서 유죄판결과 공직 파면에 당면하자, 닉슨은 대통령 직위를 포기했다. 이로써 닉슨은 아무리 국가 안보 이익을 보호하는 데 필요하다고 생각한 수단이라 해도 사실상 미국 대통령이 그것을 임의로 사용할 수 **없다**는 점을 인정했다. 심지어 민감한 영역에서조차 독자적으로 결정해서는 안 되는 행동 기준이 있었다. 닉슨이 생각했던 것과 반대로, 대통령은 법 위에 있지 않았다.

[V]

법 자체도 정태적(靜態的)으로 머물러 있지 않는다. 대통령의 행동에 자극을 받은 의회는 냉전 초기에 포기하고 위임했던 국가 안보 정책의 실행 권한을 상당 부분 시정하려 했다. 이것은 가장 먼저 1973년 1월 말경에 베트남과 관련한 일로 발생했다. 당시 닉슨과 키신저는 미국이 수락할 수 있는(또 거리끼는 남베트남 동맹에게도 강요할 수 있는) 조건으로 휴전을 수락하라고 하노이를 압박했다. 그러나 이들은 또한 이 지역에서 미군을 거의 모두 철수시켜야 했다. 이는 국내에 감돌던 반전(反戰) 기운을 완화시키고, 한편으로는 베트남 참전을 끝내기 위해 입법을 시도하는 의회의 압력을 피하려는 것이었다.

닉슨은 베트민이 휴전을 자발적으로 준수하리라고 착각하지 않았다. 그러나 그는 애초에 하노이에서 휴전을 수락하게 만든 폭격 협박으로(그리고 필요하면 폭격을 재개함으로써) 휴전 협정 준수를 강요할 작정이었다. 미국은 결국 지난 20년 동안 지탱해온 한국식 휴전을 실행하기 위해 그렇게 행동할 권리를 유보했다. 베트남 사정은 그 전망이 별로 좋지 않았다. 그러나 키신저가 회고했듯이 "닉슨이 무자비하기로 악명이 높아 휴전 협정의 중대한 위반을 방지할 수 있으리라"는 희망은 아직껏 있었다.[50]

워터게이트 사건으로 대통령의 위상은 심각할 정도로 약화되었다. 1973년 여름, 길고 쓰라린 전쟁에 좌절했던 의회는 닉슨의 의중을 전적으로 불신해 그의 권위가 실추되고 있음을 감지하고 인도차이나 반도에서 모든 전투 작전을 중단하자고 결의했다. 그런 다음 전쟁 수권법(戰爭授權法, The War Powers Act)을 통과시켰다. 따라서 앞으로 의회의 승인이 없는 군사작전은 모두 60일 이내로 제한되었다. 닉슨은 거부권을 행사했지만 의회의 재통과로 무효가 되었고, 각종 제한은 모두 법률이 되었다. 그 결과는 닉슨의 후임자 제럴드 포드(Gerald Ford)에게 고스란히 남겨져 고초를 겪게 했다. 1975년 봄에 북베트남이 남베트남을 침공해 정복했을 때 포드는 속수무책이었다. 키신저는 뒷날 이렇게 논평했다. "우리 국내에서 벌어진 드라마는 처음에 우리를 마비시키더니 그 다음에는 압도해버렸다."[51]

첩보 활동에서도 이와 흡사한 일이 벌어졌다. CIA는 언제나 의회의 감시가 최소한인 상태에서 활동해왔다. 국민의 대표인 의회는 CIA가 무슨 일을 하는지 알 필요도 없었고, 바라지도 않았다는 전제가 있었기 때문이다. 이런 태도는 U-2기 사건과 피그스 만 사건, 베트남전쟁의 개시와 확전, 심지어 1967년에 CIA가 여러 해 동안 전국학생협회(the National Student Association)는 물론 학술회의, 신문, 연구 활동에 비밀 자금을 지원해왔음이 밝혀졌는데도 살아남아 계속 유지되었다.[52] 그러나 워터게이트 사건에서는 살아남지 못했다.

전직 CIA 요원들이 배관공 팀에 포함되어 있었고 닉슨이 사건을 은폐하는 데 CIA의 협조를 구했다는 증거는 CIA 조직 내부에서 압력을 유발했다. 이로써 그들은 잠재적인 불법 행위를 재조사받고 감시를 받게 되었다. 1974년 12월에 〈뉴욕타임스〉는 CIA가 존슨과 닉슨 재임 중에 반전 시위자들을 전화 도청하고 우편물을 감시하기 위해 독자적인 프로그램을 운영하고 있었다는 사실을 폭로했다. CIA 국장인 윌리엄 콜비(William Colby)는 CIA가 (미국 국내에서 행동을 금한다는) 설립 헌장을 어기고 법률도 위반했음을 인정하면서 그 기사 내용을 곧 확인시켰다.[53]

그리고 CIA의 직권남용을 조사하기 위해 대통령과 상·하원 산하에 각 하나씩 모두 3개의 특별위원회가 신속하게 구성되었다. 콜비의 협조로 CIA의 '골자', 즉 암살 음모, 사찰 공작, 비밀 보조금, 워터게이트 사건 연루, 합법적으로 선출된 칠레 정부의 정권 찬탈 기도 등이 모두 일반에게 공개되었다. 닉슨 임기 말년에 그랬던 것처럼, 미국은 또다시 '국내에서 기꺼이 수용할 수 있었던 것과 별개로 냉전을 치르는 데 새로운 기준을 유지해야 하는가 혹은 유지할 수는 있는가'라는 문제에 봉착했다.

칠레 사태는 가장 확실한 딜레마를 남겼다. 1973년 9월에 산티아고에서는 결국 성공적인 군사 쿠데타가 일어나고야 말았다. 이 쿠데타로 아엔데는―아마도 자살로―목숨을 잃었고, 아우구스토 피노체트(Augusto Pinochet) 장군을 수반으로 하는 확실한 반공 정부가 권력을 잡았다. CIA 가 직접 연루되었다고 입증되지는 않았으나 닉슨과 키신저는 그 쿠데타 결과를 공개적으로 환영했고, 칠레의 새로운 지도자와 협력을 추구했다. 그러나 1975년에 CIA 조사가 진행 중일 때 피노체트 정부는 아옌데 지지자 수천 명(그 가운데는 미국 시민들도 있었다)을 투옥하고 고문했으며 사형에 처하기까지 했다. 여러 해 동안 민주국가였던 칠레가 이제는 라틴아메리카에서 지금까지 보지 못했던 가장 압제적인 독재 정권이 되었다.[54]

　미국이 칠레에서 했던 일은 20년 전 이란과 과테말라에서 저질렀던 일과 별반 다르지 않았다. 그러나 1970년대는 1950년대와 달랐다. 일단 닉슨 행정부가 선거를 통해 선출된 아옌데를 취임하지 못하게 막으려 했으며 그가 취임한 뒤에는 아예 제거하려 했다는 정보가 새어나가자, '그럴듯하게 부인하는 일'은 불가능해졌다. 이로써 불가피한 책임 문제가 남은 것이다. 만약 미국이 아옌데를 반대하는 공작을 펴지 않았다면 아옌데는 계속 집권할 수 있었을까? 아옌데가 계속해서 집권했다면 민주주의 절차를 지켰을까? 미국은 과거에 그랬던 만큼 피노체트의 권력 남용에 대한 비난을 삼가야 했을까? 더 많이 노력했다면 권력 남용을 중단시킬 수 있었을까? 이에 대해서는 오늘날까지도 명확한 해답이 없다. 미국이 칠레의 공포정치에 역할을 했는지에 대해서는 이 사건을 연구하는 역사가들과 칠레 사태에 실제로 관계한 이들 사이에 이론이 분분한 쟁점으로 남아 있다.[55] 그러나 그들이 자인한 바와 같이 그 당시 CIA에게는 제한 없이 공작할 수 있는 자유가 주어졌으며 그들이 '햇빛'

시험(daylight test)을 거치지 않은 의심스러운 활동을 칠레에서 자행했다는 점은 분명했다. 이런 일들이 사람들의 눈에 드러났을 때는 정당화될 수가 없었다.

의회는 이에 대응해 앞으로 그 유사한 결과를 초래할 가능성이 있는 행동을 금지시켰다. 이전에 포르투갈 식민지였던 앙골라(Angola)에서는 이 점을 분명히 했다. 1975년에 앙골라에서는 각각 미국, 소련, 중국을 바라보는 세 갈래의 권력투쟁이 진행 중이었다. 베트남의 여파로 미국이 직접 무력간섭을 할 가능성은 전혀 없었다. 친미 성향인 앙골라 민족해방전선(National Front for the Liberation of Angola)에 비밀 자금을 지원하는 것만이 유일한 선택인 듯했다. 그러나 CIA가 집중 감시를 받고 있었기 때문에 의회 지도자들의 찬동 없이는 이를 주선할 길이 없었다. 그리고 이들과 상의를 하자마자 계획이 공개되어 극렬한 반대에 부딪쳤다. 직권남용이 칠레를 포함해 세계 곳곳에서 일어났기 때문에, 앙골라가 자금 부족으로 모스크바 세력권에 떨어질 가능성이 있는데도 1975년 12월에 상원은 앙골라에 대한 비밀 자금은 **무엇이든** 거부한다는 투표를 진행했다. 포드는 이것은 "책임을 포기"한 것으로서 "장기적으로 미국의 입지와 국제질서 일반에 심각한 결과를 가져올 것"이라며 불만을 토로했다.[56]

포드의 말은 과장이었음이 드러났다. 소련은 동맹국 쿠바 때문에 마지못해 앙골라에 끌려들어 갔고, 그 경험에서 얻은 바도 별로 없었다.[57] 그렇지만 워싱턴에서 일어난 일은 의미심장했다. 이제는 행정부와 입법부 사이에 불신이 너무 깊어져서 미국 의회는 법안을 통과시켜—이는 늘 무딘 도구였다—**미국**의 무력과 첩보 역량의 사용을 제한했다. 이는 마치 국가가 그 스스로 최악의 적이 된 것과 같았다.

[VI]

만약 백악관, 국방부, CIA가 법보다 우위에 있지 않다면—실제로 법 기준이 변화되어 이를 보장한다면, 미국의 전반적인 해외 정책 수행은 어느 정도 상대적으로 독립적인 도덕 기준에 따라 책임을 물을 수 있는가? "필요에 따라 …… 선이 되지 않을" 방법을 터득하는 것은 냉전 국제 체제 안에서 활동하는 데 '선'하다는 뜻을 갖고 있는 모든 관념을 포기하는 것인가? 그리고 이 모두에서 '데탕트'의 위치는 무엇이었나?

어떤 전통적인 도덕 원칙으로도 독일, 한국, 베트남 같은 온전한 국가를 인위적으로 분단시키고 이미 미국과 그 동맹국들이 분단 상태를 유지하기 위해 수많은 인명과 수십억 달러 비용을 들였다는 것을 정당화하기 어려웠을 것이다. 좌익 독재 출현을 막을 방안으로 '제3세계' 도처에서 우익 독재를 옹호함으로써 민주주의 가치를 왜곡시켰고, 이미 트루먼 이래 행정부들은 모두 이렇게 했다. 만약 (민간인을 고의로 핵 절멸의 위험에 처하게 해서) 대규모로 인질을 잡아두는 것을 자비로운 행위라고 간주한다면 분명히 '상호 확실 파괴'는 옹호될 수 있다. 미국 전략가들은 바로 그렇게 했다. 왜냐하면 그들이 보기에는 훨씬 거대한 해악, 즉 전면적인 핵전쟁의 가능성을 단념시키기 위해 이보다 더 좋은 방안이 없었기 때문이다. 냉전이 계속됨에 따라 처음에는 유감스럽게 생각하던 이 타협은 나중에는 정상적인 것으로, 그리고 급기야는 바람직한 것으로 여기게 되었다.[58] 일종의 도덕 불감증이 퍼져서 공평함보다는 안정된 소련과 미국의 관계를 더 높게 평가하게 된 것이다. 다른 대안은 생각만 해도 끔찍했다. 일단 모두가 같은 구명정에 탔음이 확실해지자,

이 배를 흔들고 싶어한 사람이 거의 없었다.

　도덕적인 모순 감정은 도덕적인 등가 원칙이 아니었다. 미국은 소련, 소련의 동구권 동맹국, 마오쩌둥 치하의 중국이 그랬던 것처럼 인권을 침해할 필요가 없었다. 그러나 워싱턴 관리들은 오래전부터 이러한 인권유린을 예방할 수 있는 유일한 방도는 전쟁을 하는 것이라고 믿어왔다. 그런데 이 전망은 사태를 더욱 악화시킬 뿐이었다. 1956년 헝가리 폭동이 일어나자 존 포스터 덜레스 국무 장관은 공개적으로 경고했다. 미국의 무력행사는 "전면적인 세계대전을 재촉할 것이고, 아마도 그 결과는 여기 있는 사람들 모두를 완전히 휩쓸어버릴 것이다."[59] 소련이 1968년 체코슬로바키아를 침공했을 때만 해도 존슨 행정부는 할 수 있는 일이 거의 없었다. 다만 이 침공에 항의하는 것, 다른 곳에서 이런 일을 되풀이하지 말라고 경고하는 것, 퇴임하는 대통령과 소련의 새 지도자 레오니트 브레주네프가 만나 전략무기 제한에 관해 협상하기로 되어 있었던 정상회담을 취소하는 일만 할 수 있었을 뿐이다. 이상으로 동유럽에서 일어난 일은 존슨의 국무 장관 딘 러스크가 뒷날 설명했듯이 "아무리 비열하게 들릴지언정 미국과 소련 사이의 전쟁과 평화 문제는 아니었다."[60]

　데탕트, 즉 긴장 완화는 핵전쟁 위험성을 줄이고, 냉전 경쟁국을 좀 더 예측 가능한 관계로 촉진하며, 1960년대에 그들을 괴롭히던 국내 소요에서 벗어나도록 돕는다는 의미였다. 직접적인 의미로 정의를 보장하려는 의도는 없었다. 다시 말해서 데탕트는 이를 지지하는 자들 대부분이 그렇게 믿었듯이, 각 강대국들이 정당하다고 간주했던 세력 균형의 틀 안에서만 발생할 수 있었다. 키신저는 이 입장에 관해 가장 사려

깊은 옹호자였다. 1957년에 그는 정당성(legitimacy)을 "정의와 혼동해서는 안 된다"라고 1815년 이후의 유럽 문제 해결에 관해 저술했다.

이는 적어도 어느 국가도 …… 혁명적인 대외 정책으로서 불만을 표출할 만큼 불만족스럽지는 않을 정도에서 주요 강대국 모두가 국제 질서의 틀을 수용한다는 의미를 내포한다. 정당한 질서가 충돌이 불가능하게 만들지는 못한다. 그러나 그 범위를 제한할 수는 있다.[61]

닉슨이 그를 국무 장관으로 임명한 뒤인 1973년 10월에도 키신저는 계속 이런 논점을 유지하고 있었다. "어느 일방이 절대 정의를 강요하려고 시도하면 다른 편에서는 모두들 절대 부정의로 오인할 수 있다. ……안정은 여러 국가들의 상대적 만족과 상대적 불만족에 좌우된다."
키신저는 "안정에 사로잡히지 않도록" 주의하려 했다. "지나치게 실용적인 정책"에는 "그것의 방향뿐 아니라 뿌리과 핵심이 결여될 수 있다." 이는 "다른 국가들이 우리 업적을 평가할 기준도, 미국인들이 규합할 기준도" 제공하지 않는다. 그러나 냉전 외교에 "지나치게 도덕적으로" 접근하는 방식은 "비현실적이거나 위험해질 수" 있고 "무익한 자세 또는 모험주의적인 성전(聖戰)"으로 전락할 수도 있다. 그러므로 책임감 있는 정책 수립자는 "다른 사람들과 타협해야 하며, 이는 어느 정도 스스로와 타협함을 의미한다."[62] 데탕트에 내재된 도덕성은 전쟁과 혁명을 회피하는 데 있고, 이는 핵 시대에 적지 않은 업적이었다. 그러나 칸트의 보편적 정의(universal justice)라는 목표를 추구하려면, 당분간 냉전을 현상 유지한다는 보편적인 수용이 뒤따라야 한다.

그러나 이 주장은 한 가지 문제를 해결하지 못했다. 만약 데탕트가 진실로 핵전쟁의 위험을 감소시킨다면, 어째서 냉전에 도덕 기준을 적용하는 것이 매우 위험한 상태를 계속 유지시킨다는 것일까? 데탕트가 국제 관계에서 **정상** 상태로 정착된다면, 이는 미국이 대외 정책의 항구적 특징으로서 도덕성 부재를 수용해야 한다는 의미인가? 그리고 이것을 키신저가 "미국은 도덕적인 목적이 없으면 스스로에게 충실할 수 없다"고 자인한 것과는 어떻게 조화시킬 것인가?[63] 이는 곧 점점 큰 괴로움에 시달렸던 닉슨에게서 해외 정책 방향을 인수받은 신임 국무 장관이 당면한 딜레마였다. 해외에서 현상 유지를 확보하면 국내 지지가 취약해졌다.

　　이 취약성은 인권 문제에서 가장 명백히 드러났다. 1972년 모스크바 정상회담 직후 크렘린 지도층은 소련을 떠나는 이민자들에게 출국세(exit tax)를 부과했다. 이는 짐작컨대 국가가 자금을 댄 교육비를 회수하려는 것이었다. 이 일은 그 전에 있었던 잔인한 조치들에 비하면 미미한 것이었지만, 미국 내에서 소련의 유대인이나 반체제 인사(dissidents)의 처우에 관심이 커지고 있는 시점에 일어났다. 출국세는 의회에서 반발을 일으켰다. 헨리 잭슨(Henry M. Jackson) 상원 의원과 찰스 배닉(Charles Vanick) 하원 의원이 통상개혁법(Trade Reform Act)에 대한 수정안을 제출했다. 이 수정안에 의하면 이민하기 위해 출국할 권리를 제한하거나 과세를 하는 "비(非)시장경제" 국가에는 "최혜국" 대우와 수출입 은행의 여신(與信)을 거부하도록 되어 있었다. 잭슨 상원 의원—의심할 여지없이 그는 대통령 출마 열망을 품고 있었다—의 주장은 미국이 소련의 외부 행동에 보복할 것이 아니라 경제력을 활용하여 그 **내부** 행동을 변화시켜야 한다는 것이었다. "우리들이 단호하게 생각하는 것이 있다면 …… 소련이 이에 동의하지 않을 것임을 안다 해도 원칙 문제를 협상 테이블 위에 올려놓아야 한다."[64]

키신저는 이에 항의했다. 통상개혁법 규정은 소련이 최종적으로 전략무기 제한에 합의하도록 설득하여 세심하게 균형을 맞춘 당근과 채찍의 강온 양면정책에 포함되어 있었다. 일단 협상이 이루어진 뒤에 새로운 요구를 추가하면(특히 그 요구 때문에 소련이 외부 압력의 결과로 국내정책을 수정해야 할 경우), 이는 협상을 이행하지 않아도 되는 길로 들어서도록 위임하는 것밖에 안 된다. 그러면 "우리는 그 결과로 일어나는 긴장의 파급효과에 대응할 수단도 갖추지 못한 채 대외 신뢰도가 약화될 것이다." 조용한 외교는 공공연한 태도보다 소련의 유대인, 반체제 인사, 기타 잠재적인 이민 희망자들에게 더 크게 힘이 될 것이다. 게다가 우호적인 미·소 관계가 부재한 상태에서 그들을 위해 할 것은 거의 없었다.[65] 모스크바가 잭슨과 배닉의 수정안을 반대하는 데는 보다 깊은 근거가 깔려 있었다. 주미 소련 대사 도브리닌이 뒷날 시인했듯이, "크렘린은 사회주의 낙원에 생긴 탈출구가 국내 사정을 동요시킬지도 모르는 자유화를 어느 정도 제공하는 것처럼 보이지 않을까 하고 (국적이나 종교를 불문하고) 이민 현상을 두려워했다."[66]

그렇지만 이는 닉슨 행정부가 지정학적 안정을 추구하여 소련의 내부 안정을 지원하기 시작했다는 뜻이다. 닉슨 행정부는 메테르니히와 캐슬레이가 나폴레옹 이후 유럽 내부에서 대립이 발생할 때 균형을 잡았던 것처럼 냉전의 국제 체제를 운영하려 했다. 하지만 19세기에는 각국의 내부 특성이 **균형**을 잡는 걸 수용했기에 타협이 가능했지만, 키신저가 역사가로서 서술한 시대는 개혁에 대한 요구가 쉽사리 무시될 수 있었다. 사태의 진로를 직접 지휘하려는, 보다 투명하고 민주적인 시대에는 그렇게 하기가 쉽지 않았다.

키신저는 데탕트로 소련의 권위주의를 보장하려는 의도가 전혀 없었다. 그는 닉슨에게 1973년 여름에 서면 보고를 했다. "브레주네프는 이들 정책이 추진력과 장기성을 갖기 때문에 자신에게 권력과 정통성을 부여해주는 바로 그 체제를 위태롭게 하는 효과를 나타내지는 않으리라는 데 희망을 걸었다. 다른 한편에서 우리의 목표는 '장기간'에 걸쳐 정확히 이런 효과를 성취하는 것이다."[67] 그러나 잭슨과 배닉의 수정안 때문에 그 '장기간'은 당장 '현재'가 되었다. 그 수정안은 이념이라는 스펙트럼 양단(兩端)에서 모두 지지를 받았다. 자유주의자들은 대외 정책이 언제나 정의를 추구해야 한다는 신념을 지녔고, 따라서 안정을 일순위로 추구하는 키신저의 냉소적인 태도를 비난했다. 보수론자들은 절대로 소련을 믿을 수 없다고 확신하기 때문에 키신저가 순진하다고 비난했다. 그리고 대통령 임기가 끝나가는 닉슨이 이런 압력에 맞서도록 도울 수 있는 일은 별로 없었다.

1975년 초엽 닉슨이 사퇴하고 몇 달이 지나서 잭슨과 배닉의 수정안은 의회에서 상하 양원을 모두 통과했다. 소련은 통상 협상 전체를 취소하는 것으로 대응했다. 이민, 통상, 데탕트 자체의 대의명분이 결과적으로 상처를 입었다. 냉전 와중에 생겨났던 '해빙'이 이제 모두 끝나는 듯했다. 그러나 이러한 사건들은 다른 명분을 가져왔다. 미국은 헌법상 견제와 균형을 포함한 완곡한 절차, 어느 야심 찬 상원 의원의 대통령 출마 열망, 윤리적 비난에 직면한 대통령의 권한 위축 등으로 1948년 국제연합 세계인권선언과 결과적으로 합치되는 입장을 취하게 되었다. 즉 국가 통치권이나 외교상의 요구나 그 어느 것도 국가에서 마음대로 시민을 다루게 할 수는 없다는 것이다. 정의의 보편적 기준은 아니라 해도 결국 냉전을 안정시키려는 노력보다 우위에 선, 최소한 인간의 품위를 지키는 기본 기준이 있었다.

[VII]

미국의 전략을 법적·도덕적 원칙에 다시 맞추긴 했지만, 상대편의 반향이 없었다면 냉전의 진로에 별 영향이 없었을 것이다. 소련 지도층은 국내와 동유럽의 반체제 인사에 대해 흐루쇼프 시대 말년보다 **덜** 관대했다. 체코슬로바키아를 침공하고 그것을 정당화한 브레주네프 독트린은 이념 규제를 강화하고, 대중매체와 예술 분야의 실험적인 시도를 거부하고, 심지어 온건한 정치 항의마저도 점점 더 험악하게 억압할 수 있는 만반의 태세를 갖추었다.[68] 데탕트로 인해 서방 진영과 아무리 관계가 개선되었다 해도 브레주네프와 그 동료들은 자기 세력권에 있는 모든 것을—심지어 생각마저도—통제하기로 결심한 듯했다. 그들은 이를 정당화하기 위해 도덕이나 법이 아니라 마르크스-레닌주의에 기반한 이데올로기에 호소했는데, 그들은 역사가 움직이는 메커니즘을 발견했으며 따라서 주민들의 삶을 향상시킬 수단을 발견했다고 주장했다.

그러나 역사는 이렇게 움직이지 **않았다**는 것이 오랫동안 분명해졌다. 흐루쇼프는 레닌과 스탈린이 그들이 해방시킨 인민보다 훨씬 더 많은 인민을 노예화했음을 폭로했고, 그가 퇴출될 때까지 소련과 그 동유럽 위성국들은 번영을 가늠하는 경제지표 대부분에서 미국과 자본주의 세계 국가들보다 훨씬 뒤처져 있었다. 심지어 1968년에는 체코슬로바키아에서 공산당 집권을 지켜주기 위해 무력 사용까지 필요로 했다. 이는 그 사상을 자발적으로 받아들인다는 마지막 환상마저 깨트린 행동이었다. "프라하에 있는 우리 탱크는 …… 사상(ideas)을 향해 '포격'했다." 당시에 소련의 어느 젊은 언론인은 이렇게 기록했다. "그들은 생각하는 사회(thinking society)의 턱을 주먹으로 쳐서 생각하는 과정을 날려버렸다고 생각했다. ……〔그 대신에 그들은〕당내 지식층 안에서〔프라하의〕시도를 보다 더 성공적으로 반복하려는 새로운 계층을 '일깨웠다'"[69]

확실히 당장에는 안 되었다. 다시는 탱크를 사용하지 않겠다는 생각을 보장하는 데 시간이 걸렸다. 그러나 '프라하의 봄' 진압은 심리적 효과가 강력했다. 이로써 소련과 동유럽에서는 마르크스-레닌주의 독트린에 공개적으로는 계속 복종하면서도 개인적으로는 더 이상 믿지 않는 인민들이 점차로 늘어나고 있었다. 여기에서 역사학자 티머시 가튼 애시〔Timothy Garton Ash, 1955~ : 옥스포드대학 정치학 교수로 25년 동안의 유럽 변화를 서술한 저서 8권으로 유명하다. 그의 논문과 기고문은 영국과 미국의 유력 일간지와 전문지에 자주 실리고 있다―옮긴이〕가 명명한 이른바 "이중생활"(double life)이 생겨나기 시작했다. 즉 "공적(公的) 자아와 사적 자아(私的 自我), 공식적 언어와 비공식적 언어, 표면적 순종과 내면적 반대 사이의 분열……. 사생활에서는 전혀 지지하지 않는 국가의 행위를 겉으로는 성원한다."[70] 이는 미국 내에서 벌어지던 현상과 정반대였다. 1970년대 중반 즈음 미국에서는 국민이 신봉하는 것과 지도층의 행위 사이에 격차가 상당히 좁혀졌다. 지도자나 정부의 신뢰성 손상은 이제 워싱턴에서 모스크바로 그 무대를 옮겼다. 그리고 브레주네프는 이 문제를 다루는 데 닉슨보다도 준비가 덜 되어 있었다.

그가 안고 있던 문제는 소련공산당이 다른 나라 집권 공산당과 마찬가지로 역사적 무오류성(無誤謬性)을 주장하면서 권위를 끌어낸다는 점이었다. 사태가 각본대로 가지 못하면 권위가 취약해졌다. 일단 이런 경우가 벌어지고 있음이 명백해지면,—체코슬로바키아의 경우처럼 도덕적으로나 법적으로 변호할 수 없는 무력 사용은 별도로 치고—공산당의 존재를 정당화할 논거가 별로 남지 않았다. 그 정통성은 점점 받아들이기 어려운 이데올로기 말고는 더 이상 의존할 것이 남지 않았다. 베트남전과 워터게이트 사건이 일어난 몇 년 동안 미국 지도자들이 어떤 난폭을 저질렀든 간에 그들은 **그런** 어려움을 겪지는 않았다.

브레주네프는 지혜를 독점하려는 당의 주장을 제한함으로써 공산당의 취약함을 줄일 수 있었으나, 이는 권력 독점에 대한 도전을 유발할 수도 있기에 실천할 각오는 되어 있지 않았다. "이것은 위험하다." 소련의 국가보안위원회(KGB) 의장인 유리 안드로포프(Yuri Andropov)는 1974년 정치국(Politburo) 회의에서 이렇게 경고한 바 있었다. 이때 정치국에서는 소련의 걸출한 작가 알렉산드르 솔제니친(Aleksandr Solzhenitsyn)과 저명한 물리학자 안드레이 사하로프(Andrei Sakharov)가 이미 제기했던 비판론을 논의하고 있었다. "솔제니친이 지지를 얻을 수 있는 인민은 수십만 명에 이른다. ……만약 지금 사하로프에게 손을 쓰지 않으면 [다른] 학술원 회원들 ……은 앞으로 어떻게 행동하겠는가?"[71] 반체제 인사들이 발휘하는 힘이란 오로지 그들의 펜과 목소리, 그리고 원칙론에서 나왔다. 그러나 원칙론은 전염성이 강하고, 소비에트 체제는 오로지 이데올로기만으로 보호를 받고 있어서 면역력이 충분하지 않았다.

내부 개혁은 위험성이 크기 때문에 크렘린 지도층은 외교 부문으로 방향을 돌렸다. 만약에 세계가 통치의 정당성을 인정한다면, 소수의 불평분자들이—아무리 유명인이라도—다른 사람들로 하여금 그에 반대하도록 할 수 있을까? 이것이 브레주네프가 데탕트를 좋아한 이유 중 하나였다. 데탕트는 서방 진영이 마르크스-레닌주의 정권의 내부 성격을 변화시키려 하지 않는다는 것을 기본 전제로 했다. 그 대신 국제 무대에서 공산 정권들의 책임 있는 행위를 장려하려는 목적이 있었다. 그렇다고 그들이 계급투쟁을 포기한 것은 아니었다. 브레주네프는 계급투쟁을 안전하게 추진할 수 있는 곳, 특히 "제3세계"에서 계급투쟁을 계속하겠다고 주장했다.[72] 그러나 그는 NATO의 영속성과 더불어 유럽에서 미국의 지속적인 역할을 묵시적으로 인정할 각오가 되어 있었다. 그 답례로 그는 미국과 NATO 동맹국들이 2차 세계대전 이후의 동유럽 경계선을 공식적으로 인정해주기를 기대했다.

이것은 새로운 착상은 아니었다. 일찍이 1954년 당시 소련 외무 장관인 몰로토프가 유럽 제국(諸國)이—그러나 미국은 제외하고—현존하던 국경선을 확인하기 위한 회담을 제안한 바 있다. 그 계획은 진전이 없었지만, 키신저가 한때 언급한 바와 같이 모스크바의 외교는 "상상력의 빈곤을 보충하기 위해 끊임없이 노력했다."[73] 소련 외무부는 이후 15년간 몰로토프의 제안을 되살려 여기에 미국이 포함되도록 수정할 것을 제안해왔다. 한편 NATO는 유럽에서 상호 군사력 감축에 관해 바르샤바조약기구와 협상한다는 데 동의했다. 다른 한편으로 빌리 브란트의 동방 정책은 소련과 서독의 협정을 낳아 오랫동안 분쟁했던 전후 폴란드의 국경을 인정하게 되었고, 베를린을 점령한 4개국 사이에서 합의서를 도출해 베를린이 그대로 현상 유지되도록 했다. 아무도 유럽의 정치 지도를 바꾸는 데는 관심이 없었다. 따라서 "유럽 안전보장 협력 회의"를 위해 재개된 소련의 압력은 미국과 몇몇 NATO 회원국에게는 상대적으로 해를 끼치지 않는 것으로 보였으며, 이는 잠재적으로 긍정적인 발전이었다.[74]

그러나 브레주네프는 이 회의에 훨씬 더 많은 의미를 두었다. 미국과 그 동맹국들은 유럽의 전후 분할을 수용한다는 내용을 공개적으로 서면을 통해 명시해야 했다. 이 크렘린 지도자는 계약상 의무 조항을 중시한다는 점에서는 거의 자본주의자였다. 그는 이 조항들이 앞으로 "프라하의 봄"이 다시는 일어나지 못하게 하고, 브레주네프 독트린을 강화하고, 소련 내부의 반체제 인사들을 위축시키고, 평화적인 인간으로서 자신의 명성을 확실히 굳힐 것이라고 믿었다.[75] 그리고 브레주네프는 이를 보장하기 위해 특별한 양보도 감수하려 했다. 그가 양보하려는 사항에는 군사작전을 사전 통보하겠다고 약속하고, 평화적인 국경 변경을 허가하고, 협정 서명 국가는 동맹의 가입과 탈퇴를 허용한다는 내용이 포함되어 있었다. 그중에서도 가장 놀라운 것은 "UN 헌장의 원칙과 세계인권선언에 따라 …… 인권과 기본적 자유라는 보편적 의미"[76]를 인정한 것이다.

소련은 그들이 자인했듯이 이 마지막 조건에 대해 걱정이 많았다. 그러나 미국이 아닌 서유럽 각국과 캐나다에서 이 조건이 발원되었기 때문에 반대하기도 어려웠다.[77] 더욱이 여기 명시된 자유는 대부분 실행된 적이 없지만 소련 헌법에 나와 있으니 섣불리 거부하기도 어려웠다. 소련이 오랫동안 추진해온 회의에서 오로지 이 근거만 내세우며 손을 떼는 것도 쉬울 리가 없었다. 그래서 소련 정치국은 불안감을 안은 채 '마지막 장' 인권 조항을 삽입하는 데 동의했다. 외무 장관 안드레이 그로미코(Andrei Gromyko)는 "우리는 우리 집안의 주인입니다"라고 브레주네프를 안심시켰다. "인권과 기본적 자유"를 인정한다는 것이 실질적으로 무엇을 의미하는지는 소련 정부 외에 어느 누구도 결정하지 못할 것이다.[78]

유럽 안전보장 협력회의(Conference on Security and Cooperation in Europe)는 1975년 7월 30일 핀란드 헬싱키에서 열렸다. 브레주네프는 수많은 연설 내내 졸면서 시간을 보냈다. 그리고 이틀 후에 그와 포드, 그리고 33개국 지도자들은 그들을 한곳에 집결시킨 그 길고도 복잡한 문건에 서명했다. 모든 면에서 그 결과는 기대 밖이었다. 키신저의 말처럼 "외교 과정이 인간의 선견지명의 한계를 이렇게 적나라하게 보여준 적은 드물었다."[79]

[VIII]

미국에서는 인권의 대의(大義)를 방기했다며 자유론자와 보수론자가 다함께 포드와 키신저를 비난했다. 그들은 브레주네프가 헬싱키 협정을 원하는 동기가 무엇인지 뻔히 들여다보인다고 주장했다. 만약 동유럽에서 소련의 지배를 인정함으로써 불의를 영속화하면, 데탕트를 추구할 가치가 거의 남지 않는다는 것이다. 이 논쟁은 잇따른 행정부 실책으로 무심코 전개됐다. 헬싱키 회담 바로 직전에 키신저는 포드에게 백악관에서 솔제니친을 접견하지 않도록 조언했다.(솔제니친은 당시 소련에서 비자발적으로 온 망명객이었고, 데탕트를 신랄하게 비난하고 있었다.) 이는 모스크바에 과도하게 배려한다는 인상을 주었다. 그 후 1975년 12월에 키신저의 보좌관 헬무트 손넨펠트(Helmut Sonnenfeldt)는 언론 비공개를 전제로 미국 외교관들과 만난 자리에서 미국 행정부는 소련과 동유럽 사이에 놓인 "인위적이고 부자연스런 관계"를 종식시키기를 희망한다고 말했다. 이 발언이 누설되자 소련의 그 지역 주둔을 용인하는 것으로 인식되었다.[80]

이런 사건들은 공화당 내 도전자인 로널드 레이건과 민주당의 대통령 후보 지명자 지미 카터(Jimmy Carter) 두 사람 모두가 헬싱키 협정을 비난할 만한 빌미를 제공했고, 헬싱키 협정은 1976년 대통령 선거운동 기간 내내 포드에게 짐으로 작용했다. 포드는 부하들이 '데탕트'라는 말을 입에 올리는 것조차 막을 필요가 있음을 깨달았다. 그는 또한 선거일이 다가오자 키신저와 거리를 두었다. 그런 다음 10월 6일 카터와 토론을 진행하면서 그는 결정적으로 치명적인 실수를 저질렀다. 브리핑을 통해 '손넨펠트 독트린'의 존재는 부인하기로 되어 있었지만, 그는 대신에 소련이 동유럽을 지배하고 있음을 부인했다.[81] 이 때문에 카터의 당선이 확실시되었고, 1977년 1월 20일 대통령 취임식 뒤에는 포드도 키신저도 미국이 대외 정책 수행을 수행하는 데 더 이상 책임을 지지 않게 되었다. 헬싱키 회담은 그 이유들 중 하나였다.

하지만 그런데도 의외로 소련과 동유럽에서 헬싱키 효과가 나타났고, 그 의미는 훨씬 심오했다. 도브리닌이 회고하기를, 브레주네프는

"소련 국민이 그렇게 많이 희생됐던 전후 국경선이 최종적으로 확정되었음을 알았을 때 …… 그가 얻을 홍보 효과"를 고대하고 있었다.

인도적 문제에 관해서는 국내에 널리 알리지 않고 애매하게 언급할 수 있었다. 그는 이렇게 하면 우리 나라 안에서는 큰 문제가 생기지 않을 것이라고 생각했다. 하지만 그는 틀렸다. 소련 반체제 인사들의 상태가 하룻밤 사이에 변하지는 않았지만, 이 역사적 문건으로 그들은 확실히 힘을 얻었다. 그들은 〈프라우다〉에 실린 바로 그 발표문을 공식 문서와 같은 비중으로 대했다. 이는 점차 반체제와 자유주의 운동의 선언문(manifesto)이 되어갔다. 소련 지도층으로서는 상상도 못 했던 총체적인 진전이었다.[82]

간단히 말해서 헬싱키 협정은 법적 · 도덕적인 함정이 되었다.[83] 브레주네프가 미국과 그 동맹국에 압력을 가해 동유럽 경계선을 서면으로 인정하도록 했기 때문에, 그 또한 같은 문건에서 인권에 관해(역시 서면으로) 합의했던 내용을 완전히 부인할 수가 없었다. 거기에 함축된 의미를 실감하지 못한 채 브레주네프는 비판자들에게 규범 하나를 내준 것이었다. 이 규범은 마르크스-레닌주의 이념에서 벗어나 국제법에 뿌리를 둔 정의의 보편타당한 원리에 기반한 것으로서, 반체제 인사들은 이것을 잣대로 브레주네프와 다른 공산 정권을 평가할 수 있게 되었다.

이는 공산 체제하에 사는 사람들이—적어도 용기 있는 사람들이—자기 생각을 말하기 위해 공식적으로 허가를 요청할 수 있음을 의미했다. 아마도 앞으로는 내내 '이중생활'을 할 필요가 **없을** 수도 있다. 안드로포프의 1974년 악몽은 현실이 되었다. 솔제니친이나 사하로프와 같은 명성이 없이도 개개인 수천 명이 소련과 그 위성국들에 인권 침해의 책임이 있다고 주장하기 시작했다. 1976년 여름에는 헬싱키 협정 준수 추진 공공단체(Public Group to Promote Observance of the Helsinki Accord)라는 조직이 사하로프 지원으로 모스크바에서 활동하고 있었다. 그리고 그와 유사한 '헬싱키 단체들'이 동유럽 전체에 나타나기 시작했다.[84] 소련이 그 지역을 지배하고 있음을 정당화하려는 크렘린의 노력에서 시작된 헬싱키 협정은 이제 소련 통치 **반대**를 정당화하는 기반이 되었다.

온건하게 표현하자면, 그 효과는 예상 밖이었다. 예를 들어 모스크바의 연로한 지도층이 후줄근한 반체제 체코슬로바키아 록 밴드 '플라스틱 피플 오브 더 유니버스'(Plastic People of the Universe)〔1968년 알렉산드르 둡체크(Alexander Dubček, 두부체크) 정권이 바르샤바조약기구 군대의 침공으로 무너지자 체코의 수도 프라하에서 조직된 록 밴드로서 프라하에서 언더그라운드 활동의 대표적인 단체가 되었다—옮긴이〕의 운명을 따르리라고 예상할 수 있겠는가. 이 록 밴드는 1968년 체코슬로바키아 침공의 여파 속에서 조직되었고, 경찰을 교묘히 피해가며 몰래 연주를 하다가 1976년에 멤버들이 체포되면서 운을 다했다. 이 밴드에 대한 재판은 지식인 수백 명을 자극했고, 지식인들은 1977년 1월 1일에 '77 헌장'(Charter 77) 선언문에 서명했다. 이 선언문은 브레주네프의 승인을 받고 서명한 헬싱키 협정의 마지막 조항인 표현의 자유 규정을 준수할 것을 정중하면서도 명확하게 체코 정부에 요구했다. 그런데 이 '헌장 서명자' 여럿이 체포되었다. 그 가운데 한 사람인 극작가(록 음악 애호가이기도 했다) 바츨라프 하벨〔Václav Havel, 1936~: 체코슬로바키아의 10대 겸 마지막 대통령(1989~1992), 체코 공화국의 초대 대통령(1993~2003). 20편이 넘는 집필로 국제적인 명성을 얻은 극작가이기도

하다. 체코슬로바키아와 체코 공화국에 자본주의, 복수 정당 민주주의를 도입했고, 슬로바키아를 분리시켰고, NATO와 EU 가입을 추진해 2004년에 완결시켰다—옮긴이)은 감옥에서 4년을 보냈으며 석방 뒤에도 여러 해 동안 밀착 감시가 뒤따랐다.[85]

이 일을 계기로 하벨은 수필과 희곡을 써서 당시 공산주의에 환멸을 느끼는 세대를 기록한 최고의 영향력 있는 작가가 되었다. 그는 "레닌주의자(Leninist)가 아니라 레넌주의자(Lennonist)"[하벨은 영국 록 그룹 비틀스 멤버였던 존 레넌(John Lennon)의 팬이었다—옮긴이]라고 불렸다.[86] 하벨은 노골적인 저항을 외치지는 않았다. 국가의 경찰권을 생각한다면 그렇게 하는 것은 별 의미가 없었을 것이다. 대신에 그보다 더 민감한 사항을 조장했는데, 국가 기준과는 **별개로 개개인**의 행위 기준을 발안(發案)했다. 그는 이를 실행하지 못하는 사람은 "체제를 승인하고, 체제를 충족시키고, 체제를 만들며, 체제 바로 그 **자체**"라고 기술했다. 그러나—공식 규정이 요구하는 것보다 훨씬 맛 좋은 맥주를 제조하기로 결심한 양조업자처럼 아무리 사소한 일에서라도—자기가 확신하는 것에 충실한 사람은 궁극적으로 그 체제를 전복시킨다. "한 사람이 '임금님은 벌거숭이다!'라고 고함을 지르면—한 사람이 경기 규칙을 깨고 그것을 게임으로 만든다면—모든 것이 갑자기 다른 양상으로 나타나고, 전체 지각(地殼)이 작은 조각으로 되어 있는 것 같아서, 곧 분열되고 감당하기 어려울 정도로 와해될 것이다."[87]

하벨은—브레주네프가 우연히 정당성을 부여했던 것처럼—소련과 동유럽에서 마르크스-레닌주의가 요구하는 것처럼 보였던 이중생활에 종지부를 찍자는 세력에 발언권을 주었다. 그것은 갑자기 보편 윤리, 국가 윤리, 개인 윤리가 모두 동일해질 수 있는 사회를 부르는 전망이 되었다. 이 시점에서 창조주(God) 아니면 적어도 그 대리인이 그 전망을 뜻밖의—그리고 크렘린에게는 심각한 경고를 주는—현실로 만들기 위해 끼어들었다.

카롤 보이티와〔Karol Wojtyła, 1920~2005: 카롤 보이티와는 후에 264대 교황인 요한 바오로 2세로 선출되었다—옮긴이〕는 배우, 시인, 극작가, 운동선수로서 다방면에 능력이 뛰어났지만, 1946년 가톨릭 사제의 길로 들어서 1964년에 크라쿠프(Kraków) 대주교에 임명되었다. 그는 폴란드 공산당의 전폭적인 승인을 받았지만 다른 후보 7명은 거절당했다. 역사적 오류(誤謬) 가운데 이보다 더 명백한 사례는 찾아보기 힘들다. 보이티와는 1967년에 교황 바오로 6세(Pope Paul VI)로부터 추기경으로 임명되었고, 1978년 10월 16일에 동료 추기경들이 그를 교황으로 선출했다. 당시에 그는 58세로서 132년 만에 나타난 가장 젊은 교황이었고, 455년 만에 선출된 비(非)이탈리아계 교황이었으며, 역사상 처음으로 슬라브계 교황이 된 것이었다. "당신네들은 어찌 사회주의국가 시민이 교황으로 선출되도록 내버려둘 수 있단 말이요?" 안드로포프는 바르샤바에서 운이 좋지 않았던 지국장에게 캐물었다. 여기에는 적당한 답변이 없다. 왜냐하면 아무리 KGB라 해도 교황 선거회의(papal conclaves)를 좌지우지할 수는 없었기 때문이다.

곧 밝혀졌지만 KGB는 폴란드 국민의 정신생활을 지배하지 않았다. 요한 바오로 2세(John Paul II)가 로마 교황으로서 조국을 처음 방문하기 직전에, 필사적이었던 공산당 지령서는 이렇게 경고했다. "교황은 공산당의 적이다."

그는 위험하다. 그는 (폴란드의 수호 성인) 성 스타니슬라프(St. Stanisłav)를 …… 인권 옹호론자로 만들 것이다. ……청년들을 무신론자로 만들기 위해 꾸린 우리의 활동은 위축될 수 없으며 열렬히 전개되어야 한다. ……이에 관해서는 모든 수단이 허용되며 어떠한 감정도 허용할 수 없다.

"내 충고를 들으시오." 브레주네프는 폴란드 공산당 지도자 에드바르트 기에레크(Edward Gierek)에게 말했다. "어떤 식으로든 그를 환대해선 안 되오. 그렇게 하면 오직 문제만 일으킬 것이오." 기에레크가 최초의 폴란드 출신 교황을 문전 박대할 수 없다고 항변하자, 크렘린 노인 브레주네프는 마음이 누그러졌다. "그럼, 원하는 대로 하시오. 하지만 후회하지 않도록 주의하시오"[88]

이는 브레주네프가 앞으로 닥쳐올 사태를 딱 한 번 정확히 예언한 것이었다. 그러나 막기에는 너무 늦었다. 보이티와가 여러 해 동안—사제로서, 대주교로서, 추기경으로서—조용히 사전 작업을 함으로써 폴란드인들의 개인 윤리와 로마 가톨릭 교회의 보편 윤리 사이에 유대를 보전하고 강화하고 확대해왔던 것이다. 이제 그는 교황으로서 해온 일들이 성공했음을 두 눈으로 보게 되었다.

교황 요한 바오로 2세가 1979년 6월 2일 바르샤바 공항에서 땅에 입을 맞출 때 폴란드, 그리고 궁극적으로는 유럽 도처에 공산주의의 막을 내리는 과정을 시작한 것이었다. 조국의 국민 수십만 명이 그의 입성(入城)을 환호했다. "우리는 하느님을 원한다, 우리는 하느님을 원한다!" 다음 날에는 그니에즈노에서 100만여 명이 교황을 맞았고, 그 다음 날 쳉스토호바에는 훨씬 더 많은 인파가 몰렸다. 여기에서 교황은 종교의 자유를 말하는 교회의 가르침은 "폴란드 인민공화국 헌법을 포함한 개별 국가와 국제적인 기본 문서에 선포된 원칙에 직접적으로 부합"한다는 것을 폴란드 당국자들에게 교묘하게 상기시켰다.

교황이 자신의 고향인 크라쿠프에 도착할 때는 200만에서 300만이나 되는 인파가 그를 맞으러 나왔고, 그들 가운데 상당수는 공산당이 "무신론자로 만들기"를 희망하던 청년들이었다. "누가 이 모든 소음을 내는 것이죠?" 교황이 농담을 했다. "우리와 함께하세요!" 군중들은 일제히 외쳤다. "우리와 함께하세요!" 그가 표현했듯이 "돌과 벽돌 하나하나가 나에게 친근했던" 그곳을 떠나면서 요한 바오로는 교황직의 거대한 주제를 되풀이해 강조했다. "두려워 말라."(Be not afraid)

> 친애하는 형제자매 여러분, 여러분은 **믿음**의 힘으로 강건해야 합니다. ……여러분은 **소망**의 힘으로 강건해야 합니다. ……여러분은 **사랑**으로 강건해야 합니다. 사랑은 죽음보다 강합니다. ……우리들이 신의 성령으로 강건하면, 우리는 또한 인간에 대한 믿음으로 강건합니다. ……그러므로 두려워할 필요가 없습니다.[89]

"교황!" 이오시프 스탈린은 이런 식으로 질문하기를 좋아했다고 한다. "**그는** 도대체 사단을 몇 개나 갖고 있는가?"[90] 요한 바오로 2세는 1979년 폴란드에 머무는 9일 동안 그에 대한 해답을 주었다. 도브리닌의 표현을 빌리면, 이것 역시 "소련 지도층이 전혀 상상도 못 했던 총체적인" 진전이었다.

6장 등장 배우들

두려워 말라!
—교황 요한 바오로 2세[1]

실사구시(實事求是)
—덩샤오핑[2]

우리는 계속 이렇게 살 수 없소.
—미하일 고르바초프[3]

교황은 사제가 되기 전에 배우였고, 1979년 개선장군처럼 폴란드로 귀국한 일은 그의 연기력이 전혀 쇠퇴하지 않았음을 보여주었다. 그는 구변, 몸짓, 호소력, 질책, 심지어 농담까지 잘 구사하여 그를 만나보고 말을 들어본 수백만 명의 심금을 울려왔다. 동시대 지도자들 가운데 이런 면에서 그의 능력을 당할 수 있는 인물은 거의 없었다. 홀연히 한 개인이 일련의 극적인 연출로써 역사의 진로를 바꿔가고 있었다. 그것은 어떤 의미에서는 적절했다. 냉전 자체가 일종의 극장과 같아서 환상과 현실 사이의 구분이 늘 명확한 것은 아니었기 때문이다. 위대한 배우들이 위대한 배역을 맡을 절호의 기회가 생겼다.

그러나 이런 기회는 1980년대 초반까지는 제대로 나타나지 않았다.

왜냐하면 겨우 그때서야 미국, 소련, 그리고 그 동맹국들을 기반으로 한 권력의 **구체적인** 형태가 세력을 상실하기 시작했기 때문이다. 그들은 오랫동안 핵무기와 미사일, 재래식 군사력, 정보 조직, 군산 복합체〔軍産複合體, military-industrial complex: 정부, 군부, 산업계가 서로 의존하는 정책 관계. 국방과 국가안보 정책의 틀 안에서 정부와 군부는 군사훈련, 무기, 장비, 시설을 위한 지원과 연구 개발, 생산 활용 등 정책을 승인하면서 민간 산업 부문으로부터 지원을 받는다. 이 단어는 미국 아이젠하워의 대통령 고별 연설에서 인용되었다. 주종 관계 문제, 도덕적 해이, 부당이득, 정치 부패의 사례가 발생하기 쉽다—옮긴이〕, 선전 기구(propaganda machines) 따위에 아낌없이 주력해왔다.

냉전의 마지막 10년은 진정한 권력이 요한 바오로 2세 같은 지도자들에게 있었다. 그들은 용기, 웅변술, 상상력, 결단력, 신념처럼 **무형**의 지배력을 구사하여 인민들이 믿고 있던 것과 냉전으로 겪으며 살아가야 했던 체제가 상이하다는 사실을 들추어낼 수 있었다. 그 차이는 마르크스-레닌주의 세계에서 가장 뚜렷하게 눈에 띄었다. 그 격차는 너무나 커서 일단 전모가 밝혀지면 그것을 덮을 방도가 없었기 때문에 공산주의 자체를 해체하는 것 외에는 달리 길이 없었고, 그로써 냉전은 종식되는 것이다.

이 과정을 수행하려면 배우가 필요했다. 극적으로 각색하는 그들의 능력만이 정신적인 눈가리개를 제거할 수 있었다. 그 정신적 눈가리개는 바로 물자 생산능력인데, 이 때문에 수많은 인민들은 냉전이 영원히 지속되리라고 추단(推斷)했다. 한 세대 전체가 초강대국의 교착 상태라는 부조리를 삼라만상의 자연 질서로 여기면서 성장했다. 이를테면 분열된 유럽 한가운데 분열된 독일이 있고, 그 한가운데 분열된 베를린이 있는 것처럼 말이다. 전쟁 억지(抑止) 전략가들은 방위 대책이 전혀 없이 차라리 미사일 수만 개를 즉각 발사되도록 배치해놓는 것이 국방을 위한 최선의 방안이라고 확신했다. 국제 관계 이론가들은 양극 체제가 다극 체제보다 더 안전하고, 따라서 미·소 양극체제는 누구나 예견할 수 있는 미래를 너머 더 오래 유지될 것이라고 주장했다.[4] 외교 사학자들은 냉전이 "긴 평화"로 발전하여 메테르니히와 비스마르크가 주재하던 19세기 시절과 비교할 만한 안정 시대에 접어들었다고 주장했다.[5] 역사적으로 가능성의 범위를 넓히기 위해서는 현상 유지를 깨뜨리는 통찰이 필요했다.

요한 바오로 2세는 폴란드와 다른 동유럽 국가들, 그리고 심지어 소련 구석구석까지 정부 당국을 당황하게 만들었다. 다른 이들도 그의 사례를 재빨리 따랐다. 그중에는 폴란드의 젊은 전기 기사 레흐 바웬사(Lech Wałęsa)도 있었다. 그는 1980년 8월 어느 날 그단스크〔독일어로 단치히〕에 위치한―교황의 사진이 근처에 있는―레닌 조선소의 폐쇄된 정문 밖에서 솔리다르노시치(Solidarność) 결성을 선언했다.〔솔리다르노시치는 폴란드어로 단결과 연대(solidarity)를 뜻하는 자유 노조 이름이다―옮긴이〕 이는 마르크스-레닌주의 국가에서는 처음 나타난 독립 노동조합이었다. 또한 여성으로서 최초로 대영제국 수상이 된 마거릿 대처(Margaret Thatcher)은 어느 남성들보다도 더 강인해지는 걸 좋아했고 서유럽에서 자본주의의 명성을 되살렸다. 그 사례를 따른 이들 중에는 덩샤오핑〔鄧小平〕도 있었다. 그는 몸집이 작았으며 여러 번 숙청을 겪었지만 마오쩌둥의 후계자가 되었고 철저한 실용주의자였다. 그는 "부자가 되라"라고 중국 인민들을 격려하면서 자유기업을 엄금하는 공산주의 정책을 털어버렸다.

직업 배우로서는 처음으로 미국 대통령이 된 로널드 레이건(Ronald Reagan)도 있었다. 그는 본업인 배우로서의 재능을 발휘하여 국내에서 신뢰를 재건했고, 크렘린의 연로한 지도층을 섬뜩하게 만들었다. 그리고 어느 활력에 찬 젊은 지도자가 그들을 대체한 후 레이건의 신뢰를 얻어 소련을 변혁시키는 과업에 협력을 구했다. 그 모스크바의 새로운 지도자는 말할 것도 없이 미하일 고르바초프(Mikhail Gorbachev)였다. 그는 스스로를 전임자들과 차별화하는 데 극적인 방법을 추구했다. 그렇게 해서 그는 공산주의가 강조하는 계급투쟁, 세계 무산계급 혁명의 불가피성, 그리고 그 혁명이 역사적으로 오류가 없다는 주장을 말끔히 쓸어냈다.

이제는 냉전이라는 **극장**에서 흥행에 성공한 지도자들의 시대가 온 것이다. 이들은 기존 방식에 도전하고 관중들에게 영감을 불러일으켜 자신을 따르게 하는 능력을 지니고 있었다. 이로써 그들은 오랫동안 냉전을 지속시켜온 세력에 대항하고 그들을 무력화시켜 극복했다. 유능한 배우들이 그렇듯이, 그들은 마침내 상연을 마쳤다.

[I]

만약 데탕트가 붕괴되면서 무대가 설치되지 않았다면, 그들은 이 일을 해내지 못했을 것이다. 워싱턴, 모스크바, 그리고 냉전 각국의 수도에서 처음으로 데탕트를 고안했을 때 이 전략은 앞길이 밝은 진전처럼 보였다. 이로 인해 세계가 위기에서 벗어나지는 않았지만, 협력이라는 새 정신은 위기의 빈도와 고통에 한계선을 그었다. 1960년대 후반과 1970년대 초반의 미·소 관계는 거의 해마다 교전이 벌어졌던 냉전 초기의 20년 동안보다 일촉즉발의 위험성이 훨씬 줄어들었다. 이는 주요한 성과였다. 왜냐하면 초강대국들이 서로를 파멸시킬 수 있을 만큼 비등한 역량을 구사할 수 있게 되자, 전쟁이 단계적으로 확대될 위험성이 과거 어느 때보다 높아진 상태였기 때문이다. 인류 전체를 위해서나 1945년 이후 지정학적으로 안정 상태를 존속할 가능성을 확보한다는 목적에서 보아도 데탕트는 위험한 상황을 예측 가능한 **체제**로 전환시켰다.

그러나 인류는 그다지 감사해하지 않았다. 냉전이 2차 세계대전이 남긴 결과를 공간적으로 동결시킨 것처럼, 데탕트는 냉전을 공간적으로 동결시키려 했다. 데탕트의 목적은 대립을 종식시키는 데 있다기보다 (냉전 당사국들을 가르는 차이로 인해 갈등의 골은 여전히 깊었다) 그런 대립 상태를 관리하는 규칙을 확립하는 데 있었다. 여기에는 직접적인 무력 충돌을 피하고, 현존하는 세력권을 존중하고, 베를린장벽 같은 물리적 변칙과 '상호 확실 파괴' 같은 정신적 변칙을 인내하고, 상대 지도자의 신뢰나 평판을 은밀히 훼손하려는 노력을 자제하자는 내용이 포함되어 있으며, 심지어 정찰위성이라는 첨단 기술을 통해 수백 킬로미터 상공에서라면 정찰 행위를 자진해 허용하자는 사항도 있었다.[6] 데탕트의 설계자들은 키신저가 1976년에 언명한 바와 같이 "이데올로기 대립을 보다 살기 좋은 세계를 만드는 건설적인 참여로 변환"시킬 가능성을 고대하고 있었다.[7] 하지만 변화를 위험시하는 분위기는 여전해서 당분간은 세계를 있는 그대로 수용하기로 합의했다.

그것은 곧 권위주의의 통치 아래 살아가는 국가가 있는 반면, 합헌적인 수단으로 정부를 선출하거나 퇴출시킬 수 있는 국가도 있다는 뜻이다. 어떤 경제는 개방 시장의 효율성으로 계속 혜택을 받고, 또 어떤 경제는 중앙 통제 계획으로 경제가 침체된다. 어떤 사회에서는 표현의 자유를 누리고, 어떤 사회에서는 침묵을 지켜야만 신변이 안전할 수 있다. 그리고 만약 정교한 전쟁 억지 장치가 제대로 작동되지 않을 경우에는 누구나 핵의 불바다에 빠질 수 있다. 데탕트는 인류 절멸의 문제를 제외하고는 기회의 평등을 보장하지 않았다.

　　만일 여전히 엘리트들이 세계를 움직였다면 그런 상태가 지속되었을지도 모르지만, 권위에 대한 존경은 과거에 한때 그랬던 것처럼 유지되지 못했다. 이제는 자유롭게 선출된 정부가 예전보다 많아졌는데, 이는 다시 말해서 인민들이 예전보다 더 많이 지도자를 퇴출시킬 수도 있음을 의미한다.[8] 마르크스-레닌주의 국가에서 민주주의 전도는 아직도 요원해 보였다. 하지만 그런 나라에서조차 고등교육이 공식 인가를 받았기 때문에 사실상 일반적으로 자기 생각을 남에게 알려서는 안 되는데도 인민들이 자기 스스로 생각하는 일을 정부에서 막기는 어려워졌다.[9] 그리고 '제3세계' 국가 대부분이 그렇듯이 민주주의와 교육이 보급되지 않은 곳에서는 또 하나의 세계적 경향, 즉 대중매체의 등장으로 지도자들이 예상하지도 않았고 통제할 수도 없는 수법으로 갖가지 운동을 동원할 수 있게 되었다.[10]

　　이에 따라 핵 위험성이 줄어들고, 계획경제의 신뢰도는 점차 희박해졌으며, 보편타당한 정의 기준이 여전히 존재하고 있다는 것이 확실해졌다. 따라서 정상(頂上)에 선 소수의 강력한 지도자들이 만백성이 어떻게 살아가야 하는지 결정할 권한을 갖는 사상은 그 의도가 아무리 찬양받을 가치가 있다 해도, 점점 더 옹호하기가 어려워졌다. 데탕트는 엘리트들에게서 기원(起源)했지만 밑에서부터 지지를 받아야 하고 이것을 확보하기는 어렵다는 것이 입증되었다. 이는 마치 사상누각과 같아서 건축업자가 건물 외관을 완성했더라도 그 토대가 갈라지기 시작한다.

[Ⅱ]

데탕트의 핵심은 소련과 미국이 핵무기 경쟁을 제한하려고 노력한다는 데 있었다. 전략무기제한협정(The Strategic Arms Limitation Talks; SALT)은 1969년 말에 협상을 시작해 1972년에 협정을 맺었다. 소련과 미국은 이 협정을 통해 양측이 각각 배치할 수 있는 대륙간탄도미사일과 잠수함발사탄도미사일(Submarine-Launched Ballistic Missiles)의 수효를 한정했을 뿐만 아니라 이러한 미사일에 대한 상징적 방어 말고는 모든 것을 금지한다는 데 동의했다.

모스크바 정상회담에서 닉슨과 브레주네프가 서명했으며 "SALT(솔트) Ⅰ 합의"라고 불리는 이 협정은 몇 가지 이유에서 그 의미가 깊다. 이 협정에는 군비경쟁(軍備競爭)이 계속되면 자국의 안보만 약화될 수 있다는 초강대국 쌍방의 인식이 반영되었다. 또한 미국 측으로서는 소련의 핵 역량이 이제 미국과 대등하다는 점을 인정한다는 의미이기도 했다. 이 협정은 무방비 상태로 있는 것이 핵 공격이 발생하는 일을 예방하는 최선의 길이라는 '상호 확실 파괴'의 논리를 인정했다. 그리고 이 협정

준수를 확인하는 방법으로 위성정찰을 수용했다.[11]

그러나 전략무기제한협정의 절차는 데탕트처럼 문제를 비켜 갔다. 그 가운데 하나는 핵무기 감축이었다. 모스크바의 합의는 현존하는 ICBM(대륙간탄도미사일)과 SLBM(잠수함발사탄도미사일)의 배치를 동결시켰지만, 이것을 감축시키거나 각 탄도미사일이 운반할 수 있는 핵탄두 개수를 제한하지는 않았다. 불균형 또한 문젯거리였다. SALT I에 따르면 ICBM은 소련이 미국보다 훨씬 앞선 것으로, SLBM은 약간 앞선 것으로 되어 있었다. 닉슨 행정부는 미국의 미사일이 소련제보다 훨씬 정확하고 주로 탄두가 복수로 갖춰져 있다는 것을 근거로 이 불균형 문제를 합리화했다. 또한 그들은 SALT I에는 미국이 오랫동안 우세했던 장거리 폭격기에 대한 제한이 없다는 점을 지적했고, 단거리 폭격기, 항공모함에 배치했거나 NATO 동맹국에 있는 미사일, 영국과 프랑스의 핵 역량에도 제한이 없었다.[12]

이 논거는 복잡해서 미국 의회를 납득시키기 힘들었다. 하지만 전략무기의 **어느** 범주에서도 소련이 우위에 있음을 인정해야 할 이유를 이해하기가 어려웠다. 이 문제는 헨리 잭슨 상원 의원—잭슨과 배닉의 수정안은 얼마 가지 않아 미·소 관계를 다른 측면에서 긴장시킬 것이었다—에게 앞으로 모든 군비제한 협정에 무기 체계의 수적(數的) 평등을 규정하도록 요구하는 결의안 통과를 보장할 수 있는 기회를 열어주었다. 잭슨의 결의안은 그 다음 협상인 SALT II를 복잡하게 만들었다. 소련과 미국의 군사 기획 입안자들은 의도적으로 전략무기 비축량을 똑같이 맞추지 않는 쪽을 선택했었기 때문이다. 이제 협상자들은 이미 무기 체계 자체가 동일하지 않은 상태에서 동일한 제한을 둘 방안을 찾아야 했다. 키신저는 "이것을 어떻게 달성하느냐 하는 문제는 관대하게도 내 재량에 맡겨졌다."[13]라고 회상했다.

1972년 SALT I 협정은 불균형 문제를 묵인했는데도 2년 반이라는 협상 기간이 걸렸다. SALT II 협상은 이 문제에 관대할 수 없었기에 5년 후 포드 행정부가 물러갈 때까지 오래도록 질질 끌었다. 미국 의회(그리고 점점 더 국방부와 전략 연구 단체들도)는 SALT I을 만들어낸 무기 체계 사이에 균형을 맞추는 데 있어서 이제 더 이상 키신저를 믿으려 하지 않았다. 그가 쓰는 방법은 너무나 비밀스럽고, 오산(誤算)하기 쉽고, 소련이 약속을 지키리라고 과신한다는 점에서 비난을 받았다. SALT II는 그 과정이 보다 공개적이었지만, 바로 그 이유 때문에 SALT I보다 못한 협정이 되고 말았다.[14]

지미 카터는 극적인 수단을 써서 이것을 매듭지으려 했다. 그는 1976년 대선 운동을 하면서 전략무기 재고량을 동결시킬 뿐 아니라 대폭 삭감하겠다고 공약했다.(심지어 취임 연설에서는 핵무기 전부를 제거하는 쪽으로 유도하겠다고 약속했다.) 하지만 카터는 인권 문제에 계속 강경한 입장을 고수하고 있었다. 그는 이 문제와 관련해 포드와 키신저가 소련에 충분히 압력을 가하지 못했다고 질책했지만, 그 역시 거의 실행하지 못하고 있었다. 그래서 카터는 한꺼번에 두 가지 일을 했다. 그는 전략무기 문제를 논의하면서 포드 행정부가 제안했던 것보다 현저하게 많은 양을 감축할 것을 강력하게 요구해 크렘린 지도층을 놀라게 했다. 그러나 카터는 이와 동시에 사하로프와 직접 서신 교환을 시작했으며 소련의 반체제 인사들을 백악관에서 접견함으로써 소련 지도층을 격분시켰다. 이와 반대로 카터 자신은 브레주네프가 그의 "대폭 감축" 제안을 거칠게

거절했을 때 오히려 놀랐다. SALT II는 다시 중단 상태에 놓였다.[15]

만약 카터가 내린 결정이 근시안적이었다면, 브레주네프는 그 이상이었다. 미국에서 새 행정부가 들어설 때쯤 브레주네프는 건강 문제가 심각해졌는데, 부분적으로는 과도한 약물 복용으로 그렇게 된 것이었다.[16] 이렇게 되자 그는 건강한 지도자라도 터득하기 힘든, 군비제한이라는 복잡한 사안에 집중하기가 어려워졌다. 결국 브레주네프는 본건 책임 대부분을 소련 군부에 이양했고, 소련 군부는 SALT I의 정신을 왜곡시키는 듯한 일들로 선수(先手)를 쳤다. 그들은 전략적 정책에서 공세를 계속 강조하기 위해 미사일 현대화와 민간 방위에 대한 야심적인 프로그램을 포함시켰다.[17] 이 때문에 미국의 군비제한 비평가들은 SALT II에 관한 의구심을 실증하기가 훨씬 쉬워졌다.

그런데 1977년에 소련은 정확도가 높은 최신 중간거리 미사일 SS-20을 서유럽에 조준한 채 배치했다. 미·소 양측은 과거에도 이런 미사일을 배치했지만, SS-20은 상당한 수준으로 개량된 것이었으며 게다가 미국과 NATO 동맹국들은 이에 대한 경고도 듣지 못했다. 주목할 만한 것은, 소련 외무부에서도 그에 대한 예고를 받지 못했다는 점이다. 정치국에서는 오로지 군사적 입장에서만 그 배치를 승인한 것이었다. 크렘린의 수석 미국 전문가인 게오르기 아르바토프〔Georgi Arbatov: 1967년 소련에서 미국·캐나다 연구소를 창립해 오랫동안 소장으로 지냈다. 그는 흐루쇼프부터 엘친에 이르기까지 소련/러시아의 주요 정치인들에게 국제 관계와 관련한 조언을 자주 했다—옮긴이〕는 뒷날 다음과 같이 시인했다. "우리 전문가와 외교관들도 대부분 서방 언론을 통해 그것을 알았다." 아나톨리 도브리닌도 인정했듯이, 이것은 모스크바로서는 전혀 뜻밖에도 NATO 내부에서 이에 대응해 미국의 미사일 배치 요구를 촉발했다는 점에서 "특히 끔찍한" 결정이었다.[18] 1979년경 카터 행정부는 서유럽 내 선택 지점에 퍼싱(Pershing) II 미사일과 크루즈 미사일〔순항 미사일〕을 배치할 계획을 세웠다. 퍼싱 미사일은 소련의 SS-20보다 15배는 더 정확하다고 평판이 나 있었다. 모스크바까지 다다르는 비행시간은 약 10분 정도였다.[19]

이 같은 파행이 있었는데도 SALT II 협상은 드디어 복잡한 조약을 탄생시켰다. 카터와 눈에 띄게 병약해진 브레주네프는 1979년 6월 비엔나에서 이 조약에 서명했다. 그러나 그 무렵에는 군비제한 절차 전체가 민주당과 공화당 양당 내부에서 공격을 받고 있었다. 이들은 새 조약이 핵위험을 감축시킨다는 면에서 성취한 것이 아무것도 없으며 소련의 역량 증진만 허용함으로써 서방 진영의 안보를 위험에 빠뜨렸고, 또 검증도 되지 않을 것이라고 주장했다. 그래도 카터는 이 조약을 상원에 제출했다. 그러나 그때 카터는 강인함을 과시하려는 오도된 노력으로 최근에 소련의 '전투 여단'이 쿠바에 배치되었다고 주장해 모스크바에 도전했다. 더 자세히 조사해보니 당혹스러운 사실이 드러났다. 그 부대는 1962년 이래 계속 그곳에 주둔하고 있었고, 이는 케네디와 흐루쇼프가 쿠바 미사일 위기를 해결했던 교섭의 일부분이었다는 것이다. 이 물의로 인해 상원에서는 SALT II 조약의 심사가 지연되었고, 1979년 12월까지도 무기력하게 미결로 남아 있었다. 그리고 그때 NATO가 퍼싱 II와 크루즈 미사일 배치에 합의했다. 소련은 아프가니스탄 침공으로 응답했을 뿐이다.[20]

[Ⅲ]

사태가 이와 같이 전개된 원인은 또 다른 협정까지 추적해 올라갈 수 있다. SALT I보다 문제가 더 많았던 이 협정은 1972년 모스크바 정상회담에서 체결되었다. '기본 원칙'을 말하는 공동 발표문에서 닉슨과 브레주네프는 미 · 소 양국은 상대방의 희생을 대가로 일방적으로 이익을 취하려는 시도를 피하자고 약속한 바 있었다.[21] 문자 그대로 해석하면, 유럽과 동북아시아에서 초강대국의 관계를 형성했던 안정이 이제는 동북아시아를 너머 아시아 지역 전체와 중동, 아프리카, 라틴아메리카 구석구석까지 확대되리라고 암시하는 것 같았다. 워싱턴과 모스크바는 이들 지역의 현상 유지에 변동을 일으킬 기회가 생기더라도 이를 거부할 것이었다. 그러나 곧 '기본 원칙'이란 문자 그대로 받아들여서는 안 된다는 것이 명백해졌다. SALT처럼 이것 역시 금이 간 벽 위에 벽지를 바른 격이 되었다.

소련은 미국과 대등함을 인정받는 '기본 원칙'을 환영했다. 그러나 브레주네프는 계급투쟁은 계속할 것이라고 조심스럽게 주장했다. "사회주의와 자본주의의 세계관과 계급 목표가 서로 반하며 조화시킬 수 없기 때문에 계급투쟁이 일어날 수 있다고 본다."[22] 미국은 '기본 원칙'이 소련을 억제하는 방안이라고 여겼다. "물론 〔그 원칙이〕 법적인 계약은 아니었다"라고 키신저는 설명했다. 이 원칙은 "진정한 진전이 이루어졌는지를 판단하는 행동 기준을 마련했다. ……핵전쟁의 위험을 감소시키려는 노력은 세계적인 힘의 균형에 대항하는 소련의 끊임없는 압력이 끝나는 것과 연결되어야 한다."[23] 겉보기와는 달리 모스크바에서는 '제3세계'에 미치는 세력권을 취급하는 데 의견 일치를 보지 못했다. 그 후 수년간은 거기에서 그저 일방적으로 이익을 더 강력하게 추구하는 일만 있었다.

첫 번째 기회는 미국에게 떨어졌다. 모스크바 정상회담은 이집트 대통령 나세르의 후임자인 안와르 엘 사다트(Anwar el-Sadat)에게 충격으로 다가왔다. 소련은 1967년 6일전쟁(Six Day War) 동안 이스라엘이 시나이 반도와 가자 지구를 점령하지 못하도록 방지하기 위한 조치를 전혀 취하지 않았다. 그리고 브레주네프는 앞으로 이집트의 영토 회복을 도우려는 노력도 배제한 것 같았다.[24] 따라서 사다트는 이집트와 소련이 맺어온 오랜 관계를 마감하고 미국과 새로운 관계를 추구하기로 결심했다. 미국은 이스라엘의 동맹국으로서 이스라엘의 양보를 받아내는 데 유리한 입지에 서 있을 수 있었다. 사다트는 소련의 군사고문 1만5000여 명을 이집트에서 추방한 뒤에도 닉슨과 키신저의 무시를 받자 1973년 10월, 수에즈운하를 건너 이스라엘에 기습 공격을 감행함으로써 그들의 주의를 끄는 방안을 찾아냈다. 이것은 사다트가 패전하기로 되어 있는 전쟁이었으며, 그는 얻어낼 것을 기민하게 계산해 정치적 목적으로 이 일을 벌였다. 과연 미국은 이미 중동에서 소련의 영향력을 감소시킨 이집트 지도자를 이스라엘이 굴욕하도록 내버려두겠는가?

미국은 그렇게 하지 않았다. 이스라엘이 미국에게서 대량으로 무기를 공급받아 이집트의 공격을 격퇴시킨 뒤, 키신저는 공동으로 강제 휴전을 시키자는 브레주네프의 요구를 거절했다. 키신저는 이 거절의 뜻을 굳히기 위해 짧은 핵 경보까지 발동했다. 그런 다음 키신저는 몸소 협상에 나서 전쟁을 종식시켰으며 카이로와 텔아비브 양쪽 모두가 고마

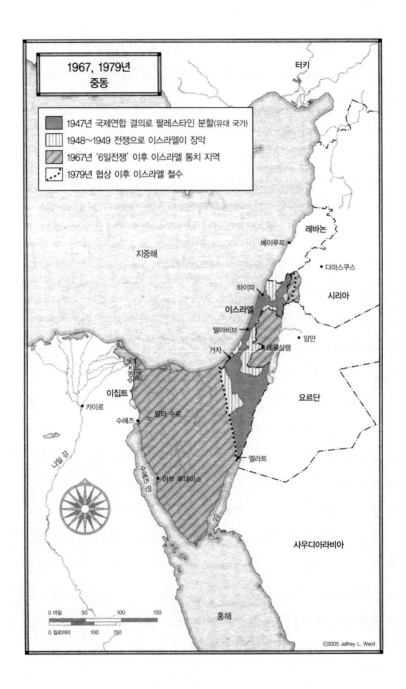

**1967, 1979년
중동**

- 1947년 국제연합 결의로 팔레스타인 분할(유대 국가)
- 1948~1949 전쟁으로 이스라엘이 장악
- 1967년 '6일전쟁' 이후 이스라엘 통치 지역
- 1979년 협상 이후 이스라엘 철수

터키

레바논

베이루트

다마스쿠스

지중해

하이파

시리아

이스라엘

텔아비브

암만

가자

예루살렘

이집트

요르단

카이로

밀타 수로

수에즈

엘라트

나일 강

아부 루데이스

사우디아라비아

홍해

0 마일 50 100 150

0 킬로미터 100 150

©2005 Jeffrey L. Ward

움을 느끼도록 했다. 반면에 소련은 아무것도 얻지 못했다. 그리고 5년 뒤에 사다트는 카터 대통령의 중재로 이스라엘과 협상한 끝에 시나이 반도를 되찾았고, 이스라엘 수상 메나헴 베긴(Menachem Begin)과 공동으로 노벨 평화상도 받았다. 키신저는 이집트의 지도자 사다트를 "주목할 만한 사람"이라고 단언했다. "사다트는 세부 사항에 얽매이지 않는 것 같다. 평범한 지도자는 세부 사항으로 사태를 완전히 파악했다고 생각하지만, 실제로는 거기에 휩말릴 뿐이다."[25]

이 표현은 미묘한 자기비판일 수도 있었다. 소련을 중동에서 축출할 기회를 능숙하게 제공한 사람은 사다트였고, 닉슨과 키신저는 그 먹이를 문 것이었기 때문이다. 훗날 키신저는 데탕트에 대해서 "우리가 소련을 희생시켜서 중동을 좀 더 밀접한 관계로 끌어들이려고 노력하는 동안 모스크바에게는 그 일이 부분적으로 진정제"로 작용했다고 주장했다.[26] 그러나 이 주장은 과거를 되돌아보며 입맛을 다시는 변명이었다. 사다트가 행동을 취하기 전에 키신저나 닉슨이 이런 효과를 염두에 두었다는 증거는 거의 없다. 그 대신 이 일화는 데탕트가 흔들리고 있음을 밝혀주었다. 만약 한 지역 정권이 초강대국을 교묘히 유도해 상대방을 희생시킨 대가로 일방적인 이익을 추구할 수 있다면, —이 때문에 상대방에게 했던 명백한 약속을 위반하게 된다—도브리닌이 관측했던 바와 같이 데탕트는 "대단히 미묘하고 깨지기 쉬운 것이었다." 1973년 전쟁과 그 여파는 "미국과 소련 두 나라 지도자 사이의 신뢰를 분명히 훼손했다."[27]

도브리닌의 상관들도 유혹을 물리치는 데 더 나을 것이 없었다. 계급 투쟁 공약 때문에 그 후 몇 해 동안 소련은 아무리 현실적으로 이해득실을 따져보아도 그다지 긴요하지 않은 세계 각지로 끌려들어 갔다. 적어도 키신저가 소련을 축출하려고 했던 중동은 미국에게 전략적으로 의미가 깊은 곳이었다. 그러나 1970년대 중반 내내 소련이 세력을 확장해온 나라들, 그러니까 베트남, 앙골라, 소말리아, 에티오피아가 소련에게 어떤 중요성이 있었던가?

도브리닌은 이 같은 소련 개입과 관련된 유일한 사항이 "단순하지만 원시적인 국제 연대 사상이었고, 이는 반제국주의 투쟁을 위한 우리 의무를 실천하는 의미였다"고 회상했다. 그런 유형은 베트남에서 처음 나타났다. 하노이는 "우의적(友誼的) 연대"에 호소함으로써 미국과 치르는 전쟁을 종식시키라는 소련의 압력을 정기적으로 비켜 나갔다. 크렘린 지도자들은 베트남전쟁에 결코 열성적이지 않았다. 그러나 1975년 북베트남이 승리하자—미국 의회의 앙골라 간섭 금지 결의와 더불어—소련의 계산이 바뀌었다. 즉 미국이 동남아시아에서 패배하고 남아프리카에서 저지될 수 있다면, 과연 다른 지역에서 미국의 힘을 얼마나 믿을 수 있을까를 고려한 것이다. 아마도 '제3세계'의 계급투쟁은 힘을 받을 것이다. 도브리닌은 이런 견해가 가장 강했던 곳은 소련공산당 국제부였다고 주장했다. "제3세계에서 이루어지는 모든 투쟁은 한 가지 이념을 기반으로 하기에" 공산당 지도부는 "제3세계의 수많은 모험에 정치국을 끌어들였다." 여기에 군부가 동조했다. "우리의 수뇌급 장성들은 …… 세계 오지(奧地)에 우리가 깃발을 날림으로써 미국을 도발하는 것에 감정적으로 기뻐했다."[28]

그러나 이는 어리석은 전략이었다. 이 때문에 정치국은 자원을 어디에, 언제, 어떻게 배정하느냐에 관한 통제권을 포기하게 되었다. 정치국에서는 권력을 장악하려고 경쟁하는 세계 각지의 마르크스주의자들이 정치국에 요청만 하면 언제든지 이에 응할 의무를 느끼게 되었다. 도브리닌은 이것이 "진정한 민족해방운동"을 지지하는 차원을 훨씬 넘어섰다고 언급한 바 있다. 그리고 "파벌로 나뉘어 권력투쟁을 벌이고 있는 국가들의 내부 문제에 대해 이데올로기를 기반으로 간섭"하기에 이르렀다. 이것은 일종의 "이데올로기적 속박"이었다.[29] 그리고 이것은 곧바로 베트남과 앙골라에서 얻은 승리의 희생양이 되었다. 아르바토프는 다음과 같이 지적했다. "정치에서 자주 일어나듯이, 어떤 일을 그럭저럭 해내고 그것이 마치 성공한 것처럼 보이면, 그 방법을 실제로는 반복하게 된다. 그렇게 반복하다가 드디어 정말 심각한 혼란 상태에 빠지고 만다."[30]

이 혼란은 소련의 보호국이었던 소말리아가 마르크스 정권이 갓 수립된 이웃나라 에티오피아를 공격한 1977년에 시작되었다. 소련은 앙골라에서처럼 호전적인 쿠바의 압력을 받아 편을 바꾸었고, 카터 행정부가 소말리아와 제휴해 홍해에 유용한 해군 시설을 확보하도록 내버려두었다. 사방이 육지로 둘러싸인 빈곤한 나라를 지배하는 잔인무도한 독재정권에게서 치사를 받고 피델 카스트로와 유대를 강화한 것 말고는 모스크바가 에티오피아를 지원함으로써 무엇을 얻었는지 분명하게 드러나는 것이 없었다. 하지만 이런 사태는 소련과 미국의 관계에 해악을 끼쳤다. 도브리닌은 훗날 다음과 같이 시인했다.

소련은 소말리아와 에티오피아의 분쟁과 앙골라 전쟁에 끼어들어 심각한 실수를 저질렀다. 우리가 이 지역에 군사 장비를 공급하고, 쿠바 군대가 현지에서 활동하고, 그리고 특히 그들을 그곳으로 공수한 일 등은 미국인들이 모스크바가 아프리카를 지배하기 위해 미국에 대한 공세를 광범위하게 전개하고 있다고 믿게 했다. 실제로는 경우가 그렇지 않더라도, 이런 사태는 데탕트에 강하게 영향을 미쳤다.

하지만 그런 사태들이 냉전의 진로를 바꾼 것은 거의 없었다. 1970년대 초강대국이 아프리카에 들인 노력은 "거의 전부가 허사였다. ……20년 뒤에는 (역사학자 말고는) 아무도 이 일들을 잘 기억하지 못했다."[31] 도브리닌은 1990년대에 이렇게 결론지었다.

그 결론은 물론 다음에 일어난 일에는 적용되지 않았다. 1978년 4월에는 모스크바에서 놀랄 만한 일이 벌어졌다. 아프가니스탄에서 마르크스주의 쿠데타가 일어나 그 결과로 그 나라의 친미(親美) 정부가 전복된 것이다. 이 기회를 유리하게 이용하려는 유혹은 너무나 강해 물리칠수가 없었다. 곧 소련은 카불[아프가니스탄 수도]의 새 정권에 원조를 보냈다. 이 일은 토지개혁, 여권신장(女權伸張), 세속적이고 비종교적인 교육을 지원하는 대규모 프로그램을 기획하고 있었다. 그러나 아프가니스탄에서 쿠데타가 일어났던 바로 그때 이웃나라 이란에서는 혁명이 일어나 1979년 1월에 미국의 오랜 동맹인 팔레비 왕(Shah Reza Khan Pahlavi)이 축출되었고, 그 자리는 아야톨라 호메이니(the Ayatollah Khomeini)가 대신했다. 소련과 그들의 새로운 아프간 보호국은 이렇게 사태가 진전되는 것에 미국만큼이나 준비가 안 되어 있었다. 그리고 3월 중순에는 이란 국경과 가까이에 있는 헤라트(Herat)[이란과 아프가니스탄이 국경을 맞대고 있는 도시로, 아프가니스탄 가장 서쪽에 위치한다. 서쪽과 북쪽에서 아프가니스탄으로 들어오는 중요한 관문으로서 19세기에 영국과 소련이 맞섰던 장소이기도 하다—

옮긴이]에서 난폭한 반란이 일어나 소련 고문과 그들 가족 50명을 포함해 약 5000명이 목숨을 잃었다. 아프간 국민들은 호메이니를 비난했지만, 모스크바의 시각에서는 카불 정권이 인기가 없었던 것에도 원인이 있었다.[32]

"당신은 노동자, 도시 거주민, 프티부르주아의 지지를 받습니까?" 소련 수상인 알렉세이 코시긴은 극비 전화를 통해 아프가니스탄의 누르 모하메드 타라키(Nur Mohammed Taraki) 수상에게 다그쳤다. "누구든 귀하 편에 아직 남아 있습니까?" 타라키의 대답은 냉랭했다. "인민들이 활발하게 지지하지는 않습니다. 거의 모두 시아파 구호—이교도(異敎徒)를 따르지 말라, 우리를 따르라—의 위력에 눌려 있습니다."[33] 이것은 마르크스-레닌주의 역사에서 의미심장한 순간이었다. 세계 프롤레타리아혁명으로 가는 길을 안다고 주장했던 이념이 지금 그 분석 도구가 완전히 무력해진 한 지역의 종교 혁명과 대결하고 있는 것이다.

소련 지도층에서는 무력간섭을 고려했으나 재빨리 그러지 않기로 결정했다. 비엔나에서 열릴 예정인 카터-브레주네프 정상회담이 다가오고, SALT II 조약은 아직 서명되지 않았고, NATO에서는 아직도 퍼싱 미사일과 크루즈 미사일에 관해 결정을 내리지 않았고, 모스크바에서는 1980년 올림픽경기를 준비 중이고, 데탕트는 여전히 살아 있었다. 일찍이 알렉산더대왕 때부터 외부 침략자들을 노련하게 격퇴시키기로 소문난 이 나라를 침공하는 것은 때가 좋지 않은 듯했다. 코시긴은 타라키에게 이렇게 설명했다. "아프가니스탄 영토에 우리 병력을 배치하면, 그 즉시 국제사회가 분노하여 들고일어날 것입니다. 우리 군대는 외부 침략자들뿐만 아니라 일정 정도는 귀하의 인민들과도 싸우지 않을 수 없

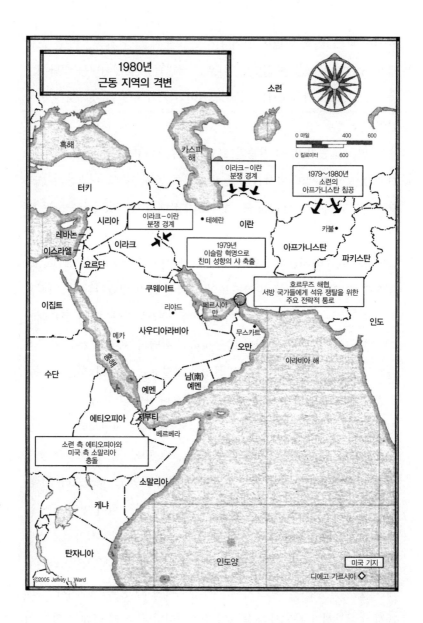

1980년
근동 지역의 격변

소련

흑해

카스피 해

터키

0 마일 400 600
0 킬로미터 600

이라크−이란 분쟁 경계

1979~1980년
소련의
아프가니스탄 침공

시리아

이라크−이란 분쟁 경계

• 테헤란

이란

카불 •

레바논

아프가니스탄

파키스탄

이스라엘

요르단

이라크

1979년
이슬람 혁명으로
친미 성향의 샤 축출

쿠웨이트

호르무즈 해협,
서방 국가들에게 석유 쟁탈을 위한
주요 전략적 통로

이집트

리야드

페르시아 만

인도

무스카트 •

메카

사우디아라비아

오만

아라비아 해

수단

남(南) 예멘

예멘

에티오피아

지부티

베르베라

소련 측 에티오피아와
미국 측 소말리아
충돌

소말리아

케냐

©2005 Jeffrey L. Ward

탄자니아

인도양

미국 기지

디에고 가르시아 ◇

을 것입니다. 그리고 인민들은 그런 일을 용서하지 않을 겁니다."[34]

그러나 9개월 후 정치국은 입장을 번복하여 아프가니스탄을 대규모로 침공했다. 거기에 따른 결과는 코시긴의 예언을 확인하고도 남았다. 그것은 "이데올로기적 속박"이 전략적 재앙이 될 뿐임을 밝혀주었다. 아프가니스탄 인민의 지지를 거의 다 잃었던 카불 지도층은 1979년 여름에 내란에 가까운 상태로 빠져들었다. 9월에 모스크바에서 막 귀국한 타라키는 그의 주 경쟁자인 하피줄라 아민(Hafizullah Amin)을 암살하려다 실패했는데, 오히려 아민이 타라키를 체포한 다음 처형했다. 직접 타라키에게 지지를 약속했던 브레주네프는 이 사건이 터지자 당황했다. 또한 이 일은 아민이 미국에 유학을 했으며 당시 워싱턴과 조용히 접촉을 시작했음을 알고 있었던 소련의 정보 당국에도 경종을 울렸다. KGB 간부가 표현했듯이, 그들이 염려했던 부분은 아민이 소련에게 "사다트 같은 역할을 하고 있다"는 것이다. 만약 아민이 집권하면, 그는 소련을 내던지고 미국을 받아들여 "미국의 관제소와 정보 부대를 우리[소련]의 가장 민감한 국경에" 설치하라고 권유할 것이다.[35] 아프가니스탄의 새 지도자를 교체할 대안은 없는 듯했다. 소련 국방부에서는 그렇기 때문에 지도자를 교체하기 위한 유일한 길은 7만5000여 명으로 구성된 군대를 파견해 국내 저항이나 외부 간섭이 뒤따르더라도 분쇄하는 길뿐이라고 주장했다.

이러한 움직임에 대해 국제적인 반응은 어떠했는가? 비엔나 정상회담은 이제 막 열렸고, SALT II 조약은 미국 상원에 상정되었으며, 12월 초 NATO 동맹국은 투표를 통해 퍼싱 II와 순항 미사일 배치를 추진하기로 했다. 이 모두를 염두에 두고, 정치국의 수뇌급 지도자들은—SS-20의 배치를 승인했을 때처럼 논의는 최소한으로 하면서—아프가니스탄의 전면 침공을 명령했다. 요령도 없이 성탄절에 때맞추어 군사작전이 시작되었다. 워싱턴 주재 소련 대사관에서는 미국의 반응을 예측해 달라는 요청을 받은 사람이 아무도 없었다. 소련의 외무 장관 그로미코는 도브리닌에게 반응이 어떻든 간에 그걸 고려할 필요는 없다고 안심시켰다. 브레주네프는 직접 약속했다. "3주나 4주쯤이면" 모든 게 끝날 것이라고.[36]

[IV]

그때 데탕트는 핵무기 경쟁을 중단시키거나 '제3세계'에서 벌어지는 초강대국의 경쟁을 종식시키지 못했다. 심지어 소련이 12년 전에 체코슬로바키아에서 그랬던 것처럼 '사회주의'를 구원하기 위해 다시 무력을 사용하는 일도 막지 못했다. 1980년 1월에는 이런 사항들이 더 명백했다. 카터 대통령은 상원에서 SALT II 조약을 철회하고 소련에 곡물과 기술 수출을 금지시켰다. 또한 그는 국방비를 대폭 증액해 달라고 요청했고, 미국이 모스크바 올림픽에 불참할 것이라고 발표했다. 그리고 아프가니스탄 침공을 "2차 세계대전 이래 평화에 대한 가장 심각한 위협"이라고 규탄했다. 이는 3년 전 취임 당시 냉전을 종식시키길 희망했던 대통령으로서는 주목할 만한 변화였다. 심지어 그로미코까지도 "국제 상황은 …… 악화 일로에 진입했다"[37]고 인정했다.

그때는 이것이 세계의 세력 균형에 어떤 의미가 있는지 명확히 드러나지 않았다. 대부분 전문가들은 1970년대의 전반적인 세력이 모스크바 쪽으로 기울어졌다는 데 동감한다. 미국은 SALT I에서 소련과 전략적으로 동격(同格)임을 인정했던 반면에, 소련은 마르크스-레닌주의에 도전하는 곳이면 어디든지 브레주네프 독트린을 통해 모두 분쇄할 권리를 주장했다. 키신저가 이집트·이스라엘 강화 협상에서 소련을 제외시키는 데 성공했는데도, 1973년 전쟁은 아랍의 원유 수출 금지를 유발했고, 뒤이어 원유 가격이 폭등함으로써 10년 동안 서방 경제가 휘청거렸다. 한편 소련은 주요 원유 수출국으로서 엄청난 이익을 거두어들였다. 이로써 1970년대 소련은 국민총생산(GNP)에서 군사비 지출을 일정 비율로 유지할 수 있었고, 심지어 증액시킬 수도 있었다. 바로 이때 미국의 국방 예산은 경제와 정치상 이유 때문에 절반으로 삭감되었다.[38]

미국은 끝없는 논쟁으로 자중지란을 일으켜 수렁에 빠진 듯했다. 첫째는 베트남전쟁, 다음에는 워터게이트 사건, 그 다음에는 카터 대통령 재임 중에 이란의 팔레비 왕이나 아나스타시오 소모사(Anastasio Somoza) 같은 주요 동맹을 보호하지 못했다는 비난을 받았다. 특히 니카라과의 독재자 소모사 정부는 1979년 여름에 마르크스주의 산디니스타 조직에 전복당했다. 그해 11월에 일어난 사건은 최악이었는데, 이란인들이 테헤란의 미국 대사관에 침입해 외교관과 군 경비 요원 수십 명을 인질로 잡아두었다. 이 치욕스러운 사건과 함께 몇 주 뒤에는 곧바로 소련이 아프가니스탄을 침공하자, 마치 워싱턴은 어디서나 수세(守勢)를 취하고 모스크바는 승승장구하는 것처럼 보였다. 키신저는 널리 만연한 비관주의를 포착하고, 그해에 출판한 첫 번째 회고록에서 다음과 같이 인정했다. "소련이 2차 세계대전에서 회복하면서 미국은 **상대적으로** 입지가 약해졌다. 미국의 군사·외교적 입지는 1940년대 말에 봉쇄정책을 **개시했을 당시**보다 전혀 나아지지 않았다."[39]

　그러나 이 경우에 키신저는 역사학자로서 기민하지 못했다. 소련과 바르샤바조약 동맹국들은 몰락의 길로 들어섰고, 데탕트는 그들의 어려운 실정을 은폐하고 있었다. 이 점은 오래전부터 확실했고, 이때 더욱 확실해져야 했다. 이를 암시해주는 일이 1970년 3월에 찾아왔다. 이때 동독 당국은 동방 정책의 의미로 서독 수상 브란트를 에르푸르트에 초청했는데, 어리석게도 그에게 광장이 내다보이는 창문이 달린 호텔 방을 잡아주었다. 그리고 동독인 수백 명이 그 아래 모여서 내방객 브란트 수상을 환호하며 맞았을 때는 심히 당황스러워 했다. 공산당 간부들은 "에르푸르트 회의 준비는 사회주의와 제국주의 간 계급투쟁에서 주요 구성요소로서 완전히 인식되지 않았다"[40]라고 인정했다.

　더욱 심각한 불만 표시는 12월에 폴란드에서 일어났다. 식료품 가격에 항의하며 그단스크와 그디니아에서 파업 중이던 노동자들을 향해 폴란드 군대가 발포를 함으로써 수십 명이 목숨을 잃었다. 주목할 것은 이 위기에서 모스크바는 브레주네프 독트린을 발동시키지 않았다는 점이다. 대신에 소련 지도층은 소비재 제품 증산(增産)을 지시했고, 식량과 기술을 서유럽과 미국으로부터 수입해오도록 승인했다. 이렇게 해서 이 지역의 안정은 무력 사용이 아니라 자본주의자들이 자진해서 신용을 공여하는 의지 여하에 달리게 되었다. 이는 마르크스-레닌주의 정권이 지닌 현저한 취약점이었다.[41]

　유가(油價) 상승으로 맞는 횡재에도 문제가 없진 않았다. 소련은 유가 상승을 동유럽에 적용하기로 결정했다. 이 때문에 동유럽의 석유 매입 비용이 1년 안에 배로 늘어났다. 서방 진영이 직면했던 원유 가격 인상만큼 그렇게 극적이지는 않았지만, 이 예상치 못한 비용은 모스크바가 달성하기를 바라던 생활수준의 향상을 저해했다.[42] 한편 엄청나게 늘어나는 원유 판매 수입으로 소련 경제기획 관리들이 경제를 보다 생산적으로 개선할 유인책이 적어졌다. 국내총생산(GDP)이 미국의 **6분의 1**밖에 안 되던 1970년대 말에 미국 국방 예산의 **3배**나 되는 부담을 유지한다는 것은 소련에 전혀 원동력이 되지 못했다.[43] "우리는 정치적으로 명백한 필요성도 없이 스스로를 무장하는 데 중독돼 있었다."[44] 아르바토프는 이렇게 회고했다. 그리고 원유는 그런 중독에도 연료가 되어주었다.

이 관점에서 소련이 아프리카의 마르크스 혁명 분자들을 지원하고, SS-20를 배치하고, 아프가니스탄을 침공한 일은 세계의 세력 균형을 변화시키려고 조정한 전략처럼 보이지 않았고, 오히려 전략이 전혀 없는 것처럼 비쳤다. 뜻밖의 횡재〔유가 상승〕가 영속하리라고 추정한 것은 어떤 논거였는가? 소련이 경제적으로 의존해왔던 나라들을 도발한 것은 어떤 정권인가? 1975년 헬싱키에서 그랬던 것처럼 인권 옹호를 직접 공약하더니, 자국민이 인권을 주장하자 놀라는 것은 도대체 어떤 지도층인가? 브레주네프의 우유부단한 통치 아래서 소련은 효과적인 전략을 갖는 가장 기본적인 과업, 즉 선택한 목적을 달성하기 위한 수단을 효율적으로 수행하는 것도 불가능해졌다. 이제 어딘가에 있는, 그런 능력을 갖춘 지도자들에게 기회가 열렸다.

[V]

그 지도자들은 요한 바오로 2세처럼 예기치 않았던 곳에서 출현했다. 아마도 그런 점이 예기치도 않았던 관점에서 1970년대의—사실은 냉전 기간 전체—판에 박힌 지혜에 의문을 품게 했을 것이다. 그들은 희망을 걸었던 데탕트가 거의 변화를 가져오지 않았다는 사실을 이용했다. 그들은 **개인적**인 강점을 최대한으로 구사했는데, 타고난 성품, 난관에 직면할 때 보이는 불굴의 의지, 용감한 기백과 솔직함, 그리고 무엇보다 극적인 기교를 수백만 명이나 되는 사람들에게 전달했을 뿐 아니라 이런 장점을 포용하도록 설득하는 데 이용했다. 이들은 1980년대를 1970년대와는 놀라우리만큼 다르게 만들었다. 그리고 냉전을 종식시키는 절차를 시작했다.

예를 들어 마오쩌둥의 오랜 추종자였으며 그 옆에서는 거의 보이지도 않던 5척 단신의 한 인물이 중국공산당 권력을 이용해 시장경제를 도입했다. "쥐만 잡을 수 있다면, 흰 고양이건 검은 고양이건 문제될 것 없다."〔不管白猫黑猫, 會捉老鼠就是好猫〕덩샤오핑은 자주 이렇게 말했다. 고양이—고양이는 이데올로기를 의미한다—에 대한 덩샤오핑의 견해는 문화혁명기간 중에 마오쩌둥과 문제를 일으켰다. 그리고 닉슨이 1972년 베이징을 방문했을 당시에는 가족과 함께 하방(下放)을 당해 채소 재배, 벌목, 트랙터 수리 공장 작업을 했고, 홍위병들이 건물 지붕에서 내던져 평생 불구자가 된 아들을 간호했다. 마오쩌둥은 그 다음 해에 덩샤오핑을 베이징으로 다시 불러들였는데, 덩샤오핑은 "세월의 70퍼센트는 선행을, 30퍼센트는 악행을 행했다"고 자인했다. 그러나 마오쩌둥은 1976년에 다시 그를 숙청했다. 늘 다시 일어서는 덩샤오핑은 중국 남방으로 가서 은신했다. 그리고 복권(復權)하기를 끈기 있게 기다렸다. 그 시일은 그해 9월 마오쩌둥이 사망한 직후에 찾아왔다. 1978년 말 덩샤오핑은 경쟁자들을 모두 물리치고 중국의 '최고' 지도자가 되었다.[45]

그는 그 즈음 마오쩌둥이 그 세월 동안 70퍼센트는 잘했고, 30퍼센트는 잘못했다고 주장함으로써 전임자를 놓고 형세를 뒤집었다. 이것은 이제 당의 교지(教旨)가 되었다.[46] 마오쩌둥이 "잘한" 일이란 중국을 강대국으로 부흥시키고, 공산당의 정치적 독점을 유지하고, 소련에 반격하는 방편으로 미국과 국교를 맺은 것이었다. "잘못한" 일은 끔찍하게 관리해온 계획경제를 채택한 것이었다. 덩샤오핑은 이 잘잘못에 관한 백분율 발표와 함께 상당히 차별화된 노선을 추구할 여유를 갖게 되었다.

이는 지방과 지역 차원에서 시장을 실험하는 일이었고, 그후 덩샤오핑은 효과가 있는 것은 무엇이든 마르크스-레닌주의 원칙과 모순되지 않는다고 선언했다. 이와 같이 밑에서부터 위로 올라가는 방법을 통해 그는 공산당이 두드러지게, 심지어 근본적으로 인민들의 생활을 향상시킬 수 있음을 보여주었는데, 이는 오로지 자본주의를 채택함으로써만 가능했다. 중국의 1인당 소득은 1978년과 1994년 사이에 3배로 뛰었고, 국내총생산은 4배가 되었다. 수출은 10배수로 확대되었다. 그리고 1997년 덩샤오핑이 사망할 즈음 중국은 세계 경제 대국 중 하나가 되었다.[47] 이와 대조적으로 소련 경제는 높은 원유 가격에도 불구하고 침체해서 1970년대에 전혀 성장을 실현하지 못했고, 1980년대 초반에는 사실상 위축되었다. 이 대조적인 현상은 소련 지도자들이 비난에서 벗어날 수 없는 고발장이 되었다. 1993년에는 그 얼마 전에 퇴출된 미하일 고르바초프가 침울한 기분으로 논평했다. "결국 중국은 오늘날 10억이 넘는 인구를 먹여 살릴 수 있게 됐다."[48]

영국의 첫 여성 수상이 서유럽의 사회 복지국가에 도전하리라는 것도 도저히 예상할 수 없었던 일이다. 마거릿 대처가 집권하게 된 경로는 덩샤오핑과 마찬가지로 수월하지 않았다. 그녀는 재산도 사회적 지위도 없는 집안에서 출생해 남성이 지배하는 기성 정치권에서 성차별로 인한 불이익을 받으면서도 열심히 노력했고, 야심을 숨기지 않고 과감한 발언을 마다하지 않으며 정상(頂上)에 올랐다. 마거릿 대처가 주로 표적으로 삼은 것은 높은 세금, 국영 기업체, 노동조합에 대한 굴종, 방해가 되는 정부 규제 등이었다. "민주사회주의[Democratic socialism: 사회주의 운동가들이 그들의 정치철학에 깃든 민주적 성격을 강조하는 말로, 사회민주주의 (social democracy)와 동의어처럼 쓰이고 있다. 공산주의와는 차별해 사용한다─옮긴이]는 어떤 정부 이론보다도 영국에서 가장 공정한 시험을 받았다. 그러나 그것은 모든 면에서 참담하게 실패했다" 훗날 그녀는 이렇게 주장했다. 집권 11년 만에 그녀가 이루어놓은 결과는 덩샤오핑만큼은 인상적이지 않았지만, 공기업 민영화, 규제 철폐, 기업가 장려(비평가들은 이를 심지어 욕망이라고 말했지만) 등으로 국민의 지지를 폭넓게 얻었다.[49] 이는 또한 마르크스주의에 타격을 입혔다. 만약 자본주의가 진정 '서민'을 착취했다면, 어째서 그들 중 그렇게 많은 이들이 '철의 여인'에게 갈채를 보냈을까?

대처는 데탕트에 대해서도 거리낌 없이 말했다. 그녀는 취임 직후 미국 청중들에게 다음과 같이 언명했다. "우리는 소련의 동기에 관해 이러니저러니 논할 수 있겠지만, 사실 소련은 무기가 있고 그것도 점점 많아지고 있습니다. 이는 서방 진영이 대응해야 할 간단명료하고 냉정한 분별력입니다." 그녀는 소련이 아프가니스탄을 침공했을 때 놀라지 않았다. "소련은 서방 진영의 약점과 난맥상을 포착하고 악용하는 데 **데탕트**를 가차 없이 활용했다. 나는 그 야수성(野獸性)을 알고 있다."[50] 처칠 이후로 영국 지도자가 이런 식으로 언어를 사용한 적은 없었다. 갑자기, 완곡한 표현이 아닌 **말**(words)이 상투성 대신 **진실**을 알리는 데 다시 쓰이고 있었다. 캘리포니아에서는 전직 배우에서 정치가로, 다시 방송인으로 변신한 사람이 영국의 신임 총리를 절찬하는 평론을 했다. 로널드 레이건은 "나는 이 이상 흡족할 수 없었다"라고 라디오 청취자들에게 말했다. "우리의 첫 만남 이래로, 나는 그분을 힘차게 성원해왔다. 만약 누군가가 영국 국민들이 **두려움 없이** 2차 세계대전 때 홀로 영국 전투(Battle of Britain)를 치렀을 당시의 위대함을 영국에 상기시킨다면 …… 그는 영국 언론이 '매기'(Maggie)라는 애칭을 붙인 영국 수상, 바로 그 사람일 것이다."[51]

얼마 안 가서 레이건은 미국 대통령 입후보를 선언하면서 **그가** 데탕트에 관해 생각하고 있었던 내용을 분명히 밝혔다. "그것은 추수감사절까지, 농부가 칠면조에게 해야 하는 일 아닌가요?"〔추수감사절에 칠면조 요리를 해야 하는 것처럼 데탕트를 죽여야 한다는 의미—옮긴이)[52] 그가 권력에 오른 것은 덩샤오핑, 대처, 요한 바오로 2세가 그랬던 것처럼 예상하기 어려웠을 것이다. 그러나 최소한 그의 연기력은 전문적으로 습득되었다. 영화배우로서 그의 명성은 냉전보다도, 2차 세계대전보다도 앞섰다. 그리고 정치에 입문할 때 그것은 이점으로 작용했다. 이 때문에 또한 그의 반대파들은—어떤 때에는 심지어 그의 친구들까지도—그를 평가절하했다. 이는 중대한 실수였으며 미국 국민이 여러 해 동안 봐왔듯이 레이건은 재능이 넘치는, 명민한 대전략가였다.[53] 그의 강점은 복잡성을 넘어 단순함을 식별하는 능력에 있었다. 그가 식별한 것은 간단명료하게 이렇다. 데탕트는 냉전을 영속시켰고, 또 영속하게끔 되어 있었기 때문에, 오로지 데탕트를 소멸시켜야만 냉전이 냉전을 종식시킬 수 있다.

레이건은 믿음과 두려움과 자신감을 통해 이 자리에 올랐다. 그에게는 민주주의와 자본주의가 공산주의에 승리할 것이라는 신념이 있었다. 1975년에 레이건은 공산주의는 "일시적 파행 현상이며 인간 본성에 반하기 때문에 언젠가 지구에서 사라질 것"이라고 예견했다.[54] 동시에 그에게는 공산주의가 사라지기 전에 핵전쟁으로 인해 인류가 사라질 것이라는 두려움이 있었다. "우리는 강대국들이 가공할 파괴력을 지닌 미사일을 …… 서로 겨누는 세계에 살고 있다. ……그것은 몇 분 내에 각각 상대 국가에 도달해 우리 문명사회를 실질적으로 파괴할 것이다." 1976년에 그는 이렇게 경고했다.[55] 그 결과로 공산주의도 핵무기도 더 이상 존재하지 않게 될 것이다. 그러나 데탕트는 이 두 가지가 병존하도록 지켜주었다. "저는 여러분에 대해 아는 것이 없습니다." 1977년 레이건은 라디오 청취자들에게 말했다. "그렇지만 데탕트를 유지하지 못할 것 같다고 머리를 쥐어뜯으며 공포에 빠지지는 않습니다."[56] 그를 1980년 11월 대통령 선거에서 카터를 누르고 압도적으로 승리함으로써 동시대 다른 위인들, 다른 명배우들과 같은 반열로 이끈 것은 바로 그 쾌활한 자신감이었다. 이 자신감은 레이건 자신이 위협받지 않는 것처럼 보이면서 데탕트를 위협한 그의 능력이기도 했다.

그리고 한 사람이 더 있는데,—공교롭게도 또 폴란드 사람이었다—
몇 개월 전만 해도 그의 이름을 아는 사람이 거의 없었다. 작은 키에 늘
어진 콧수염, 찰리 채플린 같은 몸짓을 보였던 그는 1970년 그단스크 조
선소에서 총격을 목격했고, 노동조합 결성을 시도하려다 1976년에 해
고당한 바 있었다. 그리고 1980년 8월 14일, 항의 시위가 다시 시작되면
서 조선소 소장은 격분한 군중을 진정시키려고 애쓰고 있었다. 레흐 바
웬사는 뒤에 있던 굴착기 위로 기어올라 어깨를 가벼이 두드리고 이렇
게 소리 질렀다. "저를 기억하십니까?" 2주 후(굴착기, 트럭, 조선소 정문 위
에서 지지자들을 여러 번 규합한 다음) 바웬사는 마르크스-레닌주의 세계에
서 처음으로 독립적 · 자율적인 노동조합을 결성하자고 선언했다. 그가
솔리다르노시치 헌장(憲章)에 공동 서명했던 펜에는 요한 바오로 2세의
모습이 새겨져 있었다. 로마에서 교황은 자신이 이 일에 찬성했다는 사
실이 조용하면서도 확실히 알려지도록 했다.[57]

이때는 여러 경향이 하나로 집중되던 시점이었다. 첫째, 여러 세기에
걸쳐 강력한 인접국들이 폴란드를 질식시키려 했어도 폴란드 국민 특
유의 정체성은 살아남았다. 둘째, 전쟁과 혁명, 점령을 수십 년간 거치
고도 교회는 자율성을 유지하는 데 성공했다. 셋째, 폴란드 국가에서는
2차 세계대전 이후 경제 운영에 무능력했던 집권당의 이데올로기가 이
제 신빙성을 잃었다. 그러나 이런 추세는 저절로 수렴되지 않는 법이다.
지도자들이 그렇게 만들어야 한다. 여기에서 크라쿠프 출신 사제 배우
와 그단스크 출신 전기기사 배우가 서로 상대의 강점을 살려 연기했다.
그만큼 이들 두 사람 모두를 무대에서 제거하려는 계획도 꾸며졌다.

행동 대원은 젊은 터키인 메메트 알리 아그자(Mehmet Ali Ağca)였다. 그

는 1981년 1월 로마를 방문하려던 바웬사를 살해할 계획을 꾸몄던 듯하고, 1981년 5월 13일에는 성 베드로 광장에서 교황을 저격해 거의 암살할 뻔했다. 아그자가 불가리아 정보기관과 연줄이 있다는 사실은 곧바로 밝혀졌다. 이 사건에 소련이 연루되었는지 여부를 입증하기는 그보다 어려웠지만, 불가리아가 소련의 승인 없이 이처럼 중대한 작전을 홀로 감행했으리라고 믿을 수도 없었다. 이탈리아 검찰청 보고서는 이 점을 강력히 시사했다. "모든 비밀이 또 다른 비밀에 봉인된 어떤 비밀 장소에서 막강한 힘을 지닌 어떤 정치적 인물이 …… 동구권 세력의 필요성을 염두에 둘 때 필연적으로 보이티와 교황을 살해해야 한다고 결정했다." 교황의 전기 작가는 이 점을 더욱 솔직하게 표현했다. "가장 간단명료한 해답은 …… 소련이 이 사건에 결백하지 못하다는 것이다."[58]

요한 바오로 2세는 쾌유되었고, 신께서 간여하신 덕분에 살아났다고 말했다. 그러나 자유 노조 솔리다르노시치의 생존은 점점 위험에 처하고 있었다. 공산주의 정부가 다른 누군가와 권력을 공유한다는 점에 경악한 크렘린 지도부는 폴란드 당국에 자유 노조를 탄압하라고 압력을 가했다. "우리 친구들은 우리의 권고를 듣고 찬성했건만, 사실상 아무 조처도 취하지 않았다. 그리고 반혁명은 모든 전선으로 나아가고 있다." 브레주네프는 화가 나서 씨근거렸다. 이런 현상은 심지어 소련 내부까지 뿌리를 내릴 수 있었다. 폴란드에서 일어나고 있는 사태는 "우리나라 서부 주(州)에 …… 영향을 끼치고 있다. 이에 더해 …… 그루지아 일부에서 사람들이 떼를 지어 소련 반대 구호를 외치는 자생적인 시위가 불같이 일어났다. ……그래서 우리는 여기에서도 엄격한 조치를 취해야 한다."[59] KGB 의장인 유리 안드로포프는 이렇게 경고했다.

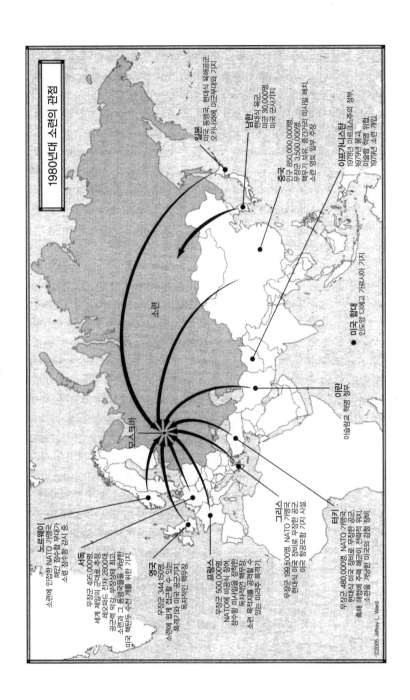

1980년대 소련의 관점

일본
미국 동맹국, 현대식 육해공군.
오키나와에 미군부대와 기지.

남한
현대식 육군,
미군 30,000명.
미국 군사기지

중국
인구 850,000,000명.
무장군 3,500,000명.
핵무기 보유. 중거리 미사일 배치.
소련 영토 일부 주장

아프가니스탄
1978년 미군공구주의 정부.
1978년 미르크스주의 정부.
1979년 봉기.
이슬람 혁명 위협.
1979년 소련 개입.

이란
이슬람교 혁명 정부

미국 함대
인도양 디에고 가르시아 기지.

소련

쿠스타

노르웨이
소련에 인접한 NATO 가맹국.
해안 잠수함 부대기지.
소련 잠수함 감시 중.

서독
무장군 495,000명.
세계 재일의 군대로 추정.
레오파드 전차 2600대.
공군력 막강. 무장병력 최고.
소련과 그 동맹국들을 겨냥한
미국 핵탄두 수천 개를 위한 기지.

영국
무장군 344,150명.
소련에 쉽게 접근할 수 있는
독자적인 미국 공군기지.
독자적인 해군력.

프랑스
무장군 500,000명.
NATO에 비공식 참여.
잠수함 미사일을 장착한
독자적인 해군장.
소련 목표지를 공격할 수
있는 미국식 독격기.

그리스
무장군 199,500명. NATO 가맹국.
현대식 미국 장비로 무장한 공군.
미국 항공모함 기지 시설.

터키
무장군 480,000명. NATO 가맹국.
현대식 미국 장비로 무장한 공군.
흑해 해협들 주변 해군이 해군이 위치.
소련을 겨냥한 미국의 감청 정비.

©2005, Jeffrey L. Ward

폴란드인들에게 경고하고 자국 내 반체제 분자들에게 엄한 조치를 취한 것과 별도로, 소련이 자유 노조가 던지는 도전장에 어떤 조처를 취할 수 있을지는 전혀 명확하지 않았다. 레이건이 당선되었으니 폴란드 점령은 아프가니스탄 침공 때 카터가 보인 대응보다 훨씬 거센 반응을 야기할 것임이 확실했다. 한편 붉은 군대는 전쟁 비용과 사상자 수가 늘어나면서 아프가니스탄에서 수렁에 빠졌다. 폴란드를 상대로 군사 행동에 나설 경우 반드시 생겨날 서방권의 경제제재가 더 심해진다면 소련으로서는 동유럽을 지원해야 하고, 소련 경제는 그 과중한 부담을 견딜 수 없을 것이다. 더군다나 폴란드의 상황은 1968년 체코슬로바키아 때와 달랐다. 아나톨리 그리브코프(Anatoly Gribkov, 1919~2008: 소련군 장성으로서 냉전 기간에는 소련군 최고사령부에서 근무했고, 1989년 전역할 때까지 바르샤바조약기구 참모총장을 역임했다—옮긴이) 장군은 상관들에게 경고했던 일을 다음과 같이 회상했다.

체코슬로바키아 사태는 최고 권력층에서 시작되었다. 반면 폴란드에서는 자국 정부와 폴란드 통일 노동당 지도층을 믿을 수 없게 된 인민들이 봉기하면서 사건이 전개되었다. ……폴란드 군대는 전투태세가 갖춰져 있고 애국적이다. 그들은 자국민들을 상대로 발포하지 않을 것이다.[60]

1981년 12월, 소련공산당 정치국은 이 일에 개입하지 않기로 결정했다. 안드로포프는 동료들에게 "폴란드가 '솔리다르노시치' 수중에 떨어진다 해도 그 방침을 고수할 것이다"라고 말했다. "만약 자본주의국가들이 소련에 달려든다면 …… 우리는 대단히 버거울 것이다. 우리는 무엇보다도 우리 자신의 국가를 염려해야 한다."

크렘린의 최고 이론가인 미하일 수슬로프〔Mikhail Andreyevich Suslov, 1902~1982: 공산주의 이론가이며 소련공산당 정치국원 겸 서기. 스탈린 통치 기간 중 출중한 지성인으로서 이후에도 소련의 정책 입안에 막강한 입지를 점했다. 1964년 흐르쇼프를 축출하고 브레주네프를 추대하는 데 큰 공을 세웠다—옮긴이〕도 이에 동감했다. "만약 군 부대가 투입된다면 그것은 곧 재앙을 의미할 것이다. 본건에 대해서는 이견이 없을 것으로 생각한다. 군 부대 투입은 전혀 고려할 수 없다."[61]

이 결정은 두 가지 측면에서 놀랄 만한 일이었다. 첫째, 이는 브레주네프 독트린의 종언을 의미한다. 따라서 소련이 동유럽에서 세력권을 보전하기 위해—1956년 헝가리, 1953년 동독까지 거슬러 올라가는—무력을 사용하려는 의지도 종말을 맞았다.

이것은 또한 세계에서 가장 강력한 마르크스-레닌주의 국가가 이제는 국경을 넘어 프롤레타리아를 대표하지 못한다는 점을 인정한 것과 같다. 적어도 폴란드에서는 노동자들 스스로가 이 사상을 거부했기 때문이다. 이런 결론이 그 당시에 알려졌다면, 소련 당국은 1989년이 아니라 그보다 8년 앞서 무너져 내렸을 것이다.

그러나 그것은 알려지지 않았다. 극화에 성공한 드문 예이지만, 소련 정치국은 폴란드 새 지도자인 보이치에흐 야루젤스키(Wojciech Jaruzelski) 장군에게 소련이 **이제 곧** 무력 개입을 할 것이라는 확신을 심어주었다. 필사적으로 그런 결과를 막으려 했던 야루젤스키는 1981년 12월 13일 새벽에 마지못해 계엄령을 선포하고 자유 노조 솔리다르노시치의 조직책들을 투옥했다. 그리고 노동자 국가 안에서 노동자의 자율성을 부여하는 실험을 돌연 끝내버렸다. 배우 레흐 바웬사는 이런 일을 대비해 대사를 준비해놓았다. "지금은 당신네들이 패배하는 순간이오. 이런 작태는 공산당의 관에 마지막 못을 박는 것이오." 바웬사는 그를 체포하러 온 사람들에게 이렇게 말했다.[62]

[VI]

교황 암살 미수 6주 전인 1981년 3월 30일, 또 다른 암살범이 레이건에게 총격을 가해 거의 살해할 뻔했다. 소련은 이 사건과 아무런 관계가 없었다. 이 사건은 존 힝클리(John W. Hinckley)라는 정신 나간 청년이 우상으로 여기던 영화배우 조디 포스터(Jodie Foster)의 주목을 끌기 위해 벌인 일이었다. 이 치명적인 행동 뒤에 놓인 황당한 동기는 역사에서 개인의 중요성과 취약성을 암시해준다. 레이건의 부통령이었던 조지 H. W. 부시(George H.W. Bush)가 그 시점에 대통령직을 승계받았다면 레이건의 임기는 역사상 각주에 머물렀을 것이고, 미국이 현상 유지하는 냉전에 도전하는 일도 아마 없었을 것이다. 부시는 그 세대 해외 정책 전문가들 대다수가 그랬듯이 냉전 갈등을 항구적으로 나타날 국제 풍경이라고 보았다. 그러나 레이건은 바웬사, 대처, 덩샤오핑, 요한 바오로 2세와 마찬가지로 전혀 그렇게 보지 않았다.[63]

레이건은 인습적인 지혜의 속박을 타파하기 위한 말의 힘, 사상의 잠재력, 그리고 **드라마** 활용을 믿는다는 면에서 그들과 공통점이 있었다. 그가 보기에 냉전은 그 자체가 틀에 박힌 인습이 되어 있었다. 수많은 곳에 그렇게 많은 지성들이 있었지만, 체념한 채로 그저 냉전의 영속성을 감수하고 있었다. 그는 소련의 약점을 이용하고 서방 진영의 강점을 강조함으로써 냉전의—그가 생각하기에 주로 심리적인—교착 상태를 타개하려 했다. 그가 선호한 무기는 대중 연설이었다.

그 첫 사례는 레이건에게 죽음이 살짝 스쳐간 지 겨우 한 달 반 남짓한 1981년 5월 17일 노트르담대학에서 나왔다. 그로부터 바로 5일 전에 교황이 저격 당한 사건이 있었으니, 이것은 인생무상 인명재천을 엄숙하게 반추해볼 기회가 될 수 있었다. 그러나 요한 바오로 2세의 "두려워말라"라는 정신으로 눈에 띄게 회복한 레이건 대통령은 청중들에게 "앞으로 다가올 몇 년은 이 나라를 위한, 그리고 자유의 명분과 문명의 확산을 위한 위대한 기간이 될 것입니다"라고 확신을 심어주었다. 그런 다음에는 과감한 예측을 했다. 이 연설은 평상시와 다름없이 이루어졌기에 더더욱 인상적이었다.

서방 진영은 공산주의를 수용하지 않을 것이며, 공산주의를 초월할 것입니다. 공산주의를 규탄하지 …… 않을 것입니다. 공산주의를 해체시킬 것입니다. 공산주의는 인류사에서 해괴한 장으로 남을 것이며 그 마지막 페이지는 지금도 여전히 기록되고 있습니다.

이는 완전히 새로운 어조였다. 경쟁적인 초대강국으로서 소련과 공존하는 법을 배울 필요가 있다는 고위층의 성명이 있은 지 여러 해 만이었다. 레이건은 소련 권력의 **일시적인** 특성과, 서방 진영이 소련의 종말을 기대할 수 있다는 확실성에 초점을 두었다.[64]

레이건은 1982년 6월 8일에 보다 극적인 무대에서 이 주제를 발전시켰다. 그는 대처 수상이 참석한 가운데 웨스트민스터에서 진행된 영국 의회 연설을 기회로 삼았다. 레이건은 폴란드가 "[유럽] 문명에 지대한 공헌을 해온" 국가이며 "당당하게 압제에 타협하지 않음으로써" 지금도 계속 공헌하고 있다면서 폴란드를 먼저 거론했다. 그리고 1946년 처칠의 '철의 장막' 연설을 청중들에게 상기시켰다.

발트 해의 슈체친부터 흑해의 바르나까지 전체주의가 심어놓은 정권들은 정당성을 확립하기 위해 30년 넘는 세월을 보냈습니다. 그러나 그 어느 정권도, 단 한 정권도 자유선거를 감히 실행해보지 못했습니다. 총검으로 심은 정권은 뿌리를 내리지 못합니다.

레이건은 또한 카를 마르크스는 옳았다고 인정했다. "우리는 거대한 혁명과 같은 위기를 목격하고 있다. ……경제 질서에 대한 요구가 정치 질서에 대한 요구와 직접 상충하고 있다." 그러나 그 위기는 자본주의 서방 진영이 아니라 "인간의 자유와 인간의 존엄성을 부정함으로써 역사의 조류에 역행하면서" 한편으로는 "자국민조차 먹여 살리지 못하는" 나라, 소련에서 일어나고 있었다. 모스크바의 핵 역량도 이런 현실의 방패막이가 되어주지 못한다. "어떠한 체제라도 지도자를 정당화할 평화적인 수단이 없으면 태생적으로 불안정하다." 레이건은 레온 트로츠키를 빗대어 바꿔 말하면서 연설을 끝냈다. "자유와 민주주의의 행진은 …… 마르크스-레닌주의를 역사의 잿더미로 남겨둘 것이다."[65]

이 연설은 소련 지도자들이 이미 감지한 불안감을 더 키워주는 데 아주 적절했다. 계엄령은 폴란드 개혁의 뚜껑을 덮었지만, 이는 오히려 폴란드는 물론 다른 동유럽 국가에 분노만 일으키고 말았다. 아프가니스탄은 유혈 상태로 교착화되었다. 원유 가격이 급락하자 소련 경제는 엉망진창이 되었다. 그리고 소련을 운영했던 사람들은 문자 그대로 그 상태를 실증해주는 것 같았다. 브레주네프는 결국 여러 질병으로 1982년 11월에 사망했다. 게다가 브레주네프를 승계한 안드로포프는 1년 반 뒤에 목숨을 앗아갈 신부전을 앓고 있었다. 브레주네프보다 다섯 살 적고 안드로포프보다 세 살 더 많았지만 활기에 넘쳤던 레이건과는 아주 대조적이었다. 레이건은 신앙을 활용했다. "이 세상에는 죄(罪)와 악(惡)이 존재합니다." 그는 1983년 3월 8일에 미국 복음주의 협회(National Association of Evangelicals)에서 교황이 쓸 법한 단어로 일깨웠다. "그리고 우리는 모든 힘을 다해 이에 맞서라는 명을 성서와 구주 예수님에게 받았습니다." 공산주의가 "국가 지상주의를 전파하고 개인에 대한 무소불위의 힘을 선언하며 또한 궁극적으로 이 지구상의 만백성을 지배하리라고 예고하고 있는 한, 그들은 바로 현대 세계에서 악의 중심(the focus of evil)입니다." 그러므로,

저는 미국을 군사적·도덕적으로 열등한 입지에 두려는 자들에게 거리낌 없이 반대의 목소리를 높이자고 여러분에게 강조합니다. ……저는 오만의 유혹을 경계할 것을 강조합니다. ……역사적 사실과, 악의 제국이 보이는 공격적인 충동을 〔무시하며〕 양측이 똑같이 과오가 있다고 분류하려는 유혹을 스스로 경계할 것을 강조합니다.

레이건이 나중에 시인했듯이, 그는 "고의적으로" 이 어구를 골라 연설했으며 "그게 먹혀들어갔으리라 생각"했다.[66] 이 '악의 제국' 연설은 레이건이 데탕트의 핵심적 과오로 여겼던 관념, 즉 소련은 2차 세계대전 이후 국제 체제에서 미국을 비롯한 서방 민주주의국가들과 동등하게 지정학적, 사상적, 경제적, 도덕적 정당성을 확보했다는 관념을 들춰내기로 마음먹은 연설 공세의 완결판이었다.

그러나 레이건의 공세는 말에만 국한되지 않았다. 그는 카터가 추진했던 군비 증액을 가속화했다. 1985년에는 미국 국방부 예산이 1980년보다 거의 2배 가까이 되었다.[67] SALT II 조약을 부활시키기 위한 조치는 전혀 취하지 않았다. 그 대신 전략무기 **감축** 협정(Strategic Arms Reduction Talks, START)을 제안했지만, 국내 비판자들과 소련 측은 무기 통제 절차를 통째로 무효화하려는 시도라며 조롱했다. 소련이 SS-20 미사일을 **전부** 해체하면, 퍼싱 II와 크루즈 미사일을 배치하지 **않겠다**고 제시했을 때도 비슷한 반응이 나왔다. 소련이 이 '제로 선택'(zero-option)〔레이건이 1981년 11월 18일에 미국의 중거리 핵 미사일을 유럽에서 철수하겠다고 제안한 것에 부쳐진 이름이다. 미국이 미사일을 철수하는 대가로 소련은 미사일 1100개를 제거하라는 요건이 따랐다. 소련이 이를 거절할 것이 분명하여 미국은 반대 의견 없이 새 미사일을 추가로 배치할 수 있게 되었다—옮긴이〕을 거만하게 거부하자, 미국 내에서 핵 동결 운동이 광범위하게 퍼지고 서유럽에서 반핵 시위가 높아지는 가운데서도 NATO의 새 미사일 배치가 진행되었다.

그러나 레이건이 가장 중요한 조치를 내린 것은 1983년 3월 23일이었다. 그는 상호 확실 파괴의 개념을 부정함으로써 크렘린, 미국 군비제한 전문가, 그리고 그의 보좌관 대다수를 놀라게 했다. 그는 상호 확실 파괴라는 개념이 비상식적이라고 생각해왔다. 이것은 마치 옛날 서부 개척 시대에 총잡이 두 명이 "술집에서 상대방 머리에 총을 겨눈 채 꼼짝 않고 서 있는" 꼴과 같았다. 그는 날아오는 미사일을 방어할 길이 없다는 것, 그리고 전쟁 억지력이라는 괴상한 논리로는 이런 사실이 좋은 일이 될 수도 있음을 알고 충격을 받았다.[68] 그래서 전국으로 중계된 텔레비전 연설에서 그는 이런 질문을 던졌다. "소련의 전략 탄도 미사일이 우리 나라나 동맹국 영토로 떨어지기 전에 요격해서 파괴할 수 있다면 …… 어떻게 되겠습니까?" 그것은 지난 20년간 워싱턴에서 책임 있는 지위에 있는 어느 누구도 감히 묻지 못했던 '벌거벗은 임금님의 새옷' 같은 질문이었다.

그 이유는 미·소 관계에서 **안정**을 그 무엇보다 최우선 가치로 여겼다는 데 있다. 공격 무기에 대한 방위 체제를 구축하면 전쟁 억지력의 기반이 되는 이 미묘한 균형이 깨질 수 있다는 주장이 번져 나갔다. 만약 정적(靜的)인 용어로 생각한다면,─만약 핵 균형이 냉전의 본질을 분명히 하고 그 상태가 무한히 계속될 것이라고 가정한다면, 그것은 이치에 맞는다. 그러나 레이건은 진화적 용어로 생각했다. 그가 보기에 소련은 일단 경제력을 상실한 이상 이념적인 매력을 상실했으며 더 이상 초강대국으로 생존하는 것을 당연하다고 생각할 수 없었다. 그의 시각에서 볼 때 안정은 시대에 맞지 않았으며 심지어 부도덕한 우선순위가 되었다. 만약 소련이 붕괴한다면, 동유럽을 브레주네프 독트린에 담보로 계속 잡아두는 일이 정당화될 수 있을까? 또는 미국을 똑같이 상호 확실 파괴라는 지긋지긋한 개념에 잡아두는 일이 정당화될 수 있을까? 왜 해체를 서두르지 않는가?

이것이 바로 '전략 방위 구상'(Strategic Defense Initiative; SDI)이 의도했던 바다. 취약함이 안전보장을 제공한다는 주장에 대한 도전이었다. 이는 SALT I의 핵심으로 1972년에 체결되었던 탄도탄 요격 미사일 조약을 문제로 끌어왔다. 또한 이 구상은 소련의 컴퓨터 기술이 낙후되었다는 사실을 최대한 활용했는데, 소련에서도 자신들이 이 분야를 따라잡을 수 없음을 알고 있었다. 이는 핵전쟁 위험을 **감소시키는** 방안으로 전체 기획을 구성함으로써 평화 운동보다도 오히려 설득력을 얻었다. 레이건은 전략 방위 구상(SDI)의 궁극적인 목적은 핵무기를 동결시키는 것이 아니라 핵무기를 "무력화, 폐품화"(無力化, 廢品化)시키는 것이라고 주장했다.[69]

이 마지막 주제는 그 당시에 거의 모든 사람이 감을 잡지 못했던 레이건의 색다른 점을 반영했다. 그는 역대 미국 대통령 중 유일한 핵무기 폐기론자였다. 그는 이 사실을 숨기지 않았다. 그러나 우익 공화당의 반공주의자이자 친군부(親軍部)의 최고 지도자가 반핵주의자일 수도 있다는 가능성은 여러 가지 고정관념을 넘어선 일이었다. 그래서 그가 '악의 제국' 연설에서 표현한 바와 같이 "미국을 강하고 자유롭게 지키는 한편, 우리는 세계 핵무기고에서 실질적이면서 입증할 수 있는 핵무기 감축을 협상하고, 그리고 언젠가는 신의 도움으로 핵무기 완전 제거를 이뤄내겠다"는 거듭된 약속을 간파하기 어려웠다.[70]

레이건은 전략 방위 구상(SDI)에 깊숙이 관여했다. 앞으로 있을 협상에서 포기한다는 것은 유리한 카드가 아니었다. 하지만 그것을 허세용으로 쓰는 것을 배제하지는 않았다. 미국의 미사일 방어 능력 개발은 몇 년 또는 수십 년까지 걸릴 수 었었다. 그러나 레이건의 연설로 점점 두려워진 소련 지도층은 이런 상황이 곧 벌어질 것이라고 믿게 되었다. 도브리닌의 회고에 따르면, 소련 지도층은 "미국의 엄청난 기술 잠재력이 성과로 나타났다"고 확신했으며 "레이건의 발언을 진짜 위협으로 받아들였다."[71] 공격용 미사일 부문에서 미국을 따라잡느라 국가 자원을 소진했던 그들은 달성할 희망도 보이지 않는 기술이 요구되는 경쟁 상황에 새롭게 직면했다. 그런데 미국은 땀 한 방울도 흘리지 않는 듯했다.

크렘린의 반응은 거의 공황 상태에 가까웠다. 그때까지도 KGB 의장으로 있던 안드로포프는 워싱턴의 새 행정부가 소련 기습 공격을 계획하고 있으리라 결론지었다. "레이건은 예측을 할 수 없다. 그는 무슨 일이든 벌일 것이다."[72] 그로부터 2년간 첩보 비상사태가 뒤따랐다. 세계 곳곳에 배치되어 있던 소련의 첩보 요원들에게는 실제로 그런 준비가 진행 중인지 증거를 찾아내라는 지령이 떨어졌다.[73] 이 긴장 상태가 어찌나 심했던지, 1983년 10월 1일 한국(남한) 여객기 한 대가 우발적으로 사할린의 소련 영공으로 이탈했을 때 모스크바 군 당국은 최악의 사태를 상상하고 그 여객기를 격추하라고 명령했다. 이 사건으로 미국인 63명을 포함해 민간인 269명이 목숨을 잃었다. 안드로포프는 실수를 인정할 의사가 없었기에 이 사건이 "미국의 특수 기관이 조직한 정교한 도발 행위"였다고 주장했다.[74]

그 다음에는 한층 더 섬뜩한 일이 일어났지만 대중의 주목을 끌지는 않았다. 미국과 NATO 동맹국들은 여러 해 동안 추계 군사훈련을 실행해왔는데, 11월에 있었던 훈련—'에이블 아처(Able Archer) 83'이라고 명명된—에서는 여느 때와 달리 고위층이 참관했다. 소련 정보국은 이 기동훈련을 밀착 감시했고, 안드로포프와 그의 최고 보좌관들은 핵 공격이 임박했다고 보고서를 통해—잠시—결론 내리기도 했다. 이는 아마도 쿠바 미사일 위기 이래 가장 위험한 순간이었을 테지만, KGB 런던 지부에 잘 심어놓은 스파이가 영국 첩보 기관에 경보를 울리고 영국 기관이 미국에 이 정보를 전달할 때까지 워싱턴에서 이 일을 아는 사람은 아무도 없었다.[75]

이 일은 확실히 레이건의 주의를 끌었다. 핵전쟁의 위험을 너무 오랫동안 우려해왔기에 레이건 대통령은 긴장 해소를 목표로—대개는 일방적으로—이미 소련 관리들과 은밀한 접촉을 시작했다. 그는 '에이블 아처 83' 위기로 소련을 충분히 몰아쳤으니 이제 새로운 연설을 할 때가 왔다고 확신했다. 때는 조지 오웰의 운명적인 해가 시작된 1984년 1월 16일이었다. 그러나 독재자(Big Brother)는 어디에도 보이지 않았다. 대신 레이건은 오직 그만이 작성할 수 있는[다소 유치한—옮긴이] 대사로 미 · 소 관계를 짐과 샐리, 이반과 아냐 같은 일반 시민들의 든든한 손에 맡길 것을 제안했다. 백악관의 한 직원은 준비된 연설문에 육필로 덧붙여진 문구에 당황해 조금 큰소리로 외쳤다. "누가 이 쓰레기 같은 걸 썼지?"[76]

노련한 배우 레이건의 타이밍은 다시 한 번 적중했다. 안드로포프는 그 다음 달에 사망했고, 콘스탄틴 체르넨코(Konstantin Chernenko)가 그 자리를 이어받았다. 그는 마치 살아 있는 시체 같았고, 첩보 보고서가 경보를 울릴 만한 것인지 아닌지의 여부도 판가름하지 못할 정도로 병약한 노인이었다. NATO의 미사일 배치를 막는 데 실패하자, 그로미코 외상은 마지못해 군축 협상을 재개하기로 합의했다. 그동안 레이건은 매파와 비둘기파 양면으로 재선 운동를 하고 있었다. 11월에 그는 민주당 경쟁 후보자인 월터 먼데일(Walter Mondale)을 참패시켰다. 그리고 체르넨코가 1985년 3월, 74세 나이로 사망했을 때 레이건이 예언한 "마지막 페이지"와 역사의 "잿더미"가 완전히 문자 그대로 입증되는 듯했다. 마침 74세로 같은 나이였던 이 대통령은 또 다른 대사를 준비했다. "그들이 나를 두고 줄줄이 사망하면, 내가 어떻게 러시아 사람들과 성과 있는 일을 할 수 있겠소?"[77]

<h1 style="text-align:center">[VII]</h1>

"우리는 계속 이렇게 살 수 없소." 정치국에서 체르넨코의 후임 소련공산당 서기장으로 그를 지명하기 전날 밤, 54세인 미하일 고르바초프는 부인 라이사(Raisa)에게 이렇게 말했던 것을 회상한다.[78] 그만큼 고르바초프뿐만 아니라 아직은 살아 있는 그를 선출한 원로들에게도 이것은 분명한 사실이었다. 크렘린을 계속 노인정으로 운영할 수는 없었다. 스탈린 이후로 이렇게 젊은 인물이 소련 계급 서열의 정상에 오른 적은 없었다. 레닌 이후로는 대학 교육을 받은 소련 지도자가 한 사람도 없었다. 그리고 자국의 결점을 그렇게 노골적으로 드러내는 사람도 없었고, 마르크스-레닌주의 이념이 실패했음을 그렇게 솔직히 인정한 사람도 없었다.

고르바초프는 배우가 아니라, 법률가로서 훈련된 인물이다. 그래도 그는 최소한 레이건만큼은 능숙하게 성격을 활용했다. 체르넨코 장례식 당시 부통령으로서 미국 대표로 참석했던 부시는 귀국 보고에서 "고르바초프는 상대의 마음을 무장해제시키는 미소, 따뜻한 눈길, 그리고 불편한 이야기를 하고 나서는 다시 대화자들과 참된 의사소통을 구축하는 방식으로 마음을 끄는 법을 알고 있다"고 전했다. 국무 장관 조지 슐츠(George Shultz)도 장례식에 다녀왔는데, 고르바초프를 "내가 이제껏 만나본 여느 소련 지도자들과는 완전히 다른 사람"으로 묘사했다. 1985년 11월에 제네바 정상회담에서 고르바초프를 만난 레이건 자신도 "그의 용모와 스타일에서 푸근함"을 보았다. "내가 그때까지 만나본 소련 고위층 지도자들에게서 느꼈던 증오심에 가까운 냉랭함은 찾아볼 수 없었다."[79]

냉전이 시작한 이래 처음으로 소련은 사악하지도, 교양 없어 보이지도, 무뚝뚝하지도, 노쇠하지도, 위험해 보이지도 않는 통치자를 맞았다. 고르바초프와 가장 가까운 보좌관이었던 아나톨리 체르냐예프(Anatoly Chernyaev)는 그가 "지성이 넘치고, 교육도 잘 받았고, 역동적이고, 정직하며, 갖가지 생각과 상상력을 지니고 있었다"고 일기에 기록했다. "신화와 (이념을 포함한) 금기는 그에게 아무것도 아니었다. 그는 이런 것들을 무시할 수 있었다." 1987년 초에 어느 소련 시민이 "무표정한 스핑크스 같은 정권"을 바꾼 것에 축하를 보냈을 때 고르바초프는 그 편지를 자랑스럽게 공개했다.[80]

그러나 무엇이 신화, 금기, 스핑크스를 대체했는지는 분명하지 않았다. 고르바초프는 소련이 현재 노선을 지속할 수 없음을 알고 있었지만, 요한 바오로 2세, 덩샤오핑, 대처, 레이건, 바웬사와는 다르게 무엇이 새로운 노선이 되어야 할지는 알지 못했다. 그는 정력적이고 단호한 동시에 어찌할 바를 모르기도 했다. 그는 엄청난 정력을 쏟아부어 현상을 타파하려 했지만, 그렇게 흩어진 조각들을 어떻게 다시 조립할지는 명시하지 못했다. 그 결과 그는 상황에 따라—그리고 때로는 그보다 앞을 훨씬 멀리 내다본 동시대인들의 확고한 견해에 따라—우선순위를 결정했다. 이런 의미에서 그는 우디 알렌(Woody Allen)의 영화 〈젤리그〉 (Zelig)〔이 영화의 주인공 레오나르도 젤리그는 특징 없는 인간으로서 주위 사람들에 맞춰 자기 모습을 바꾼다. 그는 연회장에서 우아하고 세련된 목소리로 부유층을 칭송하기도 하고, 주방에서는 하인들과 어울려 분노에 가득 찬 무산계급의 목소리로 돈 많은 특권층을 비난하는 노래도 부른다—옮긴이〕의 주인공 젤리그를 닮았다. 젤리그는 그 시대에 일어나는 큰 사건에 용케도 모두 등장하는데, 자기 주변에서 성격이 더 강한 인물에게 동화되어 심지어 그 모습까지도 닮아간다.[81]

고르바초프의 순응성은 레이건과 협상할 때 가장 분명하게 드러났다. 레이건은 소련 지도층을 직접 대면할 수만 있으면 그들을 납득시킬 수 있다고 오랫동안 주장해왔다. 브레주네프, 안드로포프, 체르넨코와는 만나는 일은 아예 불가능했다. 그래서 레이건은 고르바초프에게 이를 시도해보려고 더욱 갈망했다. 이 새로운 크렘린의 수장은 불신감으로 경직된 채 제네바에 도착했다. 그는 레이건이 "군비경쟁을 이용해 …… 소련을 약화시키려 한다"고 주장했다. "그러나 우리는 어떤 도전이든 대응할 수 있습니다. 여러분은 그렇게 생각하지 않을지 모르겠지만." 이에 대해 레이건은 "우리는 마주 앉아서 핵무기를 제거하고, 그와 함께 전쟁 위협을 제거하기를 원한다"고 대응했다. 전략 방위 구상(SDI)은 그것이 가능하게 할 것이다. 미국은 이 기술을 소련과 공유할 수도 있다. 레이건이 감정적으로 접근하자 고르바초프는 전략 방위 구상은 오로지 "한 사람의 꿈"에 지나지 않는다고 이의를 제기했다. 레이건은 "이 끔찍한 위협에 대한 방어 체제를 개발하려는 데 그렇게 두려워하는" 이유가 뭐냐고 반문했다.[82] 정상회담은 결론 없이 끝나고 말았다.

그런데 2개월 후에 고르바초프는 미국과 소련이 함께 2000년까지 핵무기를 이 세상에서 없애자고 공개적으로 제안했다. 냉소적인 사람들은 이 제안이 레이건의 진심을 시험해보는 것이라고 보았다. 그러나 체르냐예프는 보다 깊은 동기를 눈치 챘다. 그는 다음과 같이 추론했다. 즉 고르바초프는 "어떻게 되든, 군비 경쟁을 정말 끝내기로 결심했다. 그는 이 '모험'을 택했다. 왜냐하면 그가 생각한 대로 이것은 전혀 위험이 없었으니까—소련이 완전히 무장을 해제하더라도 아무도 소련을 공격하지 않을 것이기 때문이다."[83] 겨우 2년 전에 안드로포프는 레이건이 기습 공격을 감행할 수 있다고 믿었고, 지금 고르바초프는 미국이 기습 공격을 행하지 않을 것이라고 믿는다. 레이건의 입장은 변하지 않았다. 그는 언제나 소련 지도자들에게 "나를 믿어 달라"고 주장했다.[84] 레이건을 만나본 후에 고르바초프는 그를 믿기 시작했다.

그렇지만 핵 재앙은 발생했다. 전쟁 때문이 아니라 1986년 4월 26일 체르노빌 핵 발전소에서 폭발이 일어난 결과였다. 이 사건도 역시 고르바초프를 변화시켰다. 이 사건으로 "우리 체제의 병폐…… 사건이나 나쁜 소식의 은폐나 입막음, 무책임과 부주의, 날림 공사, 만연된 만취 상태"가 드러나고 말았다. 수십 년 동안 그는 정치국에 경고했다. "과학자, 전문가, 그리고 장관들은 만사(萬事)가 안전하다고 우리에게 보고해왔다. ……여러분은 우리가 여러분들을 신(神)처럼 바라본다고 생각하고 있다. 그러나 지금에 와서 우리는 대실패(fiasco)로 끝나고 말았다." 그러므로 이제부터는 소련 내부에 글라스노스트(glasnost, 개방)와 페레스트로이카(perestroika, 개혁)가 있어야 한다. 고르바초프는 "체르노빌 사건으로 나와 내 동료들은 수많은 것들을 재고(再考)하게 되었다"[85]고 시인했다.

이듬해 10월 아이슬랜드의 수도 레이캬비크에서 열린 레이건과 고르바초프의 그 다음 정상회담은 그 '재고'가 얼마나 나아갔는지를 보여주었다. 고르바초프는 일찍이 소련의 반대 입장을 철회하고 유럽에 있는 중간거리 핵미사일을 모두 철거하게 될 레이건의 '제로 선택'을 수락했다. 그는 한 걸음 더 나아가 소련과 미국의 전략무기를 50퍼센트 감축하자고 제안했다. 그 대신 미국은 앞으로 10년간 탄도탄 요격 미사일 조약을 준수하고 전략 방위 구상(SDI)은 실험 정도로만 제한하자는 것이었다. 이에 뒤질세라 레이건은 모든 대륙간탄도미사일을 그 기간 안에 단계적으로 철거하자고 제안했다. 그리고 전략 방위 구상에 참여하라는 제안을 강조했다. 고르바초프는 이에 대해 회의적이었고, 레이건은 "존재하지도 않는 무기에 방어하는 것"을 어떻게 반대할 수 있는지 의아해했다. 그런 다음 레이건 대통령은 1996년에 레이캬비크에서 다시 만나자고 제안했다.

레이건과 고르바초프는 아이슬랜드로 돌아올 때 각자 자국의 마지막 핵미사일을 가지고 와서 전 세계를 위해 어마어마한 잔치를 벌일 것이다. ……레이건은 …… 그때쯤 상당히 늙어서 고르바초프는 그를 알아보지 못할 것이다. 레이건이 "미하일, 그동안 잘 있었소?"라고 인사하면, 고르바초프는 이렇게 대답할 것이다. "론, 이게 당신이란 말이오?" 그리고 두 사람은 마지막 미사일을 파괴할 것이다.

이때 레이건은 가장 멋진 연기를 보여주었다. 하지만 그 순간에도 고르바초프는 미국이 전략 방위 구상의 실전 배치 권한을 포기해야 한다는 생각을 바꾸지 않았다. 이를 받아들일 수 없었던 레이건은 화가 난 채로 정상회담을 마무리했다.[86]

그러나 두 사람 모두 여기서 있었던 일의 의미가 무엇인지 재빨리 깨달았다. 그들의 보좌관과 동맹국들은 미국과 소련의 지도자가 비록 전략 방위 구상(SDI) 과정에는 그렇지 않지만 최소한 핵 폐기 원칙에 대해서는 이해관계를 같이하고 있음을 알고 크게 놀랐다. 그 논리는 레이건이 내세웠지만 고르바초프 역시 이를 수용했다. 고르바초프는 기자회견에서 레이캬비크 회담은 실패한 것이 아니라고 언명했다. "이번 정상회담은 우리가 처음으로 수평선 너머를 바라보게 한 돌파구였다."[87]

두 정상은 핵무기 폐기를 공식적으로 합의한 적도 없을뿐더러 그들의 재임 중에는 미사일 방어 체제를 실행할 가능성도 없었다. 그러나 1987년 12월 워싱턴에서 진행된 제3차 정상회담에서는 유럽에 있는 중간거리 핵미사일 전부를 해체하도록 규정하는 조약을 체결했다. "신뢰하되 검증하라."(Dovorey no provorey) 레이건은 알고 있는 러시아어 지식을 모두 짜내어 조인식에서 강조했다. 고르바초프는 웃음을 터트리면서 "귀하는 회담할 때마다 그 말을 반복하십니다"라고 말했고, 레이건은 "저는 이 말을 좋아합니다"라고 대답했다.[88] 얼마 안 가서 소련과 미국의 관측통들은 불과 몇 년 전에 냉전의 긴장을 부활시켰던 SS-20, 퍼싱 II, 크루즈 미사일이 실제로 해체되는 광경을 목격했고, 해체된 조각들은 기념품으로 가져갔다.[89] 비록 핵무기가 완전히 "무력화"(無力化)된 것은 아니었지만, 몇몇 범주에서는 확실히 "폐품화" 되었다. 이렇게 만든 사람은 다름 아닌 레이건이었다.

고르바초프의 감수성은 경제면에서도 나타났다. 그는 최고 통치자로 취임하기 전에 소련 밖을 여행하면서 "거기 사람들이 …… 우리 인민들보다 훨씬 더 잘살고 있다"는 사실에 눈을 떴다. "고령의 우리 지도자들은 부인할 수 없이 턱없이 낮은 인민들의 생활수준, 불만족스러운 생활양식, 뒤떨어진 첨단기술에 대해 딱히 걱정하지 않았던 것" 같다.[90] 그러나 고르바초프는 이에 대해 어떤 방도를 취해야 할지는 명확히 감지하지 못했다. 그래서 전직 스탠포드대학 경제학 교수였던 국무 장관 슐츠가 소련의 새 지도자를 교육하는 임무를 맡았다.

슐츠는 밀폐된 사회는 번영할 수 없음을 이미 1985년부터 고르바초프에게 가르치기 시작했다. "인민들은 원하기만 하면 스스로를 표현하고, 여기저기 이사하거나 이민도 가고, 여행도 자유로이 다닐 수 있도록 자유로워야 합니다. ……그렇지 않으면 알맞은 기회를 이용할 수가 없습니다. 소련 경제는 새로운 시대에 적응하도록 철저한 혁신이 이루어져야 합니다." 고르바초프는 슐츠에게 "이곳 모스크바의 기획 부서를 접수해야" 한다고 농담했다. 슐츠가 "그들〔소련 관리들〕보다 아이디어가 훨씬 더 많기 때문"이라는 것이다. 어떤 의미에서 슐츠는 정말로 그런 일을 했다. 다음 몇 년에 걸쳐 그는 모스크바 출장 여행을 이용해 고르바초프와 그의 자문관들을 상대로 개별 수업을 갖기도 했다. 심지어는 원그래프를 가져와서 소련이 계획경제를 계속 유지하는 한 다른 선진국들보다 점점 더 뒤처질 것이라는 주장을 예증하기도 했다.[91]

고르바초프는 놀라울 정도로 이해가 빨랐다. 그는 1987년 출판한《페레스트로이카》(Perestroika)에서 슐츠의 생각을 반영했다. "뒤처진 기업을 위해 우선 지원 정책을 펴면서 앞서가는 기업을 벌준다면, 경제가 어떻게 발전할 수 있겠는가?"[92] 레이건이 1988년 5월 소련을 방문했을 때 고르바초프는 레이건이 모스크바국립대학에서 시장 자본주의(market capitalism)의 장점을 주제로 강의하도록 주선했다. 레닌의 거대한 흉상 밑에서 레이건은 컴퓨터 칩, 록 스타, 영화, 그리고 "비무장 진리의 저항할 수 없는 힘"을 환기시켰다. 학생들은 그에게 기립 박수를 쳤다.[93] 곧 고르바초프는 깨우쳤던 그대로를 레이건의 후임자 조지 H. W. 부시 대통령에게 반복했다. "좋건 싫건 우리는 통합되고 연합된 유럽 경제를 상대해야 할 것입니다. ……우리가 원하든 아니든 일본은 세계 정치의 또 다른 중심입니다. ……중국은 …… 〔또 다른〕 거대한 현실입니다. ……다시 말하지만, 이들 모두는 세계의 힘을 재편성하는 전형적인 사건들입니다."[94]

그러나 이것은 대개가 미사여구에 불과했다. 고르바초프는 덩샤오핑이 했던 방식으로 시장경제를 향해 직접 도약할 마음이 절대 없었다. 그는 1988년 말 정치국에서 프랭클린 D. 루스벨트가 "사회주의 사상에서 계획, 국가 규제, 〔그리고〕 …… 그 위에 사회 공평의 논리를 빌려와" 미국 자본주의를 구제했음을 상기시켰다. 이 말에는 고르바초프가 자본주의를 차용해 사회주의를 구제할 수 있다는 뜻이 함축되어 있다. 그러나 그 방법론은 확실치 않았다. 체르냐예프는 몇 달 뒤에 다음과 같이 당시 광경을 전했다. " '사회주의 가치'와 '순수한 10월의 사상'에 대해 중언부언이 거듭되자 식자층은 빈정대는 반응을 보였다. ……그들은 그런 주장 뒤에는 실제 아무것도 없다고 느꼈다."[95] 소련이 붕괴된 뒤에 고르바초프는 실패를 인정했다. "사회주의의 아킬레스건은, 능률적인 노동에 인센티브를 제공하고 개개인에게 창의력을 격려하는 일을 사회주의의 목표와 연관시키지 않은 것이다. 실제로 시장이 이러한 인센티브를 가장 잘 제공한다는 것은 분명하다."[96]

그런데 레이건과 그의 자문관들이 배울 필요가 없는 것을 고르바초프에게 가르치려 했던 교훈이 하나 있었다. 이것은 인기도 없고, 경제 부채는 과도하고, 시대에 뒤떨어진 제국을 지속시키는 어려움과 관련된 내용이었다. 미국은 카터 대통령의 재임 마지막 해부터 동유럽, 아프가니스탄, 중앙아메리카 등지에서 은밀하게 때로는 공공연하게 소련의 영향력에 대항하는 세력을 지원해왔다. 1985년경 워싱턴에서는 레이건 독트린이 거론되었다. 이는 브레주네프 독트린으로 소련이 최후의 거대한 제국주의 세력이 된 진상을 밝힘으로써 민족주의 세력이 소련에 대항하도록 전환시키는 운동이었다. 고르바초프의 등장으로 크렘린 지도자에게 '악의 제국' 명분이 상실되었음을 확신시킬 가능성이 높아졌다. 그리고 레이건은 그 후 몇 년에 걸쳐 그 확신을 심어주려 애썼다. 그는 조용히 설득하고, 소련에 반대하는 저항운동을 지원했으며, 언제나 그렇듯 극적인 연설을 하는 등 여러 가지 수단을 썼다. 가장 놀랄 만한 연설은 1987년 6월 12일 서베를린 브란덴부르크 문(Brandenburg Gate)에서 나왔다. 이때—국무부의 조언도 듣지 않고—레이건 대통령은 강요하다시피 "고르바초프 서기장, 이 장벽을 헐어버리시오!"라고 말했다.[97]

이번만큼은 레이건의 연기가 효과를 발휘하지 못했다. 모스크바는 의외로 대응을 자제했다. 유럽에서 가장 뚜렷한 소련 권위의 상징〔베를린장벽—옮긴이〕에 도전하는 것과는 별개로, 중간거리 핵무기 협정과 그해 말에 있을 워싱턴 정상회담은 계획대로 진행되고 있었다. 지금에야 그 이유가 밝혀졌지만, 그로부터 6년 전 정치국에서 폴란드 침공을 반대하는 결정을 했을 때부터 이미 브레주네프 독트린은 소멸된 상태였다. 그 후 크렘린 지도자들은 유럽 지배를 계속 유지하기 위해 무력 사용 **위협**에 의존했다. 그러나 그들은 실제로는 무력을 쓸 수 없다는 걸 알고 있었다. 1985년에 고르바초프는 이 점을 의식하고서 바르샤바조약 동맹국들에게 앞으로는 각국이 독립적으로 행동하라는 신호를 보내려고 했다. "내 느낌으로는 그들이 이것을 심각하게 받아들이지 않은 것 같았다."[98] 그는 그렇게 공개적으로 밝히기 시작했다.

고르바초프는 그의 저서 《페레스트로이카》에서 누구든 늘 "억압하고, 강요하고, 뇌물을 먹이고, 법을 어기고, 손상을 입힐 수 있다"라고 썼다. "그러나 그것은 오로지 특정 기간에만 국한된다. 장기적이고 거국적인 정치의 관점에서는 아무도 다른 사람을 종속시킬 수 없고 …… 각자 스스로 선택하도록 하고 우리 모두가 그 선택을 존중해야 한다."[99] 곧이어 아프가니스탄에서 소련군 철수를 시작했고, 다른 '제3세계' 지역의 마르크스주의 정권에 지원을 감축한다는 결정을 내렸다. 그러나 동유럽은 문제가 달랐다. 냉전 양편에 선 유럽 각국의 수도뿐만 아니라 워싱턴에서도 소련이 동유럽의 세력권을 자발적으로 포기하지는 않으리라는 견해가 지배적이었다. 서방 진영의 어느 한 분석가는 1987년에 이렇게 논평했다. "소련이 이 지역을 조금이라도 양보하면, 공산주의 이념의 주장이 훼손되고 …… 믿을 만한 세계 강대국으로서 소련의 신임도가 떨어질 뿐 아니라, 소련 내부의 기본적인 합의를 심각하게 위험에 빠트리고 소비에트 체제 자체의 안보가 잠식될 것이다."[100]

그러나 고르바초프는 무력 사용을 통해 반항적인 인민에 대한 통치를 **지속**하려는 시도는 소비에트 체제의 평판을 하락시키는 일로 보았다. 즉 무력 사용은 자원을 지나치게 낭비하고, 이념 불신을 낳고, 도덕과 실리 양면에서 세계를 휩쓸고 있던 억누를 길 없는 민주화의 기세를 거스름으로써 소비에트 체제가 평가 절하될 것이다. 그래서 그는 레이건의 수법을 차용해 극적인 연설을 행했다. 그는 1988년 12월 7일 국제연합 총회에서 소련 **단독으로** 바르샤바조약에 따라 파견한 지상군을 50만 명으로 감축하겠다고 발표했다. 이 자리에서 고르바초프는 "무력과 무력 위협이 대외 정책의 수단이 될 수 없고, 되어서도 안 된다는 것은 분명하다. ……선택의 자유는 …… 보편타당한 원칙이며 거기에는 예외가 있을 수 없다"[101]라고 주장했다.

이 연설은 "깊은 인상을 남겼다." 고르바초프는 모스크바로 돌아가자마자 정치국에서 자랑스럽게 말했다. "전체적으로 우리 정책과 소련을 이해하는 데 확연히 다른 배경이 생성됐다."[102] 이 점에 관해 그는 옳았다. 레이건 독트린이 문호 개방을 밀어붙였다는 사실은 레이건 퇴임 시점에서 갑자기 분명해졌다. 그러나 고르바초프 또한 동유럽 인민과 정부를 향해 이제 문이 열렸다고 분명히 밝혔다.

7장 희망의 승리

프랑스 대혁명은 유토피아적인 시도였던바 자만심 강한 지성인들이 구성한 추상적인 관념의 이름으로 전통 질서—물론 단점이 허다한 질서—를 전복시켰다. 그래서 우연적인 것이 아니라 나약함과 사악함 때문에 숙청, 대량 학살, 전쟁으로 빠져들었다. 여러 면에서 프랑스 대혁명은 한층 공포가 심했던 1917년 볼셰비키 혁명을 예고했다.

—마거릿 대처[1]

아마도 궁극적으로 결정적인 요인은 …… 1세기보다 더 오래전에 알렉시스 드 토크빌(Alexis de Tocqueville)이 묘사한 혁명 상황의 특징, 즉 통치하는 엘리트층이 통치권에 대한 소신을 상실한 점이다. 젊은이 몇 명이 길에 나가서 몇 마디를 외쳤다. 경찰은 그들을 구타했다. 젊은이는 말했다. 당신네는 우리를 구타할 권한이 없어요! 막강한 고위 통치자가 대답했다. 그렇다. 우리는 너희들을 구타할 권한이 없다. 우리는 힘으로 우리의 통치를 유지해야 할 권한도 없다. 목적은 더 이상 수단을 정당화하지 못한다.

—티머시 가튼 애시[2]

1989년은 앙시앙 레짐[Ancien Regime: 구체제를 뜻한다. 프랑스 대혁명 이전에 프랑스에 존재하던 정치·사회적 구질서의 기반은 절대군주제와 왕권신수설이었다—옮긴이]을 쓸어버린 프랑스혁명 200주년이었다. 프랑스혁명은 앙시앙 레짐과 함께 낡은 사상도 쓸어버렸다. 그 낡은 사상에 의하면 정부 권위의 기반은 세습된 정통성에 있었다. 프랑스 대혁명 기념행사가 진행되는 중에도 동유럽에서는 또 다른 새로운 혁명이 프랑스혁명 후대에 일어난 사상[공산주의—옮긴이]을 쓸어버리고 있었다. 그 사상에 의하면, 정부는 역사의 향방을 안다는 이데올로기에 정통성을 부여할 수 있었다. 여기에는 어느 정도 지연된 정의(justice)가 존재했다. 왜냐하면 1917년에 러시아에서 일어났어야 할 일이 1989년에 일어났기 때문이다. 마르크스와 레닌이 공언했던 노동자와 지식인들의 자연 발생적인 봉기로 인해 전 세계에 걸쳐 계급 없는 사회가 이루어질 것이었다. 그러나 볼셰비키 혁명은 자발적으로 일어나지도 않았고, 그 후 70년간은 그것이 권력을 부여한 이데올로기가 자칭 인민민주주의(人民民主主義)라고 하는 전제정권만 창출시켰다. 1989년에 일어난 혁명은 2세기 전 프랑스혁명이 왕권신수설(王權神授說)을 폐지한 것보다 훨씬 더 결정적으로 마르크스-레닌주의를 거부했다.

그런데도 1989년 봉기는 1789년 때와 마찬가지로 모든 사람들을 깜짝 놀라게 했다. 물론 그 이후에 역사학자들은 과거를 돌아보며 주의를 기울여 사실을 살펴보고, 그 원인을 명시했다. 즉 제2차 세계대전 전후 처리를 위한 잠정적 분단이 전후 시대 항구적인 분단을 낳았다는 좌절감, 그 교착 상태를 초래한 핵무기의 공포감, 생활수준을 향상시키는 데 실패한 계획경제에 대한 분노, 권력이 강력한 줄 알았던 사람들에게서 겉보기에 힘없는 사람들에게로 서서히 이동한 점, 도덕적 판단을 내리는 **독자적인** 기준이 돌연히 탄생한 사실 등이다. 이러한 경향을 감지한 1980년대의 위대한 배우-지도자들은 냉전이 영원히 지속될 필요가 없음을 강조하기 위해 이를 극적으로 만드는 길을 찾아냈다. 그러나 그들조차도 냉전이 그렇게 빨리, 그렇게 결정적으로 막을 내리리라고는 예견하지 못했다.

1989년 초에는 아무도 소련, 그 제국, 그 이데올로기가—그러므로 냉전 자체가—언제라도 무너질 수 있는 모래성임을 깨닫지 못했다. 이것이 무너지는 데 필요했던 것은 오로지 모래 몇 줌뿐이었다.[3] 그 위에 모래 몇 줌을 떨어뜨린 이들은 초강대국이나 운동권 또는 종교 단체의 책임자들이 아니라 일반인들이다. 이들은 지켜보다가 기회를 잡거나 때로는 우연히 기회를 만나는, 단순한 우선순위에 따른다. 그렇게 행동하면서 이 평범한 사람들은 아무도 막지 못할 몰락을 가져왔다. 그들의 '지도자들'은 하릴없이 따르는 수밖에 없었다.

그런데 특별난 지도자 한 사람이 남다른 방법을 따랐다. 그는 1989년 대혁명을 역사상 처음으로 거의 피를 흘리지 않는 혁명이 되도록 했다. 단두대도 없었고, 고문도 없었고, 공식적으로 허가한 대량 살상도 없었다. 몇몇 사람이 목숨을 잃었지만, 당시 사태의 규모와 의미에 비추어볼 때 상당히 미미한 숫자였다. 그런 다음 이 혁명은 목적과 수단 양면에서 희망이 승리한 혁명이 되었다. 이 승리는 주로 미하일 고르바초프가 어떤 행동도 취하지 않고 오히려 일반인들의 행동을 따르기로 선택했기 때문에 가능한 것이었다.

[I]

1989년은 조지 H. W. 부시가 1월 20일에 미국 대통령으로 취임하면서 아주 조용히 막을 올렸다. 부시는 레이건 부통령으로 있으면서 고르바초프의 등장과 그 뒤를 이은 사태를 목격했다. 그러나 그는 선임자들에 비해서 이런 일들이 혁명적인 특징을 띠는지에 대한 확신이 별로 없었다. "우리가 집권했을 때 무슨 일이 벌어지는지 알고 있었나요? 아니오, 우리는 알지도 못했고 계획하지도 않았지요."[4] 신임 대통령은 사태를 재평가하기 위해 잠시 동안 휴식을 원했다. 그리고 미·소 관계를 재검토하도록 지시했는데, 이를 완성하기까지는 몇 달이 걸렸다. 국가 안보 보좌관인 브렌트 스코크로프트[Brent Scowcroft: 1929~: 공군 중장으로 미국의 포드와 부시 대통령의 국가 안보 담당 보좌관—옮긴이]는 이보다 더 회의적이었다.

나는 고르바초프의 동기가 의심스러웠고, 그가 내놓은 전망에도 회의적이었다. ……그는 우리를 우호적으로 대하면서 죽이려고 했다. ……고르바초프가 소련에는 군사 구조에 근본적인 조치를 전혀 취하지 않은 채 우리에게는 무장해제를 하도록 설득해놓고 10년 정도가 지나면, 우리는 과거 어느 때보다 심각한 위협에 직면할 수 있다. 나는 그 점이 두려웠다.[5]

고르바초프는 자기 입장에서 부시 행정부를 경계했다. "미국의 새 정부 인사들은 냉전 기간 중에 성장했고 아직도 대외 정책의 대안을 세우지 못하고 있다." 그는 부시가 취임하기 직전에 정치국에서 이렇게 발언했다. "내 생각에 그들은 여전히 지는 쪽에 있는 건 아닌지 우려하고 있다. 거대한 돌파구를 기대하긴 어렵다."[6]

이처럼 부시와 고르바초프가 기대를 거의 걸지 않은 것은 이 두 사람에게 곧 일어날 사태에 대한 통제력이 거의 없음을 시사해준다. 요한 바오로 2세, 덩샤오핑, 대처, 레이건, 그리고 고르바초프 자신과 같은 사람들이 10년 넘게 현상 유지에 계획적으로 도전한 결과, 현상 유지 자체가 매우 약화되었다. 따라서 이제는 그다지 알려지지 않은 지도자나 심지어 이름도 들어본 적 없는 개인들에게서 예측하기 어려운 공격을 받을 때도 현상을 유지하는 것이 아주 취약해졌다. 과학자들은 이런 상황을

'임계상태'(臨界狀態, criticality)〔핵분열 연쇄반응이 일정한 비율로 유지되는 상태. 핵분열에서 발생하는 중성자와 흡수·누설로 없어지는 중성자가 평형을 이루어 연쇄 반응이 지속되는 상태를 말한다—옮긴이〕라고 부른다. 어떤 시스템의 한 부분에 미미하게라도 섭동(攝動, perturbation)이 일어나면 그 시스템 전체가 변화되거나 심지어 파괴될 수도 있는 것이다.[7] 그들 또한 이 같은 혼란이 언제, 어디서, 어떻게 일어날 것인지와, 그 결과로 어떤 일이 벌어질지를 예상하는 것이 불가능함을 알았다. 고르바초프는 과학자가 아니지만 이것을 알게 되었다. 그는 11월에 다음과 같이 언급했다. "생명은 그 자체의 역동성으로 진화한다. 사태는 대단히 신속하게 움직이며 …… 아무도 낙오되어서는 안 된다. ……지도층이 다른 행동을 취할 방도는 없다."[8]

지도층이 낙오하지 않기 위해 서두르는 행태는 헝가리에서 처음 등장했다. 흐루쇼프가 1956년 헝가리 봉기를 진압한 이래 야노스 카다르 정권은 꾸준하고 신중하게 서서히 소련 세력권 안에서 어느 정도 자치권을 회복했다. 1985년 고르바초프가 집권할 즈음 헝가리는 동유럽에서 경제적으로 가장 앞선 나라로서 정치 자유화를 실험하기 시작했다. 소장 개혁파 인사들은 1988년에 카다르를 은퇴시켰고, 1989년 초에는 신임 총리 미클로시 네메트(Miklós Németh)가 고르바초프를 만나기 위해 모스크바를 방문했다. 네메트는 "사회주의국가는 모두 각자 특유의 방법으로 발전하고 있다. 그리고 그 지도자들은 무엇보다 자국민들에게 책임을 져야 한다"고 고르바초프를 상기시켰다. 그러나 고르바초프는 의견을 달리했다. 그는 1956년 항의가 "인민들의 불만으로" 시작된 것임을 인정했다. 그 다음엔 "반혁명(反革命, counterrevolution)과 유혈 사태로 확대되었다. 이 점을 간과해서는 안 된다."[9]

헝가리는 확실히 고르바초프가 말한 내용을 간과하지 않았다. 헝가리는 이미 1956년 사태를 재평가하기 위해 공식 위원회를 조직했다. 위원회에서는 1956년 반란이 "국가를 모욕한 과두 체제 권력에 항거하는 인민들의 봉기"였다고 결론지었다. 고르바초프가 이 결과에 반대하지 않을 것임이 확실해지자, 부다페스트 당국은 정식 인정을 승인했다. 다시 말해서 봉기를 이끌었고 흐루쇼프가 사형 집행을 지시했던 헝가리 총리 임레 너지의 장례를 다시 치르기로 했다. 헝가리 국민 약 20만 명이 1989년 6월 16일 감동적으로 거행된 국장(國葬)에 참여했다. 한편 네메트는 고유 권한으로 이보다 의미 깊은 조치를 취했다. 그는 1956년 피난민들이 월경을 시도했던, 헝가리와 오스트리아 국경을 가로막는 가시철조망 유지 자금의 승인을 거부했다. 그 다음에는 그 장벽이 낡았으며 그래서 위험하다는 근거로 경비대에 지시해 해체를 시작했다. 이에 놀란 동독은 모스크바에 항의했으나 놀랄 만한 대답만 돌아왔다. "우리는 그 건에 관해 아무것도 할 수 없다."[10]

마찬가지로 폴란드에서도 의외의 사태가 진전되고 있었다. 야루젤스키는 바웬사를 이미 오래전에 교도소에서 석방하고 계엄령을 해제했다. 1980년대 말엽에 이르면 정부에서는 자유 노조 솔리다르노시치와 상호 의존하고 있음을 깨닫고 서로 정통성을 추구하면서 (여전히 공식적으로 금지되어 있는) 이들과 미묘한 춤을 추었다. 1989년 봄에는 경제가 다시 위기에 빠졌다. 야루젤스키는 솔리다르노시치를 재편성하고 그 대표들이 새로운 양원제 의회를 구성하기 위한 "상호 대립 없는" 선거에서 경선을 허용함으로써 경제 위기를 해결하려 했다. 바웬사는 이 선거에 부정(不正)이 개입할 것이라 예상하면서 마지못해 따라갔다. 그러나 놀랍게도 솔리다르노시치 후보들은 하원에서 의석을 전부 휩쓸었고 상원에서는 한 석(席)을 빼고는 모든 자리를 차지했다.

6월 4일 총선 결과는 "어마어마하고 놀랄 만한 성공이었다." 솔리다르노시치의 조직 책임자가 논평했다. 바웬사는 다시 한 번 바쁘게 서둘렀다. 이번에는 야루젤스키가 체면을 유지하도록 돕기 위해서였다. 바웬사는 "내게는 다 여문 곡식이 너무 많다. 이 곡식 모두를 창고에 넣을 수는 없다"라는 농담도 했다. 모스크바에서는 10년 전 솔리다르노시치가 출범했을 때와는 판이한 반응을 보였다. 고르바초프의 수석 보좌관이 언급했다. "이 문제는 전적으로 폴란드가 결정할 사안이다." 1989년 8월 24일에는 전후 동유럽에서 처음으로 비(非)공산당 정부가 공식 집권했다. 신임 총리 타데우시 마조비에츠키(Tadeusz Mazowiecki)는 일어나는 일들에 동요된 나머지 취임식 자리에서 졸도했다.[11]

고르바초프는 이때 소련에서 새로운 인민 대표 회의[Congress of Peoples' Deputies: 고르바초프가 제안한 입법기구. 정책 토의와 결정에 선출 대의원을 확대 참여시키고 최종 권한은 공산당 지도부가 보유한다. 1989~1991년까지 짧은 기간 유지되었지만, 소비에트 체제를 복수 후보 출마가 허용되는 경쟁 선거 체제로 전환시킨 첫 단계였다—옮긴이]를 위한 선거를 승인했다. 야루젤스키는 이렇게 말했다. "그는 변화를 방해하려는 생각이 없었다."[12] 새 의회는 5월 25일 모스크바에서 소집되었고, 소련 전역에서 시청자들은 며칠 동안 양당 의원들이 정부를 질타하며 목소리를 높이는 전례 없는 광경을 즐겨 보았다. "모두들 브레주네프를 찬양하는 노래에 얼마나 싫증이 났던지, 이제 그 통치자를 힐책하는 것이 필수가 되었다." 고르바초프는 회상했다. "정치국 동료들은 규율이 있는 사람들이어서 언짢은 속내를 보이지는 않았다. 하지만 나는 그들의 언짢은 기분을 감지했다. 공산당 독재 시절이 지났다는 것이 이미 만천하에 밝혀졌는데, 어찌 다른 기분을 보일 수가 있었겠는가?"[13]

헝가리, 폴란드, 소련에서는 이런 일들이 아무리 진실이라 해도 중국의 경우는 그렇지 않았다. 덩샤오핑의 경제 개혁은 정치 변화를 요구하는 압력을 몰고 왔지만, 그는 아직 이 노선을 받아들일 준비가 되어 있지 않았다. 전임 공산당 총서기 후야오방〔胡耀邦, 1915~1989: 중국의 정치 개혁 지도자. 1989년 그가 사망하자 톈안먼 사건이 촉발되었다—옮긴이〕은 개방을 주창했다가 퇴출됐는데, 그가 4월 중순에 갑자기 세상을 떠나자 학생들이 연좌시위를 벌이기 시작해 베이징 한복판의 톈안먼 광장을 가득 메웠다. 당시에 첫 중국 방문길에 올랐던 고르바초프는 이 사건이 진행되던 와중에 베이징에 도착했다. 그는 "우리들을 영접하는 부서에서는 그 사태를 지극히 우려하고 있었다"고 말했다. 반체제 분자들이 크렘린 지도자를 환호로 맞이하는 것도 무리가 아니었다. 어떤 깃발에는 "소련에는 고르바초프가 있다. 중국에는 누가 있는가?"라는 문구도 쓰여 있었다. 고르바초프가 떠난 직후 자금성 입구에 걸린 마오쩌둥 초상화 바로 맞은편에는 학생들이 그의 영묘(靈廟) 바로 정면에서 '민주주의 여신상' 제막식을 올렸다. 민주주의 여신상은 미국에 있는 자유의 여신상 모양을 본떠서 석고로 만든 것이었다.[14]

마오쩌둥이 이 일을 어떻게 생각했든 덩샤오핑은 도저히 감당할 수 없었다. 1989년 6월 3일 밤에 그는 무자비한 진압을 지시했다. 군대가 광장과 주변 도로를 탈환하면서 몇 명이 목숨을 잃었는지는 지금까지도 밝혀지지 않았지만, 유럽에서 혁명이 일어난 한 해를 통틀어 발생한 사상자 수의 몇 배는 되었다.[15] 유럽에서 공산당이 권력을 상실하고 있는 시기에 중국공산당은 어떻게 권력을 유지했는지에 대해서는 지금까지도 의견이 분분하다. 권력을 사용하려는 의지였는지, 공산당이 무너질 경우 생겨날 혼란이 두려워서였는지, 비록 정치 표현의 기회는 아직 위축되었을지언정 공산주의를 위장한 덩샤오핑의 자본주의가 참으로 중국 인민의 생활을 향상시켰기 때문인지……. 분명한 점은 고르바초프의 사례가 덩샤오핑의 권위를 약화시켰다는 것이다. 이번에 덩샤오핑의 사례가 고르바초프의 권위를 흔들지는 두고 보아야 했다.

그렇게 고르바초프의 권위가 흔들리기를 바라던 유럽의 공산주의자가 있었다. 그는 동독에서 오랫동안 강경 노선을 걸었던 통치자 에리히 호네커(Erich Honecker)였다. 1989년 5월에 실시된 선거 결과는 도저히 믿기 어려운 수치였는데, 호네커 정부를 지지하는 투표율이 98.95퍼센트나 나왔다. 톈안먼 대량 학살 이후 호네커의 비밀경찰 수장인 에리히 밀케(Erich Mielke)는 "반혁명적인 소요 사태를 …… 진압하는 단호한 조치"로서 그의 부하에게 중국 방식을 택할 것을 권했다. 동독 TV는 베이징에서 제작한 "인민을 배반한 학생 시위대의 무자비함에 대응한 중국 군대와 경찰의 영웅적 행위"를 찬양하는 기록 영상물을 반복해서 방영했다.[16] 이 모두는 호네커가 독일민주공화국을 지배하고 있음을 보여주는 듯했다. 적어도 여름휴가를 즐기러 헝가리로 가는 동독 시민이 유난히 많다는 것을 동독 정권에서 알아차리기 전까지는.

헝가리 당국이 오스트리아 국경을 따라 가시철조망을 철거한 의도는 헝가리 시민들이 좀 더 편하게 관문을 넘을 수 있게 하려는 것이었다.

그러나 소문이 퍼지자 동독인 수천 명이 그르렁 소리와 함께 매연을 내뿜는 자그마한 트라반트(Trabant) 자동차〔트라반트는 과거 동독에서 제작된 승용차로 동독에서 가장 널리 보급되었으며 공산 진영 내외로 수출도 이루어졌다. 과거에는 동독의 우월성을 상징했지만, 베를린장벽 개방 당시 동독 주민들이 이 승용차로 서베를린과 서독으로 몰려들자 공산주의 몰락의 상징이 되기도 했다. 개발된 지 30년이 지나도 디자인 변화가 없어서 정부 주도 계획경제의 단점을 상징하기도 했다─옮긴이〕를 몰고 체코슬로바키아와 헝가리를 거쳐 이곳으로 와서는 자동차를 버리고 걸어서 국경을 넘어갔다. 부다페스트에 있는 서독 대사관에 몰려가서 피난처를 제공하라고 요구하는 사람들도 있었다. 9월경 헝가리에는 동독 주민 13만 명이 체류하고 있었고, 헝가리 정부는 '인도적인' 이유로 이들이 서방 진영으로 이주하는 것을 막지 않겠다고 발표했다. 호네커와 그 동료들은 격분했다. 밀케는 화가 나서 "헝가리는 사회주의를 배반하고 있다"라며 펄펄 뛰었다. 어떤 공산당 관리는 "우리는 기죽지 않도록 신중해야 한다. 소련, 폴란드, 헝가리에서 일어나는 사태 때문에 …… 도대체 어떻게 해야 사회주의가 살아남을지를 묻는 사람들이 점점 많아지고 있다"라고 주의를 주었다.[17]

그 질문은 적절했다. 왜냐하면 동독 주민 3000여 명이 피난처를 찾아 프라하에 있는 서독 대사관 가시철조망에 기어올라 그 안을 꽉 채웠기 때문이다. 이것은 모두 텔레비전으로 방영되었다. 체코 정부는 이 일이 널리 알려지는 것이 못마땅했지만, 국경을 개방하고 싶지는 않았기 때문에 호네커에게 압력을 가해 이 사태를 해결하도록 했다. 마침 독일민주공화국 창건 40주년이 다음 달로 다가오자, 호네커도 이 당혹스러운 사태가 끝나기를 열망했다. 그는 결국 프라하에 있는 동독 주민들에게 서독으로 가도 좋다고 승인했다. 단 동독 영토를 통과하는 봉인 열차 (sealed train)로만 가게 했다. 이렇게 하면 호네커는 이들을 추방했다고 주장할 수 있게 될 것이다. 하지만 그 열차들은 환호를 받으며 지나갔고, 봉인 열차를 타려고 애쓰는 동독 주민들은 더 있었다. 경찰이 마지막으로 신분증 제시를 요구하자 경찰 발치로 신분증을 내던지는 사람도 몇몇 있었다. 어떤 사람은 이렇게 회상했다. "그때 내 느낌은 이랬다. '당신네 신분증은 여기 있소. 이제 더 이상은 날 위협할 수 없을 거요.' 아주 만족스러웠다."[18]

한편 1989년 10월 7~8일 이틀 동안 공식 기념행사에 참석하고자 고르바초프를 포함해 외빈들이 잇달아 동독에 도착하고 있었다. 그런데 소련 지도자는 주최국이 소름 끼칠 정도로 베이징에 갔을 때보다 훨씬 더 인기가 있었다. 행렬 참가자들은 운터덴린덴(Unter den Lindenbaum) 대로를 따라 축하 행진을 하던 중에 사전 승인을 받은 구호는 집어치우고 "고르비(Gorby), 우리를 구원해주시라! 고르비, 여기 머무시라"라며 함성을 질렀다. 극도로 창백해진 호네커 옆에 서서 사열대를 바라보던 고르바초프는 다음과 같은 사실을 알 수 있었다.

이 행렬 참가자들은 특히 엄선된 젊은이들로서 튼튼하고 잘생겼다. 폴란드 지도자[야루젤스키]는 우리에게 다가와서 이렇게 말을 걸었다. "독일말을 알아들으십니까?" 나는 "조금은 알아듣지요"라고 대답했다. 나는 그에게 "저 소리가 들립니까? 나는 들립니다"라고 말했다. 그는 대꾸했다. "이제 끝장입니다." 그리고 그것은 정말 끝이었다. 동독 정권은 운명을 다했다.

고르바초프는 동독에 철저한 개혁이 필요함을 경고하려 했다. "늦으면 안 된다. 그렇지 않으면 평생 응보를 받는다." 그러나 그는 나중에 이렇게 회상했다. "에리히 호네커 동무는 스스로를 이 세상에서까지는 아니더라도 사회주의의 1인자로 생각하고 있음이 분명했다. 그는 현재 일어나고 있는 사태에 대해 실제로 아무것도 모르고 있었다." 그를 이해시키려고 애쓰는 것은 마치 "달걀로 바위를 치는 격"이었다.[19]

반정부 시위는 라이프치히에서 몇 주 동안 점증되었다. 그리고 고르바초프가 모스크바로 돌아간 다음 날인 10월 9일에 다시 시작됐다. 소련 방문객들이 돌아가자 덩샤오핑식 해법을 쓸 가능성은 여전히 남아 있었다. 호네커는 이를 승인할 수도 있었다. 그러나 바로 이 시점에 전혀 생각지도 못했던 배우 한 사람이 대치 상태를 끝내기 위한 협상에 끼어들었다. 게반트하우스 관현악단의 존경 받는 지휘자인 쿠르트 마주어(Kurt Masur)가 협상에 개입한 이후 보안군(保安軍)은 철수했다. 톈안먼 사건 같은 대량 살상은 일어나지 않았다. 이로 인해 호네커에게 남은 권위는 모두 사라졌고, 그는 10월 18일에 사임할 수밖에 없었다. 그 몇 주일 전에 그의 후임자 에곤 크렌츠(Egon Krenz)는 마오쩌둥 공산혁명 40주년 기념행사에 참석하기 위해 베이징에 갔었다. 그러나 그는 동독에서는 항의 시위대에 발포한다 해도 소용이 없으리라 생각했다. 11월 1일에 그는 고르바초프에게 비록 소요 상태가 동베를린까지 퍼진다 해도 발포는 일어나지 않을 것이라고 확약했다. 그리고 "베를린장벽을 뚫고 가려는" 시도는 있을 수 있겠지만, "그 정도까지 사태가 진전되지는 않을 듯하다"[20]고 덧붙였다.

크렌츠는 바로 자신의 부하가 서툰 기자회견을 열어 베를린장벽을 무너뜨리라고는 예상하지 못했다. 모스크바에서 돌아온 크렌츠는 동료들과 상의한 이후 11월 9일에 서방 여행 규제법을 완화—폐지가 아니라—함으로써 동독에서 점점 고조되는 긴장을 풀기로 결정했다. 성급하게 초안한 법령이 정치국 국원 가운데 한 사람인 귄터 샤보프스키〔Günter Schabowski, 1929~2001: 동독 기관지 〈노이에스 도이칠란트〉(Neues Deutschland)의 편집장을 역임했고, 1981년 중앙위원으로 승진했으며 1985년 동베를린 공산당 서기장, 정치국 국원이 되었다. 독일 통일 후에는 1997년 에곤 크렌츠와 함께 피난민 학살 혐의로 기소되어 3년 징역형을 선고받았다—옮긴이〕에게 전달됐다. 그는 그 회의에는 참석하지 않았지만, 언론에 브리핑을 하게 되어 있었다. 샤보프스키는 초안을 성급하게 훑어보고 나서 독일민주공화국 시민은 자유로이 "어디서라도 국경을 넘어" 출국할 수 있다고 발표했다. 기자들은 놀라서 새 법령이 언제부터 발효하느냐고 질문했다. 그는 서류철을 뒤적거리며 질질 끌다가 이렇게 대답했다. "내가 아는 정보로는, 즉시 발효한다." 새 법령은 서베를린 여행만 허용할 것인가? 샤보프스키는 난색을 보이며, 어깨를 움츠리고 서류철 몇 개를 더 뒤적거리고 나서 이렇게 대답했다. "독일민주공화국으로부터 〔서독〕 그리고 서베를린으로 각각 모든 국경을 넘어 영구 출국할 수 있다." 그러자 다음 질문은 "그러면 이제 베를린장벽은 어떻게 되는 겁니까?"였다. 샤보프스키는 앞뒤가 맞지 않는 대답을 중얼거리더니 기자회견을 끝냈다.[21]

채 몇 분도 지나지 않아 그 말은 베를린장벽이 개방되었다는 소문으로 퍼져나갔다. 그것은 사실이 아니었지만 군중들은 월경(越境) 지점에 집결하기 시작했고 수비대는 아무런 지시도 받지 않은 채였다. 크렌츠는 중앙위원회 회의에 몰두하고 있어서 무슨 일이 일어나고 있는지도 몰랐다. 그리고 그가 이 사실을 알았을 때는 군중들이 너무 많이 몰려서 통제할 수가 없었다. 결국 보른홀머(Bornholmer) 거리에 있던 수비대는 스스로 문을 열었고 감격에 찬 동베를린 시민들은 물밀듯이 서베를린으로 넘어갔다. 곧 동서 양쪽에서 온 독일인들은 장벽 꼭대기에 앉기도 하고, 서기도 하고, 춤까지 추었다. 망치와 끌을 들고 와서 벽을 허물기 시작하는 사람들도 많았다. 모스크바에 있는 고르바초프는 이런 사태가 일어나는 동안 내내 잠을 자고 다음 날 아침에야 겨우 소식을 들었다. 그가 할 수 있었던 것이라고는 오로지 동독 당국에 이런 말을 전달하는 것뿐이었다. "여러분은 올바른 결정을 했소."[22]

장벽이 무너지자 모든 일이 풀렸다. 11월 10일에는 1954년 이래 불가리아 통치자로 있던 토도르 지브코프(Todor Zhivkov)가 하야를 발표했다. 곧바로 불가리아 공산당은 재야 진영과 협상해 자유선거를 공약했다. 11월 17일에는 프라하에서 가두시위가 일어나더니 체코슬로바키아 전국으로 재빨리 퍼져나갔다. 몇 주일 후에 연립정부는 공산당원들을 축출하고 그해 연말에는 1968년 '프라하의 봄'(Prague Spring)을 주도했던 알렉산드르 둡체크[두브체크](Alexander Dubček)가 국회의장으로 추대되어 체코슬로바키아 신임 대통령 바츨라프 하벨에게 취임을 통보했다.

12월 17일에는 정권 보전에 결사적이었던 루마니아의 독재자 니콜라에 차우셰스쿠(Nicolae Ceaușescu)가 중국의 사례를 따르라고 군부에 명령해 티미쇼아라에서 시위대에 발포를 함으로써 97명이 목숨을 잃었다. 그러나 이로 인해 소요에 기름을 끼얹는 격이 되자, 차우셰스쿠는 12월 21일 부쿠레슈티(부카레스트)에서 자신을 충성하는 지지자로 여겼던 민중 집회를 소집했다. 그러나 군중들은 그렇지 않다는 것이 드러났고, 그를 야유하기 시작했다. 군중을 진정시키지 못하자 자동차 불빛에 놀란 사슴 같은 그의 모습이 정부 텔레비전 중계를 중단시키기 전에 화면에 잡혔다. 차우셰스쿠와 그의 부인 엘레나는 헬리콥터로 부쿠레슈티를 탈출했으나 곧바로 체포되었고, 재판에 회부되어 성탄절에 총살로 처형되었다.[23]

그보다 21일 앞서 차우셰스쿠는 크렘린에서 고르바초프를 만나 동유럽에서 일어난 최근의 사태로 "각국 사회주의뿐만 아니라 공산당 존재 자체가 심각한 위험에 처했다"고 경고했다. 고르바초프는 크렘린의 최고 통수권자가 아니라 심리 치료사가 말하듯이 이렇게 대답했다. "이 일에 걱정이 많으시군요. 말씀해보세요, 우리가 무엇을 할 수 있는지?" 차우셰스쿠는 막연하게 제안했다. "우리는 회동을 통해서 가능한 해결책을 논의할 수 있을 겁니다." 고르바초프는 그것으로는 충분하지 않을 거라고 대답했다. 달리 말하면, 변화가 필요한 것이다. 그렇지 않으면 "결국 군화의 행진으로" 문제를 해결할 수밖에 없을 것이다. 그러나 동유럽 총리들은 1월 9일에 회동하기로 되어 있었다. 고르바초프는 수심에 가득 찬 방문객 차우셰스쿠에게 현명하지 못하게도 이렇게 확약했다. "귀하께서는 1월 9일에도 살아계실 겁니다."[24]

그해[1989년]는 지난 일을 기념하기에는 좋았으나, 앞으로 일어날 일을 예측하기에는 좋지 않은 해였다. 1989년 초엽은 동유럽의 소련 세력권이 지난 45년간처럼 공고한 듯했다. 그러나 5월에 고르바초프의 보좌관 체르냐예프는 우울한 기록을 일기에 남겼다. "지금 동유럽의 사회주의는 사라져가고 있다. ……만사가 과거에 상상하고 계획했던 것과는 완전히 다른 것으로 드러나고 있다." 10월에 소련 외무부 대변인 겐나디 게라시모프(Gennadi Gerashimov)는 농담까지 했다. "프랭크 시나트라가 부른 '마이 웨이'(My Way)라는 노래 있지요?" 브레주네프 독트린에서 남은 것이 무엇인가라는 질문에 그는 이렇게 대답했다. "헝가리와 폴란드는 자기들 방식(their way)으로 그렇게 하고 있습니다. 우리에게는 지금 시나트라 독트린이 있습니다."[25] 그해 말엽에는 아무것도 남지 않았다. 붉은 군대가 2차 세계대전에서 얻었던 것, 스탈린이 공고히 해놓은 것, 흐루쇼프, 브레주네프, 안드로포프, 그리고 체르넨코까지도 보전하려고 애썼던 것 모두가 사라졌다. 고르바초프는 이 사태를 최대한 유리하게 이용하기로 마음먹었다.

"이미 일어난 일들 모두를 절대로 부정적인 면으로 보아서는 안 된다." 고르바초프는 1989년 12월 몰타에서 부시 대통령과 첫 정상회담(Malta Conference)을 열었을 때 그에게 다음과 같이 언급했다.

우리는 지난 45년간 대규모 전쟁을 모면해왔기에 …… 이데올로기 신념에서 일어나는 대립 또한 그 자체로 정당한 이유가 될 수 없었고 …… 선진국과 미개발 국가 사이의 불평등한 교역에 의존하는 것 역시 실패작이 됐으며 …… 냉전 수단은 …… 전략적인 면에서 좌절을 겪었다. 우리는 이 점을 인정했다. 그리고 일반인들은 아마도 이 점을 훨씬 더 잘 이해했을 것이다.

소련의 통치자는 미국 대통령에게 소련 지도층은 "오랫동안 이에 관해 숙고해왔고, 미국과 소련은 오로지 대화, 협조, 협력을 해야 하는 운명이라는 결론에 달했다. 다른 선택은 없다"[26]라고 일러주었다.

[II]

몰타 정상회담에서 부시는 고르바초프에게 시인하기를, 미국은 동유럽에서 "펼쳐지는 변화 속도"에 동요했다. 부시는 태도를 '180도' 바꾸어, 고르바초프의 "지위를 훼손시킬 일은 절대로 하지 않도록" 노력하고 있었다. 아마도 레이건을 염두에 두었던지, 그는 "베를린장벽에 올라가 거창한 선언을 하는 일은 없을 것"이라고 약속했다. 그러나 이어서 부시는 "우리에게 독일 재통일에 반대하라고 요구하는 일은 있을 수 없음을 이해하기 바란다"고 말했다. 고르바초프는 다음과 같은 언급으로만 응답했을 뿐이다. "미국과 소련은 서로 다른 정도로 유럽 문제에 연계되어 있다. 우리는 미국이 유럽에 관여하는 걸 충분히 이해한다. 구대륙에서 미국의 역할을 다르게 보는 것은 비현실적이며 잘못이고, 결국은 건설적이지 못하다."[27]

이 대화 속에는 많은 뜻이 내포되어 있었다. 부시는 그때까지 벌어졌던 사태에 대해―누구나 그러했듯이―그의 행정부가 방심하고 있었음을 확인했다. 그리고 이 사건들에 고르바초프가 큰 비중을 차지한다는 점을 인정했다. 미국은 그가 약해지기를 바라지 않았다. 그러나 부시는 미국과 서독이 지금 독일 재통일을 추진하겠다는 신호도 보내고 있었다. 이는 불과 몇 주 전까지도 터무니없이 비현실적으로 보였던 사안이었다. 고르바초프가 보인 반응도 그가 언급한 것과 언급하지 않은 것 모두 똑같이 의미심장했다. 즉 그는 미국을 유럽 강대국의 하나로 기꺼이 받아들였다. 이제껏 소련 통치자 가운데 누구도 명시하지 않았던 일이다. 아울러 독일에 관해 입을 다물었던 것은 그가 품은 모순 감정을 암시했다. 이 역시 2차 세계대전 이래 독일 전체가 마르크스주의 국가가 된다는 조건에서만 재통일을 추구해오던 정권으로서는, 즉 그 일이 불가능하다고 판명될 시에는 독일을 영구 분단 상태로 유지하려던 정권으로서는 전례가 없던 태도였다.

고르바초프가 이런 입장을 수정했으리라는 암시는 이미 있었다. 그는 1987년 서독 대통령 리하르트 폰 바이츠제커(Richard von Weizsäcker)에게 독일 국가가 둘인 것이 현실이겠지만, "이 현실이 지금부터 100년이 될지는 오로지 역사만이 결정할 수 있다"고 언급한 바 있다. 그는 1989년 6월 서독의 수도 본(Bonn)을 방문했을 때 "고르비여! 장벽 대신 사랑을 쌓자!"라고 함성을 지르는 군중의 환영을 받아 기분이 고조됐다.[28] 그는 10월 동독 기념행사 기간 중에 무명의 붉은 군대 '해방자'(liberator)를 안장한 묘에서 시를 낭송하겠다고 했다. 청중들이 전혀 예상하지 못했던 일이다.

> 우리 시대의 신명(神命)은 통일을 선언했으니,
> 이는 오직 철과 피로만 이루어질 수 있고,
> 그러나 우리는 이를 사랑으로 이루려 하느니,
> 그러면 우리는 어느 것이 더 오래갈지 알게 될 것이다.[29]

그는 베를린장벽이 무너지기 직전에 크렌츠에게 "두 독일 국가 사이에 인간적인 약속이 복합적으로 존재하고 있음을 무시할 수 없다"고 안심시켰다. 베를린의 국경 검문소가 개방되던 날 밤부터 이튿날 아침까지 그는 '반대편에 있는 다른 독일 사람들을 만나려고 걸어서 국경을 넘어가는 독일 사람에게 어찌 발포를 할 수 있겠는가? 그러니 정책은 변할 수밖에 없었다'라고 생각했던 일을 회상했다.[30]

그런데도 독일 재통일은 소련뿐만 아니라 지난날 통일되어 있던 독일 국가가 저지른 전과(前科)를 기억하는 유럽인 모두에게 아직은 미심쩍은 전망이었다. 이 불안감은 냉전의 분단보다 강했다. 고르바초프도 이 불안감을 야루젤스키, 프랑스 대통령 프랑수아 미테랑(François Mitterrand), 마거릿 대처와 함께 공유했다. 마거릿 대처는 부시에게 "만약 우리가 경계하지 않으면, 독일은 히틀러가 전쟁에서 얻지 못했던 것을 평화에서 얻을 것"이라고 경고했다.[31] 이와는 뜻을 달리하는 유럽 저명인사가 있었는데, 그는 바로 서독 수상인 헬무트 콜(Helmut Kohl)이었다. 그는 몰타 정상회담이 열리기 며칠 전에 독일 재통일을 지지한다는 의견을 내놓아 만인을 놀라게 했다. 부시는 그가 "2차 세계대전이 끝나가는 몇 달 동안 스탈린과 루스벨트가 그랬던 것처럼 고르바초프와 내가 독일의 장래에 관해 우리들끼리 합의를 도출하지 않기를 확실히 원했기" 때문에 그런 행보를 취한 것이라고 여겼다.[32]

그 당시 헬무트 콜은 독일 재통일을 이끌긴 했지만, 재빨리 동독 사람들이―베를린장벽을 부시고 넘어 와―오직 재통일만 받아들이겠다는 뜻을 분명히 했기 때문에 그다지 주도적이지 못했다. 동독 총리로서 크렌츠의 자리를 대신한 한스 모드로(Hans Modrow)는 1990년 1월 말에 "독일민주공화국 인민 대다수는 더 이상 독일이 두 나라라는 생각을 지지하지 않는다"고 고르바초프에게 알렸다. KGB 의장인 블라디미르 크류 치코프(Vladimir Kryuchkov)는 동독 정부와 공산당 자체가 무너져 내리고 있음을 확인했다. 이 정보를 접한 고르바초프는 선택의 여지가 없음을 알았다. "독일 재통일은 불가피한 것으로 간주해야 한다."[33]

결정적인 문제는 재통일 조건이었다. 동독은 여전히 바르샤바조약 회원국이었고, 30만 명이 넘는 소련 군대가 주둔하고 있었다. 서독은 여전히 NATO의 일부이고 25만여 명 미군이 영토에 배치되어 있었다.[34] 소련 정부는 재통일된 독일이 NATO 동맹으로 남는 것은 허용하지 않겠다고 주장했다. 그 대신 중립화를 제안했다. 이에 대해 미국과 서독은 NATO 가맹으로 남아야 한다고 주장했다. 이 논쟁을 해결하기 위해 온갖 제안이 나왔고, 심지어는—간략하게 말해서—통일 독일은 NATO와 바르샤바조약 두 기구에 이중으로 가맹해도 된다는 착상도 나왔다. 대처는 독일 재통일을 지지하는 편이 아니면서도 이 생각을 "여태껏 듣도 보도 못한 가장 어리석은 착상"이라고 일소에 부쳤다. 고르바초프는 "우리만 유일하게 그런 견해를 옹호한, 고립된 주창자였다"고 씁쓸하게 회고했다.[35]

결국 부시와 헬무트 콜은 고르바초프에게 NATO 동맹 테두리 안에서 재통일된 독일을 수락하는 길밖에는 별다른 선택이 없다고 설득했다. 고르바초프는 NATO의 일부로 남겠다는 서독의 요구를 존중하지 않은 채로 동독이 자국(自國)을 해체하겠다고 한 결정을 존중하기가 어려웠다. 그로서는 독자적으로 움직이는 독일보다는 NATO와 연결된 통일 독일이 그나마 두려움이 덜하리라는 점 또한 부인할 수 없었다. 미국은 결국 고르바초프에게 한 가지를 양보했다. 미국은 국무 장관 제임스 베이커(James Baker)를 통해 "NATO 관할 지역을 동쪽으로는 한 뼘도 확장하지 않겠다"는 약속을 했다. 이 약속은 훗날 소련이 사라지고 나서야 비로소 빌 클린턴(Bill Clinton) 행정부에 의해 거부되었다.[36] 고르바초프는 미국이 NATO 회원을 끝까지 주장하는 이유는 통일 독일이 **미국** 군대를 추방하려 할지 모른다는 두려움 때문이라고 믿었다. "나는 미국 대통령에게 미국이 유럽에서 '철수'하는 것이 소련의 이해관계와 부합하는 일이 아니라는 확신을 주려고 여러 번 시도했다."[37]

이는 불과 몇 달 전만 해도 고려 대상조차 되지 않았던 해결 방안을 옹호하면서 소련과 미국의 이해관계가 수렴하고 있었음을 의미한다. 다시 말해서 독일은 재통일될 것이고, NATO 가맹을 유지할 것이며, 독일 영토에 주둔하던 소련 군대는 철수하는 반면, 미국 군대는 계속 독일 영토에 주둔하리라는 것이다. 고르바초프와 헬무트 콜은 1990년 7월 만남에서 중요한 조약을 맺었다. 소련 지도자는 독일 지도자에게 말했다. "우리는 과거를 망각할 수 없다. 우리 나라 모든 가족들은 그 시절에 고난을 겪었다. 그러나 우리는 유럽을 바라보아야 하고 위대한 독일 민족과 협력하는 길을 가야 한다. 이것이 바로 유럽과 세계의 안정을 강화하는 데 우리가 기여하는 것이다."[38] 그리하여 1990년 10월 3일에 2차 세계대전의 패배와 함께 시작되었던 독일의 분단은 드디어 종언을 고했다. 보른홀머 거리 국경 검문소의 수비대가 아무 상의 없이 문을 열기로 결정한 지 1년도 안 되었을 때였다.

[Ⅲ]

그 즈음에 고르바초프는 동베를린, 본, 베이징에서 환호를 받았다. 이는 크렘린 통치자로서 전혀 경험해보지 못한 특별난 일이었다. 그러나 그보다 덜 좋은 차별점도 있었다. 1990년 5월 1일 붉은 광장에 있는 레닌의 묘 꼭대기에서 노동절(May Day) 연례 행렬을 사열하던 중에 그는 소련 통치자로서 처음으로 야유를 듣고, 심지어 조소도 받았다. 깃발에는 이렇게 쓰여 있었다. "고르바초프는 물러나라! 사회주의와 파시스트 붉은 제국은 물러가라! 레닌 공산당은 물러가라!" 그리고 이 장면은 모두 국영방송을 통해 중계되었다. 고르바초프는 그들을 조사하라고 지시를 내리면서 "정치 깡패들"이라고 흥분해서 말했다. "이런 나라를 변화시키다니!" 그는 나중에 보좌관들에게 불평했다. "그리고 지금 그들은 고함치고 있다. '혼돈!' '선반이 텅 비었다!' '공산당은 무너지고 있다!' '질서가 없다!'" 이런 일들을 '대규모 유혈 사태' 없이 이루어낸 것은 '놀라운 업적'이었다. 그러나 "그들은 나를 욕하고 저주했다. ……나는 후회하지 않는다. 나는 두렵지 않다. 그래서 나는 무슨 일이 있어도 반성도, 사과도 하지 않으련다."[39]

일찍이 마키아벨리가 물었듯이, 사랑받는 것과 두려움의 대상이 되는 것 중에 군주에게 어느 것이 더 좋은가?[40] 고르바초프는 그의 전임자들과는 달리 사랑을 선택했고—그러나 오로지 자기 나라 밖에서만—그 뜻을 거의 달성했다. 나라 안에서는 사랑도 두려움도 아닌, 오로지 모욕만 끌어냈다. 여기에는 복합적인 사유가 있었다. 정치적 자유는 공적으로 정치적 혼란으로 비추기 시작했고, 경제는 브레주네프 통치하에서 그랬던 것처럼 불황 상태에 빠져 있었다. 국경을 넘는 국력이 현관 깔개만큼이나 작게 줄어들었다. 그리고 이제 또 다른 문제가 새롭게 지평선 위로 떠오르고 있었다. 소련 자체가 생존할 수 있을까?

레닌은 소비에트 사회주의 공화국 연방(Union of Soviet Socialist Republics; USSR)을 하나의 연방으로 조직했다. 그중에서도 러시아 공화국(Russian Republic)은 핀란드 만(灣)과 흑해에서 태평양까지 뻗어 있어 가장 컸다. 다른 공화국으로는 우크라이나(Ukraine), 벨라루스(Byelorussia), 몰도바(Moldavia)와, 아제르바이잔(Azerbaijan), 아르메니아(Armenia), 그루지야(Georgia) 같은 트란스카프카스(Transcaucasia) 공화국들, 카자흐스탄(Kazakhstan), 우즈베키스탄(Uzbekistan), 투르크메니스탄(Turkmenistan), 키르기스(Kighizia), 타지키스탄(Tadzhikistan) 등 중앙아시아 공화국들이 포함되었다. 에스토니아(Estonia), 라트비아(Latvia), 리투아니아(Lithuania) 등 발트제국(the Baltic States)은 1940년 소련으로 흡수된 후에 그 목록에 추가되었다. 고르바초프가 집권할 당시 USSR 안에는 비(非)러시아 인구가 러시아인만큼 많았다. 그리고 비(非)러시아 공화국들은 문화와 언어 면에서 상당한 자율성을—모스크바에서 내려오는 정치적 지배에 항거할 정도의 역량까지—성취했다.[41] 그러나 아직까지는 러시아인이건 아니건 아무도 이 나라가 와해될 개연성을 놓고 심각하게 생각하지 않았다.

그러나 개혁을 구획으로 나누는 일은 어려웠다. 고르바초프가 페레스트로이카와 글라스노스트를 소련 내부에서 강조하거나, USSR 편입을 전혀 달가워하지 않는 비(非)러시아 민족을 자극하지 않으면서 동유럽과 독일인들이 이것을 "자기 방식대로" 하도록 허용하기란 거의 불가능했다. 여기에는 주로 발트제국과 트란스카프카스 공화국들이 포함되고 있었고, 이들 지역에서는 보다 큰 자치권과 심지어 독립을 바라는 압력이 점점 거세지고 있었다. 리투아니아의 어떤 대학교수는 1990년 초반 고르바초프와 나눈 면담에서 그 논리를 명확하게 폈다.

민족주의 부활은 페레스트로이카로 인해 위험에 직면해 있다. 이 두 가지는 서로 뒤얽혀 있다. ……〔소련공산당이〕 민주주의를 기초로 그 위에 우리들의 정치 생활을 확립하겠다고 결단한 뒤에는 각 공화국에 있는 우리 인민들은 이를 무엇보다 먼저 자결권 선언으로 받아들였다. ……우리들은 당신이 진심으로 모든 인민들이 잘살기를 바라고 있다고 믿으며, 또 인민의 뜻에 어긋난 채로는 인민을 행복하게 할 수 없다는 것도 이해하고 있다고 확신한다.

고르바초프는 이것이 "이론의 여지가 없는 주장"임을 알았다. 그러나 "원칙적으로 분리 가능성을 인정하지만, 나는 경제와 정치 개혁이 분리 절차보다 선행해서 진전될 것이라고 기대했다."[42] 그러나 그것 또한 잘못된 예측이었다.

정치는 개방되는 한편 경제 번영은 뒤로 밀렸기 때문에, 리투아니아 같은 공화국이 소련의 일부가 되면서 얻을 수 있는 이익은 찾기 힘들어졌다. 리투아니아 인민들은 리투아니아가 소련의 일부가 된 과정에 격분했다. 히틀러와 스탈린은 1939년 나치-소비에트 협정에서 리투아니아가 소련으로 합병되도록 타협했다. 리투아니아는 당시 독일과 동유럽에서 일어나고 있던 사태를 면밀하게 주시하고 있었다. 좀처럼 가시지 않고 떠돌던 의문은 1991년 1월, 리투아니아의 수도 빌뉴스(Vilnius)에 있던 소련 군대가 가두시위를 하는 군중을 향해 발포했을 때 모두 사라졌다. 2월 19일 리투아니아는 단호하게 독립을 위한 투표를 실시했다. 거의 동일한 사건이 라트비아와 에스토니아에서도 연속해서 일어났다. 고르바초프는 그때까지도 사랑을 바라고 있었기에, 이를 저지할 생각이 없었다.[43]

그러나 만약 발트삼국이 분리 독립한다면, 트란스카프카스 지역 공화국들이라고 해서 그렇게 못하라는 법이 있겠는가? 아니면 몰도바는? 아니면 우크라이나는? 이것이 1991년 봄에 고르바초프가 당면한 문제였다. "우리는 전체주의라는 괴물을 죽이고 있으면서도 그것을 무엇으로 대체할 것인지는 아직 의견을 모으지 못했다. 그리고 페레스트로이카가 방향성을 상실하고 있었기 때문에 그동안 발휘되던 힘이 빠져나가 통제할 수 없는 상태가 되었다"[44]라고 체르냐예프는 회고하고 있다. 6월에는 소련에서 가장 큰 러시아 공화국이 그들의 대통령을 선출했다. 그는 보리스 옐친(Boris Yeltsin)으로서 전직 모스크바 공산당 수장이었고, 현재는 고르바초프의 주 경쟁자였다. 이들 사이에 놓칠 수 없는 차이점이 있다면, 고르바초프는 민주주의 발언을 해오면서도 국민투표로 당선된 적이 없었다는 것이다. 또 한 가지 대조적인 차이점은 당시에는 별반 드러나지 않았지만 얼마 안 가서 명확해졌다. 옐친은 고르바초프와 달리 거대한 전략적 목표를 세웠다. 그것은 공산당을 폐지하고 소련을 해체해서 러시아를 독립적인 민주 자본주의국가로 만드는 것이었다.

옐친은 워싱턴에서 평판이 좋은 인물은 아니었다. 그는 과음을 하고, 인기를 추구하고, 부시가 고르바초프를 지지하려 할 때 까닭 없이 비난한다고 세평이 나 있었다. 그는 한때 백악관 차도에서 당시 부시의 젊지만 막강한 소련 문제 보좌관 콘돌리자 라이스(Condoleeza Rice)에게 의전 문제로 논쟁을 걸었다가 판정패하고 말았다.[45] 하지만 1991년 즈음에는 옐친의 중요한 입지를 부인할 수 없었다. 스코크로프트는 "러시아 자체의 일에 대한 러시아의 정치·경제적 지배를 거듭 주장하면서, 옐친은 소련의 바로 근간을 공격하고 있었다"라고 회고했다. 부시 행정부가 소련의 완전한 해체를 심사숙고하는 것은 동유럽에서 소련 세력이 와해되는 것을 주시하며 독일 재통일을 추진하는 것과는 전혀 별개의 사안이었다. 다음은 부시가 기록한 일기 내용이다. "무도회장에 있는 사람이라면 누구라도 함께 춤을 추는 것이 내 견해다. 특히 불안정을 …… 〔조장하지〕 말아야 한다. ……나는 알고 싶다. 우리가 가는 곳은 어디이며 어떻게 하면 거기에 이를 수 있을까?"[46]

부시는 START I 전략무기 감축 협정에 서명하기 위해 6월 30일 모스크바에 도착했다. 사태 진전으로 말미암아 이 협약에는 어두운 그림자가 드리워졌다. 그와 고르바초프는 고르바초프의 별장(dacha)에서 편안하게 하루를 보냈다. 체르냐예프는 그때를 다음과 같이 기억한다. "새로운 사고의 노선을 따라 이루어진 거대한 노력의 절정 현장에 있다는 감명을 받았다. ……이번은 과거의 '줄다리기'와는 전혀 달랐다." 부시도 동감이었다. 그러나 정상회담이 끝날 즈음에는 고르바초프의 "활기 넘치는 정신이 쇠잔해졌다"는 것을 알았다.[47] 귀국하는 길에 부시는 키예프에 기착해 우크라이나 의회에서 연설을 했다. 그는 고르바초프를 도와주려고 칭찬도 하고 청중들에게 다음과 같이 상기시켰다.

자유는 독립과 같은 것이 아니다. 미국은 아득한 지난날의 폭압 정치를 지역적 압제 정치로 대체시키기 위해 독립을 추구하는 자들을 지지하지 않을 것이다. 인종 혐오에 기반을 둔 자멸적인 민족주의도 지원하지 않을 것이다.

그러나 이 연설로 부시는 청중들의 인기를 잃었다. 한 우크라이나 시민은 "부시는 고르바초프의 전령으로 여기에 왔다. 그는 여기 공산당 정치가들보다 오히려 더 급진적이지 않은 것처럼 들렸다. 결국 그들은 여기서 출마해야 하는데 …… 그는 그렇지 않았다"라며 불만을 토로했다. 〈뉴욕타임스〉 시사평론가 윌리엄 새파이어(William Safire)[미국의 대표적인 보수 논객—옮긴이]가 부시의 "겁먹은 키예프(chicken Kiev)" 연설을 비난했을 때는 타격을 가장 크게 받았다. 그것은 저급한 비판일 수도 있으나, 한편으로는 소련이 없는 삶을 예측해볼 때 부시 행정부가 갖는 상반된 감정을 포착했다.[48]

"여보게, 톨리야(Tolya)[체르냐예프의 이름 아나톨리(Anatoly)의 애칭—옮긴이]. 모든 일이 너무나 보잘것없고, 천박하고 촌스럽게 되었네." 고르바초프는 8월 4일 크리미아로 여름휴가를 떠나기 직전에 체르냐예프에게 한숨지으며 말했다. "생각해보게. 모두 그만둬버리지! 그럼 이걸 다 누구에게 넘기나? 나는 너무 피곤하네."[49] 이번만큼은 선견지명이 있는 관찰이었다. 8월 18일에는 고르바초프와 연결된 통신이 모두 단절되었고, 이른바 후계자들의 사절단이 도착해 그가 가택 연금에 들어간다고 통고했다. 고르바초프의 동료들이 그의 정책은 오로지 소련의 와해를 초래할 뿐이라고 믿고, 교체를 결정했던 것이다.

혼란스러운 3일이 지나 마지막 날에는 3가지 사항이 명백해졌다. 첫째, 미국을 비롯한 세계 각국들은 대부분 이 쿠데타를 불법으로 간주하고 이를 실행한 음모자들을 상대하지 않았다. 둘째, 이 음모자들은 군부와 경찰의 지지를 확보하는 일을 태만히 했다. 그리하여 보리스 옐친은 러시아 의회 건물 밖 탱크에 올라서서 이번 쿠데타는 성공하지 못할 것이라고 발표하면서 쿠데타를 무산시켰다. 하지만 고르바초프는 여기에 위로를 얻지 못했다. 왜냐하면 옐친은 지금 모스크바의 가장 유력한 통치자로서 고르바초프를 대체했기 때문이다.[50]

옐친은 신속하게 소련공산당을 폐지시키고 모든 재산을 몰수했다. 그는 고르바초프가 창설한 입법기관인 인민대표대회(Congress of People's Deputies)를 해산시키고, 그 대신에 아직 남아 있던 소련의 공화국 대표로 구성된 의회를 설치했다. 그리고 발트삼국의 독립을 승인함으로써 우크라이나, 아르메니아, 카자흐스탄이 각기 독립국임을 선언했다. 옐친이 국영방송을 통해 반복해서 고르바초프에게 모욕을 주었기 때문에 고르바초프의 위신은 증기처럼 날아가고 말았다. 12월 8일에 옐친은 우크라이나와 벨라루스 통치자들과 '독립 국가 연합'(Commonwealth of Independent States: CIS)을 형성한다는 협정문에 서명했다. 그는 즉시 부시에게 전화를 걸었다. "오늘 우리 나라에서 대단히 중요한 사건이 하나 발생했는데 …… 고르바초프는 아직 이 결과를 모릅니다." 부시 대통령은 그 의미를 즉시 알아차렸다. "옐친은 …… 소련 해체를 결정했다고 지금 막 나에게 말했소."[51]

"내 뒤에서 벌인 일을 …… 창피한 줄이나 아시오!" 고르바초프는 항의했으나 그가 할 수 있는 것은 아무것도 없었다. 그는 나라를 빼앗겼다. 1991년 12월 25일—차우셰스쿠가 처형된 지 2년, 아프가니스탄 침공 후 12년, 볼셰비키 혁명 이후 74년 만에―소련의 마지막 통치자는 미국 부시 대통령에게 성탄절 축하 인사를 전하고, 옐친에게는 핵 공격에 필요한 암호를 인계했다. 그리고 펜을 집어 소련의 존재를 공식적으로 종식시키는 법령에 서명하려 했다. 그러나 잉크가 떨어져 이 행사를 취재하고 있던 CNN 방송국 요원에게 만년필을 빌려야만 했다.[52] 고르바초프는 온갖 역경에도 이미 벌어진 사태에 가능한 한 최선의 면목을 세우려 했고, 고별 연설에서는 지친 듯이 "우리 경제를 파행시키고 우리들의 사고를 왜곡시키고 우리 윤리를 손상시켜온 '냉전,' 군비 경쟁, 그리고 광기 어린 우리 나라 군국주의화에 종막이 내렸습니다. 세계 전쟁이라는 위협은 더 이상 없습니다"[53]라고 공표했다.

고르바초프는 바츨라프 하벨, 요한 바오로 2세, 덩샤오핑, 마거릿 대처, 로널드 레이건, 레흐 바웬사, 심지어 보리스 옐친 같은 기질을 지닌 지도자는 못 되었다. 이들은 모두 마음속에 **목표**를 두고 거기에 도달할 지도를 갖고 있었다. 고르바초프는 모순을 해결하지 않고 망설이기만 했다. 가장 큰 문제는 그것이었다. 즉 그는 사회주의를 구원하고 싶었지만, 그것 때문에 무력을 쓰고 싶지는 않았다. 이들 목적지는 서로 양립될 수 없다는 것이 바로 그만이 안고 있던 불행이었다. 하나를 포기하지 않고는 다른 하나를 달성할 수 없었다. 그래서 결국 그는 무력을 쓰기보다는 차라리 이데올로기, 제국, 그리고 그의 나라를 포기했던 것이다. 그는 공포 대신 사랑을 선택했고, 마키아벨리의 군주론이 말하는 충고를 어기고, 그렇게 함으로써 그 자신이 종말을 맞았다. 전통적인 지정학적 용어로는 이해할 수 없는 일이었다. 그러나 그로 인해 그는 역사상 가장 알맞은 자격을 갖춘 노벨 평화상 수상자가 되었다.

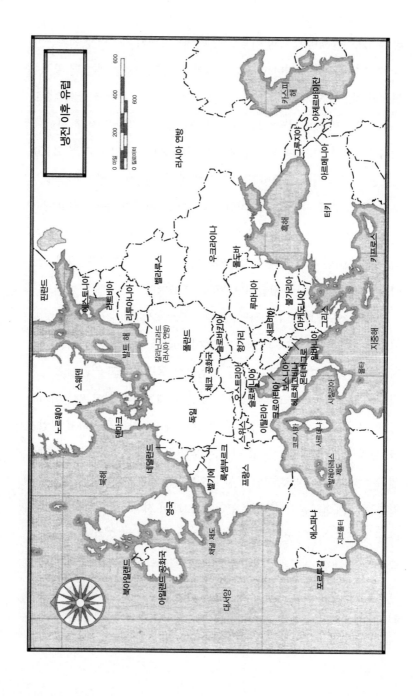

지난날을 되돌아보다

이렇게 냉전은 끝이 났다. 시작할 때보다 더 급작스럽게. 고르바초프가 몰타에서 부시에게 언급했던 것처럼 이 일을 일으킨 것은 "보통 사람들"(ordinary people)이었다. 가시철조망이 낡았다고 선언하고 사망한 지 31년이나 된 사람〔임레 너지―옮긴이〕의 장례식에 몰려간 헝가리 사람들, 놀랍게도 자유 노조 솔리다르노시치를 집권시킨 폴란드 사람들, 그리고 동독 사람들이었다. 동독인들은 헝가리에서 휴가를 지내고, 프라하에 있는 서독 대사관 담벼락에 기어오르고, 열병식에서 호네커에게 창피를 주고, 라이프치히에서는 경찰에게 발포하지 않도록 설득하고, 끝내는 문을 열어 장벽을 허물고 나라를 재통일시킨 사람들이다. 통치자들은―놀라고, 겁먹고, 흥분하고, 대담해지고, 당황하고, 대책도 없이―주도권을 되찾으려고 발버둥을 쳤지만, 이제는 더 이상 피할 수 없음을 인정함으로써 전에는 믿을 수 없어 보이던 일이 가능하다는 것을 알게 되었다. 그렇게 하지 못했던 자들은 호네커처럼 축출당하면서 끝이 나거나, 덩샤오핑처럼 욕을 먹거나, 차우셰스쿠처럼 목숨을 잃기도 했다.

고르바초프는 국내에서는 모든 인연이 끊겼지만 해외에서는 존경을 받으며 두뇌 집단(싱크탱크)[1](고르바초프는 사임 후 1992년에 미국 샌프란시스코에 본부를 둔 고르바초프 재단(Gorbachev Foundation)을 설립했다—옮긴이)을 설립해 스스로를 위로하고 있다.

고르바초프 재단이 전력을 다해 씨름했지만 전혀 해결되지 않은 문제는 "이 모두가 무엇을 의미하는가?"였다. 해답을 찾지 못한 것은 그리 놀랄 만한 일이 아니다. 굵직굵직한 사건을 직접 겪으며 사는 사람들은 그 지속적인 의미에 대해 최상의 판단을 내리기가 극히 어렵기 때문이다. 크리스토퍼 콜럼버스(Christopher Columbus)를 생각해보자. 그는 살아생전에 어느 시점이 되면 자신이 이룬 위대한 항해 500주년이 올 것이라고 고대했으리라. 그러면서 그는 항해를 할 수 있게 파견한 군주는 물론이고 그 자신과 선원들, 그리고 항해했던 선박을 찬양하는 장면을 마음속에 그렸을 것이다. 콜럼버스는 마침내 1992년에 항해 500주년이 다가왔을 때 역사가들이 그의 대량 학살에 가까운 행위를 기억하려 한다는 것을 예상할 수 없었을 것이다. 그는 무방비 상태로 있던 그곳 문명에 제국주의, 자본주의, 기술, 종교, 그리고 특히 질병(disease)(신대륙 발견 이후 신구 대륙 사이에는 쌍방향으로 질병, 동식물, 문화 교류가 일어났다. 특히 구대륙의 질병인 디프테리아, 홍역, 천연두, 말라리아가 신대륙으로 전염되어 그런 질병에 면역이 없었던 원주민들의 인구수가 크게 줄기도 했다. 반대로 구대륙에는 신대륙의 맹독성 매독이 전염되었다.—옮긴이)의 힘을 풀어놓음으로써 대량 학살을 전개시켰다.

만약 1424년에 홍희제(洪熙帝)(1378~1425: 중국 명나라 황제—옮긴이)가 비용이 엄청나게 많이 들었던 야심 찬 해상 원정 계획(명나라 시대 정화는

1405년부터 1433년까지 영락제(永樂帝)의 명을 받아 7회에 걸쳐 대선단(大船團)으로 동남아시아에서 서남아시아에 이르는 30여 개국을 원정했다. 1차 원정 때는 대선 62척에 장병 2만7800여 명이, 7차 원정 때에는 2만 7550명이 동원된 대규모 원정대였다. 정화의 인도양 진출은 바스코 다 가마가 그곳에 도달한 시기보다 80~90년이 앞섰다—옮긴이]을 중단시키기로 결정하지 않고, 따라서 위대한 발견을 유럽인들에게 남겨놓지 않았다면, 아마도 콜럼버스의 명성이 지금과 같지는 않았을 것이다.[2] 이상한 결정이라고 여길지는 모르지만, 미국은 인간을 달에 착륙시킴으로써 소련을 앞지르려는 생각으로 값비싸고도 야심찬 노력을 기울여 드디어 1969년에 이 계획을 성공적으로 끝냈다. 이 시기는 닉슨 대통령이 과도하게 자랑했듯이 "천지창조 이래 세계 역사상 가장 위대한 주간"[3]이었다. 그러나 그 다음에는 3년 반 동안 겨우 5회 더 달에 착륙했을 뿐이고, 그 이후 닉슨은 유인 우주 탐험을 중단해 미래의 발견을 무제한 연기시켜 두었다. 향후 500년 뒤에는 어느 제왕의 행동이 이상하게 보일까? 그것은 말하기가 어렵다.

따라서 냉전의 의의를 평가하려면 겸손한 자세가 온당하다. 가까운 과거는 먼 미래에서 망원경으로 볼 때는 반드시 다르게 보인다. 당대 사람들에게는 중대한 문제로 보이는 것도 하찮은 것으로—그리고 불가해한 문제로—보일지도 모른다. 이는 마치 남극 관광객이 바다 위에 떠다니는 빙원 위에 구별할 수도 없는 펭귄들이 서로 다투는 광경을 보는 것과 같다. 그러나 역사 흐름의 원인이 되는 조류(潮流)는 특정한 의미를 띨 것이다. 이들은 앞으로 닥쳐올 일을 부분적으로 형성할 것이기 때문이다. 돛을 올리고 키(舵)를 잡고 그리하여 현재 위치에서 가고 싶은 곳에 이를 수 있는 방법을 떠올리는 유랑자들도 그럴 것이다.

펭귄에 관해 아는 바가 거의 없었지만, 카를 마르크스는 1852년에 성차별적인 단어로 "인간(Men)은 자기 역사를 창조한다"고 인정했다. 언제나 결정론자였던 그는 다음과 같이 첨언하여 이 주장을 완화했다. 즉 "인간은 좋아하는 대로 역사를 창조하지 않는다. 인간은 그들이 선택한 환경에서 역사를 창조하는 것이 아니라 과거에서 직접 찾아내고, 과거로부터 주어지고 전수된 환경에서 역사를 창조한다."[4] 이 말은 필연성에 대한 가장 위대한 이론가였던 그가 필연성에서 허용할 수 있는 일탈의 최대치였다. 마르크스가 자발성을 좋아했다고는 말할 수 없었다. 하지만 그의 논증은 미래 세대들이 구별할 수 없는 국가, 이데올로기, 개인들의 불가해하고도 시시한 싸움으로 치부해버릴 것들과, 냉전에서 기억될 것 같은 요소를 구별하는 방법을 제시한다. 결정론—돛을 올리고 키를 잡은 다음 전혀 가본 적 없는 항로로 나아가는—에서 일탈하는 것을 포함한 사건들은 지금부터 500년이 지난 미래에도 잊히지 않을 방법으로 '평범함'을 벗어난다.

냉전기간 중에 결정론에서 벗어난 가장 중요한 일탈은 열전(熱戰)과 분명히 관계가 있었다. 1945년 이전에는 강대국들이 큰 전쟁을 너무 빈번하게 치러서 그것이 국제 풍경의 항구적인 양상으로 비쳐졌다. 레닌은 심지어 이런 전쟁들에 근거해 자본주의가 자멸하리라는 메커니즘을 제공했다. 하지만 1945년 이후에 벌어진 전쟁들은 초강대국과 약소국가 간 전쟁이나 약소국끼리의 전쟁으로 제한되었다. 초강대국과 약소국 간 전쟁은 한국, 베트남, 아프가니스탄 등지에서 벌어졌고, 약소국가 간 전쟁은 1948년과 1973년 사이에 네 차례에 걸쳐 벌어진 이스라엘과 아랍 인근 국가들의 전쟁, 1947~1948년, 1965년, 1971년에 인도와 파키스탄이 치른 전쟁, 1980년대 내내 이란과 이라크를 탈진시킨 지지부진한 전쟁 등이다. 미국, 소련, 그리고 그 동맹국들이 연루된 전면전이 일어날지도 모른다는 공포심이 나돌았지만, 그런 일은 전혀 벌어지지 않았다. 이들 국가의 통치자들은 과거에 전쟁에 의지하던 통치자들 못지않게 호전적이었겠지만 그들에게는 낙관론이 결여돼 있었다. 즉 대전(大戰)에서 승전이나 심지어 생존까지 **아무도** 확신하지 못한 것은 역사상 처음이었다. 헝가리 국경에 둘러쳐진 철조망처럼 전쟁 **자체가―적어도 주요 국가끼리 붙는 거대 전쟁은―건강에 해롭고, 그래서 시대착오적인 것이 되었다.**[5]

이런 성과를 가져온 역사의 물줄기를 판별하기는 어렵지 않다. 거기에는 2차 세계대전이 남긴 사상자와 비용에 대한 기억이 포함되지만, 이것만으로는 미래에 일어날 전쟁을 배제할 수 없었을 것이다. 이에 견줄 만한 1차 세계대전의 기억도 마찬가지였다. J. 로버트 오펜하이머는 1946년에 "거대 전쟁이 다시 일어난다면 핵무기가 사용될 것"이라고 예측하면서 이에 대해 더 나은 설명을 제공했다.[6] 원자폭탄 제조 계획을 운영했던 오펜하이머는 옳은 논리를 폈지만, 냉전은 그 논리를 뒤집었다. 그 대신 강대국끼리 붙는다면 어떤 전쟁에서라도 핵무기가 **사용될 수 있기** 때문에 그런 전쟁이 발발하지 않았다.[7] 1950년대 중반까지 이 가공할 무기와 함께 그 무기를 어디로든 거의 즉각적으로 운반할 수 있는 수단들로 인해 모든 국가들이 위험에 처하게 됐다. 그 결과 과거에 전쟁으로 끌어들였던 주된 이유 중 하나, 즉 자국 영토의 보호는 이제 더 이상 아무런 의미가 없어졌다. 동시에 영토 확보 경쟁은 전쟁을 일으키는 또 하나의 전통적인 원인으로서 과거보다 점차 그 이익이 줄어들고 있었다. 총체적으로 취약한 시대에 세력권을 확보하고, 방어선을 요새화하고, 전략적 요충지를 확보한다고 해서 무슨 도움이 될 것인가? 소련이 심지어 와해되기 전에도 이런 수단 중 상당 부분을 평화적으로 포기했다는 사실은 그 이점들이 갖는 가치가 감소되었음을 충분히 말해준다.

위성정찰을 포함한 첩보 기술의 비약적인 발전은 개전(開戰)을 위해 기습 공격할 가능성을 줄이고, 전쟁을 수행하면서 은폐할 기회를 제거함으로써 큰 전쟁이 사라지는 데 기여했다. 1990년 8월에 있었던 이라크의 쿠웨이트 침공처럼 기습 공격은 여전히 일어날 수 있었지만, 그건 오로지 정보를 수집하는 데 실패한 것이 아니라 그 기밀을 잘못 **해석**했기 때문이었다. 1991년 초에 쿠웨이트가 해방되자, 사담 후세인(Sadam Hussein)은 자신의 군사작전이 뻔히 들여다보이며 따라서 공격에도 노출되어 있음을 알고 철군하는 수밖에 없었다. 투명성은 냉전 전략무기 경쟁의 부산물로서 전쟁을 예방하려는 자에게는 보상을 주고 전쟁을 벌이려는 자들에게는 방해가 되는, 완전히 새로운 환경을 창조했다.

그렇게 냉전은 지난 5세기 동안 '힘' 자체를 가늠하는 지표였던 군사력이 그 역할을 멈췄던 시점으로 기억될지도 모른다.[8] 결국 소련은 군사력, 심지어 핵 역량에 손도 대지 않고 온전한 채로 몰락했다. 기술 진보는 이념을 초월하는 신중한 태도와 함께 1945년과 1990년 사이에 힘의 본질을 바꾸는 원인이 되었다. 냉전이 종식될 때까지 국제 체제 안에서 전쟁 수행 역량은 더 이상 국가의 영향력이나 심지어 그 존속조차 보장하지 못했다.

결정론에서 벗어난 두 번째 일탈에는 **독재정치에 대한 불신임**이 포함된다. 폭군은 수천 년 동안 도처에 존재해왔다. 그러나 1948년에 외딴 섬에서 《1984》를 집필하는 동안 조지 오웰이 느낀 거대한 공포는 18, 19세기에 독재자들을 제지하면서 이루어진 진보가 이제는 역행(逆行)하고 있다는 점이었다. 나치 독일과 일본 제국의 패전에도 역사는 권위주의 정치와 집단주의 경제를 선호하는 방향으로 흘렀다는 결론을 내리지 않고는 20세기 전반기를 설명하기 어려울 것이다. 중세 세계의 끝에서 살던 아일랜드 수도승들처럼, 오웰은 그가 사는 세계의 끝에서 야만인의 승전이 무엇을 의미하는지 보여줌으로써 문명의 잔해(殘骸)나마 보전하려 했다.[9] 빅브라더(독재자)들은 《1984》가 세상에 나올 때까지 소련, 중국, 유럽의 절반을 지배했다. 이들이 거기서 멈추리라 기대하는 것은 헛된 이상이었을 것이다.

그런데 그들은 거기서 멈추었다. 20세기 후반 역사의 흐름은 결정적으로 공산주의를 반대하는 방향으로 돌아섰다. 오웰도 이와 관련되어 있었다. 고민에 찬 그의 글들은 뒷날 점점 자신감에 넘친 솔제니친, 사하로프, 하벨, 그리고 미래에 교황이 될 카롤 보이티와의 글과 함께 마르크스-레닌주의에 대해 도덕적·정신적 비평을 촉구했다. 이에 대해 마르크스-레닌주의는 대답이 없었다. 이들의 돛이 순풍을 맞고, 키가 제자리를 잡기까지는 시간이 걸렸다. 그러나 1970년대 말엽 그들은 제 역할을 하기 시작했다. 요한 바오로 2세를 비롯한 1980년대 배우-지도자들은 역사의 진로를 마련했다. 소련이 내놓을 수 있는 최선의 대안은 레오니트 브레주네프, 유리 안드로포프, 콘스탄틴 체르넨코였다. 이들은 독재주의가 과거의 독재주의가 아님을 분명히 보여준 징표였다.

한편, 공산주의는 보다 나은 생활을 공약했지만 이를 실현하는 데는 실패했다. 마르크스는 생산수단의 변화는 불평등을 확대시키고 분노를 촉발함으로써 '노동계급' 안에서 혁명의식을 불러일으킬 것이라고 주장했다. 하지만 실현될 변화의 **본질**을 예측하지 못했다. 탈산업사회 경제(post-industrial economy)〔경제가 발전하면서 제조업 비중이 상대적으로 축소되고 정보, 지식, 서비스, 기술, 연구개발 부문의 비중이 커지는 현상. 공식적으로 통일된 용어가 없이 탈산업화 경제, 탈공업화 사회, 후기산업 경제 등 여러 말로 번역되고 있다―옮긴이〕가 발전하면서 수평적인 조직 형태가 계층적인 조직보다 더 혜택을 받게 된 것이다. 〔현대 사회의―옮긴이〕 복잡성은 상대적으로 단순했던 산업화 초기 단계보다 계획의 실행 가능성을 더 **떨어뜨렸다.** 오직 권한이 분산되고 대체로 자발적인 시장만이 수요에 맞춰 재화와 용역을 공급하기 위해 현대 경제에서 매일 내려야 하는 결정을 수없이 할 수 있었다. 결과적으로 자본주의에 대한 불만은 절대로 "모든 나라의 무산계급"이 "사슬"을 풀어버리고 단결할 필요성을 느낄 정도까지 치솟지 않았다.

이런 점은 냉전 기간 중에 밝혀졌는데, 이는 주로 서방 진영 지도자들이 자본주의가 다른 무엇보다 탐욕을 증진시킨다는 마르크스의 고발이 잘못되었음을 반증했기 때문이다. 소련에서 레닌과 스탈린이, 중국에서 마오쩌둥이 마르크스주의를 악용한―역사 발전의 자동적인 순서로 간주되던 일을 집권당과 권위주의 국가로 통제하는―것에 비교할 때 이것은 단순히 경제 분야뿐만 아니라 정치·사회적 정의 구현에 실패한 공산주의의 신빙성을 떨어뜨리는 결과를 가져왔다. 새로운 전쟁이 다시 일어나지 않았던 것처럼, 예상했던 세계 혁명도 일어나지 않았다. 냉전은 또 다른 역사적 시대착오를 만들어냈다.

세 번째 혁신은 **민주화의 세계화**(globalization of democratization)를 끌어왔

다. 민주주의국가는 20세기 후반에 **5배**로 불어났는데, 이는 20세기 전반 말기에는 예상하지 못했던 큰 사건이었다.[10] 냉전을 민주주의 시대로 만든 환경은 아직까지도 파악하기 어렵다. 대공황과 큰 전쟁이 없었다는 것은 이와 관련이 있다. 1930년대와 1940년대 초기에 당면한 대공황과 큰 전쟁은 민주주의가 얼마나 취약한 것인가를 보여주었다. 정책 선택도 여기에 도움이 되었다. 민주주의 추진은 미국과 서유럽 동맹국들이 마르크스-레닌주의 경쟁국들과 차별화할 수 있었던 가장 현저한 방안이었다. 교육 또한 한몫을 했다. 냉전 기간 동안 교양 수준과 더불어 사람들이 학교에서 보내는 햇수도 거의 모든 곳에서 늘어났다. 히틀러 시대 독일이 보여준 바와 같이, 교육받은 사회가 반드시 민주주의 사회는 아닐지언정 인민들이 자기 자신과 주변 세상에 대한 지식이 늘어나면 타인이 개인 생활을 지시하고 참견하는 것을 점점 더 꺼리게 된다.

정보혁명도 민주주의 확산을 강화했다. 사람들이 스스로 정보를 입수하면 과거보다 더 신속하게 그것에 반응할 수 있기 때문이다. 냉전 기간에는 세계 다른 곳에서 일어난 일을 보도되지 않도록 억누르는 것뿐만 아니라, 자국 내에서 발생한 일도 은폐하기가 점점 더 어려워졌다. 헬싱키 협정 과정이 극적으로 보여주었듯이, 이러한 '투명성'으로 말미암아 권위주의 정권에 대항하는 새로운 수단이 생긴 것이다. 또한 투명성은 독재 체제가 전복된 곳에 독재정치가 다시 복귀하지 않는다는 확신을 주었다.

그러나 민주주의가 뿌리를 내린 이유는 이 제도가 생활수준을 향상시키는 데 일반적으로 전제정치보다 성과가 뛰어났기 때문이다. 시장이 기능을 발휘하기 위해서 반드시 민주주의가 요구되는 것은 아니었다. 대한민국, 타이완, 싱가포르, 중국은 모두 민주주의 조건이 덜 갖춰진 상태에서 성공적으로 경제를 발전시켰다. 하지만 냉전의 경험은 시장 개방과 사상 억제를 동시에 이루기가 쉽지 않음을 보여주었다. 자원을 배분하고, 생산성을 높이는 데는 계획경제보다 시장이 효과적이라는 것이 입증되었다. 결과적으로 인민 생활이 향상되면, 민주주의가 강화된다.

이러한 여러 가지 이유 때문에 세계는 냉전 기간 중에 민주주의만이 정당성을 부여한다는 의견 일치를 보는 데 과거 어느 때보다도 근접했다. 그것도 제국, 강요당한 사상, 권위주의적 통치를 유지하기 위해 힘을 인위적으로 사용한다는 결정론으로부터 벗어나는 길이었다.

냉전에 관해 유감스러운 점 또한 상당히 많았다. 각 개인의 미래를 담보로 위험을 감행한 것, 소용없는 군비(軍備)에 여러 자원을 낭비한 것, 거대한 군산 복합체가 환경과 보건에 끼친 영향, 여러 세대 전체의 삶을 파괴시킨 압제와 그에 따라 빈번하게 일어난 인명 손실 등이다. 어떤 폭군도 자국민의 **5분의 1**을 처형한 적이 없었지만, 크메르 루주(Khmer Rouge)의 지도자 폴 포트〔Pol Pot, 1925~1998: 집권 후 집단 농장화와 강제 노동을 강행했다. 그 여파로 당시 캄보디아 인구의 약 26퍼센트인 75만~170만 명이 사망했다—옮긴이〕는 베트남전쟁의 여파 속에서 그 같은 살육을 감행했다. 미래에 사람들이 냉전에 대해 상당히 많은 것을 망각하더라도 그 잔학 행위만큼은 확실히 기억할 것이다. 그러나 캄보디아 바깥에서는 그 당시 이것을 알아챈 사람이 거의 없었다. 반(反)인류범죄 재판도 없었다. 폴 포트는 1998년 타이 국경 근처 허름한 오두막에서 사망했고, 아무런 의식도 치르지 않은 채 폐품과 헌 타이어 더미 위에서 화장됐다.[11] 적어도 그를 위한 웅장한 묘역은 없었다.

　이 일은 물론이고 훨씬 더 많은 사건이 있었지만, 그래도 냉전은 훨씬 더 악화될 수 있었다. 냉전은 공포가 되살아나면서 시작됐고 희망이 승리하면서 끝을 맺었다. 이는 거대한 역사적 격변치고는 이례적인 궤도였다. 냉전은 쉽사리 다른 방향으로 전개될 수도 있었다. 세계는 가장 뿌리 깊은 불안을 확인도 못 하고 20세기 후반을 보냈다. 먼 훗날 쌍안경으로 그 시대를 보면 이것을 확인할 수 있을 것이다. 만약에 냉전이 다른 길로 나갔다면, 쌍안경으로 되돌아볼 사람이 전혀 남아 있지 않았을지도 모른다. 이것은 중요한 일이다. 프랑스혁명 때 무엇을 했는가? 이 질문을 받았을 때 아베 시에예스〔Abbé Sieyès: 프랑스의 가톨릭 신부이자 정치가. 프랑스혁명 전에 평민계급을 옹호하여 1789년 대혁명 후 성직자, 귀족, 평민의 삼부회의(三部會議)를 국회로 전환시키는 이론을 마련했다—옮긴이〕가 했던 대답을 되풀이해본다. 우리는 거의 모두 살아남았다.

긴 평화의 시대, 냉전의 생과 사

냉전(the Cold War) 시대는 미국과 소련을 각각 수장으로 하는 양 진영이 이념을 중심으로 무한 경쟁을 하며 서로를 절멸시킬 수 있는 능력을 보유한 채 대치했던 시기다. 그러나 정작 몇 차례 대리전을 제외하면 그것은 '긴 평화(Long Peace)의 시대'이기도 했다. 그런 한편으로 냉전은 인류 역사상 처음으로 양 강대국이 직접 전쟁을 치르지 않고 한쪽 제국이 스스로 무너지면서 평화적으로 해체된, 매우 특이한 체제이기도 했다.

이 책을 공동으로 번역한 경험은 학문적 이론과 현장 경험이 결합한 즐겁고 생산적인 작업이었다. 우리는 음악 동호인으로 만났지만 문화예술은 물론 국제관계와 역사를 논하는, 나이와 세대를 초월한 친구가 되어 이 책을 번역하기에 이르렀다.

강규형

이 책을 번역하면서 당시로서는 미지의 세계였던 '공산권' 연구를 전공으로 삼아야겠다고 결심했던 대학시절을 떠올리지 않을 수 없었다. 당시는 이른바 제2 냉전 시대였고, 냉전 체제의 최전선이었던 한반도에 살고 있는 학생으로서 공산권을 연구하는 것이 한국이 세계를 더 잘 이해하는 데 기여하리란 생각에서 그런 결심을 했다. 그러나 동구 공산권은 급격히 무너졌다. 당시 누구도 냉전 체제가 이렇게 허무하게 무너질 줄은 몰랐다. 유학 시절 석사 학위를 마칠 즈음인 1989년 겨울, 베를린 장벽은 신기루처럼 사라지고 있었으니, 한 시대의 종말을 알리는 장엄한 역사의 드라마를 텔레비전을 통해 목격하면서 나는 벌어진 입을 다물지 못했다.

그 순간 냉전은 그야말로 '역사'의 범주로 속하게 됐다. 그리고 나는 그때까지 인생을 지배했던 냉전 체제의 기원과 전개, 그리고 종언에 대해 더 심도 있게 공부해야겠다고 마음을 먹었다. 냉전사 연구의 수장이자 탈수정주의〔포스트 수정주의(post-revisionism)〕의 아버지인 존 루이스 개디스 교수는 이러한 지적 욕구를 자극하고 채워주는 훌륭한 스승이었다. 한반도는 20여 년이 지난 오늘날까지도 외롭게 냉전 체제를 유지하고 있는 곳이다. 탈냉전시대(post-Cold War period)를 살아가는 한국의 사학도로서 냉전을 체계적으로 연구하는 것이 한반도에서 냉전 구조의 평화적인 해체에 단초를 제시하리라는 희망도 그런 결심을 하게 된 주요한 이유였음을 부정할 수 없다.

벌써 스승의 책을 세 번째로 번역하게 됐다. 그의 책을 우리말로 옮길 때마다 따뜻한 격려와 축복을 주었던 개디스 선생님께 감사드린다. 이 책은 냉전사의 대가가 주요 자문을 하고 있는 우드로 윌슨 국제연구소 산하 냉전 국제사 프로젝트가 냉전과 냉전 자료를 집대성하는 가운데, 새로운 연구와 자료를 섭렵하면서 냉전 시대를 관조하며 특유의 품위 있는 문장과 유머로 총 평가를 내리는 매우 중요한 저작이다. 이 책의 번역 출간을 누구보다 반가워했을 냉전사 연구의 선배이자 동료였던 고(故) 김일영 교수(성균관대 정외과 교수, 2009년 11월 22일 49세를 일기로 운명)가 남긴 빈자리가 요즘 들어 더 커 보인다. 삼가 고인의 명복을 빈다.

존 루이스 개디스 교수는 현재 냉전의 주요 설계자 중 한 사람으로서 이 책이 헌정된 조지 F. 케넌의 전기를 마무리 짓고 있다. 이제 내년(2011년) 2월이면 출간될 예정이라 하니, 역시 큰 기대를 갖게 한다. 아마도 그 책은 2005년에 개정된 《봉쇄 전략》(Strategies of Containment)과 더불어 개디스 교수 필생의 역작이 될 것이다.

정철

연전에 강규형 교수에게 이 책의 원서 《The Cold War》를 처음 소개받고 읽는 순간부터 전율에 휩싸였다. 도저히 중간에 손을 놓을 수가 없었다. 공포스러운 냉전의 대립 구조와 역사 흐름이 파노라마처럼 전개되고, 공산주의의 본산인 소련이 마치 지구 온난화로 녹아내리는 남극의 빙산처럼 허무하게 무너지는 끝 부분에서는 바그너의 오페라 〈신들의 황혼〉 마지막 장면처럼 페이소스를 느꼈다. 이 책은 공산주의 체제가 운영됐던 방식을 잘 묘사하는 데다 '초강대국 소련과 동구권이 어떻게 그런 짧은 기간 안에 한꺼번에 무너질 수 있었을까'라는 의문을 간결한 문체와 풍부한 사료를 통해 구체적이면서도 명료한 논리로 풀어나간다.

올해로 발발 60주년이 되는 6 · 25전쟁(한국전쟁)은 냉전이 시작된 후 자유 진영과 공산 진영 사이에 벌어진 첫 번째 전쟁이었다. 또한 국제적인 안정보장 체제가 처음으로 발동된 전쟁이기도 하다. 냉전의 제1선에서 개방 체제의 해양국가로 성장해왔던 대한민국은 냉전이 격화되던 1960~80년대에는 자유 진영의 일원으로 공산 진영과 대립하면서 해외에 참전하고 평화군을 파견했다. 그리고 경제원조 수혜국에서 제공국으로 발전해왔다. 나는 6·25전쟁 미아로 1년간 방황했고 친척 가운데는 납북된 분도 계셨다. 1960년대 초반에는 백석산 최전방 고지에서 군 복무를 하던 중 베를린장벽, 쿠바 미사일 사태로 데프콘(DEFCON; defense readiness condition)이 발동되어 완전 무장 상태로 근무한 적도 있었다. 무역 입국의 최전선에서 종합상사에 근무하는 동안에는 아랍·이스라엘 분쟁으로 인한 원유 수출 금지 파동이 남긴 경제 위기를 직접 체험했다. 냉전의 격전장이던 베트남에 주재(1971~1973)하면서는 헨리 키신저의 평화회담과 중국 비밀 방문, 이후락의 북한 비밀 방문이 진행되었다. 베트남이 공산화 통일되면서 탈출한 베트남 난민(보트피플)들이 부산으로 피난 왔을 때는 그들을 찾아가 위로했고, 1989년 유럽 출장 중에는 동구권이 도미노 현상으로 무너지는 소리를 듣기도 했다. 이런 이야기는 모두 냉전의 크나큰 와류(渦流) 속에서 일어났고 개인적으로 역사 현장에서 경험한 구체적 사실이지만, 1940년에 태어난 내 세대가 공유하고 공감하는 역사적 사실이기도 하다.

마르크스주의는 일당 독재체제 자체의 모순으로 경제 부문뿐 아니라 정치적 자유와 사회정의를 실현하는 데 실패했고, 그들이 주장했던 신세계와 세계혁명은 일어나지 않았다. 공산주의가 사망한 지 20여 년이 지난 지금은 그 미라만 역사박물관에서 볼 수 있게 되었다. 하지만 한국에서 냉전은 아직도 현재 진행형이다. 역사적인 시행착오를 극복하고 앞으로 국제 질서라는 거대한 흐름과 함께 한국의 미래를 전망하는 데 냉전의 역사는 간과할 수 없는 자리를 차지한다는 면에서 이 책이 한국의 사학도와 정치학도, 그리고 학자들의 연구뿐만 아니라 일반인의 교양서로서도 의미 있는 귀감이 되리라 생각한다.

—2010년 2월 3일 남양주 집과 남가좌동 연구실에서

아재(雅齋) 정철과 강규형

프롤로그: 미래를 내다보다

1. Michael Shelden, *Orwell: The Authorized Biography* (New York: Harper Collins, 1991), p. 430. 오웰의 생애 마지막 몇 해에 관한 묘사는 이 자료의 마지막 장에서 인용했다.

2. George Orwell, *1984* (New York: Harcourt Brace, 1949), p. 267.

3. Radio-television address, January 16, 1984, *Public Papers of the Presidents of the United States: Ronald Reagen, 1984* (Washington: Government Printing Office, 1985), p. 45.

1장 되살아나는 공포

1. Interview, CNN *Cold War*, Episode 1, "Comrades, 1917-1945."

2. Alexander Werth, *Russia at War: 1941-1945* (New York: E. P. Dutton, 1964), p. 1045. 영국과 미국의 사상자 수 통계는 *Britannica Online*을 참고했다. 소련의 통계는 다음 자료에서 인용했다. Vladimir O. Pechatnov and C. Earl Edmondson, "The Russian Perspective," in Ralph B. Levering, Vladimir O. Pechatnov, Verena Botaenhart-Viehe, and C. Earl Edmondson, *Debating the Origins of the Cold War: American and Russian Perspectives* (New York: Rowman & Littlefield, 2002), p. 86.

3. Warren F. Kimball, *The Juggler: Franklin Roosevelt as Wartime Statesman* (Princeton:

Princeton University Press, 1991), pp. 97-99.

4. George F. Kennan, *Memoirs: 1925-1950* (Boston: Atlantic-Little, Brown, 1967), p. 279.

5. 이 점에 관해서는 다음 자료를 참조. Alan Bullock, *Hitler and Stalin: Parallel Lives* (New York: Knopf, 1992), p. 464.

6. Pechatnov and Edmondson, "The Russian Perpective," p. 92.

7. Geoffrey Roberts, "Stalin and Soviet Foreign Policy," in Melvyn P. Leffler and David S. Painter, eds., *Origins of the Cold War: An International History*, second edition (New York: Routledge, 2005), pp. 42-57.

8. 같은 책, p, 51.

9. John Lewis Gaddis, *The United States and the Origins of the Cold War, 1941-1947* (New York: Columbia University Press, 1972), p. 190.

10. Jeseph Stalin, *Economic Problems of Socialism in the USSR* (Moscow: Foreign Languages Publishing House, 1952), excerpted in Robert V. Daniels, ed., *A Documentary History of Communism*, revised edition (Hanover, New Hampshire: University Press of New England, 1984), II, 172.

11. Record of Stalin-Thorez conversation, November 18, 1947, in Levering, et al., *Debating the Origins of the Cold War*, p. 174.

12. 토머스 페인의 논평은 1776년도 소논문에서 인용했다. *Common Sense*, excerpted in Dennis Merrill and Thomas G. Paterson, eds., *Major Problems in American Foreign Policy*, sixth edition (New York: Houghton Mifflin, 2005), I, 34.

13. 1821년 7월 4일 존 퀸시 애덤스의 연설, 같은 책 I, 132.

14. 1917년 4월 2일 의회 연설, 같은 책 I, 431.

15. Robert Dallek, *Franklin D. Roosevelt and American Foregin Policy, 1932-1945* (New York: Oxford University Press, 1979), p. 70.

16. Speech to the International Student Assembly, September 3, 1942, in Samuel I. Rosenman, ed., *The public Papers and Addresses of Franklin D. Roosevelt* (New York: Random House, 1941-50), XI, 353.

17. Roy Jenkins, *Churchill: A Biography* (New York: Farrar, Straus and Giroux, 2001), pp. 350-51.

18. Vojtech Mastny, *Russia's Road to the Cold War: Diplomacy, Warfare and the Politics*

of Communism, 1941-1945 (New York: Columbia University Press, 1979) pp. 156-62.

19. Nikolai Novikov to Soviet foreign ministry, September 27, 1946, in Kenneth M. Jensen, ed., *Origins of the Cold War: The Novikov, Kennan, and Roberts "Long Telegrams" of 1946*, revised edition (Washington: United States Institute of Peace, 1993), pp. 3-4.

20. Mastny, *Russia's Road to the Cold War*, p. 270. 스탈린과 처칠의 합의에 관해서는 다음 자료를 참조. Kimball, *The Juggler*, pp. 160-64.

21. Pechatnov and Edmondson, "The Russian Perspective," p. 98.

22. W. Averell Harriman and Elie Abel, *Special Envoy to Churchill and Stalin, 1941-1946* (New York: Random House, 1975), p. 444.

23. Pechatnov and Edmondson, "The Russian Perspective," p. 109.

24. Norman M. Naimark, *The Russians in Germany: A History of the Soviet Zone of Occupation, 1945-1949* (Cambridge, Massachusetts: Harvard University Press, 1995), pp. 69-140.

25. Tsuyoshi Hasegawa, *Racing the Enemy: Stalin, Truman, and the Surrender of Japan* (Cambridge, Massachusetts: Harvard University Press, 2005), 이 자료에 최근 설명이 되어 있다.

26. 로젠버그 부부(David Greenglass-Julius Rosenberg)와 클라우스 푹스의 공작에 관한 자세한 설명은 다음 자료를 참조. Richard Rhodes, *Dark Sun: The Making of the Hydrogen Bomb* (New York: Simon and Schuster, 1995), pp. 27-198. 테드 홀(Ted Hall)의 세 번째 노력은 다음 자료에 간단히 서술되어 있다. Kai Bird and Martin J. Sherwin, *American Prometheus: The Triumph and Tragedy of J. Robert Oppenheimer* (New York: Knopf, 2005), pp. 286-87, and in an interview with Hall in CNN *Cold War*, Episode 21, "Spies."

27. Simon Sebag Montefiore, *Stalin: The Court of the Red Tsar* (New York: Knopf, 2004), p. 502.

28. 위와 같음.

29. Stalin to Molotov, Beria, Mikoyan, and Malenkov, December 9, 1945, in Levering, et al., *Debating the Origins of the Cold War*, p. 155.

30. 이에 관해 더 자세한 내용은 다음 자료를 참조. Robert Jervis, *Perception and*

Misperception in International Politics (Princeton: Princeton University Press, 1976), pp. 62-67.

31. Albert Resis, ed. *Molotov Remembers: Inside Kremlin Politics: conversations with Felix Chuev* (Chicago: Ivan R. Dee, 1993), p. 8.

32. 같은 책, p. 73.

33. 이 위기에 관해서 더 자세히 알고 싶다면 다음 자료를 참조. Fernande Scheid Raine, "The Iranian Crisis of 1946 and the Origins of the Cold War," in Leffler and Painter, eds., *Origins of the Cold War*, pp. 93-111; and Eduard Mark, "The Turkish War Scare of 1946", 같은 책, pp. 112-33.

34. Kennan, *Memoirs: 1925-1950*, pp. 292-95.

35. Kennan to State Department, February 22, 1946, U.S. Department of State, *Foreign Relations of the United States* [이후 FRUS로 표기]: 1946, VI, 699-700; "X" [George F, Kennan], "The Sources of Soviet Conduct," Foreign Affairs, 25 (July, 1947), 575, emphasis added.

36. Pechatnov and Edmondson, "The Russian Perspective," p. 116.

37. Novikov to Soviet Foreign Ministry, September 27, 1946, in Jensen, ed., *Origins of the Cold War: The Novikov, Kennan, and Roberts "Long Telegrams" of 1946*, pp. 3-16.

38. Viktor L. Mal'kov, "Commentary", 같은 책, p. 75.

39. Charles E. Bohlen, *Witness to History: 1929-1969* (New York: Norton, 1973), p. 263.

40. *Public Papers of the Presidents of the United States: Harry S. Truman, 1947* (Washington: Government Printing Office, 1963). pp. 178-79.

41. Yoram Gorlizki and Oleg Khlevniuk, *Cold Peace: Stanlin and the Soviet Ruling Circle*, 1945-1953 (New York: Oxford University Press, 2004), pp. 36-36.

42. Kennan, *Memoris: 1925-1950*, p. 326.

43. John Lewis Gaddis, *We Now know: Rethinking Cold War History* (New York: Oxford University Press, 1997), pp. 41-42.

44. Montefiore, *Stalin*, p. 569.

45. John A. Armitage, "The View from Czechoslovakia," in Thomas T. Hammond, ed. *Witnesses to the Origins of the Cold War* (Seattle: University of Washington Press,

1982), pp. 225-26.

46. Nikita S. Khrushchev, *Khrushchev Remembers*, translated and edited by Strobe Talbott (New York: Little, Brown, 1970), p. 411n.

47. John Lewis Gaddis, *The Long Peace: Inquiries into the History of the Cold War* (New York: Oxford University Press, 1987), pp. 158-59.

48. Pechatnov and Edmondson, "The Russian Perspective," p. 139.

49. James V. Forrestal to Chan Gurney, December 8, 1947, in Walter Millis, ed., *The Forrestal Diaries* (New York: Viking, 1951). pp. 350-51.

50. Gaddis, *The Long Peace*, pp. 111-12.

51. PPS/39, "United States Policy Toward China," September 7, 1948, *FRUS: 1948*, VIII, 148.

52. James Chace, *Acheson: The Secretary of State Who Created the Modern World* (New York: Simon & Schuster, 1998), p. 217.

53. Chen Jian, *Mao's China and the Cold War* (Chapel Hill: University of North Carolina Press, 2001), p. 50.

54. Gaddis, *We Now know*, pp. 58-66.

55. Marc Selverstone, "'All Roads Lead to Moscow': The United States, Great Britain, and the Communist Monolith," Ph. D. Dissertation, Ohio University History Department, 2000, p. 380.

56. Gaddis, *We Now know*, pp. 66-67.

57. 같은 책, p. 94.

58. David M. Oshinsky, *A Conspiracy So Immense: The World of Joe McCarthy* (New York: Free Press, 1983), pp. 108-9.

59. Gaddis, *The Long Peace*, p. 96.

60. Kathryn Weathersby, "Stalin and the Korean War," in Leffler and Painter, eds. *Origins of the Cold War*, pp. 274-75.

61. Gaddis, *We Now know*, pp. 66-70, 158-61

62. Gaddis, *The Long Peace*, p. 97.

63. Montefiore, *Stalin*, p. 608.

64. Chen Jian, *China's Road to the Korean War: The Making of the Sino-American*

Confrontation (New York: Columbia University Press, 1994), p. 143. 또한 다음 자료를
참조. Shu Guang Zhang, *Mao's Military Romanticism: China and the Korean
War, 1950-1953* (Lawrence: University Press of Kansas, 1995), pp. 55-86.

65. Gaddis, *We Now know*, pp. 79-80.

66. Interview with Lt. Col. Charles Bussey, U.S. Army 24th Infantry Regiment, CNN
Cold War, Episode 5, "Korea."

67. Zhang, *Mao's Military Romanticism*, p. 78.

68. D. Clayton James, *The Years of MacArthur: Triumph and Disaster, 1945-1964*
(Boston: Houghton Mifflin, 1985), p. 536.

69. Kennan, *Memoirs: 1925-1950*, p. 319.

70. Michael Shelden, *Orwell: The Authorized Biography* (New York: HarperCollins,
1991), p. 430.

71. "International Control of Atomic Energy," January 20, 1950, in Thomas H. Etzold
and John Lewis Gaddis, eds. *Containment: Documents on American Policy and
Strategy, 1945-1950* (New York: Columbia University Press, 1978), p. 380. 이 글은
*Troilus and Cressida*에서 인용했다.

2장 죽음의 배와 삶의 배

1. *Public Papers of the Presidents of the United States: Harry S. Truman, 1950* (Washington:
Government Printing Office, 1965), p. 727.

2. 드레스덴 폭격에 관한 그의 고전적 소설인 다음 자료를 참조, *Slaughterhouse-Five*
(New York: Delacorte Press, 1969).

3. 한국전쟁에 관한 통계는 *the Britannica Online*에서 따왔다.

4. Bernard Brodie, "War in the Atomic Age," in Brodie, ed., *The Absolute Weapon:
Atomic Power and World Order* (New York: Harcourt, 1946), pp. 33-34.

5. Thucydides, *History of the Peloponnesian War*, translated by Rex Warner (New
York: Penguin, 1972), p. 48. 펠로폰네소스전쟁에서 사망자가 몇 명이나 되는지 아
는 사람이 없지만, 이 추정 숫자는 이 전쟁에 관해 가장 유명한 현대 사학자이며
예일대학의 내 동료 교수인 도널드 케이건(Donald Kagan)에 따른 것이다. 1차 세계

대전과 2차 세계대전 사상자 통계 자료는 *Britannia Online*을 참고했다.

6. Carl von Clausewitz, *On War*, edited and translated by Michael Howard and Peter Paret (Princeton: Princeton University Press, 1976), p. 87

7. Kai Bird and Martin J. Sherwin, *American Prometheus: The Triumph and Tragedy of J. Robert Oppenhimer* (New York: Knopf, 2005), pp. 221-22 참조.

8. Robert H. Ferrell, ed., *Off the Record: The Private Papers of Harry S. Truman* (New York: Harper & Row, 1980), pp. 52, 99. 1945년 7월 16일자, 1946년 9월 26일자 일기. 핵무기에 관한 트루먼의 생각을 추적하는 데는 특히 다음 자료를 따랐다. S. David Broscious, "Longing for International Control, Banking on American Superiority: Harry S. Truman's Approach to Nuclear Weapons," in John Lewis Gaddis, Philip H. Gordon, Ernest R. May, and Jonathan Rosenberg, eds., *Cold War Statesmen Confront the Bomb: Nuclear Diplomacy since 1945* (New York: Oxford University Press, 1999), pp. 15-38.

9. David E. Lilienthal journal, July 21, 1948, in *The Journals of David E. Lilienthal: The Atomic Energy Years, 1945-1950* (New York: Harper & Row, 1964), p. 391.

10. 남북전쟁 사상자 통계는 *Britannica Online*을 참고했다. 솜 전투에 대해서는 다음 자료를 참조. John Keegan, *The Face of Battle: A Study of Agincourt, Waterloo, and the Somme* (New York: Viking, 1976), p. 260. 2차 세계대전 중의 전략 폭격은 다음 자료를 참조. Richard Overy, *Why the Allies Won* (New York: Norton, 1996), pp. 101-33.

11. James V. Forrestal diary, July 15, 1948, in Walter MIllis, ed., *The Forrestal Diaries* (New York: Viking, 1951). p. 458.

12. Vladislav, M. Zubok, "Stalin and the Nuclear Age," in Gaddis, et al., eds., *Cold War Statesmen Confront the Bomb*, p. 54.

13. Liliental journal, February 9, 1949, in *The Jouranls of David E. Lilienthal: The Atomic Energy Years*, p. 464.

14. Lilienthal journal, May 18, 1948, 같은 책, p. 342. Zubok, "Stalin and the Nuclear Age," p. 52도 참조.

15. Milovan Djilas, *Conversation with Stalin*, translated by Michel B. Petrovich (New York: Harcourt, Brace & World, 1962), p. 153.

16. Zubok, "Stalin and the Nuclear Age," p. 55. John Lewis Gaddis, *The Long Peace: Inquiries into the History of the Cold War* (New York: Oxford University Press, 1987), pp. III-12. 소련의 원자폭탄 개발 계획 비용은 다음 자료를 참조. David Holloway, *Stalin and the Bomb: The Soviet Union and Atomic Energy, 1939-1956* (New Haven: Yale University Press, 1994), pp. 172-95.

17. John Lewis Gaddis, *We Now know: Rethinking Cold War History* (New York: Oxford University Press, 1997), p. 91: Zubok, "Stalin and the Nuclear Age," p. 58.

18. Sergei N. Goncharov, John W. Lewis, and Xue Litai, *Uncertain Partners: Stalin, Mao, and the Korean War* (Stanford: Stanford University Press, 1993), p. 69.

19. 1946년 9월 25일 Alexander Werth 회견, *Pravda*.

20. Holloway, *Stalin and the Bomb*, p. 264.

21. 이 구절들은 다음 자료에서 각각 인용했다. Zubok, "Stalin and the Nuclear Age," p. 56, and Simon Sebag Montefiore, *Stalin: The Court of th Red Tsar* (New York: Knopf, 2004), p 601.

22. "NRDC Nuclear Notebook: Global Nuclear Sotckpiles 1945-2002," *Bulletin of the Atomic Scientists*, 58 (November/December, 2002), 102-3, 또는 다음 인터넷 자료를 참조. http://www.thebulletin.org/issues/nukenotes/ndo2nukenote.html.

23. 좀 더 자세한 내용은 다음 자료를 참조, Gaddis, *The Long Peace*, p. 116.

24. William Stueck, *Rethinking the Korean War: A New Diplomatic and Military History* (Princeton: Princeton University Press, 2002), p. 124. 다음 자료도 함께 참조. Roger Dingman "Atomic Diplomacy During the Korean War," International Security, 13 (Winter, 1988/89), 50-91.

25. 같은 자료 p. 45 참조.

26. Stalin to Mao, June 5, 1951, Cold War International History Project 〔이후 CWIHP로 표기〕 *Bulletin*, #6-7 (Winter 1995/96), 59. 사건의 전말을 알려면 Gaddis, *We Now Know*, pp. 103-10 참조.

27. 한국전쟁에 소련이 무력 개입한 방대한 정보는 인터넷 사이트 주소 http://www.korean-war.com/ussr.html에서 볼 수 있다.

28. Bird and Sherwin, *American Prometheus*, pp. 416-30; George F. Kennan, *Memoirs: 1925-1950* (Boston: Atlantic-Little Brown, 1967), pp. 471-76.

29. Gaddis, *The Long Peace*, p. 113. 또한 다음 자료를 참조. Gaddis, *We Now Know*, pp. 230-32.

30. 같은 책, George Cowan and N. A. Vlasov, p. 224에서 인용.

31. Andrew P. N. Erdmann, "'War No Longer Has Any Logic Whatever': Dwight D. Eisenhower and the Thermonuclear Revolution," in Gaddis, et al, eds., *Cold War Statesmen Confront the Bomb*, p. 101.

32. 위와 같음.

33. Holloway, *Stalin and the Bomb*, pp. 336-37.

34. Gaddis, *The Long Peace*, p. 109.

35. Jonathan Rosenberg, "Before the Bomb and After: Winston Churchill and the Use of Force," in Gaddis, et al. eds, *Cold War Statesmen Confront the Bomb*, p. 191.

36. James C. Hagerty diary, July 27, 1954, in *FRUS: 1952-54*, XV, 1844-45.

37. Erdmann, "Eisenhower and the Thermonuclear Revolution," pp. 106-7, 113.

38. 같은 책, p. 109.

39. 여기서 내 주장은 다음 자료에서 강한 영향을 받았다. Campbell Craig, *Destroying the Villages: Eisenhower and Thermonuclear War* (New York: Columbia University Press, 1999), 특히 pp. 67-70.

40. William Taubman, *Khrushchev: The Man and His Era* (New York: Norton, 2003), pp. 147-78.

41. Nikita S. Khrushchev, *Khrushchev Rememvers: The Last Testament*, translated and edited by Strobe Talbott (Boston: Little, Brown, 1974), p. 47; James G. Blight, Bruce J. Allyn, and David A. Welch, *Cuba on the Brink: Castro, the Missile Crisis, and the Soviet Collapse* (New York: Pantheon, 1993), p. 130. 이 기간 중 소련의 폭격기와 미사일 역량에 관해서는 다음 자료를 참조. Stephen J. Zaloga, *The Kremlin's Nuclear Sword: The Rise and Fall of Russia's Strategic Nuclear Forces, 1945-2000* (Washington, Smithsonian Institution, 2002), pp. 22-59.

42. 이에 관하여 더 자세한 내용은 다음 자료를 참조. Gaddis, *We Now Know*, pp. 234-39; Sergei Khrushchev, *Khrushchev on Khrushchev: An Inside Account of the Man and His Era*, edited and translated by William Taubman (Boston: Little, Brown, 1990), p. 56.

43. Taubman, *Khrushchev*, p. 407.

44. McGeorge Bundy, *Danger and Survival: Choices About the Bomb in the First Fifty Years* (New York: Random House, 1988), p. 331.

45. Hope M. Harrison, *Driving the soviets Up the Wall: Soviet-East German Relations, 1953-1961* (Princeton: Princeton University Press, 2003), pp. 111-12; Khrushchev, *Khrushchev Remember: The Last Testament*, p. 501; Taubman, *Khrushchev*, p. 407; Dean Rusk, as told to Richard Rusk, *As I Saw It* (New York: Norton, 1990), p. 227.

46. Sergei Khrushchev, *Khrushchev on Khrushchev*, p. 356. 강조 표시는 원문대로 함.

47. 흐루쇼프의 미국 방문은 다음 자료에 가장 잘 서술되어 있다. Taubman, *Khrushchev*, pp. 419-41

48. John Ranelagh, *The Agency: The Rise and Decline of the CIA* (New York: Simon and Schuster, 1986), pp. 149-59.

49. Andrew Goodpaster interview, CNN *Cold War*, Episode 8, "Sputnik 1949-61."

50. MIchael R. Beschloss, *Mayday: Eisenhower, Khrushchev and the U-2 Affair* (New York: Harper & Row, 1986), pp. 121-22.

51. Zaloga, *The Kremlin's Nuclear Sword*, pp. 49-50.

52. Taubman, *Khrushchev*, p. 444.

53. 같은 책, p. 460.

54. Deputy Secretary of Defense Roswell Gilpatric. Gaddis, *We Now Know*, p. 256 에서 인용.

55. Taubman, *Khrushchev*, p. 536.

56. Aleksandr Fursenko and Timothy Naftali, *"One Hell of a Gamble": Khrushchev, Castro, and Kennedy, 1958-1964* (New York: Norton, 1997), p. 171. 또한 다음도 참조. Taubman, *Khrushchev*, pp. 536-37.

57. Fursenko and Naftali, *"One Hell of a Gamble,"* p. 39.

58. Nikita S. Khrushchev, *Khrushchev Remembers*, translated and edited by Strobe Talbott (New York: Bantam, 1971), p. 546.

59. Taubman, *Khrushchev*, p. 537.

60. 이 부분은 다음 자료에서 미국과 소련의 위기 대응 전문가들의 대화 기록 참조. Blight, Allyn, and Welch, *Cuba on the Brink*; and in James G. Blight and David

A. Welch, *On the Brink: Americans and Soviets Reexamine the Cuban Missile Crisis* (New York: Hill and Wang, 1989).

61. Kennedy meeting with advisers, October 22, 1962, in Ernest R. May and Philip D. Zelikow, eds. *The Kennedy Tapes: Inside the White House during the Cuban Missle Crisis* (Cambridge, Massachusetts: Harvard University Press, 1997), p. 235.

62. Taubman, *Khrushchev*, p. 552.

63. Blight, Allyn, and Welch, *Cuba on the Brink*, p. 259.

64. 같은 책, p. 203.

65. Gaddis, *We Now know*, p. 262; "NRDC Nuclear Notebook: Global Nuclear Stockpiles, 1945-2002," p. 104.

66. Blight, Allyn, and Welch, *Cuba on the Brink*, p. 360.

67. Lawrence Freedman, *The Evolution of Nuclear Strategy* (New York: St. Martin's Press, 1983), p. 235.

68. 같은 책, p. 238.

69. CNN *Cold War,* Episode 10, "Cuba: 1959-1962."

70. Bundy, *Danger and Survival*, pp. 543-48.

71. 이에 관해 좀 더 알려면 다음 자료를 참조. Gaddis, *The Long Peace*, pp., 195-214.

72. Yann Martel, *Life of Pi* (New York: Harcourt, 2002).

3장 통제 vs 자발성

1. Benjamin Disraeli, *Sybil; or, The Two Nations* (New York: Oxford University Press, 1991; first published in 1845), pp. 65-66. 〔벤저민 디즈레일리(1804~1881)는 영국의 보수당 정치인으로서 30년 공직 생활 중 두 번이나 수상을 역임했다. 그는 현대적인 보수당을 창설한 업적을 남겼다─옮긴이〕

2. Bohlen memorandum, August 30, 1947, *FRUS: 1947*, I, 763-64. 〔찰스 E. 볼렌(1904~1974)은 1929~1969년까지 미국 외교관으로 활동했다. 소련 전문가이며 2차 세계대전이 시작되기 전부터 모스크바에서 근무했고, 1953~1957년에는 소련 주재 미국 대사를 역임했다─옮긴이〕

3. William Taubman, *Khrushchev: The Man and His Era* (New York: Norton, 2003),

pp. 427, 511.

4. MIchael R. Beschloss, *The Crisis Years: Kennedy and Khrushchev, 1960-1963* (New York: HarperCollins, 1991), pp. 224-25, 227.

5. Disraeli, *Sybil*, p. 115.

6. 두 인용은 다음 자료에 있다. Tony Smith, *Thinking Like a Communist: State and Legitimacy in the Soviet Union, China, and Cuba* (New York: Norton, 1987), pp. 23, 48.

7. 나는 여기와 다음 몇 구절에서 Arno J. Mayer가 그의 다음 저서에서 처음으로 주장한 논점을 따른다. *Wilson vs. Lenin: Political Origins of the New Diplomacy, 1917-1918* (New York: Yale University Press, 1959).

8. 이 과정이 자세히 실린 최근 기록은 다음 자료를 참조. Margaret Macmillan, *Paris 1919: Six Months That Changed the World* (New York: Random House, 2001).

9. Edward Hallett Carr, *The Twenty Years' Crisis, 1919-1939: An Introduction to the Study of International Relations* (London: Macmillan, 1940), pp. 37-38. 여기 인용된 배경은 다음 자료를 참조. Jonathan Haslam, *No Virtue Like Necessity: Realist Thought in International Relations since Machiavelli* (New York: Yale University Press, 2002), pp. 187-88.

10. Krystyna Kersten, *The Establishment of Communist Rule in Poland, 1943-1948*, translated by John Micgiel and Michael H. Barnhart (Berkeley: University of California Press, 1991).

11. Reinhold Niebuhr, "Russia and the West," *The Nation, 156* (January 16, 1943), 83. 또한 다음 자료를 참조. Richard Wightman Fox, *Reinhold Niebuhr: A Biography* (New York: Pantheon, 1985), p. 227.

12. *The Memoirs of Cordell Hull* (New York: Macmillan, 1948), II, 1681.

13. John Lewis Gaddis, *Strategies of Containment: A Critical Appraisal of American National Security Policy During the Cold War*, revised and updated edition (New York: Oxford University Press, 2005), p. 3.

14. 다음 자료를 참조. Harold James and Marzenna James, "The Origins of the Cold War: Some New Doduments," *Historical Journal*, 37 (September, 1994), 615-22.

15. 1946년 2월 9일 스탈린의 '선거' 연설은 *Vital Speeches*, 12 (March I, 1946), 300-304 참조.

16. Jussi M. Hanhimäki and Odd Arne Westad, eds., *The Cold War: A History in Documents and Eyewitness Accounts* (New York: Oxford University Press, 2003), p. 48. 이 연설 배경에 대해서는 다음 자료를 참조. Martin Gilbert, *"Never Despair": Winston S. Churchill, 1945-1965* (London: Heineman, 1988), pp. 180-206.

17. Joseph M. Jones to Dean Acheson, May 20, 1947, *FRUS: 1947*, III, 229.

18. John Lewis Gaddis, *The Long Peace: Inquiries into the History of the Cold War* (New York: Oxford University Press, 1987), p. 154.

19. Disraeli, *Sybil*, p. 246.

20. Bohlen memorandum, August 30, 1947, *FRUS: 1947*, I, 764.

21. 다음 자료에서 많은 사례를 볼 수 있다. Richard Pipes, ed. *The Unknown Lenin: From the Secret Archive* (New Haven: Yale University Press, 1996).

22. Ronald Grigor Suny, *The Soviet Experiment: Russia, the USSR, and the Successor States* (New York: Oxford University Press, 1998), pp. 226, 228, 266.

23. Catherine Merridale, *Night of Stone: Death and Memory in Russia* (London: Granta, 2000), pp. 196-205.

24. 같은 자료, P. 24

25. William I. Hitchcock, *The Struggle for Europe: The Turbulent History of a Divided Continent 1945-2002* (New York: Doubleday, 2002), p. 105.

26. Vladimir O. Pechatnov and C. Earl Edmondson, "The Russian Perspective," in Ralph B. Levering, et al., eds., *Debating the Origins of the Cold War: American and Russian Perspective* (New York: Rowman & Littlefield, 2002), p. 100.

27. Suny, *The Soviet Experiment*, p. 376.

28. Anne Applebaum, *Gulag: A History* (New York: Doubleday, 2003), pp. xvi, 92. 스탈린의 말년과 관련해서는 다음 자료를 참조. Yoram Gorlizki and Oleg Khlevniuk, *Cold Peace: Stalin and the Soviet Ruling Circle, 1945-1953* (New York: Oxford University Press, 2004); and Simon Sebag Montefiore, *Stalin: The Court of the Red Tsar* (New York: Knopf, 2004), pp. 585-650.

29. Karl Marx, "Manifesto of the Communist Party," in Robert C. Tucker, ed., *The Marx-Engels Reader*, second edition (New York: Norton, 1978), p. 500.

30. 케넌의 논리에 관해 좀 더 알려면 다음 자료를 참조. Gaddis, *Strategies of Contain-*

ment, pp. 30-31.

31. Montefiore, *Stalin*, p. 614.

32. Jonathan Brent and Vladimir P. Naumov, *Stalin's Last Crime: The Plot Against the Jewish Doctors, 1948-1953* (New York: HarperCollins, 2003), pp. 312-22.

33. Amy Knight, *Beria: Stalin's First Lieutenant* (Princeton: Princeton University Press, 1993), pp. 186-91.

34. John Lewis Gaddis, *We Now know: Rethinking Cold War History* (New York: Oxford University Press, 1997), pp. 125-29.

35. 문서로 가장 잘 서술된 자료는 Christian Ostermann, ed., *Uprising in East Germany, 1953* (Budapest: Central European University Press, 2001).

36. 베리야의 체포와 그 여파에 대해서는 다음 자료를 참조. Knight, Beria, pp. 191-224; Hope M. Harrison, *Driving the Soviets Up the Wall: Soviet-East German Relations, 1953-1961* (Princeton: Princeton University Press, 2003), pp. 12-48.

37. Taubman, *Khrushchev*, p. 274.

38. Dulles speech to Kiwanis International, June 21, 1956, *Department of State Bulletin*, 35 (July 2, 1956), 4.

39. Taubman, *Khrushchev*, p. 290.

40. Andras Hegedus interview, CNN *Cold War*, Episode 7, "After Stalin."

41. Taubman, *Khrushchev*, p. 301.

42. Interview, PBS/BBC *Messengers from Moscow*, Episode 2, "East."

43. 다음을 참조. Gaddis, *We Now know*, p. 66-68.

44. Li Zhisui, *The Private Life of Chairman Mao: The Memoris of Mao's Personal Physician*, translated by Tai Hung-chao (New York: Random House, 1994), p. 115.

45. Gaddis, *We Now know*, p. 214

46. 이 수치는 기근에 관한 아주 희박한 연구들 가운데 하나인 다음 책에서 인용했다. Jasper Becker, *Hungry Ghosts: Mao's Secret Famine* (New York: Free Press, 1996), pp. 266-74.

47. Stefan Heym interview, CNN *Cold War*, Episode 9, "The Wall."

48. 1953년 7월 23일 소련공산당 중앙위원회 전체 회의에서 행한 말렌코프의 논평은 다음 자료를 참조. Ostermann, ed. *Uprising in East Germany*, 1953, p. 158.

49. Harrison, *Driving the Soviets Up the Wall*, pp. 72, 99-100.

50. 같은 책, p. 124.

51. David Reynolds, *One World Divisible: A Global History Since 1945* (New York: Norton, 2000), p. 134.

52. Harrison, *Driving the Soviets Up the Wall*, pp. 178-79.

53. 같은 책, pp. 20-21, 169, 186.

54. Beschloss, *The Crisis Years*, p. 278.

55. 1963년 6월 26일 케네디의 베를린 연설, *Public Papers of the Presidents of the United States: John F. Kennedy, 1963* (Washington: Government Printing Office, 1964), p. 524-25.

56. Eric Hobsbawm, *The Age of Extremes: A History of the World, 1914-1991* (New York: Pantheon Books, 1994), pp. 257-67.

57. 같은 책, pp. 268-71.

58. 같은 책, pp. 250.

59. Stéphane Courtois, "Introduction: The Crimes of Communism," in Courtois, et al. *The Black Book of Communism: Crimes, Terror, Repression*, translated by Jonathan Murphy and Mark Kramer (Cambridge, Massachusetts: Harvard University Press, 1999), p. 4.

4장 자율성의 등장

1. Jonathan Schell, *The Unconquerable World: Power, Nonviolence, and the Will of the People* (New York: Metropolitan Books, 2003). p. 347, 나는 이 인용구를 약간 수정해서 Schell〔조너선 셸(Jonathan Schell, 1943~)은 진보 성향의 저자이자 교수로, 그의 글은 〈the Nation〉이나 〈The new Yorker〉 등에 자주 등장한다. 최근에는 예일대학의 세계화 연구 센터 연구원으로 활동하고 있다. 핵무기 없는 세상과 군축을 주창하며 이라크 전쟁을 맹렬히 비판했다. 그의 저서는 핵무기 경쟁의 위험에 관하여 일반에 경각심을 준 《The Fate of the Earth》(1982) 그리고 《The Seventh Decade: The New Shape of Nuclear Danger》(2007) 등이 있다―옮긴이〕이 초점을 둔 식민 제국 외에 냉전 제국에도 적용했다.

2. 흐루쇼프의 기질에 관한 묘사와 더불어 이 인용문은 다음 자료에서 가져왔다.

William Taubman, *Khrushchev: The Man and His Era* (New York: Norton, 2003), pp. 13, 15; and from Sergei Khrushchev, *Khrushchev on Khrushchev: An Inside Account of the Man and His Era*, edited and translated by William Taubman (Boston: Little, Brown, 1990), pp. 157-58.

3. 이에 관한 두 차례에 걸친 훌륭한 토론은 다음 자료를 참조. Jared Diamond, *Guns, Germs, and Steel: The Fates of Human Societies* (New York: Norton, 1997), 아울러 다음 자료를 참조. J. R. McNeill and William H. McNeill, *The Human Web: A Bird's-Eye View of World History* (New York: Norton, 2003).

4. 나는 특히 여기서 다음 자료를 인용했다. Erez Manela, "The Wilsonian Moment: Self Determination and the International Origins of Anticolonial Nationalism, 1917-1920," Ph. D. Dissertation, Yale University History Department, 2003.

5. 위의 자료, p. 15.

6. Taubman, *Khrushchev*, p. 354.

7. 1954년 4월 7일 아이젠하워 기자회견, *Public Papers of the Presidents of the United States: Dwight D. Eisenhower, 1954* (Washington: Government Printing Office, 1960), p. 383.

8. 다음을 참조. Vojtech Mastny, *The Cold War and Soviet Insecurity: The Stalin Years* (New York: Oxford University Press, 1996), pp. 71-74, 102; Somon Sebag Montefiore, *Stalin: The Court of the Red Tsar* (New York: Knopf, 2004), pp.631, 635.

9. Taubman, *Khrushchev*, pp. 298-99.

10. Robert J. McMahon, *The Cold War on the Periphery: The United States, India, and Pakistan* (New York: Columbia University Press, 1994); Andrew J. Rotter, *Comrades at Odds: The United States and India, 1947-1964* (Ithaca: Cornell University Press, 2000)에 가장 잘 설명되어 있다.

11. Mohamed Heikal, *The Sphinx and the Commissar: The Rise and Fall of Soviet Influence in the Middle East* (New York: Harper & Row, 1978), p. 58. 또한 다음을 참조. Qiang Zhai, *China and the Vietnam Wars, 1950-1975* (Chapel Hill: University of North Carolina Press, 2000), pp. 65-69.

12. Douglas Little, *American Orientalism: The United States in the Middle East since 1945* (Chapel Hill: University of North Carolina Press, 2002), p. 168.

13. 같은 책, pp. 170-72.

14. Keith Kyle, *Suez* (New York: St. Martin's, 1991), p. 314.

15. Little, *American Orientalism*, p. 179.

16. 다음을 참조. Diane B. Kunz, *The Economic Diplomacy of the Suez Crisis* (Chapel Hill: University of North Carolina Press, 1991).

17. Salim Yaqub, *Containing Arab Nationalism: The eisenhower Doctrine and the Middle East* (Chapel Hill: University of North Carolina Press, 2004), p. 178.

18. 1958년 7월 31일 국가안정보장회의 회의록, *FRUS: 1958-60*, XII, 132. 또한 다음 책 참조. John Lewis Gaddis, *We Now know: Rethinking Cold War History* (New York: Oxford University Press, 1997), p. 175.

19. Fredrik Logevall, *Choosing War: The Lost Chance for Peace and the Escalation of the War in Vietnam* (Berkely: University of Carolina Press, 1999), pp. 6-8.

20. William Stueck, *The Korean War: An International History* (Princeton: Princeton University Press, 1995), pp. 330-42.

21. 1953년 7월 2일 국가안전보장회의 회의록. *FRUS: 1952-54*, XV, 1307, 강조는 원본에 따랐다.

22. Kathryn Weathersby, "New Evidence on North Korea: Introduction," CWIHP *Bulletin*, #14/15 (Winter, 2003-Spring, 2004), p. 5. 또한 다음 자료를 참조. Bernd Schäfer, "Weathering the Sino-Soviet Conflict: The GDR and North Korea, 1949-1989," 같은 책, pp. 25-85; and Balázs Szalontai, "'You Have No Political Line of Your Own'; Kim Il Sung and the Soviet, 1953-1964," 같은 책, pp. 87-103.

23. 1958년 9월 5일과 8일 Supreme State Council에서 행한 마오쩌둥 주석의 연설, CWIHP *Bulletin*, #6/7 (Winter, 1995-96), pp. 216-19. 또한 다음을 참조, Chen Jian, *Mao's China and the Cold War* (Chapel Hill: University of North Carolina Press, 2001), pp. 185-87.

24. 같은 책, pp. 174-76.

25. 1955년 1월 19일 덜레스의 중국 국민당 정부 외교부장 예궁차오〔葉公超〕와 나눈 대화, *FRUS: 1955-57*, II, 47.

26. Li Zhisui, *The Private Life of Chairman Mao: The Memoirs of Mao's Personal Physician*, translated by Tai Hung-chao (New York: Random House, 1994), p. 270.

27. Gaddis, *We Now know*, p. 252.

28. Lawrence Freedman, *Kennedy's Wars: Berlin, Cuba, Laos, and Vietnam* (New York: Oxford University Press, 2000), p. 308.

29. Larry Berman, *Planing a Tragedy: The Americanization of the War in Vietnam* (New York: Norton, 1982). 여기에 간단명료하게 설명되어 있다.

30. 1965년 7월 28일 기자회견, *Public Papers of the Presidents of the United States: Lyndon B. Johnson, 1965* (Washington: Government Printing Office, 1966), p. 794.

31. Lady Bird Johnson(존슨 대통령 부인)은 1965년 7월 22일자와 25일자 일기를 녹음 해두었다. Michael R. Beschloss, ed., *Reaching for Glory: Lyndon Johnson's Secret White House Tapes, 1964-1965* (New York: Simon and Schuster, 2001), pp. 403, 407.

32. Ilya V. Gaiduk, *The Soviet Union and the Vietnam War* (Chicago: Ivan R. Dee, 1996), pp. 55-56. 또한 다음을 참조. Logevall, *Choosing War*, pp. 322-23; Zhai, *China and the Vietnam Wars*, 특히 pp. 148-51.

33. Anatoly Dobrynin, *In Confidence: Moscow's Ambassador to America's Six Cold War Presidents (1962-1986)* (New York: Random House, 1995), p. 136.

34. 이 구절과 이 부분에 있는 몇 군데 다른 구절을 *We Now Know*, pp. 149-51에서 인용했다.

35. Marc Trachtenberg, *A Constructed Peace: The Making of a European Settlement, 1945-1963* (Princeton: Princeton University Press, 1999), pp. 132.

36. 같은 책, p. 275.

37. Hope H. Harrison, Driving the Soviets Up the Wall: Soviet-East German Relations, 1953-1961 (Princeton: Princeton University Press, 2003), p. 74.

38. 같은 책, p. 275.

39. 이 점과 관련해서는 다음 자료를 참조. Gaddis, *We Now Know*, pp. 252-53.

40. Harrison, *Driving the Soviets Up the Wall*, p. 155.

41. Gaddis, *We Now Know*, pp. 146-47.

42. 이 마지막 요점은 다음 자료를 참조. Trachtenberg, *A Constructed Peace*, pp. 208-9.

43. Taubman, *Khrushchev*, pp. 336-37; Chen, *Mao's China and the Cold War*, pp. 61-63; John Wilson Lewis and Xue Litai, *China Builds the Bomb* (Stanford: Stanford

University Press, 1998), pp. 35-45.

44. Matthew Connelly, *A Diplomatic Revolution: Algeria's Fight for Independence and the Origins of the Post-Cold War Era* (New York: Oxford University Press, 2002), p. 169.

45. Trachtenberg, *A Constructed Peace*, p. 224.

46. 드골의 핵전략에 관해서는 다음 자료를 참조. Phillip H. Gordon, *A Certain Idea of France: French Security Policy and the Gaullist Legacy* (Princeton: Princeton University Press, 1993), pp. 57-64

47. 딘 러스크에 대해서는 Richard Rusk, *As I Saw It* (New York: Norton, 1990), p. 271.

48. Logevall, *Choosing War*, p. 84.

49. 1964년 1월 15일 Johnson과 Russell이 나눈 전화 대담. Michael R. Beschloss, ed., *Taking Charge: The Johnson White Tapes, 1963-1964* (New York: Simon and Schuster, 1997), p. 162.

50. Taubman, *Khrushchev*, p. 337.

51. 이 점에 관해서는 다음 자료를 참조. Thomas J. Christensen, *Useful Adversaries: Grand Strategy, Domestic Mobilization, and Sino-American Conflict, 1947-1958* (Princeton: Princeton University Press, 1996), 특히 p. 244.

52. 1958년 7월 22일 Mao-Yudin 대화록 CWIHP *Bulletin*, #6/7, p. 155. 또한 Chen, *Mao's China and the Cold War*, pp. 73-75도 참조.

53. Nikita S. Khrushchev, *Khrushchev Remembers*, translated and editied by Strobe Talbott (New York: Bantam, 1971), p. 519.

54. Chen, *Mao's China and the Cold War*, pp. 73, 82-83.

55. Lorenz Lüthi, "The Sino Soviet Split, 1956-1966," Ph. D. Dissertaion, Yale University History Department, 2003에 철저하게 기록되어 있다.

56. Khrushchev, *Khrushchev Remembers*, p. 270.

57. 이 비유는 문맥이 약간 다르지만 George F. Kennan에서 가져왔다. 다음 자료를 참조. John Lewis Gaddis, *Strategies of Containment: A Critical Appraisal of American National Security Policy During the Cold War*, (New York: Oxford University Press, 2005), pp. 73-74.

58. Li, *The Private Life Chairman Mao*, pp. 488-93.

59. Jeremi Suri, *Power and Protest: Global Revolution and the Rise of Détente* (Cambrige, Massachusetts: Harvard University Press, 2003), p. I. The paragraphs that follow rely heavily on this path-breaking book. 다음에 이어지는 문장은 새로운 분야를 개척한 이 자료에 많이 의존했다.

60. 두 인용은 다음 자료에 있다. Matthew J. Ouimet, *The Rise and Fall of the Brezhnev Doctrine in Soviet Foreign Policy* (Chapel Hill: University of North Carolina Press, 2003), pp. 19-20.

61. Suri, *Power and Protest*, pp. 172-81.

62. Allen J. Matusow, *The Unraveling of America: A History of Liberalism in the 1960s* (New York: Harper& Row, 1984), p. 405. 민주당의 시카고 전당대회에 관해서는 pp. 411-22 참조.

63. Henry Kissinger, *White House Years* (Boston: Little, Brown, 1979), p. 56.

64. 1970년 4월 30일 닉슨의 전국 방송 연설. *Public Papers of the Presidents of the United States: Richard M. Nixon, 1970* (Washington: Goverment Printing Office, 1971), p. 143.

65. Stephen Ambrose, *Nixon: The Triumph of a Politician, 1962-1972* (New York: Simon and Schuster, 1989), pp. 354-56.

66. David Reynolds, *One World Divisible: A Global History Since 1945* (New York: Norton, 2000), pp. 137-44.

67. 이 숫자는 다음 자료에서 인용했다. Suri, *Power and Prospect*, p. 269.

68. Li, *The Private Life of Chairman Mao*, p. 463.

69. Jean-Louis Margolin, "China: A Long March into Night," in Courtois, et al., *The Black Book of Communism*, p. 513.

70. 이 두 인용문은 Suri, *Power and Prospect*, pp. 209-10에서 가져왔다.

71. Piero Gleijeses, *Conflicting Missions: Havana, Washington, and Africa, 1959-1976* (Chapel Hill: University of North Carolina Press, 2002), pp. 101-59. 이 자료는 아프리카에서 체 게바라가 실패했음을 보여준다. 그의 전반적인 기록과 사후 명성은 다음에서 명료하게 평가되고 있다. Alvaro Vargas Llosa, "The Killing Machine: Che Guevara, From Communist Firebrand to Captalist Brand," *The New Republic*, 233 (July 11 and 18, 2005), 25-30.

72. Li, *The Private Life of Chairman Mao*, p. 514. 이 기간 중 마오쩌둥의 생각을 더 알아보려면 다음 자료를 참조. Chen, *Mao's China and the Cold War*, pp. 245-49.

73. Kissinger, *White House Years*, pp. 182-83.

74. Ouimet, The Rise and Fall of the Brezhnev Doctrine, p. 67.

75. Kissinger, *White House Years*, pp. 443. 또한 다음을 참조. Zhai, China and the Vietnam Wars, pp. 173-74.

76. 같은 책, p. 205.

77. Kissinger, *White House Years*, pp. 750-51; Suri, Power and Protest, p. 240.

78. 1972년 2월 21일 베이징에서 있었던 닉슨과 마오쩌둥의 대화록은 William Burr, ed., *The Kissinger Transcripts: The Top Secret Talks with Beijing and Moscow* (New York: New Press, 1998), pp. 59-65.

79. Ouimet, *The Rise and Fall of the Brezhnev Doctrine*, pp. 16-17, 21, 43-55, 58; Suri, *Power and Protest*, pp. 202-6.

80. Suri, *Power and Protest*, pp. 220-24. 다음 자료도 참조. Timothy Garton Ash, *In Europe's Name: Germany and the Divided Continent* (New York: Random House, 1991); and M. E. Sarotte, *Dealing with the Devil: East Germany, Détente, and Ostpolitik, 1969-1973* (Chapel Hill: University of North Carolina Press, 2001).

81. 다음 자료에서 인용했다. Richard M. Nixon, *RN: The Memoirs of Richard Nixon* (New York: Grosset and Dunlap, 1978), p. 715. 또한 Kissinger, *White House Years*, p. 298도 참조.

5장 형평 원칙의 회복

1. Niccolò Machiavelli, *The Prince,* translated by Harvey C. Mansfield, second edition (Chicago: University of Chicago Press, 1998), p. 61.

2. Anatoly Dorynin, *In Confidence: Moscow's Ambassador to America's Six Cold War Presidents (1962-1986)* (New York: Random House, 1995), p. 316.

3. Richad M. Nixon, *RN: The Memoirs of Richard Nixon* (New York: Grosset and Dunlap, 1978), p. 1018.

4. 1977년 5월 19일 David Frost 회견, http://www.landmarkcases.org/nixon/nixonview.

himl

5. Keith W. Olson, *Watergate: The Presidential Scandal that Shook America* (Lawrence: University Press of Kansas, 2003) 워터게이트 위기의 전말이 명료하게 서술되어 있다.

6. "Idea for a Universal History with a Cosmopolitan Purpose," in Hans Reiss, ed., *Kant: Political Writings*, translated by H. B. Nisbet, second edition (Cambridge: Cambridge University Press, 1991), p. 45.

7. Adam Roberts, "Order/Justice Issues at the United Nations," in Rosemary Foot, John Lewis Gaddis, and Andrew Hurrell, eds., *Order and Justice in International Relations* (New York: Oxford University Press, 2003), p. 53. 내 동료인 Paul Kennedy 교수가 앞으로 출간할 다음 자료는 큰 도움이 되었다. *The Parliament of Man: The Past, Present, and Future of the United Nations.*

8. Alonzo L. Hamby, *Man of the People: A Life of Harry S. Truman* (New York: Oxford University Press, 1995), p. 13

9. Kennan to Dean Acheson, November 14, 1949, *FRUS: 1949*, II, 19.

10. JCS 1769/1, "United States Assistance to Other Countries from the Standpoint of National Security," April 29, 1947, *FRUS: 1947*, I, 748.

11. Roberts, "Order/Justice Issues at the United Nations," pp. 62-63.

12. 내가 제기한 논점 몇 개를 다음 자료에서 도출했다. *The United States and the End of the Cold War: Implications, Reconsiderations, Provocations* (New York: Oxford University Press, 1992), p. 48-60.

13. "X" (George F. Kennan), "The Sources of Soviet Conduct," *Foreign Affairs*, 25 (July, 1947), 582.

14. Arnold Wolfers는 다음 자료에 인용되어 있다. Wilson D. Miscamble, C.S.C., *George F. Kennan and the Making of American Foreign Policy, 1947-1950* (Princeton: Princeton University Press, 1992), p. 104.

15. Sallie Pisani, *The CIA and the Marshall Plan* (Lawrence: University Press of Kansas, 1991), p. 70. 또한 다음 자료를 참조. Miscamble, *Kennan and the Making of American Foreign Policy*, pp. 106-11; and James Edward Miller, *The United States and Italy, 1940-1950: The Politics and Diplomacy of Stabilization* (Chapel Hill: University of North Carolina Press, 1986), pp. 243-49.

16. NSC 10/2, "National Security Council Directive on Office of special Projects," June 18, 1948, *FRUS: 1945-1950: Emergence of the Intelligence Establishment* (Washington: Government Printing Office, 1996), p. 714.

17. "Memorandum of Conversation and Understanding," drafted by Frank G. Wisner and approved by Kennan, August 6, 1948, *FRUS: 1945-1950*, p. 720.

18. Anne Karalekas, "History of the Central Intelligence Agency," in U.S. Congress, Senate, Select Committee to Study Government Operations with Respect to Intelligence Activities, *Final Report: Supplementary Detailed Staff Reports on Foreign and Military Intelligence: Book IV* (Washington: Government Printing Office, 1976), p.31.

19. 같은 자료, pp. 31-32.

20. 이러한 CIA의 활동에 관한 광범위한 기록은 다음 자료를 참조. John Ranelagh, *The Agency: The Rise and Decline of the CIA* (New York: Simon and Schuster, 1986), pp. 203-28, 246-69. 정찰비행과 관련해서는 다음 자료도 함께 참조. R. Cargill Hall and Clayton D. Laurie, eds., *Early Cold War Overflights*, two volumes (Washington: National Reconnaissance Office, 2003).

21. Miscamble, *Kennan and the Making of American Foreign Policy*, pp. 109. 또한 다음 자료를 참조. George F. Kennan, *Memoirs: 1950-1963* (Boston: Little, Brown, 1972), pp. 202-3

22. NSC-68, "United States Objectives and Progrmas for National Security," April 14, 1950, *FRUS: 1950*, I, 243-44

23. 이에 관해 보다 자세한 내용은 다음 자료를 참조. John Lewis Gaddis, *Strategies of Containment: A Critical Appraisal of American National Security Policy During the Cold War*, revised and updated edition (New York: Oxford University Press, 2005), chapters 3-5.

24. Loch K. Johnson, *America's Secret Power: The CIA in a Democratic Society* (New York: Oxford University Press, 1989), p. 10. 보고서 제목(둘리틀 보고서)은 이를 주도한 공군 중장 제임스 둘리틀(Air Force Lieutenant General James Doolittle)에서 따온 것이다.

25. Gaddis, *The United States and the End of the Cold War*, p. 55. 강조는 원문에 있다.

26. Johnson, *America's Secret Power*, p. 10.

27. Harold M. Greenberg, "The Doolittle Report: Covert Action and Congressional Oversight of the Central Intelligence Agency in the mid-1950s," Senior Essay, Yale University History Department, 2005.

28. Secretary of State Madeleine K. Albright speech to the American-Iranian Council, Washington, D.C., March 17, 2000; Nicholas Cullather, *Operation PB Success: The United States and Guatemala, 1952-1954* (Washington: Central Intelligence Agency, 1994), *FRUS: 1952-54, Guatemala* (Washington: Government Printing Office, 1993).

29. Robert E. Quirk, *Fidel Castro* (New York: Norton, 1993), 특히 pp. 87-209

30. 다음 자료를 참조. James A. Bill, *The Eagle and the Lion: The Tragedy of American-Iranian Relations* (New Haven: Yale University Press, 1998).

31. Ranelagh, *The Agency*, pp. 288-96. 또한 다음 자료를 참조. David E. Murphy, Sergei A. Kondrashev, and George Baily, *Battleground Berlin: CIA vs KGB in the Cold War* (New Haven: Yale University Press, 1997), pp. 205-37.

32. Ranelagh, *The Agency*, pp. 285-88, 307-9.

33. Michael R. Beschloss, *Mayday: Eisenhower, Khrushchev and the U-2 Affair* (New York: Harper & Row, 1986), pp. 173, 372.

34. Lawrece Freedom, *Kennedy's Wars: Berlin, Cuba, Laos, and Vietnam* (New York: Oxford University Press, 2000), pp. 140, 146.

35. 1964년 5월 27일, Richard Russell 상원 의원과 나눈 대화는 다음 자료에 있다. Michael R. Beschloss, ed., *Taking Charge: The Johnson White House Tapes, 1963-1964* (New York: Simon and Schuster, 1997), p. 365.

36. 1964년 12월 7일, 존슨이 러스크, 맥나마라, 맥콘(McCone)에게 지시하다. *FRUS: 1964-68*, I, document 440. 또한 다음 자료를 참조. Robert Dallek, *Flawed Giant: Lyndon Johnson and His Times, 1961-1973* (New York: Oxford University Press, 1998), pp. 238-41, 227.

37. 같은 자료, p. 276.

38. Gaddis, *Strategies of Containment*, pp. 256-58.

39. 같은 책, pp. 259-60.

40. Stanley Karnow, *Vietnam: A History* (New York: Viking, 1983), pp. 515-56.

41. Nixon, *RN*, p. 390.

42. 같은 책, p. 382.

43. Henry Kissinger, *White House Years* (Boston: Little, Brown, 1979), pp. 252-53; Olson, *Watergate*, p. 12.

44. 1971년 1월 4일 닉슨의 라디오-텔레비전 회견. *Public Papers of the Presidents of the United States: Richard M. Nixon, 1971* (Washington: Government Printing Office, 1972). p. 12.

45. 1970월 9월 16일 CIA 비망록, Nixon과 Richard Helms의 회합. Peter Kornbluh, ed., *The Pinochet File: A Declassified Dossier on Atrocity and Accountability* (New York: New Press, 2004), p. 37.

46. 1970년 9월 14일, Viron Vaky가 Kissinger에게 올린 건의. 같은 자료 p. 11에서 인용.

47. 1971년 7월 1일, Nixon과 Robert Haldeman의 대화록은 다음 자료에 수록되어 있다. Stanley I. Kutler, ed., *Abuse of Power: The New Nixon Tapes* (New York: Free Press, 1997), p. 8. 강조는 원서를 따랐다. 또한 다음 자료를 참조. Nixon, *RN*, pp. 508-15.

48. Olson, *Watergate*, p. 37.

49. 몇 가지 가능성 있는 동기에 관해서는 Olson, *Watergate*, pp. 36-42 참조.

50. Henry Kissinger, *Years of Upheaval* (Boston: Little, Brown, 1982), pp. 307-8.

51. 같은 책, pp. 542, 546

52. Johnson, *America's Secret Power*, pp. 157-59, 208.

53. Ranelagh, *The Agency*, pp. 520-30, 571-72.

54. 닉슨과 키신저에 대해 상당히 비판적인 최근 기록은 Kornbluh의 *the Pinochet File*을 참조. 그 당시 미국 정부 정책에 대해 키신저는 다음 자료를 통해 옹호했다. *Years of Upheaval*, pp. 374-413, and *Years of Renewal* (New York: Simon and Schuster, 1999), pp. 749-60.

55. 특히 다음 자료를 참조. Christopher Hitchens, *The Trial of Henry Kissinger* (New York: Verso, 2001); William D. Rogers and Kenneth Maxwell, "Fleeing the Chilean Coup," *Foreign Affairs*, 83 (January/February, 2004), 160-65; David Glenn, "'Foreign Affairs' Loses a Longtime Editor and His Replacement in Row Over Editorial

Independence," *Chronicle of Higher Education*, June 25, 2004, p. A25.

56. Kissinger, *Years of Renewal*, p. 832.

57. Piero Gleijeses, *Conflicting Missions: Havana, Washington, and Africa, 1959-1976* (Chapel Hill: University of North Carolina Press, 2002), pp. 230-396에 잘 설명되어 있다.

58. 이에 관해 보다 자세한 내용은 John Lewis Gaddis, *The Long Peace: Inquiries into the History of the Cold War* (New York: Oxford University Press, 1987), pp. 219-23.

59. 그 당시 텔레비전 회견, CNN *Cold War*, Episode 7, "After Stalin."

60. Dean Rusk, as told to Richard Rusk, *As I Saw It* (New York: Norton, 1990), p. 361. 또한 다음 자료를 참조. Chris Michel, "Bridges Built and Broken Down: How Lyndon Johnson Lost His Gamble on the Fate of the Prague Spring," Senior Essay, Yale University History Department, 2003.

61. Henry A. Kissinger, *A World Restored* (New York: Houghton Mifflin, 1957), pp. 1-2.

62. 키신저가 1973년 10월 8일 워싱턴에서 열린 *Pacem in Terris* III 회의에서 행한 연설로 다음 저서에 기록되어 있다. Henry A. Kissinger, *American Foreign Policy*, third edition (New York: Norton, 1977), p. 121.

63. 위와 같음.

64. Henry Jackson 1974년 9월 20일 기자회견. CNN *Cold War*, Episode 16, "Détente"

65. Kissinger, *Years of Upheaval*, p. 254.

66. Dobrynin, *In Confidence*, p. 268.

67. Kissinger, *Years of Upheaval*, p. 234. 또한 다음 자료를 참조. Henry Kissinger, *Diplomacy* (New York: Simon and Schuster, 1994), pp. 713-14.

68. Robert D. English, *Russia and the Idea of the West: Gorbachev, Intellectuals, and the End of the Cold War* (New York: Columbia University Press, 2000), p. 118

69. 위의 책에서 인용된 Len Karpinsky, 114-15.

70. Timothy Garton Ash, *The Uses of Adversity: Essays on the Fate of Central Europe* (New York: Random House, 1989), p. 10.

71. 1974년 1월 7일자 소련 정치국 회의록, Michael Scammell, ed., *The Solzhenitsyn Files*, translated under the supervision of Catherine A. Fitzpatrick (Chicago: Edition Q, 1995), p. 284.

72. John Lewis Gaddis, *Russia, the Soviet Union, and the United States: An Inter-*

pretive History, second edition (New York: McGraw-Hill, 1990), pp. 283-84.

73. Kissinger, *Years of Renewal*, p. 636.

74. Raymond Garthoff, *Détente and Confrontation: America-Soviet Relations from Nixon to Reagan*, revised edition (Washington: Brookings Institution, 1994), pp. 125-39.

75. 브레주네프의 동기에 관해 좀 더 고찰하려면 Kissinger, *Diplomacy* p. 758.

76. Conference on Security and Co-operation in Europe "Final Act," Helsinki, August 1, 1975, at: http://www.osce,org/docs/English/1990-1999/summits/helfa75e.htm.

77. 협상은 다음 자료에 거론되어 있다. William G. Hyland, *Mortal Rivals: Understaning the Hidden Pattern of Soviet-American Relations* (New York: Simon and Schuster, 1987), pp. 114-19. 또한 다음의 미출간 문건을 인용했다. Yale University History Ph. D. student, Michael D. J. Morgan, "North America, Atlanticism, and the Helsinki Process."

78. Dobrynin, *In Confidence*, p. 346.

79. Hyland, *Mortal Rivals*, p., 122; Kissinger, *Years of Renewal*, p. 635.

80. 같은 책, pp. 648-52, 861-67.

81. 같은 책, p. 866; *A Time to Heal: The Autobiography of Gerald R. Ford* (New York: Harper & Row, 1979), pp. 422-25.

82. Dobrynin, *In Confidence*, pp. 345-46.

83. 이에 관해 더 자세한 내용은 다음 자료를 참조. Daniel C. Thomas, "Human Rights Ideas, the Demise of Communism, and the End of the Cold War," *Journal of Cold War Studies*, 7 (Spring, 2005), pp. 111-12.

84. Andrei Sakharov, *Memoirs*, translated by Richard Lourie (New York: Knopf, 1990), pp. 456-57. 또한 다음 자료를 참조. Daniel C. Thomas, *The Helsinki Effect: International Norms, Human Rights, and the Demise of Communism* (Princeton: Princeton University Press, 2001).

85. Garton Ash, *The Uses of Adversity*, p. 64; Gale Stokes, *The Walls Came Tumbling Down: The Collapse of Communism in Eastern Europe* (New York: Oxford University Press, 1993), pp. 24-25

86. 같은 책, p. 24.

87. Václav Havel, *Living in Truth*, edited by Jan Vladislav (London: Faber and Faber,

1989), p. 59. 또한 다음 자료를 참조. Garton Ash, *The Uses of Adversity*, p. 192; and Jonathan Schell, *The Unconquerable World: Power, Nonviolence, and the Will of the People* (New York: Metropolitan Books, 2003), pp. 195-204.

88. George Weigel, *Witness to Hope: The Biography of Pope John Paul II, 1920-2005* (New York: Harper, 2005), pp. 184-85, 279, 301, 304.

89. 같은 책, pp. 293, 305-20.

90. 이 익숙한 인용문이 실린 가장 좋은 출전은(비록 간접적이긴 하지만) 다음과 같다. Winston S. Churchill, *The Second World War: The Gathering Storm* (New York: Bantam, 1961), p. 121. 요한 바오로 2세 방문에 대한 소련의 반응은 다음 자료를 참조. Matthew J. Ouimet, *The Rise and Fall of the Brezhnev Doctrine in Soviet Foreign Policy* (Chapel Hill: University of North Carolina Press, 2003), pp. 114-16.

6장 등장 배우들

1. 많은 경우 특히 다음을 참조. George Weigel, *Witness to Hope: The Biography of Pope John Paul II*, 1920-2005 (New York: Harper, 2005), pp. 10, 14, 262.

2. Richard Baum, *Burying Mao: Chinese Politics in the Age of Deng Xiaoping* (Princeton: Princeton University Press, 1994), p. 47.

3. Mikhail Gorbachev, *Memoirs* (New York: Doubleday, 1995), p. 165.

4. 이를테면 다음 자료를 참조. Kenneth N. Waltz, *Theory of Internaional Politics* (New York: Random House, 1979), pp. 161-83.

5. John Lewis Gaddis, *The Long Peace: Inquiries into the History of the Cold War* (New York: Oxford University Press, 1987), 특히 다음 페이지를 참조. pp. 215-45.

6. 같은 책, pp. 195-214, 237-43.

7. Commonwealth Club과 World Affairs Council of Northern California, San Francisco, February 3, 1976, in Henry A. Kissinger, *American Foreign Policy*, third edition (New York: Norton, 1977), p. 305.

8. Tony Smith, *America's Mission: The United States and the Worldwide Struggle for Democracy in the Twentieth Century* (Princeton: Princeton University Press, 1994), 특히 pp.146-236.

9. Robert D. English, *Russian and the Idea of the West: Gorbachev, Intellectuals, and the End of the Cold War* (New York: Columbia University Press, 2000)에는 소련 내부의 이런 경향이 기록되어 있다.

10. 이 현상에 관해서는 다음 자료를 참조. David Reynolds, *On World Divisible: A Global History Since 1945* (New York: Norton, 2000), pp. 498-506.

11. 더 자세한 내용은 다음 자료를 참조. John Lewis Gaddis, *Strategies of Containment: A Critical Appraisal of American National Security Policy During the Cold War*, revised and updated edition (New York: Oxford University Press, 2005), pp. 322-25; 또한 Gaddis, *The Long Peace*, p. 208.

12. Raymond L. Garthoff, *Détente and confrontation: American-Soviet Relations from Nixon to Reagan*, revised edition (Washington: Brookings Institution, 1994), pp. 146-223에는 SALT I 협상의 역사가 상세히 묘사되어 있다.

13. Henry Kissinger, *Years of Upheaval* (Boston: Little, Brown, 1982), pp. 265. 잭슨 결의안에 관해서는 다음 자료를 참조. McGeorge Bundy, *Danger and Survival: Choices About the Bomb in the First Fifty Years* (New York: Random House, 1988), pp. 553-56.

14. Garthoff, *Détente and confrontation*, pp. 494-505, 596-600.

15. Gaddis Smith, *Morality, Reason, and Power: American Diplomacy in the Carter Years* (New York: Hill and Wang, 1986), pp. 30-31, 67-77; Zbigniew Brzezinski, *Power and Principle: Memoirs of the National Security Adviser, 1977-1981* (New York: Farrar, Straus, Giroux, 1983), p. 157; Jimmy Carter, *Keeping Faith: Memoirs of a President* (New York: Bantam, 1982), pp. 215, 219.

16. Georgi Arbatov, *The System: An Insider's Life in Soviet Politics* (New York: Random House, 1992), pp. 191-92.

17. David Holloway, *The soviet Union and the Arms Race* (New Haven: Yale University Press, 1983), pp. 49-55.

18. Arbatov, *The System*, pp. 205-6; Anatoly dobrynin, *In Confidence: Moscow's Ambassador to America's Six Cold War Presidents (1962-1986)* (New York: Random House, 1995), pp. 251-52.

19. Garthoff, *Détente and confrontation*, p. 880n.

20. 같은 책, pp. 913-57.

21. *Department of State Bulletin*, 66 (June 26, 1972), 989-99.

22. Leonid Brezhnev, *On the Policy of the Soviet Union and the International Situation* (Garden City, New York: Doubleday, 1973), pp. 230-31. 또한 다음 자료를 참조. Dobrynin, *In Confidence*, pp. 251-52.

23. Henry Kissinger, *White House Years* (Boston: Little, Brown, 1979), p. 1250.

24. Anwar el-Sadat, *In Search of Identity: An Autobiography* (New York: Harper & Row, 1977), p. 229; Kissinger, *Years of Upheaval*, p. 637.

25. 같은 책, p. 638. 또한 다음 자료를 참조. William B. Quandt, *Camp Cavid: Peacemaking and Politics* (Washington: Brookings Institution, 1986). 나는 다음 예일 대학 역사학과 4학년 논문 2편을 감수하면서 사다트의 전략과 이에 대한 키신저 의 존경심에 대해 많은 것을 알게 되었다. Christopher W. Wells, "Kissinger and Sadat: Improbable Partners for Peace" (2004), and Anne Lesley Rosenzweig, "Sadat's Strategic Decision Making: Lessons of Egyptian Foreign Policy, 1970-1981" (2005).

26. Kissinger, *Years of Upheaval*, p. 594; p. 600도 참조 바람.

27. Dobrynin, *In Confidence*, p. 301.

28. 같은 책, pp. 404-5. 다음 자료를 참조. Ilya V. Gaiduk, *The Soviet Union and the Vietnam War* (Chicago: Ivan R. Dee, 1996), 특히 pp. 246-50; Piero Gleijeses, *Conflicting Missions: Havana, Washington, and Africa, 1959-1976* (Chapel Hill: University of North Carolina Press, 2002), pp. 365-72; 그리고 Odd Arne Westad, "The Fall of Détente and the Turning Tides of History," in Westad, ed., *The Fall of Détente: Soviet-American Relations during the Carter Years* (Oslo: Scandinavian University Press, 1997), pp. 11-12.

29. Dobrynin, *In Confidence*, p. 263, 405.

30. Arbatov, *The System*, p. 195.

31. Dobrynin, *In Confidence*, p. 407.

32. Odd Arne Westad, "The Road to Kabul: Soviet Policy on Afghanistan, 1978-1979," in Westad, ed., *The Fall of Détente*, pp. 119-25.

33. 1979년 3월 17일 혹은 18일 Kosygin-Taraki 통화 내용 기록, CWIHP *Bulletin*, #8-9

(Winter, 1996/1997), p. 145.

34. 1979년 3월 29일 모스크바 Kosygin-Taraki 회의록,CWIHP *Bulletin*, #8-9 (Winter, 1996/1997), p. 147.

35. Westad, "The Road to Kabul," p. 132에 인용되어 있다.

36. 같은 자료, pp. 133-42; Dobrynin, *In Confidence*, pp. 439-40.

37. 1980년 1월 23일 카터의 미국 의회 연설, *Public Papers of the Presidents of the United States: Jimmy Carter, 1980-81* (Washington: Government Printing Office, 1982), p. 197; Minutes, Politburo meeting, January 17, 1980, in Westad, ed., *The Fall of Détente*, p. 321. 또한 다음 자료를 참조. John Lewis Gaddis, *Russia, the Soviet Union, and the United States: An Interpretive History*, second edition (New York: McGraw-Hill, 1990), pp. 295-98, 310-12..

38. Gaddis, *Strategies of Containment*, pp. 318-27; Aaron L. Friedberg, *In the Shadow of the Garrison State: America's Anti-Statism and Its Cold War Grand Strategy* (Princeton: Princeton University Press, 2000), pp. 82-84.

39. Kissinger, *White House Years*, p. 62. 강조는 원문에서 가져왔다. 또한 다음 자료를 참조. John Lewis Gaddis, "Rescuing Choice from Circumstance: The Statecraft of Henry Kissinger," in Gordon A. Craig and Francis L. Loewenheim, eds., *The Diplomats: 1939-1979* (Princeton: Princeton University Press, 1994), pp. 568-70.

40. M. E. Sarotte, *Dealing with the Devil: East Germany, Détente, and Ostpolitik, 1969-1973* (Chapel Hill: University of NOrth Carolina Press, 2001), p. 44-54. 이 인용문은 p. 46에 있다.

41. Matthew J. Ouimet, *The Rise and Fall of the Brezhnev Doctrine in Soviet Foreign Policy* (Chapel Hill: University of North Carolina Press, 2003), pp. 101-107.

42. 같은 책, pp. 87-88.

43. 1977년에 미국은 국내총생산의 4.9퍼센트(1조 9840억 달러)를 국방비로 소비했다. 이에 비해 소련에 대한 수치는 훨씬 부정확하다. 하지만 같은 해 소련의 국방비를 합리적으로 추정해보면 약 3400억 달러, 즉 국내총생산의 15~17퍼센트 선이었다. [Friedberg, *In the Shadow of the Garrison Sate*, p. 82n; Gaddis, *Strategies of Containment*, p. 393; International Institute for Strategic Studies, *The Military Balance, 1979-1980* (London: IISS, 1979), p. 9.]

44. Arbatov, *The System*, p. 206.

45. Baum, *Burying Mao*, pp, 11, 56-65; Richard Evans, *Deng Xiaoping and the Making of Modern China* (New York: Penguin, 1997), pp. 184-89, 212-43. 마오쩌둥의 인용문은 다음 자료에 있다. Li Zhisi, *The Private Life of Chairman Mao: The Memoirs of Mao's Personal Physician*, translated by Tai Hung-chao (New York: Random House, 1994), p. 577. 나는 또한 다음 자료를 읽고 덕을 보았다. Bryan Wong, "The Grand Strategy of Deng Xiaoping," International Studies Senoir Essay, Yale Yniversity, 2005.

46. "The 'Two Whatevers' Do Not Accord sith Marxism," March 24, 1977, http:// English.people.com.cn/dengxp/vol2/text/b1100.html.

47. 관련 통계는 다음 자료를 참조. Baum, *Burying Mao*, p. 391.

48. Mikhail Gorbachev and Zednĕk Mlynář, *Conversatins with Gorbachev: On Perestroika, The Prague Spring, and the Crossroads of Socialism*, translated by George Schriver (New York: Columbia University Press, 2002), p. 189.

49. William I. Hitchcock, *The Struggle for Europe: The Turbulent History of a Divided Continent, 1945-2002* (New York: Doubleday, 2002), pp. 328-32. 이 부분은 다음 자료에서 인용했다. Margaret Thatcher, *The Downing Street Years* (New York: HarperCollins, 1963), p. 7

50. 같은 책, pp. 86-87.

51. 1979년 5월 29일 라디오 방송. 다음 자료를 참조. Kiron K. Skinner, Annelise Anderson, and Martin Anderson, eds., *Reagan, In His Own Hand* (New York: Free Press, 2001), p. 47.

52. 1978년 8월 7일 라디오 방송. 같은 책, p. 15.

53. 이에 관해 보다 자세한 내용은 Gaddis, *Strategies of Containment*, pp. 349-53.

54. 1975년 5월 라디오 방송, Skinner, et al., eds., *Reagan, In His Own Hand*, p. 12.

55. Paul Lettow, *Ronald Reagan and His Quest to Abolish Nuclear Weapons* (New York: Random House, 2005), p. 30에 인용되어 있다.

56. 1977년 3월 23일 라디오 방송, Skinner, et al., eds., *Reagan, In His Own Hand*, p. 118.

57. Timothy Garton Ash, *The Polish Revolution: Solidarity* (London: Granta, 1991), pp. 41-72. 또한 Weigel, *Witness to Hope*, p. 402도 참조.

58. 같은 책, pp. 397-98, 422-24; Ouimet, *The Rise and Fall of the Brezhnev Doctrine*, pp. 120-22.

59. 같은 책, pp. 187, 189.

60. 같은 책, pp. 199-202. 또한 pp. 95-96도 참조.

61. 같은 책, pp. 234-35. 소련의 불간섭 결정에 관한 보다 자세한 내용은 다음 2편의 논문을 참조. Mark Kramer, "Poland, 1980-81, Soviet Policy During the Polish Crisis," CWIHP *Bulletin*, #5 (Spring, 1995), pp. 1, 116-56, and "Jaruzelski, the Soviet Union, and the Imposition of Martial Law in Poland, 같은 책, #11 (Winter, 1998), 5-14.

62. Interview, CNN *Cold War*, Episode 19, "Freeze."

63. 다음에 이어지는 두 구문은 Gaddis, *Strategies of Containment*, pp. 353-79에 자세히 논의된 내용을 인용했다.

64. 1981년 5월 17일, 노트르담(Notre Dame)대학 연설, *Public Papers of the Presidents of the United States: Ronald Reagan, 1981* (Washington: Government Printing Office, 1982), p. 434.

65. 1982년 6월 8일, 런던에서 열린 영국 의회에서 의원들에게 했던 연설. *Reagan Public Papers*, 1982, pp. 744-47. 이 연설문의 초안 작성에 대해서는 Richard Pipes, *Vixi: Memoirs of a Non-Belonger* (New Haven: Yale University Press, 2003), pp. 197-200 참조.

66. 1983년 3월 8일, 플로리다 주 올랜도에서 미국 복음주의 협회를 대상으로 한 연설, *Reagan Public Papers*, 1983, p. 364; Ronald Reagan, *An American Life* (New York: Simon and Schuster, 1990), pp. 569-70.

67. 이 수치는 다음 자료에 있다. Gaddis, *Strategies of Containment*, pp. 393-94.

68. Lettow, Ronald Reagan, p. 23; Reagan, *An American Life*, p. 13.

69. 1983년 3월 23일 라디오와 텔레비전 연설, *Reagan Public Papers, 1983*, pp. 442-43.

70. 위와 같은 자료, p. 364. Lettow, *Ronald Reagan*에는 레이건의 핵 폐기 문제가 가장 잘 논의되어 있다.

71. Dobrynin, *In Confidence*, p. 528.

72. 같은 책, p. 523.

73. Christopher Andrew and Oleg Gordievsky, *KGB: The Inside Story of Its Foreing*

Operations from Lenin to Gorbachev (New York: HarperCollins, 1990), pp. 583-99.

74. Raymond Garthoff, *The Great Transition: American-Soviet Relations and the End of the Cold War* (Washington: Brookings Institution, 1994), pp. 118-31.

75. 같은 책, pp. 138-41; Don Oberdorfer, *From the Cold War to an New Era: The United States and the Soviet Union, 1983-1991*, Updated edition (Baltimore: Johns Hopkins University Press, 1998), pp. 65-68.

76. 1984년 1월 16일 라디오와 텔레비전 연설, *Reagan Public Papers, 1984*, p. 45. 다음 자료를 함께 참조. Oberdorfer, *From the Cold War to a New Era*, pp. 72-73. 나는 각각 믿을 만한 두 소식통으로부터 이 직원에 대한 이야기를 들었다.

77. Reagan, *An American Life*, p. 611.

78. Gorbachev, *Memoirs*, p. 165.

79. George Bush and Brent Scowcroft, *A World Transformed* (New York: Knopf, 1998), p. 4: George P. Shultz, *Turmoil and Triumph: My Years as Secretary of State* (New York: Scribner's, 1993), pp. 532-33; Reagan, *An American Life*, p. 635.

80. 1986년 1월 16일 체르냐예프의 일기는 다음 자료에 수록되어 있다. Anatoly S. Chernyaev, *My six Years with Gorbachev*, Translated and edited by Robert D. English and Elizabeth Tucker (University Park, Pennsylvania: Pennsylvania State University Press, 2000), p. 46; Mikhail Gorbachev, *Perestroika: New Thinking for Our country and the World* (New York: Harper & Row, 1987), pp. 69-70.

81. 이 영화에 관한 좀 더 자세한 내용은 다음 인터넷 사이트를 참조할 것. http://www.imdb.com/title/tt0086637/.

82. Lettow, *Ronald Reagan*, pp. 179-86.

83. Chernyaev diary, January 16, 1986, in Chernyaev, *My six Years with Gorbachev*, pp. 45-46.

84. Gaddis, *Strategies of Containment*, p. 359 참조.

85. Gorbachev, *Memoirs*, p. 191, 193.

86. Lettow, *Ronald Reagan*, pp. 217-26; Gaddis, *Strategies of Containment*, p. 366n.

87. Gorbachev, *Memoirs*, p. 419.

88. 1987년 12월 8일 중거리 핵전력 협정에 관한 설명. *Reagan Public Papers, 1987*, p. 1208.

89. 다음 문서를 참조. 체르냐예프의 1989년 12월 3일, 부시와 고르바초프의 몰타 회담 회의록. CWIHP *Bulletin*, #12/13 (Fall/Winter, 2001), p. 236. SS-20 파편 조각 하나가 몇 사람 손을 거쳐 나에게까지 왔다.

90. Gorbachev, *Memoirs*, p. 102-3.

91. Shultz, *Turmoil and Triumph*, p. 591; Oberdorfer, *From the Cold War to a New Era*, pp. 133, 223-24, 288.

92. Gorbachev, *Perestroika*, p. 85. 또한 pp. 138-39도 참조.

93. 1988년 5월 31일 레이건의 모스크바 국립대학 연설, *Reagan Public Papers, 1988*, p. 684. 또한 Oberdorfer, *From the Cold War to a New Era*, pp. 299-300 참조.

94. Chernyaev notes, Bush-Gorbachev meeting at Malta, December 2, 1989, CWIHP *Bulletin*, #12/13 (Fall/Winter, 2001), p. 233.

95. 1988년 12월 27-28일 정치국 회의록, 같은 책, p. 25; 1989년 5월 체르냐예프 일기는 다음 자료에 수록되어 있다. Chernyaev, *My six Years with Gorbachev*, p. 225.

96. Gorbachev and Mlynář, *Conversations with Gorbachev*, p. 160.

97. Reagan, *An American Life*, p. 683. 레어건 독트린에 대해 보다 자세한 내용은 다음 자료를 참조. Gaddis, *Strategies of Containment*, pp. 369-73.

98. Gorbachev, *Memoirs*, p. 465. 또한 다음 자료를 참조. Garthoff, *The Great Transition*, pp. 315-18.

99. Gorbachev, *Perestroika*, pp. 138, 221.

100. Joseph Rothschild는 다음 자료에 인용되어 있다. Gale Strokes, *The Walls Came Tumbling Down: The Collapse of Communism in Eastern Europe* (New York: Oxford University Press, 1993), p. 76.

101. 같은 책, p. 99. 또한 pp. 73-75도 참고할 것.

102. Minutes, Politburo meeting, December 27-28, 1998, CWIHP *Bulletin*, #12/13 (Fall/Winter, 2001), p. 24.

7장 희망의 승리

1. Margaret Thatcher, *The Downing Street Years* (New York: HarperCollins, 1993), p. 753.

2. Timothy Garton Ash, The Magic Lantern: *The Revolution of '89 Witnessed in*

Warsaw, Budapest, Berlin, and Prague (New York: Random House, 1990), pp. 141-42.

3. 과학적 유추에 관해서는 다음을 참조. Per Bak, *How Nature Works: The Science of Self-Organized Criticality* (New York: Oxford University Press, 1997).

4. George Bush and Brent Scowcroft, *A World Transformed* (New York: Knopf, 1998), p. xiii.

5. 같은 책, pp. 13-14.

6. Minutes, Politburo meeting, December 27-28, 1998, CWIHP *Bulletin*, #12/13 (Fall/Winter, 2001), pp. 25-26

7. Bak, How Nature Works, 특히 pp. 1-3. 역사적 유추에 관해서는 John Lewis Gaddis, *The Landscape of History: How Historians Map the Past* (New York: Oxford University Press, 1993), pp. 79-81, 84-87.

8. Memorandum, Gorbachev conversation with Egon Krenz, November 1, 1989, CWIHP *Bulletin*, #12/13 (Fall/Winter, 2001), pp. 140-41.

9. Memorandum, Gorbachev-Németh conversation, March 3, 1989, 같은 책, p. 77. 1956년 이후 헝가리에서 일어난 상황은 Gale Stokes, *The Walls Came Tumbling Down: The Collapse of Communism in Eastern Europe* (New York: Oxford University Press, 1993), pp. 78-101을 참조.

10. 같은 책, 99-101, 131; 또한 다음 인사들과의 면담, Németh, Imre Pozsgay, and Günter Schabowski, CNN *Cold War*, Episode 23, "The Wall Comes Down, 1989."

11. Stroke, *The Wall Came Tumbling Down*, pp. 102-30; Bernard Gwertzman and Michael T. Kaufman, eds., *The Collapse of Communism* (New York: Random House, 1990), p. 132. 또한 Garton Ash, *The Magic Lantern*, pp. 25-46도 참조.

12. 폴란드어 회의록, Gorbachev-Jaruzelski meeting, Moscow, May 9, 1989, CWIHP *Bulletin*, #12/13 (Fall/Winter, 2001), pp. 113.

13. Mikhail Gorbachev, *Memoirs* (New York: Doubleday, 1995), pp. 287, 290, 292.

14. 같은 책, pp. 488-92; Gwertzman and Kaufman, eds., *The Collapse of Communism*, p. 52. 또한 다음 자료를 참조. Richard Baum, *Buying Mao: Chinese Politics in the Age of Deng Xiaoping* (Princeton: Princeton University Press, 1994), pp. 242-74.

15. 같은 책, pp. 275-310.

16. Mielke to Heads of Service Units, June 10, 1989, CWIHP *Bulletin*, #12/13 (Fall/

Winter, 2001), p. 209.

17. Charles S. Maier, *Dissolution: The Crisis of Communism and End of East Germany* (Princeton: Princeton University Press, 1997), pp. 125-27.

18. Birgit Spannaus와의 회견, CNN *Cold War*, Episode 23, "The Wall Comes Down, 1989." 또한 다음 자료를 참조. Maier, *Dissolution*, pp. 127-31; 그리고 Strokes, *The Walls Came Tumbling Down*, pp. 136-38.

19. 고르바초프와의 회견, CNN *Cold War*, Episode 23, "The Wall Comes Down, 1989."; Memorandum, Gorbachev-Krenz conversation, November 1, 1989, CWIHP *Bulletin*, #12/13 (Fall/Winter, 2001), pp. 141-43, 151. 또한 Gorbachev, *Memoirs*, pp. 523-25.

20. 1989년 11월 1일 고르바초프와 크렌츠의 대화록 pp. 147-48. 그리고 Strokes, *The Walls Came Tumbling Down*, pp. 139-40도 참조.

21. 1989년 11월 9일 기록, 샤보프스키 기자회견, CWIHP *Bulletin*, #12/13 (Fall/Winter, 2001), pp. 157-58. 또한 Hans-Hermann Hertle, "The Fall of the Wall: The Unintended Self-Dissolution of East Germany's Ruling Regime," 같은 자료, pp. 131-40; 그리고 Philip Zelikow and Condoleezza Rice, *Germany Unified and Europe Transformed: A Study in Statecraft* (Cambridge, Masschusetts: Harvard University Press, 1995), pp. 98-101.

22. Grobachev interview, CNN *Cold War*, Eposode 23, "The Wall Comes Down, 1989."

23. 이들 사건은 Strokes, *The Walls Came Tumbling Down*, pp. 141-67에 간단명료하게 서술되어 있다.

24. 1989년 12월 4일 체르냐예프-차우셰스쿠 회담, CWIHP *Bulletin*, #12/13 (Fall/Winter, 2001), pp. 220-22.

25. Chernyaev diary, May, 1989, in Anatoly S. Chernyaev, *My six Years with Gorbachev*, Translated and editied by Robert D. English and Elizabeth Tucker (University Park, Pennsylvania: Pennsylvania State University Press, 2000), p. 226; Don Oberdorfer, *From the Cold War to a New Era: The United States and the Soviet Union, 1983-1991*, updated editon (Baltimore: Johns Hopkins University Press, 1998), p. 355.

26. 체르냐예프가 남긴 기록, 부시와 고르바초프의 몰타 회담, 1989년 12월 2일

CWIHP *Bulletin*, #12/13 (Fall/Winter, 2001), pp. 232-33. 또한 Bush and Scowcroft, *A World Transformed*, p. 164도 함께 참조.

27. 체르냐예프가 남긴 기록, 부시와 고르바초프의 회담, 1989년 12월 2일 pp. 229, 233. 그리고 1989년 12월 3일 CWIHP *Bulletin*, #12/13 (Fall/Winter, 2001), pp. 237-38.

28. Chernyev, *My six Years with Gorbachev*, pp. 114-15; Gorbachev, Memoirs, pp. 517-18, 520.

29. Zelikow and Rice, *Germany Unified and Europe Transformed*, p. 83. 비스마르크가 독일 통일을 위해 힘쓸 때 러시아 시인 표도르 튜체프가 창작한 시.

30. 1989년 11월 1일 Gorbachev-Krenz 대담 비망록, CWIHP *Bulletin*, #12/13 (Fall/Winter, 2001), pp. 144-45; Gorbachev interview, CNN *Cold War*, Episode 23, "The Wall Comes Down, 1989."

31. Bush and Scowcroft, A *World Transformed*, p. 249.

32. 같은 책, p. 194. 또한 다음을 참조. Zelikow and Rice, *Germany Unified and Europe Transformed*, pp. 118-25.

33. Gorbachev, *Memoirs*, p. 528; 또한 다음 자료를 참조. Zelikow and Rice, *Germany Unified and Europe Transformed*, pp. 160-63

34. 이 통계는 다음 자료에서 인용했다. Chernayaev, My Six Years with Gorbachev, p. 272; Zelikow and Rice, *Germany Unified and Europe Transformed*, pp. 169.

35. Gorbachev, *Memoirs*, p. 532. 이런 견해는 다음 출처에서 확인할 수 있다. John Lewis Gaddis, "One Germany—in Both Alliances," *New York Times*, March 21, 1990. 마거릿 대처의 반응은 내가 별도로 고든 크레이그(Gordon Craig)와 티머시 가튼 애시에게서 확인했다. 이 두 사람은 그 말을 직접 들었다.

36. Bush and Scowcroft, *A World Transformed*, p. 239. 또한 다음 자료를 참조. James M. Goldgeier, *Not Whether But When: The U. S. Decision to Enlarge NATO* (Washington: Brookings Institution, 1999).

37. Gorbachev, *Memoirs*, pp. 532-33.

38. 같은 책, p. 534.

39. Chernyev, *My Six Years with Gorbachev*, p. 269-70.

40. Niccolò Machiavelli, *The Prince*, translated by Harvey C. Mansfield, second edition (Chicago: University of Chicago Press, 1998), p. 66.

41. Ronald Grigor Suny, *The Soviet Experiment: Russia, the USSR, and the Successor States* (New York: Oxford University Press, 1998), pp. 462-63.

42. Gorbachev, *Memoirs*, pp. 572-73.

43. Suny, *The Soviet Experiment*, pp. 478-79.

44. Chernyev, *My six Years with Gorbachev*, p. 201.

45. Bush and Scowcroft, *A World Transformed*, pp. 141-43, 또한 다음 자료를 참조. Michael R. Beschloss and Strobe Talbott, *At the Highest Levels: The Inside Story of the End of the Cold War* (Boston: Little, Brown, 1993), pp. 103-4.

46. Bush and Scowcroft, *A World Transformed*, pp. 498, 500.

47. Chernyaev, *My Six Years with Gorbachev*, pp. 360-63; Bush and Scowcroft, *A World Transformed*, pp. 513-14.

48. Beschloss and Talbott, *At the Highest Levels*, pp. 417-18.

49. Chernyev, *My Six Years with Gorbachev*, p. 369.

50. Suny, *The Soviet Experiment*, pp. 480-82. 고르바초프의 심경은 그의 회고록 pp. 626-45에서 볼 수 있다.

51. Suny, *The Soviet Experiment*, pp. 483-84; Bush and Scowcroft, *A World Transformed*, pp. 554-55.

52. Oberdorfer, *From the Cold War to an New Era*, pp. 471-72.

53. Gorbachev, *Memoirs*, p. xxxviii.

에필로그: 지난날을 되돌아보다

1. Mikhail Gorbachev, *Memoirs* (New York: Doubleday, 1995), pp. 692-93; 또한 Mikhail Gorbachev and Zdeněk Mlynář, *Conversatins with Gorbachev: On Perestroika, The Prague Spring, and the Crossroads of Socialism*, translated by George Schriver (New York: Columbia University Press, 2002), pp. 172-74.

2. 다음 자료를 참조. Louise Levanthes, *When China Ruled the Sea: The Treasure Fleet of the Dragon Throne, 1405-1433* (New York: Simon and Schuster, 1994).

3. *Public Papers of the Presidents of the United States: Richard Nixon, 1969* (Washington: Government Printing Ofiice, 1971), p. 542.

4. "The Eighteenth Brumaire of Louis Bonaparte," in Robert C. Tucker, ed., *The Marx-Engels Reader*, second edition (New York: Norton, 1978), p. 595.

5. John Mueller, *Retreat from Doomsday: The Obsolescence of Major War* (New York: Basic Books, 1989)은 이런 주장에 가장 확신을 안겨주었다.

6. Kai Bird and Martin J. Sherwin, *American Prometheus: The Triumph and Tragedy of J. Robert Oppenheimer* (New York: Knopf, 2005), p. 348.

7. 이런 측면은 다음 시론을 참조. John Lewis Gaddis, Philip H. Gordon, Ernest R. May, and Jonathan Rosenberg, eds. *Cold War Statesmen Confront the Bomb: Nuclear Diplomacy since 1945* (New York: Oxford University Press, 1999).

8. Paul Kennedy, *The Rise and Fall of the Great Powers: Economic Change and Military Conflict from 1500 to 2000* (New York: Random House, 1987).

9. 다음 자료를 참조. Thomas Cahill, *How the Irish Saved Civilization* (New York: Anchor, 1996).

10. *Democracy's Century: A Survey of Global Political Change in the 20th Century* (New York: Freedom House, 1999), 인터넷 사이트 http://www.freedomhouse.org/reports/century.html에서 볼 수 있다.

11. Seth Mydans, "폴 포트를 화장(火葬)시킬 때 아무도 울지 않았다." *New York Times*, April 19, 1998. 또한 다음 자료를 참조. Jean-Louis Margolin, "Cambodia: The Country of Disconcerting Crimes," in Stéphane Courtois, et al. *The Black Book of Communism: Crimes, Terror, Repression*, translated by Jonathan Murphy and Mark Kramer (Cambridge, Massachusetts: Harvard University Press, 1999), pp. 577-635; and Samantha Power, *"A Problem from Hell": America in the Age of Genocide* (New York: Basic Books, 2002), pp. 87-154.

참고 문헌

문서

Beschloss, Michael R., ed. *Reaching for Glory: Lyndon Johnson's Secret White House Tapes, 1964-1965.* New York: Simon and Schuster, 2001.

──, ed. *Taking Charge: The Johnson White Tapes, 1963-1964.* New York: Simon and Schuster, 1997.

Burr, William, ed. *The Kissinger Transcripts: The Top Secret Talks with Beijing and Moscow.* New York: New Press, 1998.

Cold War International History Project. *Bulletin.* Washington: Woodrow Wilson International Center for Scholars, 1992-.

Daniels, Robert V., ed. *A Documentary History of Communism.* Revised edition. Hanover, New Hampshire: University Press of New England, 1984.

Etzold, Thomas H., and John Lewis Gaddis, eds. *Containment: Documents on American Policy and Strategy, 1945-1950.* New York: Columbia University Press, 1978.

Ferrell, Robert H. ed. *Off the Record: The Private Papers of Harry S. Truman.* New York: Harper & Row, 1980.

Hanhimäki, Jussi M., and Odd Arne Westad, eds. *The Cold War: A History in Documents and Eyewitness Accounts.* New York: Oxford University Press, 2003.

Jensen, Kenneth M., ed. *Origins of the Cold War: The Novikov, Kennan, and Roberts "Long Telegrams" of 1946.* Revised edition. Washington: United States Institute of Peace, 1993.

Kornbluh, Peter, ed. *The Pinochet File: A Declassified Dossier on Atrocity and Accountability.* New York: New Press, 2004.

Kutler, Stanley I., ed. *Abuse of Power: The New Nixon Tapes.* New York: Free Press, 1997.

May, Ernest R., and Philip D. Zelikow, eds. *The Kennedy Tapes: Inside the White House during the Cuban Missle Crisis.* Cambridge, Massachusetts: Harvard University Press, 1997.

Millis, Walter, ed., *The Forrestal Diaries.* New York: Viking, 1951.

Ostermann, Christian, ed. *Uprising in East Germany, 1953.* Budapest: Central European University Press, 2001.

Pipes, Richard, ed. *The Unknown Lenin: From the Secret Archive.* New Haven: Yale University Press, 1996.

Public Papers of the Presidents of the United States: Dwight D. Eisenhower, 1953-1961. Washington: Government Printing Office, 1960-1961.

——: *Harry S. Truman, 1945-1953.* Washington: Government Printing Office, 1961-1966.

——: *Jimmy Carter, 1977-1981.* Washington: Government Printing Office, 1978-1981.

——: *John F. Kennedy, 1961-1963.* Washington: Government Printing Office, 1962-1964.

——: *Lyndon B. Johnson, 1963-1969.* Washington: Government Printing Office, 1965-1969.

——: *Richard M. Nixon, 1969-1974.* Washington: Government Printing Office, 1970-1975.

——: *Ronald Reagan, 1981-1989.* Washington: Government Printing Office, 1982-1990.

Reiss, Hans, ed. *Kant: Political Writings.* Translated by H. B. Nisbet. Second edition.

Cambridge: Cambridge University Press, 1991.

Rosenman, Samuel I., ed. *The Public Papers and Addresses of Franklin D. Roosevelt.*
New York: Random House, 1941-1950.

Scammell, Michael, ed. *The Solzhenitsyn Files.* Translated under the supervision of
Catherine A. Fitzpatrick. Chicago: Edition Q, 1995.

Skinner, Kiron K., Annelise Anderson, and Martin Anderson, eds. *Reagan, In His
Own Hand.* New York: Free Press, 2001.

Tucker, Robert C., ed. *The Marx-Engels Reader,* Second edition. New York: Norton,
1978.

U.S. Department of State, *Foreign Relations of the United States:* 1946-1964/68.
Washington: Government Printing Office, 1970-2003.

인터뷰

CNN. *Cold War.* Television documentary, 1998.

PBS/BBC. *Messengers from Moscow,* Television documentary, 1995.

책

Ambrose, Stephen. *Nixon: The Triumph of a Politician, 1962-1972.* New York:
Simon and Schuster, 1989.

Andrew, Christopher, and Oleg Gordievsky. *KGB: The Inside Story of Its Foreign
Operations from Lenin to Gorbachev.* New York: HarperCollins, 1990.

Applebaum, Anne. *Gulag: A History.* New York: Doubleday, 2003.

Arbatov, Georgi. *The System: An Insider's Life in Soviet Politics.* New York: Random
House, 1992.

Bak, Per. *How Nature Works: The Science of Self-Organized Criticality.* New York:
Oxford University Press, 1997.

Baum, Richard. *Buying Mao: Chinese Politics in the Age of Deng Xiaoping.* Princeton:
Princeton University Press, 1994.

Becker, Jasper. *Hungry Ghosts: Mao's Secret Famine.* New York: Free Press, 1996.

Berman, Larry. *Planning a Tragedy: The Americanization of the War in Vietnam.* New York: Norton, 1982.

Beschloss, Michael R. *The Crisis Years: Kennedy and Khrushchev, 1960-1963.* New York: HarperCollins, 1991.

————. *Mayday: Eisenhower, Khrushchev and the U-2 Affair.* New York: Harper & Row, 1986.

————, and Strobe Talbott. *At the Highest Levels: The Inside Story of the End of the Cold War.* Boston: Little, Brown, 1993.

Bill, James A. *The Eagle and the Lion: The Tragedy of American-Iranian Relations.* New Haven: Yale University Press, 1998.

Bird, Kai, and Martin J. Sherwin, *American Prometheus: The Triumph and Tragedy of J. Robert Oppenheimer.* New York: Knopf, 2005.

Blight, James G., Bruce J. Allyn, and David A. Welch, *Cuba on the Brink: Castro, the Missile Crisis, and the Soviet Collapse.* New York: Pantheon, 1993.

————, and David A. Welch. *On the Brink: Americans and Soviets Reexamine the Cuban Missile Crisis.* New York: Hill and Wang, 1989.

Bohlen, Charles E. *Witness to History: 1929-1969.* New York: Norton, 1973.

Brent, Jonathan, and Vladimir P. Naumov. *Stalin's Last Crime: The Plot Against the Jewish Doctors, 1948-1953,* New York: HarperCollins, 2003.

Brezhnev, Leonid. *On the Policy of the Soviet Union and the International Situation.* Garden city, New York: Doubleday, 1973.

Brodie, Bernard ed. *The Absolute Weapon: Atomic Power and World Order.* New York: Harcourt, 1946.

Brzezinski, Zbigniew. *Power and Principle: Memoirs of the National Security Adviser, 1977-1981.* New York: Farrar, Straus, Giroux, 1983.

Bullock, Alan. *Hitler and Stalin: Parallel Lives.* New York: Knopf, 1992.

Bundy, McGeorge. *Danger and Survival: Choices About the Bomb in the First Fifty Years.* New York: Random House, 1988.

Bush, George, and Brent Scowcroft. *A World Transformed.* New York: Knopf, 1998.

Cahill, Thomas. *How the Irish Saved Civilization*. New York: Anchor, 1996.

Carr, Edward Hallett. *The Twenty Years' Crisis, 1919-1939: An Introduction to the Study of International Relations*. London: Macmillan, 1940.

Carter, Jimmy. *Keeping Faith: Memoirs of a President*. New York: Bantam, 1982.

Chace, James. *Acheson: The Secretary of State Who Created the Modern World*. New York: Simon & Schuster, 1998.

Chen Jian, *China's Road to the Korean War: The Making of the Sino-American Confrontation*. New York: Columbia University Press, 1994.

———. *Mao's China and the Cold War*. Chapel Hill: University of North Carolina Press, 2001.

Chernyaev, Anatoly S. *My six Years with Gorbachev*, Translated and edited by Robert D. English and Elizabeth Tucker. University Park, Pennsylvania: Pennsylvania State University Press, 2000.

Christensen, Thomas J. *Useful Adversaries: Grand Strategy, Domestic Mobilization, and Sino-American Conflict, 1947-1958*. Princeton: Princeton University Press, 1996.

Churchill, Winston S. *The Second World War: The Gathering Storm*. New York: Bantam, 1961.

Clausewitz, Carl von. *On War*. Edited and translated by Michael Howard and Peter Paret. Princeton: Princeton University Press, 1976.

Connelly, Matthew. *A Diplomatic Revolution: Algeria's Fight for Independence and the Origins of the Post-Cold War Era*. New York: Oxford University Press, 2002

Courtois, Stéphane, et al. *The Black Book of Communism: Crimes, Terror, Repression*. Translated by Jonathan Murphy and Mark Kramer. Cambridge, Massachusetts: Harvard University Press, 1999.

Craig, Campbell. *Destroying the Villages: Eisenhower and Thermonuclear War*. New York: Columbia University Press, 1999.

Craig, Gordon A., and Francis L. Loewenheim, eds. The Diplomats: 1939-1979. Princeton: Princeton University Press, 1994.

Cullather, Nicholas. *Operation PB Success: The United States and Guatemala, 1952-*

1954. Washington: Central Intelligence Agency, 1994.

Dallek, Robert. *Flawed Giant: Lyndon Johnson and His Times, 1961-1973*. New York: Oxford University Press, 1998.

———. *Franklin D. Roosevelt and American Foregin Policy, 1932-1945*. New York: Oxford University Press, 1979.

Diamond, Jared. *Guns, Germs, and Steel: The Fates of Human Societies*. New York: Norton, 1997.

Disraeli, Benjamin. *Sybil; or, The Two Nations*. New York: Oxford University Press, 1991; first published in 1845.

Djilas, Milovan. *Conversations with Stalin*. Translated by Michel B. Petrovich. New York: Harcourt, Brace & World, 1962.

Dobrynin, Anatoly. *In Confidence: Moscow's Ambassador to America's Six Cold War Presidents (1962-1986)*. New York: Random House, 1995.

English, Robert D. *Russia and the Idea of the West: Gorbachev, Intellectuals, and the End of the Cold War*. New York: Columbia University Press, 2000.

Evans, Richard. *Deng Xiaoping and the Making of Modern China*. New York: Penguin, 1997.

Foot, Rosemary, John Lewis Gaddis, and Andrew Hurrell, eds. *Order and Justice in International Relations*. New York: Oxford University Press, 2003.

Ford, Gerald R. *A Time to Heal: The Autobiography of Gerald R. Ford*. New York: Harper & Row, 1979.

Fox, Richard Wightman. *Reinhold Niebuhr: A Biography*. New York: Pantheon, 1985.

Freedman, Lawrence. *The Evolution of Nuclear Strategy*. New York: St. Martin's Press, 1983.

———. *Kennedy's Wars: Berlin, Cuba, Laos, and Vietnam*. New York: Oxford University Press, 2000.

Freedom House, *Democracy's Century: A Survey of Global Political Change in the 20th Century*. New York: Freedom House, 1999.

Friedberg, Aaron L. *In the Shadow of the Garrison State: America's Anti-Statism and*

Its Cold War Grand Strategy. Princeton: Princeton University Press, 2000.

Fursenko, Aleksandr, and Timothy Naftali, *"One Hell of a Gamble": Khrushchev, Castro, and Kennedy, 1958-1964*. New York: Norton, 1997.

Gaddis, John Lewis. *The Landscape of History: How Historians Map the Past*. New York: Oxford University Press, 2002.

————. *The Long Peace: Inquiries into the History of the Cold War*. New York: Oxford University Press, 1987.

————. *Russia, the Soviet Union, and the United States: An Interpretive History*. Second edition. New York: McGraw-Hill, 1990.

————. *Strategies of Containment: A Critical Appraisal of American National Security Policy During the Cold War*. Revised and updated edition. New York: Oxford University Press, 2005.

————. *The United States and the End of the Cold War: Implications, Reconsiderations, Provocations*. New York: Oxford University Press, 1992.

————. *The United States and the Origins of the Cold War, 1941-1947*. New York: Columbia University Press, 1972.

————. *We Now know: Rethinking Cold War History*. New York: Oxford University Press, 1997.

————. Philip H. Gordon, Ernest R. May, and Jonathan Rosenberg, eds. *Cold War Statesmen Confront the Bomb: Nuclear Diplomacy since 1945*. New York: Oxford University Press, 1999.

Gaiduk, Ilya V. *The Soviet Union and the Vietnam War*. Chicago: Ivan R. Dee, 1996.

Garthoff, Raymond. *Détente and Confrontation: America-Soviet Relations from Nixon to Reagan*. Revised edition. Washington: Brookings Institution, 1994.

————. *The Great Transition: American-Soviet Relations and the End of the Cold War*. Washington: Brookings Institution, 1994.

Garton Ash, Timothy. *In Europe's Name: Germany and the Divided Continent*. New York: Random House, 1991.

————. *The Magic Lantern: The Revolution of '89 Witnessed in Warsaw, Budapest, Berlin, and Prague*. New York: Random House, 1990.

————. *The Polish Revolution: Solidarity.* London: Granta, 1991.

————. *The Uses of Adversity: Essays on the Fate of Central Europe.* New York: Random House, 1989.

Gilbert, Martin. *"Never Despair": Winston S. Churchill, 1945-1965.* London: Heineman, 1988.

Gleijeses, Piero. *Conflicting Missions: Havana, Washington, and Africa, 1959-1976.* Chapel Hill: University of North Carolina Press, 2002.

Goldgeier, James M. *Not Whether But When: The U.S. Decision to Enlarge NATO.* Washington: Brookings Institution, 1999.

Goncharov, Sergei N., John W. Lewis, and Xue Litai, *Uncertain Partners: Stalin, Mao, and the Korean War.* Stanford: Stanford University Press, 1993.

Gorbachev, Mikhail. *Memoirs.* New York: Doubleday, 1995.

————. *Perestroika: New Thinking for Our country and the World.* New York: Harper & Row, 1987.

————. and Zedněk Mlynář. *Conversatins with Gorbachev: On Perestroika, The Prague Spring, and the Crossroads of Socialism.* Translated by George Schriver. New York: Columbia University Press, 2002.

Gordon, Phillip H. *A Certain Idea of France: French Security Policy and the Gaullist Legecy.* Princeton: Princeton University Press, 1993.

Gorlizki, Yoram, and Oleg Khlevniuk, *Cold Peace: Stanlin and the Soviet Ruling Circle, 1945-1953.* New York: Oxford University Press, 2004.

Gwertzman, Bernard, and Michael T. Kaufman, eds. *The Collapse of Communism.* New York: Random House, 1990.

Hall, R. Cargill and Clayton D. Laurie, eds. *Early Cold War Overflights.* Two volumes. Washington: National Reconnaissance Office, 2003.

Hamby, Alonzo L. *Man of the People: A Life of Harry S. Truman.* New York: Oxford University Press, 1995.

Hammond, Thomas T., ed. *Witnesses to the Origins of the Cold War.* Seattle: University of Washington Press, 1982.

Harriman, W. Averell, and Elie Abel. *Special Envoy to Churchill and Stalin, 1941-*

1946. New York: Random House, 1975.

Harrison, Hope M. *Driving the soviets Up the Wall: Soviet-East German Relations, 1953-1961*. Princeton: Princeton University Press, 2003.

Hasegawa, Tsuyoshi. *Racing the Enemy: Stalin, Truman, and the Surrender of Japan*. Cambridge, Massachusetts: Harvard University Press, 2005.

Haslam, Jonathan. *No Virtue Like Necessity: Realist Thought in Internailnal Relations since Machiavelli*. New York: Yale University Press, 2002.

Havel, Václav. Living in Truth. Edited by Jan Vladislav. London: Faber and Faber, 1989.

Heikal, Mohamed. *The Sphinx and the Commissar: The Rise and Fall of Soviet Influence in the Middle East*. New York: Harper & Row, 1978.

Hitchcock, William I. *The Struggle for Europe: The Turbulent History of a Divided Continent 1945-2002*. New York: Doubleday, 2002.

Hitchens, Christopher *The Trial of Henry Kissinger*. New York: Verso, 2001.

Hobsbawm, Eric. *The Age of Extremes: A History of the World, 1914-1991*. New York: Pantheon Books, 1994.

Holloway, David. *The Soviet Union and Arms Race*. Yale University Press, 1983.

————. *Stalin and the Bomb: The Soviet Union and Atomic Energy, 1939-1956*. New Haven: Yale University Press, 1994.

Hull, Cordell. *The Memoirs of Cordell Hull*. New York: Macmillan, 1948.

Hyland, William G. *Mortal Rivals: Understaning the Hidden Pattern of Soviet-American Relations*. New York: Simon and Schuster, 1987.

James, D. Clayton. *The Years of MacArthur: Triumph and Disaster, 1945-1964*. Boston: Houghton Mifflin, 1985.

Jenkins, Roy. *Churchill: A Biography*. New York: Farrar, Straus and Giroux, 2001.

Jervis, Robert. *Perception and Misperception in International Politics*. Princeton: Princeton University Press, 1976.

Johnson, Loch K. *America's Secret Power: The CIA in a Democratic Society*. New York: Oxford University Press, 1989.

Karnow, Stanley. *Vietnam: A History*. New York: Viking, 1983.

Keegan, John. *The Face of Battle: A Study of Agincourt, Waterloo, and the Somme*.

New York: Viking, 1976.

Kennan, George F. *Memoirs: 1925-1950*. Boston: Atlantic-Little, Brown, 1967.

———. *Memoirs: 1950-1963*. Boston: Little, Brown, 1972.

Kennedy, Paul. *The Rise and Fall of the Great Powers: Economic Change and Military Conflict from 1500 to 2000*. New York: Random House, 1987.

Kersten, Krystyna. *The Establishment of Communist Rule in Poland, 1943-1948*, Translated by John Micgiel and Michael H. Barnhart. Berkeley: University of California Press, 1991.

Khrushchev, Nikita S. *Khrushchev Remembers*. Translated and edited by Strobe Talbott. New York: Little, Bantam, 1971.

———. *Khrushchev Rememvers: The Last Testament*. Translated and edited by Strobe Talbott. Boston: Little, Brown, 1974.

Khrushchev, Sergei. *Khrushchev on Khrushchev: An Inside Account of the Man and His Era*. Edited and translated by William Taubman. Boston: Little, Brown, 1990.

Kimball, Warren F. *The Juggler: Franklin Roosevelt as Wartime Statesman*. Princeton: Princeton University Press, 1991.

Kissinger, Henry A. *American Foreign Policy*. Third edition. New York: Norton, 1977.

———. *Diplomacy*. New York: Simon and Schuster, 1994.

———. *White House Years*. Boston: Little, Brown, 1979.

———. *A World Restored*. New York: Houghton Mifflin, 1957.

———. *Years of Renewal*. New York: Simon and Schuster, 1999.

———. *Years of Upheaval*. Boston: Little, Brown, 1982.

Knight, Amy. *Beria: Stalin's First Lieutenant*. Princeton: Princeton University Press, 1993.

Kunz, Diane B. *The Economic Diplomacy of the Suez Crisis*. Chapel Hill: University of North Carolina Press, 1991.

Kyle, Keith. *Suez*. New York: St. Martin's, 1991.

Leffler, Melvyn P., and David S. Painter, eds. *Origins of the Cold War: An International History*. Second edition. New York: Routledge, 2005.

Lettow, Paul. *Ronald Reagan and His Quest to Abolish Nuclear Weapons*. New York: Random House, 2005.

Levanthes, Louise. *When China Ruled the Seas: The Treasure Fleet of the Dragon Throne, 1405-1433*. New York: Simon and Schuster, 1994.

Levering, Ralph B., Vladimir O. Pechatnov, Verena Botaengart-Viehe, and C. Earl Edmondson, *Debating the Origins of the Cold War: American and Russian Perspectives*. New York: Rowman & Littlefield, 2002.

Lewis, John Wilson, and Xue Litai. *China Builds the Bomb*. Stanford: Stanford University Press, 1998.

Li Zhisui, *The Private Life of Chairman Mao: The Memoris of Mao's Personal Physician*. Translated by Tai Hung-chao. New York: Random House, 1994.

Lilienthal, David E. *The Journals of David E. Lilienthal: The Atomic Energy Years, 1945-1950*. New York: Harper & Row, 1964.

Little, Douglas. *American Orientalism: The United States in the Middle East since 1945*. Chapel Hill: University of North Carolina Press, 2002.

Logevall, Fredrik. *Choosing War: The Lost Chance for Peace and the Escalation of the War in Vietnam*. Berkely: University of Carolina Press, 1999.

Machiavelli, Niccolò *The Prince*. Translated by Harvey C. Mansfield. Second edition. Chicago: University of Chicago Press, 1998.

McMahon, Robert J. *The Cold War on the Periphery: The United States, India, and Pakistan*. New York: Columbia University Press, 1994.

Macmillan, Margaret. *Paris 1919: Six Months That Changed the World*. New York: Random House, 2001.

McNeill, J. R., and William H. McNeill. *The Human Web: A Bird's-Eye View of World History*. New York: Norton, 2003.

Maier, Charles S. *Dissolution: The Crisis of Communism and End of East Germany*. Princeton: Princeton University Press, 1997.

Martel, Yann. *Life of Pi*. New York: Harcourt, 2002.

Mastny, Vojtech. *Cold War and Soviet Insecurity: The Stalin Years*. New York: Oxford University Press, 1996.

————. *Russia's Road to the Cold War: Diplomacy, Warfare and the Politics of Communism, 1941-1945*. New York: Columbia University Press, 1979.

Matusow, Allen J. *The Unraveling of America: A History of Liberalism in the 1960s*. New York: Harper& Row, 1984.

Mayer, Arno J. *Wilson vs. Lenin: Political Origins of the New Diplomacy, 1917-1918*. New York: Yale University Press, 1959.

Merridale, Catherine. *Night of Stone: Death and Memory in Russia*. London: Granta, 2000.

Merrill, Dennis, and Thomas G. Paterson, eds. *Major Problems in American Foreign Policy*. Sixth edition. New York: Houghton Mifflin, 2005.

Miller, James Edward. *The United States and Italy, 1940-1950: The Politics and Diplomacy of Stabilization*. Chapel Hill: University of North Carolina Press, 1986.

Miscamble, Wilson D., C.S.C. *George F. Kennan and the Making of American Foreign Policy, 1947-1950*. Princeton: Princeton University Press, 1992.

Montefiore, Simon Sebag. *Stalin: The Court of the Red Tsar*. New York: Knopf, 2004.

Mueller, John. *Retreat from Doomsday: The Obsolescence of Major War*. New York: Basic Books, 1989.

Murphy, David E., Sergei A. Kondrashev, and George Bailey. *Battleground Berlin: CIA vs KGB in the Cold War*. New Haven: Yale University Press, 1997.

Naimark, Norman M. *The Russians in Germany: A History of the Soviet Zone of Occupation, 1945-1949*. Cambridge, Massachusetts: Harvard University Press, 1995.

Nixon, Richard M. *RN: The Memoirs of Richard Nixon*. New York: Grosset and Dunlap, 1978.

Oberdorfer, Don. *From the Cold War to an New Era: The United States and the Soviet Union, 1983-1991*. Updated edition. Baltimore: Johns Hopkins University Press, 1998.

Olson, Keith W. *Watergate: The Presidential Scandal that Shook America*. Lawrence: University Press of Kansas, 2003.

Orwell, George. *1984*. New York: Harcourt Brace, 1949.

Oshinsky, David M. *A Conspiracy So Immense: The World of Joe McCarthy.* New York: Free Press, 1983.

Ouimet, Matthew J. *The Rise and Fall of the Brezhnev Doctrine in Soviet Foreign Policy.* Chapel Hill: University of North Carolina Press, 2003.

Overy, Richard. *Why the Allies Won.* New York: Norton, 1996.

Pipes, Richard. *Vixi: Memoirs of a Non-Belonger.* New Haven: Yale University Press, 2003.

Pisani, Sallie. *The CIA and the Marshall Plan.* Lawrence: University Press of Kansas, 1991.

Power, Samantha. *"A Problem from Hell": America in the Age of Genocide.* New York: Basic Books, 2002.

Quandt, William B. *Camp Cavid: Peacemaking and Politics.* Washington: Brookings Institution, 1986.

Quirk, Robert E. *Fidel Castro.* New York: Norton, 1993.

Ranelagh, John. *The Agency: The Rise and Decline of the CIA.* New York: Simon and Schuster, 1986.

Reagan, Ronald *An American Life.* New York: Simon and Schuster, 1990.

Resis, Albert, ed. *Molotov Remembers: Inside Kremlin Politics: Conversations with Felix Chuev.* Chicago: Ivan R. Dee, 1993.

Reynolds, David. *One World Divisible: A Global History Since 1945.* New York: Norton, 2000.

Rhodes, Richard. *Dark Sun: The Making of the Hydrogen Bomb.* New York: Simon and Schuster, 1995.

Rotter, Andrew J. *Comrades at Odds: The United States and India, 1947-1964.* Ithaca: Cornell University Press, 2000.

Rusk, Dean, as told to Richard Rusk. *As I Saw It.* New York: Norton, 1990.

Sadat, Anwar el-. *In Search of Identity: An Autobiography.* New York: Harper & Row, 1977.

Sakharov, Andrei. *Memoirs.* Translated by Richard Lourie. New York: Knopf, 1990.

Sarotte, M. E. *Dealing with the Devil: East Germany, Détente, and Ostpolitik, 1969-*

1973. Chapel Hill: University of North Carolina Press, 2001.

Schell, Jonathan. *The Unconquerable World: Power, Nonviolence, and the Will of the People*. New York: Metropolitan Books, 2003.

Shelden, Michael. *Orwell: The Authorized Biography*. New York: Harper Collins, 1991.

Shultz, George P. *Turmoil and Triumph: My Years as Secretary of State*. New York: Scribner's, 1993.

Smith, Gaddis. *Morality, Reason, and Power: American Diplomacy in the Carter Years*. New York: Hill and Wang, 1986.

Smith, Tony. *America's Mission: The United States and the Worldwide Struggle for Democracy in the Twentieth Century*. Princeton: Princeton University Press, 1994.

——. *Thinking Like a Communist: State and Legitimacy in the Soviet Union, China, and Cuba*. New York: Norton, 1987.

Stroke, Gale. *The Walls Came Tumbling Down: The Collapse of Communism in Eastern Europe*. New York: Oxford University Press, 1993.

Stueck, William. *The Korean War: An International History*. Princeton: Princeton University Press, 1995.

——. *Rethinking the Korean War: A New Diplomatic and Military History*. Princeton: Princeton University Press, 2002.

Suny, Ronald Grigor. *The Soviet Experiment: Russia, the USSR, and the Successor States*. New York: Oxford University Press, 1998.

Suri, Jeremi. *Power and Protest: Global Revolution and the Rise of Détente*. Cambrige, Massachusetts: Harvard University Press, 2003.

Taubman, William. *Khrushchev: The Man and His Era*. New York: Norton, 2003.

Thatcher, Margaret. *The Downing Street Years*. New York: HarperCollins, 1993.

Thomas, Daniel C. *The Helsinki Effect: International Norms, Human Rights, and the Demise of Communism*. Princeton: Princeton University Press, 2001.

Thucydides, *History of the Peloponnesian War*. Translated by Rex Warner. New York: Penguin, 1972.

Trachtenberg, Marc. *A Constructed PeaceA: The Making of a European Settlement, 1945-1963*. Princeton: Princeton University Press, 1999.

Vonnegut, Kurt. *Slaughterhouse-Five*. New York: Delacorte Press, 1969.

Waltz, Kenneth N. *Theory of Internaional Politics*. New York: Random House, 1979.

Weigel, George. *Witness to Hope: The Biography of Pope John Paul II, 1920-2005*. New York: Harper, 2005.

Werth, Alexander. *Russia at War: 1941-1945*. New York: E. P. Dutton, 1964.

Westad, Odd Arne, ed. *The Fall of Détente: Soviet-American Relations during the Carter Years*. Oslo: Scandinavian University Press, 1997.

Yaqub, Salim. *Containing Arab Nationalism: The Eisenhower Doctrine and the Middle East*. Chapel Hill: University of North Carolina Press, 2004.

Zaloga, Stephen J. *The Kremlin's Nuclear Sword: The Rise and Fall of Russia's Strategic Nuclear Forces, 1945-2000*. Washington: Smithsonian Institution, 2002.

Zelikow, Philip, and Condoleezza Rice. *Germany Unified and Europe Transformed: A Study in Statecraft*. Cambridge, Masschusetts: Harvard University Press, 1995.

Zhai, Qiang. *China and the Vietnam Wars, 1950-1975*. Chapel Hill: University of North Carolina Press, 2000.

Zhang, Shu Guang. *Mao's Military Romanticism: China and the Korean War, 1950-1953*. Lawrence: University Press of Kansas, 1995.

논문

Armitage, John A. "The View from Czechoslovakia." In Thomas T. Hammond, ed., *Witnesses to the Origins of the Cold War*. Seattle: University of Washington Press, 1982. pp. 210-30.

Brodie, Bernard. "War in the Atomic Age," In Bermard Brodie, ed., *The Absolute Weapon: Atomic Power and World Order*. New York: Harcourt, 1946, pp. 21-69.

Broscious, S. David. "Longing for International Control, Banking on American Superiority: Harry S. Truman's Approach to Nuclear Weapons." In John Lewis Gaddis, Philip H. Gordon, Ernest R. May, and Jonathan Rosenberg, eds., *Cold*

War Statesmen Confornt the Bomb: Nuclear Diplomacy since 1945. New York: Oxford University Press, 1999, pp. 15-38.

Courtois, Stéphane "Introduction: The Crimes of Communism," In Stéphane Courtois, et al. *The Black Book of Communism: Crimes, Terror, Repression.* Translated by Jonathan Murphy and Mark Kramer. Cambridge, Massachusetts: Harvard University Press, 1999, p. 1-31.

Dingman, Roger. "Atomic Diplomacy During the Korean War," *International Security,* 13 (Winter, 1988/89), 50-91.

Erdmann, Andrew P. N. "'War No Longer Has Any Logic Whatever': Dwight D. Eisenhower and the Thermonuclear Revolution." In John Lewis Gaddis, Philip H. Gordon, Ernest R. May, and Jonathan Rosenberg, eds., *Cold War Statesmen Confront the Bomb: Nuclear Diplomacy since 1945.* New York: Oxford University Press, 1999. pp. 87-119.

Gaddis, John Lewis. "One Germany--in Both Alliances." *New York Times,* March 21, 1990.

————. "Rescuing Choice from Circumstance: The Statecraft of Henry Kissinger." In Gordon A. Craig and Francis L. Loewenheim, eds., *The Diplomats: 1939-1979.* Princeton: Princeton University Press, 1994, pp.564-92.

Glenn, David. "'Foreign Affairs' Loses a Longtime Editor and His Replacement in Row Over Editorial Independence." *Chronicle of Higher Education,* June 25, 2004, p. A25.

Hertle, Hans-Hermann "The Fall of the Wall: The Unintended Self-Dissolution of East Germany's Ruling Regime." Cold War International History Project *Bulletin,* #12/13 (Fall/Winter, 2001), 131-40.

James, Harold, and Marzenna James, "The Origins of the Cold War: Some New Doduments." *Historical Journal,* 37 (September, 1994), 615-22.

Karalekas, Anne. "History of the Central Intelligence Agency." In U.S. Congress, Senate, Select Committee to Study Government Operations with Respect to Intelligence Activities, *Final Report: Supplementary Detailed Staff Reports on Foreign and Military Intelligence: Book IV.* Washington: Government Printing

Office, 1976.

[Kennan, George F.] "X." "The Sources of Soviet Conduct," *Foreign Affairs*, 25 (July, 1947), 566-82.

Kramer, Mark. "Jaruzelski, the Soviet Union, and the Imposition of Martial Law in Poland." Cold War International History Project *Bulletin*, #11 (Winter, 1998), 5-14.

―――. "Poland, 1980-81, Soviet Policy During the Polish Crisis." Cold War International History Project *Bulletin*, #5 (Spring, 1995), 1, 116-23.

Mal'kov, Viktor L. "Commentary." In Kenneth M. Jensen, ed., *Origins of the Cold War: The Novikov, Kennan, and Roberts "Long Telegrams" of 1946*, revised edition. Washington: United States Institute of Peace, 1993, pp. 73-79.

Margolin, Jean-Louis. "Cambodia: The Country of Disconcerting Crimes." In Stéphane Courtois, et al. *The Black Book of Communism: Crimes, Terror, Repression*, translated by Jonathan Murphy and Mark Kramer. Cambridge, Massachusetts: Harvard University Press, 1999, pp. 577-635.

―――. "China: A Long March into Night," In n Stéphane Courtois, et al. *The Black Book of Communism: Crimes, Terror, Repression*, translated by Jonathan Murphy and Mark Kramer. Cambridge, Massachusetts: Harvard University Press, 1999, pp. 463-546.

Mark, Eduard. "The Turkish War Scare of 1946." In Melvyn p. Leffler and David S. Painter, eds., *Origins of the Cold War: An International History*, second edition., New York: Routledge, 2005. pp. 112-33.

Mydans, Seth. "At Cremation of Pol Pot, No Tears Shed." *New York Times*, April 19, 1998.

"NRDC Nuclear Notebook: Global Nuclear Sotckpiles." *Bulletin of the Atomic Scientists*, 58 (November/December, 2002), 102-3.

Niebuhr, Reinhold. "Russia and the West." *The Nation*, 156 (January 16, 1943), 83.

Pechatnov, Vladimir O., and C. Earl Edmondson. "The Russian Perspective." In Ralph B. Levering, Vladimir O. Pechatnov, Verena Botaengart-Viehe, and C. Earl Edmondson, *Debating the Origins of the Cold War: American and Russian Perspectives*. New York: Rowman & Littlefield, 2002, pp. 85-151.

Raine, Fernande Scheid. "The Iranian Crisis of 1946 and the Origins of the Cold War." In Melvyn P. Leffler and David S. Painter, eds., *Origins of the Cold War: An International History*, second edition. New York: Routledge, 2005, pp. 93-111.

Robert, Adam. "Order/Justice Issues at the United Nations." In Rosemary Foot, John Lewis Gaddis, and Andrew Hurrell, eds., *Order and Justice in International Relations*. New York: Oxford University Press, 2003, pp. 49-79.

Roberts, Geoffrey. "Stalin and Soviet Foreign Policy." In Melvyn P. Leffler and David S. Painter, eds., *Origins of the Cold War: An International History*, second edition. New York: Routledge, 2005, pp. 42-57.

Rogers, William D., and Kenneth Maxwell. "Fleeing the Chilean Coup." *Foreign Affairs*, 83 (January/February, 2004), 160-65.

Rosenberg, Jonathan. "Before the Bomb and After: Winston Churchill and the Use of Force." In John Lewis Gaddis, Philip H. Gordon, Ernest R. May, and Jonathan Rosenberg, eds., *Cold War Statesmen Confront the Bomb: Nuclear Diplomacy since 1945*. New York: Oxford University Press, 1999, pp. 171-93.

Schäfer, Bernd. "Weathering the Sino-Soviet Conflict: The GDR and North Korea, 1949-1989." Cold War International History Project *Bulletin*, #14-15 (Winter, 2003-Spring, 2004), pp. 25-38.

Szalontai, Balázs. "'You Have No Political Line of Your Own'; Kim Il Sung and the Soviet, 1953-1964." Cold War International History Project *Bulletin*, #14-15 (Winter, 2003-Spring, 2004), pp. 87-103.

Thomas, Daniel C. "Human Rights Ideas, the Demise of Communism, and the End of the Cold War." *Journal of Cold War Studies*, 7 (Spring, 2005), pp. 110-41.

Vargas Llosa, Alvaro. "The Killing Machine: Che Guevara, From Communist Firebrand to Captalist Brand." *The New Republic*, 233 (July 11 and 18, 2005), 25-30.

Weathersby, Kathryn. "New Evidence on North Korea: Introductin." Cold War International History Project *Bulletin*, #14/15 (Winter, 2003-Spring 2004), 5-7.

———. "Stalin and the Korean War." In Melvyn P. Leffler and David S. Painter, eds. *Origins of the Cold War: An International History*, second edition. New York: Routledge, 2005, pp. 265-81.

Westad, Odd Arne. "The Fall of Détente and the Turning Tides of History." In Odd Arne Westad, ed., *The Fall of Détente: Soviet-American Relations during the Carter Years.* Oslo: Scandinavian University Press, 1997, pp. 3-33.

————. "The Road to Kabul: Soviet Policy on Afghanistan, 1978-1979." In Odd Arne Westad, ed., *The Fall of Détente: Soviet-American Relations during the Carter Years.* Oslo: Scandinavian University Press, 1997, pp. 118-48.

Zubok, Vladislav, M. "Stalin and the Nuclear Age." In John Lewis Gaddis, Philip H. Gordon, Ernest R. May, and Jonathan Rosenberg, eds., *Cold War Statesmen Confornt the Bomb: Nuclear Diplomacy since 1945.* New York: Oxford University Press, 1999, pp. 39-61.

미발표 자료

Greenberg, Harold M. "The Doolittle Report: Covert Action and Congressional Oversight of the Central Intelligence Agency in the mid-1950s." Senior Essay, Yale University History Department, 2005.

Kennedy, Paul. *The Parliament of Man: The Past, Present, and Future of the United Nations.* Draft Manuscript.

Lüthi, Lorenz. "The Sino-Soviet Split, 1956-1966." Ph. D. Dissertation, Yale University History Department, 2003.

Manela, Erez. "The Wilsonian Moment: Self Determination and the Internatninal Origins of Anticolonial Nationalism, 1917-1920." Ph. D. Dissertation, Yale University History Department, 2003.

Michel, Chris. "Bridges Built and Broken Down: How Lyndon Johnson Lost His Gamble on the Fate of the Prague Spring." Senior Essay, Yale University History Department, 2003.

Morgan, Michael D. J. "North America, Atlanticism, and the Helsinki Process." Draft Manuscript.

Rosenzweig, Anne Lesley "Sadat's Strategic Decision Making: Lessons of Egyptian Foreign Policy, 1970-1981." Senior Essay, Yale University History Department,

2005.

Selverstone, Marc. "'All Roads Lead to Moscow': The United States, Great Britain, and the Communist Monolith." Ph. D. Dissertation, Ohio University History Department, 2000.

Wells, Christopher W. "Kissinger and Sadat: Improbable Partners for Peace." Senior Essay, Yale University History Department, 2004.

Wong, Bryan. "The Grand Strategy of Deng Xiaoping." Senior Essay, Yale University International Studies Program, 2005.

유럽의 영토 변화, 1939-1947(30쪽), after John Lewis Gaddis, Russia, the Soviet Union, and the United States: An Interpretive History, second edition (New York: McGraw-Hill, 1990), p. 162.

독일과 오스트리아의 분할(42쪽), after Gaddis, Russia, the Soviet Union, and the United States, p. 192.

한국전쟁, 1950-1953(69쪽), after David Reynolds, One World Kivisible: A Global HIstory Since 1945 (New York: Norton, 2000), p. 48.

1970년대 초 미국과 소련의 동맹국과 기지 현황(138쪽), after Walter LaFeber, America, Russia, and the Gold War, 1945-1990, sixth edition (New York: McGraw-Hill, 1991), pp. xii-xiii.

1967, 1979년 중동(280쪽), after LaFeber, America, Russia and the Cold War, p. 276.

1980년 근동 지역의 격변(286쪽), after LaFeber, America, Russia and the Cold War, p. 295.

1980년대 소련의 관점(290쪽), after LaFeber, America, Russia and the Cold War, p. 270.

냉전 이후 유럽(352쪽), after Richard Crockatt, The Fify Years War: The United States and the Soviet Union in World Politics, 1941-1991 (New York: Routledge, 1995), p. xxi.